近代人文社会科学译著 6

熊月之 主编

上海科学技术文献出版社
Shanghai Scientific and Technological Literature Press

图书在版编目（CIP）数据

近代人文社会科学译著 . 6 / 熊月之主编 . 一上海：上海科学技术文献出版社，2021
ISBN 978-7-5439-8268-0

Ⅰ . ① 近… Ⅱ . ①熊… Ⅲ . ①社会科学—西方国家—近代—文集 Ⅳ . ① C53

中国版本图书馆 CIP 数据核字 (2021) 第 016815 号

策划编辑：张　树
责任编辑：王　珺
封面设计：留白文化

近代人文社会科学译著 . 6
JINDAI RENWEN SHEHUI KEXUE YIZHU. 6
熊月之　主编
出版发行：上海科学技术文献出版社
地　　址：上海市长乐路 746 号
邮政编码：200040
经　　销：全国新华书店
印　　刷：常熟市人民印刷有限公司
开　　本：889mm×1194mm　1/32
印　　张：23.375
版　　次：2021 年 3 月第 1 版　2021 年 3 月第 1 次印刷
书　　号：ISBN 978-7-5439-8268-0
定　　价：198.00 元
http://www.sstlp.com

近代人文社會科學譯著選輯（1807—1919）序言

熊月之

一

人文社會科學，包含人文學科與社會科學兩類。〔一〕

〔一〕人文學科之所以稱『學科』而不稱『科學』，因爲通常所説的科學（science），主要指以物爲研究對象、可以通過實驗進行驗证的自然科學，而人文學科則以人爲研究對象，具有個別、私人、主觀性質，無法驗证。自然科學與人文學科處於比較的兩端，差异較大，而社會科學與自然科學之間，差异較小，且在取向、知識生産模式、研究方法等方面，較爲接近。人文學科與自然科學的區別，也表現在分析和解釋方向：自然科學從多樣性、特殊性、復雜性、偶然性走向統一性、一致性、簡單性和必然性；相反，人文學科則突出獨特性、意外性、復雜性和創造性。它們屬於不同的思維能力，使用不同的概念、不同的語言形式進行表達。自然科學是理性的産物，使用事實、規律、原因等概念，並通過客觀語言溝通信息；人文學科是想象的産物，使用現象與實在、命運與自由意志等概念。所以稱『學科』而不稱『科學』，更爲突出人文學科的特質。參見《簡明不列顛百科全書》（第6卷），北京：中國大百科全書出版社，1986年，第761頁；李醒民《知識的三大部類：自然科學、社會科學和人文學科》，《學術界》2012年第8期。

學科分類在不同歷史時期、不同語境下並不相同，標準、方法也見仁見智。近代以來，學術界逐漸傾向於將人類知識分爲三大部類，即自然科學、社會科學與人文學科。自然科學以自然即客觀的物質世界作爲研究對象，包括數學、物理學、化學、天文學、地學（地理學、地質學、氣象學）與生物學等；社會科學以人類社會作爲研究對象，涵蓋經濟學、政治學、法學、社會學、行政學、教育學、倫理學等；人文學科以人爲研究對象，探尋人的生存及其意義、人的價值及其實現，涉及語言學、文學、歷史學、哲學、藝術等。

本書選輯起止時間爲1807—1919年。

衆所周知，中國近代史的起止時間，亦即中國近代史的研究對象，是從1840—1949年，因爲這百餘年的中國，是相對完整的近代形態，是一個完整的歷史時期。但是，近代西方人文社會科學在中國翻譯、傳播的歷史，與中國近代歷史的進程並不完全同步。

首先，起步更早。1807年，基督教新教傳教士、英國人馬禮遜來到澳門，然後進入廣州，拉開新一輪西學傳播序幕。稍後英國傳教士米憐、德國傳教士郭實臘等，絡繹東來。他們在馬六甲、新加坡、巴達維亞等地，開學校，辦印刷所，在當地華僑中傳播西學。他們所出版的涉及人文社會科學知識的書籍雖然不很多，但這些西學知識，與鴉片戰爭以後傳入中國的西學知識屬於統一整體，也是後者之先聲。

其次，心態轉變也早。近代中國讀書人、思想界對於以歐美爲中心的西方人文社會科學，有個從仰視到平視的轉變過程，其轉折點便是第一次世界大戰。1914—1918年，發生在帝國主義國家之間的世界大戰，有三十多個國家、15億人口卷入，傷亡人員三千萬，經濟損失難計其數。這一殘酷現實，讓中國讀書人、思想界明白，西方科學並不萬能，人類社會的演變，並不總是沿着進步的方向直綫上昇。巴黎和會上西方列强對於中國主權的無視與陵轢，更讓中國人明白，世界上並不存在什麼平等對待弱者的『公理』。這種世界性的倒退與不公，促使東西方有識之士更加深刻地思考人類的未來，更加理性地思考東西方文化的價值。此後，西方人文社會科學在中國讀書人、思想界那裏，盡管仍然是最爲重要的文化資源之一，但已從至高無上的峰頂跌落下來，成爲與東方文化等量齊觀的一端。

這是本書將下限斷爲1919年的主要原因。

二

在介紹近代西方人文社會科學在中國傳播之前，有必要先回溯一下明末清初那段時間這方面的情況。

明末清初，利瑪竇、艾儒略、南懷仁等耶穌會傳教士編寫、或與徐光啓、李之藻、楊廷筠等人合譯的一批西學書籍，其中有十多部較多涉及人文社會科學内容，如《西國記法》(1595)、《職方外紀》(1623)、《西學凡》(1623)、《靈言蠡勺》(1624)、《西儒耳目資》(1625)、《治平西學》(約1629)、《修身西學》(1630)、《名理探》(1631)、《童幼教育》(1632)、《西方問答》(1637)、《齊家西學》(崇禎年間)、《坤輿全圖》與《坤輿圖説》(1674)、《窮理學》(1683)等，這些書對歐洲的哲學、政治學、經濟學、教育學、文學、歷史學、地理學等方面的知識有所介紹。

比如，傅汎際和李之藻合譯《名理探》，介紹了『愛知學』即哲學的含義。南懷仁編《窮理學》，介紹邏輯學的功用，稱窮理學『爲百學之宗』，爲『訂非之磨勘，試真之礪石，萬藝之司衡，靈界之日光，明悟之眼目，義理之啓鑰，爲諸學之首需者也。』[一]高一志著《治平西學》，爲最早漢譯西方政治學著作，分别從王公、群臣、兆民的行爲準則，説明何者爲宜、何者應戒，還介紹了世界上的三種政體形式：『一曰一人且王之政；二曰數人且賢之政；三曰衆人且民之政是也。』[二]艾儒略譯《職方外紀》，對歐洲教育制度包括學制、課程設置、考試方式均有所介紹。高一志著《修身西學》，述及西方倫理學知識，包括修身目的、修身憑藉與修身方法，主旨在於指明人類通過修德以確保自身行動的善，從而獲得美好，達到幸福境界。天啓年間出版的《況義》，是《伊索寓言》在中國傳播的第一個譯本。

明末清初西方人文社會科學在中國的傳播，傳播主體是利瑪竇等傳教士，中國學者徐光啓等參與譯述潤色，所傳内容從總體上説，比較零碎，不成系統，所譯編成書籍印數較少，傳播範圍較小，很多内容只是在少量學者中流傳。但是，他們所傳許多知識，開啓了近代西學東漸的先河，如地圓説、五大洲説、腦主記憶説；所創譯的諸多名詞，也被近代沿用，如亞細亞、歐羅巴、大西洋、地中海、自鳴鐘、天主等。他們以『理學』翻譯哲學，一度被近代學者沿用。

［一］南懷仁：《進呈窮理學書奏》，徐宗澤：《明清間耶穌會士譯著提要》第192頁，中華書局，1989年。
［二］高一志：《治平西學》，載黃興濤、王國榮編《明清之際西學文本》第2册，中華書局，2013年，第614頁。

三

近代西方人文社會科學在中國翻譯、傳播的歷史，可以分爲五個階段，即1807—1842年、1843—1860年、1861—1900年、1901—1911年、1912—1919年。

第一階段，從1807年至1842年。

17世紀末18世紀初，因宗教禮儀問題，在清朝政府與羅馬教廷之間、中國耶穌會與羅馬教廷之間、耶穌會與其他天主教會之間，出現嚴重分歧。羅馬教廷要求在華天主教徒不得祭祖、不得拜孔。康熙皇帝表示，中國祭祖敬孔，不過是一種崇敬的禮節，並無宗教性質，如果來華西人，不能像利瑪竇那樣對祭祖敬孔持尊重態度，斷不準在中國居留、傳教。雙方交涉多次，不得要領。1717年（康熙五十六年），康熙皇帝下令禁止天主教在華活動。此後，天主教在華再次步入低谷。雍正、干隆等朝，又相繼頒佈禁止天主教的命令。1773年（干隆三十八年），因宗教内部紛爭，羅馬教廷下令解散耶穌會，兩年後命令傳到中國，耶穌會正式解散。至此，自晚明開始在中國活動二百年的耶穌會，終於告一段落。西學傳播的細流亦因此截斷。

1807年，英國基督新教傳教士馬禮遜，受倫敦會委派，從英國經美國輾轉來到澳門，進入廣州，以後在廣州、澳門及南洋各地，進行傳教與西學傳播活動。稍後，英國傳教士米憐、楊威廉，美國傳教士龏爲仁、雅裨理、裨治文，德國傳教士郭實臘等，絡繹東來。他們在馬六甲、新加坡、巴達維亞等地，開學校，辦印刷所，出版《聖經》等宗教讀物，也在當地華僑中傳播西學。所出版的涉及人文社會科學方面的書籍有十來種，包括《生意公平聚益法》（1818）、《西游地球聞見略傳》（1819）、《地理便童略傳》（1819）、《東西史記和合》（1829）、《大英國統志》（1834）、《美理哥合省國志略》（1838）、《古今萬國綱鑒》（1838）、《萬國地理全集》（1838）、《制國之用大略》（1839）、《貿易通誌》（1840），所出版刊物《察世俗每月統記傳（1815—1821）》《特選撮要每月紀傳（1823—1826）》《東西洋考每月統記傳（1833—1838）》，都含有豐富的西方經濟學、歷史學、地理學知識。

比如，《生意公平聚益法》，介紹人們相互之間進行貿易應該遵循的基本法則，《地理便童略傳》對世界主要地區與國家均有介紹，對英國、美國政治制度、司法制度介紹較爲具體。《古今萬國綱鑒》，凡244頁，分20册，是鴉片戰争以前介紹世界歷史知識最爲詳盡的一部書。《貿易通誌》較爲翔實地介紹了西方的商業制度，魏源在《海國圖志》中，對許多國家的貿易、商業的介紹資料採自此書。《大英國統志》《美理哥合省國志略》分别翔實地介紹了英國、美國的國情。

再如，《察世俗每月統記傳》所載《論有羅巴列國》《論亞西亞列國》《論亞非利加列國》《論亞默利加列國》《法蘭西國作變復平略傳》等文，介紹歐洲、亞洲、美洲等地地理、歷史知識，介紹了法國的歷史。還在1821年，便介紹了剛剛立國45年的美國，稱其面積寬大，盛産各物，港口衆多，人口增加很快，且有智有力，預料其日後必爲美洲最大國家。〔一〕《東西洋考每月統記傳》所載《通商》《貿易》《公班衙》等文，

〔一〕《論亞默利加列國》，《察世俗每月統記傳》卷七，道光元年。

介紹西方通商理論，認爲通商貿易對商人、人民、國家都有好處，强調通商貿易要篤實誠信，不可食言行騙。

鴉片戰争以前，中國還没有被英國打敗過，中西關係還比較平等，傳教士在介紹西方情况時，心態還不是那麼傲慢，所以，行文常用對話體，以中國人習慣的説書形式出現。爲了迎合中文讀者心理，作者論述問題，每每先引一段中國古代聖賢的語録或故事，然後進行中西比較，説明東方西方，心同理同。這種表達方式，類似於明末清初耶穌會士，而不同於鴉片戰争以後傳教士那種居高臨下姿態。

第二階段，從1843年至1860年，即五口通商時期。

在1840年至1842年的中英鴉片戰争中，清朝政府戰敗，被迫與英、美、法等國簽訂不平等的《南京條約》、《望厦條約》和《黄埔條約》，被迫割讓香港給英國，開放廣州、福州、厦門、寧波、上海作爲通商口岸，允許外國人在這些口岸傳播宗教、開設學堂、開辦醫院。於是，傳教士便將活動基地從南洋遷到中國東南沿海，開始了晚清西學傳播史上的新階段。這一階段，通商口岸成爲傳播基地。此前，傳教士的活動局限於南洋一帶，西學書刊雖亦能傳至中國大陸，其所辦學校中也有華人，但畢竟水路迢迢，對中國内地影響有限。五口通商後，麥都思、雅裨理、慕維廉、艾約瑟等傳教士以這些地方爲基地，辦學校，出書刊，進行各種西學傳播活動，東南沿海遂成中國率先接受西學影響的地區。傳教士所出版《聯邦志略》(1846)、《格物窮理問答》(1851)、《地理全志》(1853)、《大英國志》(1856)、《地球説略》(1856)、《地理略論》(1859)等書籍，《中西通書》(1853—1860，年鑒)、《遐邇貫珍》(1853—1855)、《六合叢談》(1857—

1858）等雜誌，包括豐富的歷史學、地理學、經濟學知識，也有一些哲學、文學知識。

比如，《遐邇貫珍》所載《花旗國政治制度》一文，不但介紹了美國的總統選舉制、立法、司法、行政、聯邦及各州之組織，還將英、美政治制度作了比較，認爲各有利弊。再如，慕維廉譯編的《大英國志》與《地理全志》，都是超過三百多頁的大書，前者翔實地介紹了當時世界上最强大的帝國英國的歷史與現實，後者比較宏觀地介紹了世界地理知識。

這一時段，傳教士忙於在通商五口進行傳教活動，出版宗教讀物繁多，所出人文社會科學書籍較少，十來種而已，但是這些書刊在中國士紳中還是産生了比較廣泛而重要的影響。魏源編《海國圖志》，廣泛徵引了《地球圖説》等西書；徐繼畬撰《瀛寰志略》，直接得益於雅裨理等人的西書資料；王韜、管嗣復參加了一些西書與雜誌的譯編，受到這些知識的深刻影響。王韜日後出版《西學輯存六種》，頗得益於他在墨海書館協助偉烈亞力等人的西學熏陶，管嗣復則將其西學知識轉述給其老師馮桂芬，促成馮桂芬名著《校邠廬抗議》的誕生。《聯邦志略》《地理全志》《地球説略》等書還傳到了日本，並有日譯本行世。

第三階段，1860年至1900年。

1856年至1860年，英國、法國在美國、俄國等支持下，發動了侵略中國的第二次鴉片戰争。中國再次慘敗。侵略者逼迫清朝政府先後簽訂了《天津條約》（1858）、《北京條約》（1860）等一系列不平等條約。通過這些條約，外國侵略者從中國勒索了大筆戰争賠款，取得了一系列侵略特權。其中，與西學傳播密切相關的有：一、增開11個通商口岸，即天津、牛莊、登州、臺南、潮州、瓊州、鎮江、南京、九江、漢口、淡水。後來實際開埠時，牛莊改爲營口，登州改爲煙臺，潮州改爲汕頭。條約規定，外國人可以在這些通商口岸居住、賃房、買屋、租地起造禮拜堂、醫院、墳塋等。二、傳教自由。三、外國人可到中國内地各處遊歷、通商，中國政府應提供方便。四、開放長江。這樣，加上先前割讓的香港，開放的五口，中國被迫對外開放的城市達17個。外國人可以在南起廣州、厦門，中經上海、煙臺，北至天津、營口，東起上海、南京，沿江西上，直到中國内地，這樣廣闊的範圍裏自由活動。其結果，加强了西方列强對中國的政治侵略、經濟掠奪，也便利了他們對中國的文化滲透。

在清政府方面，以咸豐皇帝去世、辛酉政變發生、慈禧太后掌權爲轉折點，中國對外對内政策有了重大調整。總理各國事務衙門的設立，京師同文館、上海廣學會的創辦，以學習西方堅船利砲、聲光化電爲重要内容的洋務運動的開展，江南製造局等機構的設立，中國向歐洲、美洲與日本等地駐外使臣的派出，聖約翰大學等衆多教會學校的創辦，都對西學傳播産生了重要影響。1894年發生的中日甲午戰爭，中國再次慘敗，激起變法思潮高漲，維新運動發生，更推動了西學傳播的高漲。

這一階段，譯介西學方面，有兩支力量同時發力，即清政府官辦機構與教會機構，前者以京師同文館、江南製造局翻譯館爲其著者，後者以設在上海的以基督新教傳教士爲主的廣學會最爲突出，天主教耶穌會設立的土山灣印書館也貢獻甚多。

這一階段，所出版的人文社會科學譯著，數量較前大爲增多，約130種，超過以往約三百年所出同類書籍總數。內容也更加厚實系統，有適應瞭解國際形勢與外國情況需要的《萬國公法》(1864)、《歐洲史略》(1886)、《希臘志略》(1886)、《羅馬志略》(1886)、《四裔編年表》(1874)、《萬國史記》(1880)、《法國律例》(1880)、《萬國通鑒》(1882)、《八星之一總論》(1892)、《各國交涉公法論》(1898)、《歐羅巴通史》(1900)等；有介紹外交常識的《星軺指掌》(1876)、《公法便覽》(1877)、《公法會通》(1880)；有介紹西方歷史、哲學、經濟學基礎知識的《佐治芻言》(1885)、《西學略述》(1886)、《辨學啓蒙》(1886)、《富國養民策》(1886)、《地球一百名人傳》(1898)；有適應變法需要、介紹外國變法的書籍《自西徂東》(1884)、《列國變通興盛記》(1894)、《泰西新史攬要》(1895)、《文學興國策》(1896)；有爲變法運動提供理論支撑的《天演論》(1898)、《民約通義》(1898)；有爲教育變革提供學術資源的《西國學校》(1873)、《肄業要覽》(1882)、《七國新學備要》(1888)、《教育學綱要》(1899)；有合哲學與心理學爲一體的《心靈學》(1889)、《治心免病法》(1896)。《格致匯編》刊載傅蘭雅所作的《混沌説》(1877)，概略地叙述了當時中國還不大有人瞭解的生物進化論觀點。廣學會出版的李提摩太翻譯的《百年一覺》(1894)，原爲美國空想社會主義小説，影響極廣。同爲廣學會出版的《大同學》(1899)，第一次向中國人介紹了馬克思及其學説。

第四階段，1901年至1911年。

1898年的戊戌政變，1900年的八國聯軍侵略中國之役，使清朝政府的威信跌到最低點，中國國際、國内形勢均發生巨大變化。一方面，愛國人士、知識分子失望到極點，革命風潮因之而生，留日熱潮驟然而起。另一方面，清政府實行新政，鼓勵工商，廢除科舉，改革學制，繼而宣佈預備立憲。這兩方面都亟需西學（新學）資源。在這兩方面因素的共同作用下，西方人文社會科學在中國的傳播，呈井噴之勢，從內容到方式、從數量到質量都有巨大變化。

此前，西學知識主要由翻譯英、法等西書而來。1900年以後，由日本轉口輸入西學數量急劇增長，日本成爲西學輸入主要來源地。從1900年到1911年，中國通過日文、英文、法文共譯各種西書至少有1599種〔一〕，遠遠超過此前90年中國譯書的總數。從1902年至1904年，共譯西書533種，其中日文書籍達321種，占總數的60%。

在繁多的中譯西書中，人文社會科學比重加大。以1902年到1904年爲例，三年共譯文學、歷史、哲學、經濟、法學、政治學等人文社會科學書籍327種，占譯書總數的61%。同期翻譯自然科學書籍112種，應用科學56種，分別只占譯書總量的21%和11%。〔二〕所占比重從多到少的順序爲人文社會科學→自然科學→應用科學，與之前幾十年的情形正好相反。京師大學堂從1898年到1911年翻譯、出版西學教科書有六十餘部一百多册，其中人文社會科學類占62%。〔三〕這表明當時西學輸入的重心，已從器物技藝等物質文化層面轉到思想、學術等精神文化層面。

〔一〕見拙著：《西學東漸與晚清社會》（修訂本），中國人民大學出版社，2011年，第11頁。

〔二〕以上數據均見拙著：《西學東漸與晚清社會》（修訂本），第11頁。

〔三〕範軍：《歲月書痕》，華中師範大學出版社，2017年，第165頁。

就内容而言，這一階段所譯人文社會科學書籍，舉凡哲學、文學、歷史、經濟、法學、政治學等各學科，都有頗成規模的系統譯作。

哲學方面，概論性譯作就有9部，如井上圓了著、羅伯雅譯《哲學要領》(1902)，德國科培爾著、下田次郎述、蔡元培譯《哲學要領》(1903)，井上圓了著、王學來譯《哲學原理》(1903)；邏輯學譯作18部，如楊蔭杭譯《名學》(1902)，清野勉著、林祖同《論理學達恉》(1902)，十時彌著、田吴炤譯《論理學綱要》(1902)、嚴復譯《穆勒名學》(1905)，大西祝著，胡茂如譯《論理學》(1906)，英國耶方斯著、王國維譯《辨學》(1908)，法國孟德福著、李問漁譯《名理學》(1908)。其他哲學著作(含哲學家介紹、各國哲學、哲學史)9部，如蟹江義丸著、範迪吉等譯《西洋哲學史》(1903)、姉崎正治著、範迪吉等譯《宗教哲學》，井上圓了著、蔡元培譯《妖怪學講義録(總論)》(1906)；心理學譯作21部，如元良勇次郎著、王國維譯《心理學》(1902)，長尾槇太郎著、蔣維喬譯《心理學》(1906)等；倫理學譯作10部，如元良勇次郎著、麥鼎華譯《倫理學》(1902)、德國泡爾生著、蔡元培譯《倫理學原理》(1909)；教育學46部，如立花銑三郎述、王國維譯《教育學》(1901)，能勢榮著、葉瀚譯《泰西教育史》(1901)。清末一度流行哲學救國論，一批學者認爲救國應先救其人，救人應先救其心，救心應先救其學，而救學則應從譯介西方哲學始。因此，舉凡古希臘、羅馬哲學，西方近代哲學，以及重要哲學家生平及其學説，幾乎無一不被譯介。

文學作品翻譯更是繁盛一時，内以小説最多。據研究，從1901—1911年，中國共翻譯域外小説547

部，散文集22部，戲劇1種[一]。對英、美、法、俄、德、日、荷蘭、奥地利、瑞士、希臘等國文學作品均有翻譯，内以英、法、日三國最多。英國的莎士比亞、笛福、斯威夫特、哈葛德、柯南道爾、司各特、哈代、拜倫、狄更斯、斯蒂文森等，法國的小仲馬、雨果、大仲馬、朱力士、迦爾威尼，美國的斯土活夫人、布萊特夫人等人作品都有翻譯。譯自英國的，僅林紓就與人合譯哈葛德《迦因小傳》和《鬼山狼俠傳》等20種，柯南道爾《歇洛克奇案開場》等7種，司各特《撒克遜劫後英雄略》等3種，斯蒂文森《新天方夜譚》等。同是柯南道爾作品，就有周桂笙、林紓和魏易、陳家麟、包天笑等人投入翻譯。譯自法國的有，林紓與他人合譯的《巴黎茶花女遺事》《賂史》，薛紹徽譯的《八十日環遊記》，包天笑譯的《鐵世界》，朱樹人譯的《穡者傳》和《冶工軼事》，陳春生譯的《獄中花》，梁啓超等譯的《十五小豪杰》，魯迅翻譯的凡爾納小説《月界旅行》。從1899年到1911年，從日本翻譯過來的小説有55種，其中1907年就翻譯了11部，内有《佳人奇遇》《經國美談》《謀色圖財記》《美人島》《世界一周》等。[二]

歷史學方面，比較重要的有102部，其中通史14部，如作新社出版的《萬國歷史》(1902)、支那翻譯會社的《萬國史綱》(1903)、杭州史學齋的《萬國史要》(1903)、上海通社的《世界通史》(1903)、山西

[一] 鄧集田：《中國現代文學的出版平臺——晚清民國時期文學出版情況統計與分析(1902—1949)》，華東師範大學博士論文，2009年，第502—512頁。

[二] 汪帥東：《晚清日本文學翻譯研究》，《當代外語教育》2018年，第2輯。

大學堂譯書院的《邁爾通史》(1905)、江楚編譯官書局的《萬國史略》(1906)。其中英國李思倫白著、蔡爾康等譯編的《萬國通史》，規模最爲宏大，凡30卷，相繼於1900、1904、1905年由廣學會出版。地區史、國別史52部，如東亞譯書會《歐羅巴通史》(1900)、金粟齋《西洋史要》(1901)、商務印書館《亞美利加洲通史》(1902)、文明書局的《泰西通史》(1903)等，還有英、美、德、法、日等國歷史。變政史、維新史、獨立史17部，如作新社的《英國維新史》(1903)、文明書局的《佛國革命戰史》(1903)、商務印書館的《美國獨立戰史》(1911)，還有關於意大利、菲律賓、希臘、印度等國獨立或變革史。其他專史5部，如開明書店的《近世海戰史》(1903)、文明書局的《世界女權發達史》。人物傳記14部，包括華盛頓、拿破侖、彼得大帝、俾斯麥等個人傳記，還有世界名人、歐洲政治學家、日本維新志士等合傳。

政治學方面，比較重要的譯編有29部，其中政治學概論性的譯作，有高田早苗講述、嵇鏡譯《國家學原理》(1901)，德國伯倫知理原著、梁啓超譯《國家學綱領》(1902)，德國那特硜著、馮自由譯的《政治學》(1902)、戢翼翬等譯《那特硜政治學》(1901)，市島謙吉著、麥曼蓀譯《政治原論》(1902)，美國伯蓋司著、楊廷棟譯《政治學》(1904年以前)；政治學理論譯作有英國斯賓塞著作、楊廷棟譯《原政》(1902)、法國盧梭著、楊廷棟譯《路索民約論》(1902)，浮田龢民著、出洋學生編輯所譯《帝國主義》(1902)，西川光次郎著、周子高譯《社會黨》(1902)，馬君武譯《彌勒約翰自由原理》(1903)，幸德秋水著、中國達識社譯《社會主義神髓》(1903)，村井知至著、侯士綰譯《社會主義》(1903)，加藤弘之著、陳尚素譯《人權新説》(1903)，福井準造著、趙必振譯《近世社會主義》(1903)，英國甄克思著、嚴復譯《社會通詮》(1904)

等。介紹各國政治態勢的有《萬國政治叢考》《最新萬國政鑒》《最新萬國政治制度》《萬國國力比較》《歐美政教紀原》《十九世紀末世界之政治》《美國民政考》等。

經濟學方面，1901年至1911年出版譯作23部。其中，嚴復翻譯的《原富》出版，是西方經濟學經典著作首次完整譯出。1902年，《欽定學堂章程》規定，今後學制三年的高等學堂政科，必須設立『理財學』即經濟學課程，這促進了西方經濟學説引進與傳播。此後，楊廷棟編《理財學教科書》、天野爲之著《理財學綱要》、商務印書館出版的田尻稻次郎著《理財學精義》，均列爲中小學理財學教材。1906年至1908年，政治經濟社等機構出版了《公債論》《租税論》《紙幣論》《貨幣論》《財政學》《計學》《比較財政學》等多種屬於經濟學分支的著作。

法學方面，這一階段譯作特多。從1901年至1911年，共譯法學書籍263種[一]，是晚清社會科學中譯書最多的學科。1902年，清廷命沈家本等遴選諳習中西律例司員分任纂輯，延聘東西各國精通法律之博士、律師以備顧問，復調取留學外國卒業生從事翻譯。於是，清政府有計劃地翻譯大量法律書籍。民間譯書機構或出於社會需求，或出於牟利目的，也翻譯了大批法學書籍。從國際公法、國際私法，民法、刑法、民事訴訟法、刑事訴訟法、行政法，應有盡有。不但一般性的介紹法學原理、法學流派、國際法的著作都有介紹，而且各種具體法規法制，如警察學、監獄學，也很豐富。有的同一種著作有多種譯本，

〔一〕田濤、李祝環：《清末翻譯外國法學書籍評述》，《中外法學》，2000年，第3期。

單1903年，《國際私法》就有4種譯本，《國法學》有5種譯本，《法學通論》有6種譯本。1904年至1909年，清政府爲適應法律改革需要，由修定法律館主持審定，翻譯了一大批刑法、民法方面的書籍，包括德國、法國、美國、意大利、日本等國刑法、民法多方面具體法規。1906年以後，中國地方自治聲浪日高，與地方自治相關的自治法規、地方性法規書籍翻譯頗多，諸如《地方自治論》《英國地方政治》《歐洲大陸市政論》《日本府縣制郡制要義》，與地方自治相關的警察書籍翻譯尤多，諸如《最近警察法教科書》《德國警察法》《警察全書》《警察學》《偵探學》。這些書主要自日文譯出，法律也以日本爲多。這一時期引進日本法律最爲全面的一部書籍，即《新譯日本法規大全》，由張元濟、劉崇杰等翻譯，内容相當廣泛，對清末法制改良有着重大影響。

第五階段，1912—1919年。

隨着清廷覆滅，中華民國建立，政治建設、法制建設、公民道德建設等任務提到人們面前，這些方面的譯介著作也隨之增多。與政治建設、法制建設有關的譯作主要有：同是英國莫安仁著、許家惺譯的《英國立憲鑒》(1912)、《英議院權力發達史》(1912)，英國布賴斯著、孟昭常譯《平民政治》(1912)，美國麥萊著、陳其鹿譯的《美國民主政治大綱》(1912)，美國約翰・温澤爾著、楊錦森、張萃農譯的《美法英德四國憲法比較》(1913)，日本田中萃一郎著、畢厚譯《歐美政黨政治》(1913)，美國黎卡克著、梁同譯的《政府論》(1914)、法國路易・普羅爾著、高仲和譯的《政治辨惑論》(1914)，日本齋藤隆夫著、姚大中譯的《比較國會論》(1917)。東方法學會譯編法律要覽叢書多種，由泰東書局出版，包括《民法要覽》《民事訴訟法要覽》《商法要覽》《刑法要覽》等，影響廣泛。

有關公民道德建設的譯作甚多，諸如《國民道德談》（1915）、《道德之研究》（1915）、《品性論》（1916）《泰西改良社會策六章》（1917）、《新道德論》等。其中，英國著名道德學家斯邁爾斯（S. Smiles，1812-1904）多種著作被多次翻譯，包括《勤儉論》（1914）、《克己論》（1915）、《職分論》（1917），葉農生、蔣方震、秦同培等均參與譯事。第一次世界大戰爆發以後，有一批與戰爭有關的譯作問世，如《德意志戰論》《開戰時之德意志》《美國總統威爾遜參戰演説》《革命心理》《國際同盟論》。

這一階段，馬克思主義、無政府主義書籍的譯介也有一些，包括1912年施仁榮翻譯恩格斯的《理想社會主義與實行社會主義》，是馬克思主義經典文本在中國早期傳播較爲完整的譯本，是恩格斯的著作《社會主義從空想到科學的發展》在中國的第一次譯介。1919年凌霜翻譯克羅泡特金的《近世科學與無政府主義》。

這一階段，所譯哲學、史學著作，均遠較清末爲少，但文學翻譯勢頭依然很猛。1912年至1919年，共翻譯域外小説250部，散文集35部，戲劇3部〔一〕，涉及英、法、美、俄、德、日、西班牙、奥地利、瑞士、波蘭、比利時、丹麥等國作家，内以英、法作家所占比例爲高，英、法主要作家被譯作品與清末

〔一〕 鄧集田：《中國現代文學的出版平臺—晚清民國時期文學出版情況統計與分析（1902—1949）》，華東師範大學博士論文，2009年，第512—519頁。

有延續性，如英國哈葛德、柯南道爾、狄更斯，法國大仲馬、雨果等，增加較多的是美國作家華特生等人的作品，俄國托爾斯泰等人作品也陸續翻譯進來。

以上五個階段，就對中國社會影響而言，每一階段都不能忽略，各有各的影響。但綜合而言，以清末這一階段的影響，最爲廣泛而深入。數以百計的出版機構，數以千計的中譯日書，數以萬計的留日人員，難計其數的雜誌、報紙，將形形色色的西方新學轉口輸入中國。範圍之廣，數量之多，來勢之猛，是此前歷史階段也是民國初年所不可比擬的。這一階段，正是中國廢科舉、興學校的教育體制轉型期，難計其數的各門各科的新式教科書，大多是這一階段編寫的，藍本多取自日本，多取自這一階段的譯書。各門各科的辭典大量引進、編寫，無形中起着規範語言的作用。

四

近代中國被動卷入全球化浪潮之中，遭遇千古未有之變局。在此以前，中國雖然早已與外族有了關係，但那些外族都是文化較低的民族，縱使他們入主中原，到頭來也終歸爲以儒學爲核心的中國文化所化。在中國接觸的世界裏，中國以老大自居，他國也以老大尊之。但是，到了近代，情况大不一樣。中國面對的英國、美國、法國等，絶非先前的夷狄可比。這些對手，既陌生又强大，突兀而來，猝不及防。中國生産方式、生活方式、價值觀念、審美情趣、教育體系、學術體系、語言詞彙，乃至風俗習慣，無不發生深刻的變化。人文社會科學譯著，既是這一歷史變局的産物與證物，也是這一變局的助推器。

以語言詞彙而言，中國今天所用各類新詞彙，大多形成於近代。人文社會科學方面的新名詞，諸如社會、政黨、民族、階級、主義、範疇、系統、規範、唯物、唯心、主體、客體、法學、法庭、民法、刑法、金融、銀行、生産力、生産關係，都是近代出現的，而且大多是從日本移植而來。日常生活所用諸多新詞彙，也主要形成於近代。比如，以『化』字結尾的複合詞，特殊化、現代化、民族化、大衆化、自動化；以『式』字結尾的複合詞，速成式、問答式、簡易式、西洋式；以『炎』字結尾的病名，關節炎、氣管炎、腦炎、肺炎、胃炎、腸炎；以『性』字結尾的複合詞，可能性、現實性、必然性、偶然性、必要性、習慣性；以『界』字結尾的複合詞，文學界、思想界、藝術界、新聞界、出版界；以『感』字結尾的複合詞，美感、好感、惡感、情感、敏感；以『點』字結尾的複合詞，觀點、要點、焦點、重點、出發點；以『觀』字結尾的複合詞，悲觀、樂觀、人生觀、科學觀、世界觀、宇宙觀；以『論』字結尾的複合詞，一元論、宿命論、無神論、唯物論、唯心論；以『法』字結尾的複合詞，辯證法、歸納法、演繹法、綜合法、分析法。還有以『作用』『問題』『時代』『社會』『主義』『階級』等詞結尾的複合詞，心理作用、精神作用、土地問題、社會問題、舊石器時代、新石器時代、奴隸社會、封建社會、人文主義、社會主義、地主階級、農民階級。如此等等，不一而足。

新名詞如此，學科分類亦如此。以『學』字結尾的學科名，財政學、經濟學、生物學、物理學、心理學、家政學、社會學、冶金學，也都在清末定型。

近代譯介的人文社會科學，不但影響了當時的中國社會，而且業已廣泛融入中華文化傳統當中，幾乎無處不在、無時不在地體現於我們的物質文化、制度文化與觀念文化之中，體現於我們的日常生活當中。倘若不信，你且撇開此類新思想、新觀念、新學術、新詞語，寫一篇文章或者講幾句話試試！

鑒此，我們選編了這套《近代人文社會科學譯著選輯》，選擇不同歷史階段較有影響的譯著，分爲五輯，分類如下：1、人文社會科學總論與政治學；2、哲學、邏輯學、倫理學、心理學、教育學；3、歷史學、地理學、社會學、禮俗；4、法學、經濟學；5、文學、藝術、人物傳記。

鑒於嚴復所譯學術名著、林紓所譯文學著作已有多種刊本行世，本書不再收録。

《近代人文社會科學譯著選輯》第一輯第六册説明

本册選録《路索民約論》《原政》與《政治泛論》三部譯作。

《路索民約論》，楊廷棟譯，文明書局 1902 年出版。

路索（Jean-Jacques Rousseau，1712-1778，今通譯盧梭），法國著名啓蒙思想家、哲學家、教育家，民主政論家和浪漫主義文學流派的開創者，啓蒙運動代表人物之一。主要著作有《論人類不平等的起源和基礎》《社會契約論》《愛彌兒》《懺悔録》等。《路索民約論》，一譯《民約論》《社會契約論》，是盧梭的名著，1762 年出版，分四編，依次論述社會結構和社會契約、主權及其權利、政府及其運作形式，最後一捲討論幾種社會組織。書中主權在民的思想，是現代民主制度的基石，深刻地影響了歐洲的革命運動和英屬北美殖民地的獨立戰争，也影響了亞洲等地的民主革命。

楊廷棟（1878—1950），字翼之，江蘇吴縣（今蘇州）人。早年先後入讀蘇州中西學堂和南洋公學，1898 年以南洋公學官費生留學日本早稻田大學法政科。加入勵志會，在東京與戢翼翬等創辦《譯書匯編》《國民報》，宣傳自由民主思想。回國後，供職於南洋公學譯書院，另譯《政教進化論》，編著《理財學教科書》，任上海商務印書館編譯所編纂。1906 年以後任常州府學務公所庶務長、常州師範法制教員、江蘇諮議局籌辦處選舉科科長等，參與地方自治事務甚多。辛亥革命爆發後，參與江蘇獨立活動，任江蘇都督府外務司次長。1914年初任農商部礦政局局長，兼中比興業公司中方理事。後投身實業，任蘇州振興電燈公司、蘇州市公所自辦電燈公司、商務印書館附設尚公學校、常州富華儲蓄銀行董事等。1950年卒於香港。〔一〕

《民約論》由日本原田潛譯爲日文《民約論覆義》，1883年春陽堂出版〔二〕，楊廷棟再據以譯爲中文〔三〕，爲《民約論》第一個完整中文譯本，其中部分内容曾在1900—1901年的《譯書匯編》雜誌上連載。有學者指出，楊廷棟譯文與盧梭原文有相當大出入。讀楊氏譯文與其説是在讀《社會契約論》，還不如説是在讀一篇聲討清政府專制暴政的政治宣言。因爲楊的注意力更多集中於唤醒民衆認清自己的處境，而不是譯介盧梭理論本身，譯文是否忠於原文，似乎不是其關注重心之所在。〔四〕

〔一〕參考李峰《蘇州通史・人物卷》下，蘇州大學出版社，2019年，第66頁。

〔二〕（韓）崔博光主編：《東北亞近代文化交流關係研究》，山東大學出版社，2008年，第87頁；何力群：《盧梭學説的東方傳承》，吉林人民出版社，2017年，第101頁。

〔三〕王曉苓：《民國時期關於盧梭的論争》，載樂黛雲、（法）李比熊主編，錢林森執行主編：《跨文化對話》第31輯，生態美學與盧梭紀念專號，生活・讀書・新知三聯書店，2013年，第297頁。

〔四〕吴凌雅：《盧梭〈社會契約論〉的漢譯及其影響》，《現代哲學》，2009年，第3期。

《原政》，斯賓率爾著，楊廷棟譯，上海作新社 1902 年出版。

斯賓率爾（Herbert Spencer，1820–1903，今譯斯賓塞爾），英國哲學家，社會達爾文主義理論創立者。他把進化理論適者生存應用在社會學上，尤其是教育及階級鬥争方面。著有《心理學原理》（1855 年）、《合成哲學系統》（1860 年）、《教育論》（1860 年）等。

楊廷棟生平，參見本册《路索民約論》説明。關於《原政》底本，據研究，係日本學者濱也定四郎、渡邊治將斯賓塞《社會學原理》譯爲日文，於 1884 年以《政法哲學》之名出版，楊廷棟再將《政法哲學》譯爲中文，以《原政》之名出版。〔一〕時人評論此書：『作者素長群學，故能以社會之觀念以征天演學之目的，其旨微矣。惜譯筆間有冗長之病，能删潤之則精湛矣』。〔二〕

《政治泛論》，威爾遜著，高田早苗譯，商務印書館重譯，1903 年出版。

威爾遜（Thomas Woodrow Wilson，1856–1924），美國第 28 任總統。16 歲入戴維森學院，29 歲獲博士學位，30 歲開始在大學任教。1902 年發表的《美國人民史》，贏得很高的學術聲譽，同年出任普林斯頓大學校長。1909 年當選爲新澤西州長。1912 年以民主黨人身份當選總統。1919 年，被授予諾貝爾和平獎。

〔一〕孫宏雲：《楊廷棟譯〈原政〉的底本源流考》，《政治思想史》，2016 年第 1 期。

〔二〕顧燮光：《譯書經眼録》，載熊月之主編《晚清新學書目提要》，上海書店出版社，2014 年，第 328 頁。

《政治泛論》，一名《政治沿革學》，兼採歷史學派各家之長，而申以己見。全書凡16章，首章論政治之源，第二章至第十一章叙述政治沿革歷史，依次介紹希臘與羅馬政治、羅馬領地及羅馬法、條頓種族制度政治、法蘭西政治、德意志政治、瑞士政治、兩聯合國（奥地利與匈牙利、瑞典與挪威）、英國政治與合衆國政治，第十二章至第十六章，綜合性討論，包括總論、政府形質、法律、政府職掌、政府宗旨等。高田早苗在序言中稱威爾遜爲美國政治學泰斗，《政治泛論》『兼英法德歷史學派，評論精刻而不失公平』，爲各國所重。

高田早苗（1860—1938），生於東京，號半峰，日本教育行政家、政治家、法學博士。1882年畢業於東京大學文學部。受大隈重信賞識，參與創立東京專門學校（後改稱早稻田大學），並任講師，主講政治學、憲法。1890年起六次當選衆議院議員。1897年任第二届鬆方内閣外務省通商局長，1898年任大隈内閣文部省專門學務局長。1915年任第二届大隈内閣文部大臣和教育調查會總裁。1900年後歷任東京專門學校學監、早稻田大學學監、校長。1915年被敕選爲貴族院議員，1928年成爲學士院會員。

高田早苗在《政治泛論》序言中稱，他極其欽佩威爾遜的學術，翻譯此書，花了整整四年時間。

《政治泛論》版權頁註明重譯者爲商務印書館，校勘者爲章起渭。章起渭，浙江鄞縣（今寧波）人，南洋公學附設東文學堂肄業生，1902年經張元濟介紹，入商務印書館編譯所東文學部。所譯除了此書，還有《埃及近世史》，商務印書館1903年出版；《國民教育愛國心》，大學堂官書局1903年出版，用作修身教科書；《西洋通史》，商務印書館1910年出版。

路索民約論

初刻民約論記

民約之說泰西兒童走卒莫不蒙其庥而謳其德亞東之國則倏乎未之聞也日本明治初年亦嘗譯行公世第行之不廣迄今索其古本亦僅焉而已若夫漢土人士則尤瞠乎莫之解矣良可悲哉歲庚子嘗稍稍見於譯書彙編中既有改良之議且謂疏浚民智甯卑之無甚高論遂輟此書不復續刻嗚呼天之靳民約論於吾中國者何其酷也譯者又卒卒鮮暇不能終其業負海內望者亦甚久今併力營之書始成從此茫茫大陸民約東來吾想讀其書而樂者有

之。懼者有之。笑者有之。痛哭者有之。歡欣歌舞者又有之。醜詆痛詈者又有之。吾唯觀其後而綜其比例之率。而覘吾中國旋轉之機。斯以已耳。論指如何。則天下萬世。自有不可沒之公論在也。光緒壬寅譯者記

路索民約論目次

路索民約論

路索小傳

路索名戎雅屈。匠人某之子也。一千七百十二年六月二十八日。生於瑞西日內瓦府。家貧寠。幼失母。天資穎敏。不屑事家人生業。而好讀裨官野乘。久之自悟句讀。遂涉獵於發朱惠募理英爾諸大家。及執弟子禮於鄉校師良邊西之門。得讀普魯達爾之書。慨然自奮曰。英雄豪傑非異人任矣。自是刻苦砥礪。日夜孜孜。惟恐不足。嶄然有睥睨千古之概。成童時。其父以故去日內瓦府。屬路索於傭書某。而路索意不自適。因從彫刻師某業焉。無何。又去某氏。漫遊四方。一千七百二十八年。入法國安西府。寄食瓦列寡婦某氏。氏憫其年少氣銳。常爲貧窘。又欲變化其狷介之氣質。恩遇周摯。若家人父子也。遂勸其遵奉耶穌舊教。又命入意大利株林府教育院。既又出教育院。爲音律師。出入侯門。僅免凍餒。後益困。常執僕隸之役。卑賤屈辱。不能一日安其心。乃復投瓦列寡婦。婦善視之如初。及婦沒赴里昂府。主大判事嗎當剌家。敎授其子弟。一千七百四十一年。著音律書於巴黎。爲伶人所沮。書不得行。當路索之在巴黎也。與牧師及諸名流鄉老相往來。奢侈浮靡。頗爲都俗所眩。於是自請爲法國公使孟偵義侯記室。隨往意大利威內斯府。而傲慢自喜之心不少悛侯數規之。不聽怒逐之乃歸巴黎。一千七百四十八年。徵稅官猶磐招爲記室。一千七百四十九年。窮乏益酷。恒終日不得一炊。遂矯正其所著書務求合俗。出而售之。僅獲旦夕之餉焉一千七百五十年。埃戎大學校徵文天下。論工藝學術有益世敎與否。路索方偕其友步遊街市。得大學校徵文之報。其友曰。子孰取焉。曰。吾將論其益。友曰。不然。與其論其益。何如論其害。以博名利於當事者之爲得也。路索沈吟久之。撫掌躍然曰。有是哉。謹聞命矣。後文出。果得優等。名噪一時。而路索不自足。日繕樂譜。爲衣食計。一千七百五十二年。著一書。顏曰度宛德蘭。專述已見。痛斥法國音律之弊。於是怨讟紛起。幾無容身之地。一千七百五十三年。埃戎大學校。又徵文於天下。路索乃著人類不等論。一時膾炙人口。靡然從風。兒童走卒。無不稱道之者。自是肆力於政治之學。而往往與學士宿儒不合。排之者衆。羣將摭拾其失。以起疑獄。大懼。避至日內瓦府。又奉耶穌新教。欲爲共和國人民。瑞人阻之。不逞意。而還巴黎。惠比倭夫人資以金帛。因著音樂辭書等數種。又著教育論。言天道之眞理。造化之妙用。以排斥耶穌教之豫言奇蹟者。巴黎議會。命燬其書。且將拘而置諸重典。又奔瑞西。與其國人爭論不合。復還巴黎。會法政府命吏物色路索。搜捕甚亟。乃閉戶不敢外出。時或微服而行云。一千七百六十六年。應非迷氏聘。赴英倫敦。與僚友有隙。又還法國。自變姓名。潛居諸洲郡。而屢與人齟齬。不能久居於一處。一千七百七十年五月。卒歸巴黎。自謂天下之人。皆仇視我也。怏怏不樂。遂發狂疾。仁刺達伯惜其有志不遂。因與田宅數畝。隱居自養。一千七百七十一年。著波蘭政體考。至一千七百七十八年。業成此書。鴻富奧博。而於民約之旨。尤反覆三致意焉。是年三月。暴卒於英兒念維。或云病斃。或云遭仇人之毒。官吏檢視。則自殺也。路索性銳達。少有大志。

然好爲過激詭異之論。雖屢爲世人所挫折。而其志益堅。晚年自憤世人不己容。遂至發狂自戕。於戲。不其悲夫。當路索之身前後數十年間。未聞有一語褒及之者。而異日革命之功。實以路索之自由論爲之發動也。一千七百九十四年。改葬遺骸於巴黎之招魂社。又刻石肖像於日內瓦府。後數年。巴黎人購大理石刻半身像於武良街。至今人稱謂戎雅屈路索街。縉紳大夫。過其街者。必式禮焉。

路索民約論

法國　路　索　著
吳縣　楊　廷　棟　譯

第一章　要旨

人生天地之間。於事物之輕重。行爲之取捨。皆不必假手他人。一唯我之所欲爲。此所謂自由權也。然人或不能保有此權。每至事物行爲。不能任我自由。而爲他人所牽制。卽如仰給於君長之人。其事物行爲。較之常人。已多束縛。何也。所謂自由權者。皆有不羈獨立之性。一旦爲人干涉。則大而生死榮辱。小而起居食息。俱不得少參已見。桎梏之苦。無甚此者。而人或有習不爲怪者。竊爲余所不解也。

或曰國家成立之初。强者奮起。恃其威力。以脅弱者。當此之時。弱者自由之權。爲强者所奪。亦常道也。果如此言。則弱爲强制。出於不得已耳。苟一旦脫其鉗制。不得不謂之盛業也明矣。蓋彼奪我之權。僅恃威力。我亦以威力復我之權。尙何可議之有。然則所謂國家者。不過殺伐之場已耳。强者呑弱。弱者呑强。干戈相尋。終無窮日。於此而欲成立國家之基。烏可得哉。夫國家也者。集衆人而爲之。相守相望。各人權利。不相輕侮。而後國家之基。於以成立。蓋國家之基。非由天然。而繫人爲之契約也。

第二章　家族

人之相聚而成羣也。無如家族之羣爲最古。余觀父子之間。慈愛之心。油然而生。亦僅於子尙幼穉。一切不能自爲之時已耳。迨其子漸長。自知生存之道。而後父子之間。樞紐既絕。其父不得牽制其子。其子亦不必從屬其父。各歸自立之途而止。然於此時也。凡事物行爲。子猶與父諮商而後處置。則由父子之私情。而非出於天然者也。執是言之。則雖曰父子。亦有契約存乎其間矣。夫人之各歸自立。不受覊束。亦本性然也。何獨於父子而不然乎。要之人之生也。以能自知生存之道爲第一要義。蓋自能知之。則不受他人干涉。而隨在可以自給。然後事物之輕重。

行爲之取捨。胥不仰給於人。一聽己之所欲爲。所謂自主自由之權。皆我固有者也。人不云乎。家族之制。寔爲人民國家之原起。君猶其父。民猶其子。而有生之初。君民皆有自主自由之權。非利於已。各執所守而不變。故君守於上。民守於下。而國家於以成立也。此論似是。實有大謬不然者。夫國之與家。其趣不同。父子之間。慈愛出於天然。雖偶有一時不合。而互相眷顧。終有償其失之一日。君則異是。始也不愛其民。已居於上。民驅於下。作威作福。妄自尊大。而獨自解曰。民猶子也。是亦悖理之甚者也。非特無益於民。直謂之虐民而已矣。

荷蘭學士某之說曰。人生行爲取捨之權。非民所有。一任官之所爲。且引希臘羅馬蓄養奴隸之事爲証。余究其要旨所在。不過助君爲虐而已。何也。希臘羅馬之制。寔往古之暴政也。

天下。生靈億兆。而號稱帝王者。僅僅數十百人。將以億兆屬之數十百乎。抑以數十百屬之億兆乎。讀遍荷蘭學士之書。則直以億兆屬之數十百耳。英學士某亦襲其覆轍。要之彼等所論議。不過視人民爲牛羊。帝王爲牧人。帝王之保護人民。猶牧人之芻養牛羊而已。

羅馬帝某及其學士某之說曰。君主之貴於人民。猶牧人之貴於牛羊。故君爲神爲聖。人民則爲禽爲獸。以神聖而制禽獸。亦天然不易之理也。

羅馬帝某及荷英學士之說。其旨皆同。蓋彼等所習聞之說。奉爲圭臬者。希臘人挨立司他脫爾之說也。挨氏之言曰。人之天性。至不平等。有賦於天者爲奴隸之性。有賦於天者爲君主之性。

挨氏之言。人或謂近理。實則不揣其本而齊其末之說也。夫生於奴隸之中。自不能無奴隸之態。當其始生之時。卽束縛之。馳驟之。以沒其天性。迨其長也。遂安於闒茸。而以賤業爲快。如希臘淫蕩之流。縱欲敗度。藉以自豪。絕無羞惡之心。習慣成自然。而後奴隸之心。竟若天縱之矣。蓋始則威之虐之。使其俯首聽命而不敢逆已。終則昏之愚之。使其雖欲自奮而無所適從。於是逞臆爲譚者。僉謂奴隸之性賦之於天。嗚呼。天果有以奴隸之性賦於人哉。

太古邈矣。不必遠論。草味初闢。生靈悉罹洪水之厄。其免於難者。不過諾愛一人。後以世界之地。拆之爲三。而以其三子分王各地。其三子者。卽亞細亞。阿非利加。及歐羅巴各人種之始祖也。夫三人既爲人類之始祖。而其子孫蔓延至於今日。則雖至賤如余。亦其苗裔無疑。若余審其譜系。則余或爲其嫡派。當享有王天下之權利。要未可知。而人亦不能非余者也。然此亦笑譚而已。使余縱有王天下之權利。將誰以余爲天下之王哉。且當諾愛稱王於天下之時。天下僅有諾愛一人。欲王則王。無牽制我者。如落平生之主無人島。亦其例也。稗史謂落平生嘗航海。忽遇颶風。流至一島。極目荒凉。不見人跡。是與諾愛之世無異也。夫天下無人則爭競不作。禍亂不起。政治法律。俱無所用。獨我一人。安居其位。余亦安用此天下。而以不經之說。駭人耳目也哉。然當此之時。君之者我。民之者我。以一人而兼君民之役。豈卽以一人而備神聖禽獸之貴賤乎。抑其性之賦於天者。具有君主奴隸之二性乎。余益見囂囂之說之不可通也。

第三章　强者之權

天下之强有力者。必變其力爲權利。否則不足以使衆。天下之弱者。必易其從順爲義務。否則不可以事人。故權利之所歸。卽强弱之攸分。權在我則我强彼弱。權移彼則彼强我弱。强者制弱。弱者服强。執其權以制人。裕如也。而此權利。世人每陽斥之而陰實用之。余嘗求其故而不得。夫所謂强有力者。非由淫威而然乎。曷謂之權利也。其從順於强有力者。或由顧慮切己之利害。而出於不得不然。又曷謂之義務也。

强者之力。非眞權也。虛名而已。凡人之以力服人者。不顧理義之如何。一旦我有力則卽以制人。設又有力甚於我而欲制我者。我卽爲其所制。若是則成一爭競之天下。日夜不足。皆唯强力之是求。我欲制人。人欲制我。將囂然不可終日矣。且夫制也者。非中心悅而誠服之。力不足也。是以出於不得已而爲人所制。則其有力卽欲制人也。可操券俟之。故曰强者之力。非眞權。虛名而已。

教士輒曰。從順强者。此言也。爲彼此情之所好而設則可。若爲力不足不得不然則不可。蓋使弱者之從順强者。不啻益强者以暴力而使之虐人也。教士又言曰。人有權利。受之於天。弱者之從順强者。亦勢爲之也。此言也。亦背理之甚者矣。苟云受之於天。則疾病流行。亦天所爲。人之療治疾病。延醫服藥。不得不謂之逆天矣。又使余忽遇匪徒。手持器械。余力不敵。遂以一身所有者與之。是彼匪徒之力。亦由天授。余欲保持所有。防範匪徒。則亦不得不謂之逆天矣。天下寗有是理哉。夫匪徒之力。在有器械以懼人。而所以懼人者。利人之弱而欲飽其私壑也。何得妄託受於天者之說哉。

是以强力不得爲權利。從順不得爲義務。雖在帝王。苟非光明正大之權利。猶不能從順。矧其他乎。余得而斷之曰。天下權利。非由强力。而由於契約也。

第四章　奴隸

人皆平等。無貴賤上下之別。既無從屬他人之責。又無制馭他人之權利。然芸芸之衆。不能無一人以統治之。而統治之者。既無藉乎强力。則不外由於治人者與治於人者之契約而已。

或曰。人有以一己權利。讓他諸人。而凡事悉聽他人之命者矣。若是則一國之民。讓其權利與君。而委身事之。唯君命是聽。亦何不可之有。甚矣其說之不可通也。夫讓也者。舉我所有。轉與他人之義。如奴隸輩。一己生計。不能自營。遂以身事人。不過爲衣食計耳。若夫民則固未嘗仰衣食於君。而君則實仰衣食於民者。何得視民爲奴隸也哉。或又曰。爲人君者。貨財不可不多。是何言也。夫民既舉身事君。而又欲悉歛其財。以饜私欲。則民將何以存其身也。

或曰。專斷之君。每使一國人民。得蒙安寧之福。是或有之。然使其君擅欲立功絕域。侵擾鄰封。銷耗府庫。殺戮將士。於民果何所益哉。又或苛歛人民。供其淫侈。將終致一國人民。流離顚沛。無所控告。其禍尤甚於兵燹。豈得謂蒙安寧之福哉。夫人心所好。莫踰安寧。然欲偷旦夕之安寧。而不恤其他。則雖在縲絏中。猶安寧也。往古希臘人。每謂陷於深山巨窟中。當其未飽狠虎之時。卽爲安寧。或者之說得毋類是。余不知人果樂有此安寧乎哉。

由是觀之。民之事君。不如奴隸之事人也明矣。夫得人價而與人以値。交易之道然也。若不得人價。而卽舉身事人。天下之大愚也。直謂之妄人而已矣。至一國之人。不得其價於君。而羣一國之人爲君之奴隸。則一國皆妄人也。有是理乎。且既曰妄人。則其言必不足徵。而其事又烏足責哉。

若夫人人竟舉其身以事人。而其子孫必不能與其祖若父同舉其身以事人。蓋其子孫亦猶是人。而賦自由權於天者也。祖若父既甘爲奴隸而不悔。又欲强其子孫。聯袂而奴隸也。則直欲以奴隸世其家。而百年無以自拔矣。揆諸天理。豈得謂平。人民之於政府也亦然。順政府者固聽其自由。逆政府者亦任其自由。庶與專斷之政府。不可同日語也。

人之暴棄自由權者。卽暴棄天與之明德。而自外生成也。夫是之謂自暴自棄。人而至於自暴自棄。亦復何責。但既暴棄自由之後。其弊所至。當有不可勝言者。夫有自由者爲人。人而暴棄自由。則雖具官骸。非我所有。動與心悖。行與事違。日爲善而不得爲善人。日爲惡而不得爲惡人。是與禽獸無異也。不甯唯是。契約之成立。奴隸不與焉。蓋契約云者。相互之辭。既爲奴隸。則不得仰首伸眉。論列是非。唯供人驅策而已。蓋主人之於奴隸。雖逞其威福。嚴其壓制。而奴隸之屈服卑辱。猶終歲不得少息。且也終歲勞苦之奴隸。曾無絲粟之報。所得利益。主人之利益。非奴隸所得而過問。嗚呼。圓顱方趾。自顧不殊恒人。徒以暴棄自由之故。致終身不齒於人類。是亦大可哀矣。

哥魯智斯及其他學者。每謂奴隸之生。由於戰爭。其言曰。戰勝之國。虜掠敵人。以其軍之既敗也。就虜之人。亦謂與其死於疆埸。甯舍自由而生。遂悉舉一已固有之權利。歸於主人。以全其餘生。於是主人之壓制。無所不至。蓋由彼之一生。以自由所易而得。雖苦壓制。而不能與主人相抗。是卽奴隸之所以生也。執是說也。所謂主人者。壓制使役。但求利己。奴隸者。竭力奉事主人。以求保其餘生。是彼此所共利。而合於契約之旨者也。然戰爭之國。肆意虜掠。非理之公。今請明之如左。

太古之世。邦國未立。人人無不可爲之事。亦無不可不爲之責。或合或離。一任己之所欲。當此之時。旣無所謂和親。又無所謂戰爭。可知戰爭云者。非人固有之性也。迨後世立國結黨。便交際。通往來。於此而有阻我所爲者。不得已征伐他國。芟滅異黨。戰爭之風。於以啓。若是則於無國可立。無黨可結之世。與夫交際不通之地。俱無戰爭者矣。至人與人爭。則曰私鬪。不得謂之戰爭。凡有國者。不特私鬪之禁綦嚴。卽戰爭之事。亦不得不爲之制限也。

私鬪之始。雖萬殊不同。抉其原之所在。要不外乘一時之血氣。以快其積忿而已。法王路易第九之時。許民私鬪。而使牧師操和事之權。實爲一國之弊政。而悖理之甚者也。

戰爭之始。由於國與國之公敵。而非由於人與人之私鬭也。釁端既啓。不得不藉國人以捍禦外侮。於是以披堅執銳者爲兵爲卒。蓋所以示別常人而已。若是則當戰爭之時。仇視一國則可。仇視一人則不可。夫一人與一國。固非同類者也。是說也。歷世不變者也。夫命將出師。征伐他國。必預以宣戰之書。播告遐邇。非預告他國政府。使得爲備之說也。蓋預告他國人民。使無辜者得以避禍他徙。不致臨時倉卒。妄遭塗毒也。播告之後。凡一國人民。除披堅執銳者外。舉其身命財產。悉措諸無虞之地。夫亦行我心之所安。而示不與一人爲敵之至意也。若乘人不備。卒然襲之。肆行屠戮。則直豺虎之不若。豈國與國戰爭之所爲哉。秉義之君。伐人之國。入人之境。遇財產之爲官府所有者。取充軍實。其爲人民一己所有者。秋毫不得以力取。是重視人民一己之權利。卽不敢侵人一己之自由也。且充戰爭者之量。不過欲墟人之國。子人之民。擴我版圖而止。豈唯戕賊人民之爲哉。故凡敵國之人。以械拒我。不得已而殺之。猶之可也。至捨其器械。束手就縛之時。則既不爲我敵。其所有器械。亦非敵我之器械。於此而猶悍然不顧。日唯嗜殺以爲快。余有以知其必無人心者也。設於戰爭之時。所如風靡。一舉而平其都城。再舉而覆其政府。凡府庫倉廩子女玉帛。舊日之爲敵國所有者。一旦爲我所有。則善守之。寶藏之。唯恐不至。其亦思人民亦我人民也。何忍以捕虜視之。哥魯智斯輩。盍亦返其本矣。

其以余說爲不然者。雖百計羅織。而無如中外古今。斷無一爲人主擅作威福。一爲奴隸。歷徧艱辛之理。卽以契約而論。亦豈有一人唯利是圖。終身享之而不盡。一人唯害是甘。從此一蹶而不振者哉。奴隸之說。雖爲戰爭時相利之約。然以一國之公敵。而集矢於一人之身。則不知國之與人。其類本不相同。固與理論相背馳。要之天無私覆地無私載人無不平等者。此理如日月經天江湖行地。亘古不可磨滅。聖人復起。不易吾言矣。

第五章　論契約爲立國之基

世人猶有以余說爲不然。今請証以事實。則排余者無所容其喙。而卽以明余說之非謬。使天下後世不得引爲口實也。夫依威福以馭人。與執法以治國。其得失利害。相去奚啻霄壤。今有一人也。恃强制人。受其制者。雖累千萬。亦不過以一主人。而傭衆奴隸而已。曾不得謂君之馭民也。集其奴隸。稱爲部落。不得謂之邦國也。又何政治之可施。法律之可定。貨財之可殖也哉。蓋彼既恃威力以制人。則所得利益。悉歸一己。曾不願以餘瀝溉人。夫臨人而挾私利。其分崩離析。可翹足俟之。譬諸怪松古柏。雖蒼翠蓊鬱。蔽日干霄。一旦焚以烈火。則灰燼且歸烏有。復何枝幹之可識。樹猶如此。矧以獨夫而踞民上。其又足恃乎哉。

哥魯智斯曰。一國人民。不妨委其身於帝王。由是說也。一國人民。尙未委身於帝王之前。其民固亦有國也。亦既有國。則必有一國之制度。當創立制度之時。必取決於衆議。孰者爲是。孰者爲否。而後擇其數之衆者行之。此卽基於契約之說也。故未有帝王以前。先由人民締結契約。集合人民。此立國之始基也。

設未有帝王以前。而人民不知締結契約。則安得有選舉帝王之事。當衆人相集之時。公舉一人。爲帝王。衆意僉同則可。苟百人中有十人之意不自適。則百人者亦何得以數之多寡。强人以必同哉。凡相集決事。固取決於數之衆寡。爲最公。然此非相約於先不可。要之未有帝王以前。無人民之契約。則既無昔日之帝王。又無今日之國家。將長此榛榛狉狉。至不可紀極之年代。猶然洪荒初闢之日也。契約一日不結。則國家一日不立。故曰立國之基。始於契約也。

第六章　民約

繄古以來。天災人禍。流行不息。羣天下之人。厄於暴君汚吏者。數千百輩。夫天地生物。固無高卑之可別。歷古既久。遂大悖其初心。并一人固有之權利。亦屈而不伸。是必有阻我之物在也。於此阻我之物。去之不竭其源。拔之不絕其本。則不特不能復我固有之權利。人類亦幾於絕滅。爲今之計。世人所孜孜不可少緩之急務。唯在變革事勢。復我曩昔所失之權利。爲世界之完人而已。

人欲復我固有之權利。不得不盡去阻我之物。然一人之力有限。以有限之力。而當無窮之阻我之物。是猶蚍蜉而撼大樹。事之不濟。無待蓍龜矣。必也人人竭其能盡之力。集合一氣。分而不散。誓盡去之而後已。前者方仆。後者踵至。所謂衆志成城。必有償我所欲之一日。語曰匹夫不可奪志也。況芸芸者如此其衆乎。舍是道也。有甘世爲奴隸供人驅策則已。其謂猶有他說可去阻我之物者。非余所敢知矣。

或謂人之生也。以能自保生存爲第一要義。今舉有限之力。爲國而竭。則無論無以謀一已之生。抑亦逆天行事。懼釀他變也。是說也請以余說明之。

人人竭其能盡之力。合而爲一。以去阻我之物。夫亦以我一已之力。去我一已之害也。國也者。人人之國。卽一已之國也。一已之力。不足去人人之國之害。遂以人人之力。共去人人之國之害。其事半。其功倍。實天下之至便。且事半功倍之說。卽爲成立國家之始基。而民約之本源也。

民約之本源如是。不可得而易。可易者卽爲民約之虛名。而其效遂失。蓋民約也者。欲視而無形可見。欲聞而無聲可聽。欲言而無辭可設。先天地而始。後天地而終。爲人所萬不可缺者。若有人也。欲得民約而破裂之。則將上無以立國。下無以爲家。利害損益。俱任一己之私。是太古榛狉之風。復見於今日也。

雖然。民約之條目綦繁。其極不可得而知。請以一言蔽之曰。各人舉其身體權利。投之於國。以成鞏固無弊之國家是也。且各人所投之權利。悉歸平等。無强弱多寡之分。既歸平等。則無相侵之患。而舉國之人。長蒙太平之福於無窮矣。

且夫一國。猶會社也。（集資設立同義公司）一國之人。猶社員也。（猶云股東也）在社之員。各歛財產。納諸會社。而後可以孑然獨立。無匱乏之虞。譬諸置一器焉。以一人爲之。則雖大有力者。猶懼不給。集十人爲之。則雖中人之家。已裕如矣。此爲天下至庸之理。孩提以上。無不知之者。然既集衆而爲。忽有一人也。欲以衆人之權利。攘而納之私篋之中。則同社之人。羣將起與爲難。於此時也。必公選一人。俾長社事。凡社中是非。悉取決於社長。而後是者直之非者曲之。一人之私見不得逞。卽衆人之利益可以全。否則各爲己謀。棄蔑公理。馴至懦者卒爲魚肉。而黠者肆其貪婪。是雖存會社之名。而與會社之實。已大相逕庭矣。

不甯唯是。在社之員。非特斂其財產。納諸會社之中。必且斂其財產。納諸同社諸員之手。蓋唯如是。而後互相維繫。不計私利。得一益也。同社享之。遇一害也。同社分之。天下而有如是之會社。則其業必盛。其利必鉅。其事必久。非若市井之徒。可以一言而撼其基。微利而離其羣。朝夕而敗其功也。此可爲豫言者也。

是故民約之旨。在各人舉其身家權利。合而爲一。務取決於公理。以定治國之法。國一日不亡。家一日不滅。世界一日不毀。則民約亦不可一日廢。譬猶官之於骸。不可須臾離者也。

會社之集衆人而爲富。一國之合衆人而爲羣。皆基於契約也。迨其旣集旣合之後。則一夫得失。卽與全體痛癢相關。故得享起居食息之安樂。悉出全體之所賜。

而原其功於契約。然則契約之有益於人。其功顧不偉哉。

第七章　君主

余之所謂民約者。與民法之所謂契約之旨。大相逕庭。蓋民法之所謂契約者。無不可不盡之責。循守與否。悉以己意決之。至民約則爲通國人民。互相締結之約。夫既以國家爲人民之全體。則人民必爲國家之一肢。而所結之契約。亦與己與己約無殊也。故人民之於國家。固有不可不盡之責。而人民之於君主。亦有不可不盡之責。請得而明辯之。

凡爲人民。各有二者應盡之責。一爲事之取決於國家全體者。一爲君主意見已爲國家全體所議決者。俱不得妄以己見。以相排斥。而君主應盡之責。亦有一定不可變者。蓋君主之意見。卽取決於衆之意見也。君主也者。亦卽國家全體之一肢也。苟有人也。妄爲排斥不已。與成立國家之初心。自相刺謬乎。至民法所謂之契約。循守與否。取決己意之理。非余說所應有。其是其非。存而不論可也。要之取決於衆之事。卽爲社會全體意見之所在。無論法之如何。終無引以壓制國家全體之理。余可自信此說之不謬也。

天下之事。不有前因。必無後果。夫取決於衆。推立君主。是爲民約之因。人民之於君主。有應盡之責。是爲民約之果。若夫君主妄逞己意。而與民約之旨相背馳。則君民之義旣絕。應盡之責。亦隨之而滅。且君主之中。甚或有損本國之利。以益他人者。是猶臠割肢體。以飼隣里。寗有是理哉。

積百千萬人而成一國。猶具官骸而爲一身。苟有害及全體。則一國之人無或幸免。故凡有可以害吾全體者。必竭全體之力以除之。凡有可以福吾全體者。必竭全體之力以求之。是百千萬人之於一國。官骸之於一身。皆痛癢相關。患難相共。而各有不可不盡之責在也。如君主人民。相合而爲國。則君主之所利。卽人民之利也。人民之所利。亦君主之利也。君主人民之間。斷無利界之可分。如欲攘竊人民之利益爲君主所私有。則與割肉充腹之說無殊矣。且夫天生民而立之君。使司牧之充爲君之量亦唯有利於國使無一夫不得其所而已卽在一國人民之所求亦何以加此余願治人者與治於人者交盡其責勿以一己之私而債全體之公益也

或謂以一人之意見而決國家之公議則人必先私後公可知也所謂義務者盡之於我不見益而不盡亦無害於衆人故國家爲人民全體之說妄而已矣要之無論何人不盡義務而得權利亦何不可之有嗚呼是實覆滅國家之說也生民以來豈有欲營私利而蔑公益欲庇一己而毀國家之理哉余恐一己不可庇而暴橫之虞隨其後私利不可營而敗亡之禍接踵而至也

如以民約之理而言苟有一人不順公理必合國家全體之力强之使順而後已是謂默約此約已歷奏膚功要亦使人人得自由於國家之中而已蓋强人以順公理爲保持國家之要旨而營私之徒亦可由此而得國家之公益也

第八章 人世

混茫初闢。上者爲天。下者爲地。行走於其間者。其臥徐徐。其覺于于。飢而食。食而息。穴居巢處以爲室。木石鹿豕以爲侶。卽有所爲。亦唯力是恃。奴彼弱者。以饜一己之私。是爲天然之世。但窮遡太荒。無裨學說。自天然之世。遞嬗而至人造之世。人心丕變。風氣斯殊。尊禮節。重交際。曩之以力威人者。一變而爲義務。曩之以力自給者。一變而爲權利。舉凡營私自利之心。悉與革除。天然之世。以質勝。人造之世。以文勝。此人世之和益所由來也。在尙文之世。雖不如尙質之世。可以淸淨寂滅。老死不與人往來。而才技之精。智識之啓。與夫志量之高曠。實爲人造之世之明効大驗也。雖時至今日。人世所爲。猶不能弊絕風淸。而上追數千年來。歷有進步。巳非榛狉舊習之可同日語矣。是故以不識不知之人類。出而納諸軌物之中。使得優游於光天化日。以至於今也。亦足以明人治之功。而於國家創立之日。烏得不馨香禱祝之哉。

人造之世。有因民約而有所失者。有因民約而有所得者。所失者何。則天然之自由及吾心之所欲而以力得之者也。所謂無限之權力也。所得者何。則人造之自由。及吾人所應有而他人所不得而侵者也。所謂有限之權利也。據天然之自由。則强者益强。弱者益弱。而不能歸於一。有人造之自由。則通國人民。不分强弱。一心從公。而保平等之利益。不特此也。在人造之世。一身皆有自由之權利。必且出其權利以佐國家之公益。凡公益之所在。卽可以一己之權利。使匹夫上儕於君主。而使君主下伍於庶民。特不得以營私之意。介於其間爾。若爲私慾所陷。妄有所爲。則不得謂之自由。如從吾所好。制定法律而自詡爲無上之自由。則其所謂自由。爲彼自制法律所治之自由。而非吾所謂自由也。

第九章　土地

當國家創立之時。一國人民。各罄其權利財產。納諸國家而不靳。蓋各人散其所有。不免爲暴橫者所覬覦。集之於一。則安固無失。雖有黠者。亦無所施其技。或有以國家公同之權利。視爲君主私篋之所存。是大謬也。夫國家云者。旣集各人之權利財產而成。則國家之中。唯履公同之約。而保持各人之權利財產。爲其定例而已。在他國之人而言。固不以此說爲然。視我所有。不過爲先得之權利而已。何也。吾人所有之國。爲吾人所先占。使此地先爲他人所得。則此國卽爲他人之國。於我何有。而得之之後。又必有以維其所得之權。不然。人之多欲。誰不如我。未有紀載以前。求得此權者甚多。此自然之理也。迨既結契約。各據其所先得之權利。分土而治。則苟非我權利所應有之地。不得妄取絲粟。其在天然之世。先得權利。恒惴惴焉懼爲强者所奪。至人造之世。則至重可貴者。莫逾於此。苟有維之之術。則何慮强者之奪。余今抉其得此權利之由。厥有三說。一必其地爲無主之地。二各守其界。不得占越。三既有土地而後蓄牧耕植。次第播行。以示有土地者之所作爲。而卽以堅他人之信。具此三說。則雖有悍且黠者。亦不得毫末損我。蓋我所有之土地。非他人之土地。而寔爲我所應有者也。

先得之權。非不顧是非。而可任意擴張者也。必也設限定制。以謀增我國之福祉。

而無害他人之利益。設有人焉。偶一旦托足他人之地。而卽以己爲其地之主。又藉一時之勢力。以其地之人。徙之遠方。迨其歸也。謂不得復享其地之權利。夫誰信之。甚或蹂躪他人之土地。肆掠他人之物產。以饜其無窮之貪欲。是直謂之殘賊而已矣。何權利之足云。於此時也。而猶自釋曰。伸我權也。廣我利也。不出於殘賊。則我欲不得而償。嗚呼。天道好還。悖而入者亦悖而出。以殘賊之計。而僅底成功。斷無久享之理。請以紐奇拔拉之事証之。紐奇者西班牙人。夙自負。渡南美占領全洲。及南海諸島。欲悉舉其地。以擴西班牙之版圖。無如計出殘賊。而曩昔所謂一世之英雄。一反手間。皆煙銷影滅。而不可復覩。外不足以拒諸國之相侵。內無以安各地之反側。回首富日之志。固欲囊括八荒。席捲五洲。而卒至天地雖大。求得七尺之地。以容一身。猶不可得。此皆歷歷在人耳目。豈非殘賊者理無久享之明証哉。

人人集其占領之地。相合而爲一國。選立君主。因以各人公同之權利。假之於君。

此所謂國家之權利也。以國家之權利。散爲各人所有。則所謂物權也。人權也。人民食用起居之益。俱由物權人權而後得。要其義則不可有戾於國家之權利而已。是理也。往古波斯司施的麥西騰諸王。皆未嘗知之者也。今日之所謂王有一國者。如法蘭西西班牙英吉利諸國所稱一國之王者。皆王其土地。而并王其土地所有之人民也。波斯司施的麥西騰諸王。皆自謂人民之王。則其所以謂王者。僅爲人民之王。而非一國之王也。不亦可異哉。

今也。世人觀於國家所以成立之故。而驚爲極造化之妙用。此無他。當國家集合各人占領之地。非由剝奪而然也。不甯唯是。以剝奪之權利。一變而爲國家眞實之權利。以占領之權利。一變而爲各人所有之權利。昔日之以各人占領之地。納諸國家。是亦與國家以公有之地。委諸各人無異也。於是人民之於國家。各竭其心力。以圖國家永久之利。遇有外患內釁。足以爲國家公益之害者。必以全力去之。是豈僅爲國家之益哉。而於人民各人之利。亦不可勝言也。

各人所占領之地。無論其爲衆人所公有。爲一人所私有。而各人一己所有之土地。及所有之權利。不得與國家公有之土地。及公有之權利爭。不然則國家之綱紀頽廢。各唯私利之是營。而國家所有之主權。亦歸烏有矣。

此爲第一編結尾之章。請以一言蔽之曰。民約也者。以爲人之天性。雖有强弱愚智之不同。而以義理所生之制限。使强不得凌弱。智不得辱愚。天下之人。悉享平等之權利。立國之基卽在是。而萬國所行之政體。亦於是立也。

路索民約論第一編終

路索民約論

第二編

法國 路索 著
吳縣 楊廷棟 譯

第一章 論主權上

洪荒之世。人各顧已。然而營私日甚。所以感斯殊。每有己之所害。人以爲利。己之所利。人以爲害。彼此相持。騷然無甯日。於是集衆立約。遵奉法律。凡事之利害。與衆共之。一己爲輕。衆人爲重。而後好惡既同。自不至日唯私利自圖。而置衆人於不顧矣。蓋國之所以成立者。由於全國之人。併力一心。以衆人之利害爲一己之利害。遇有利於衆人者。始終以之。遇有害於衆人者。誓死除之。否則人各一心。敝屣公義。雖野蠻之部落。亦不過如是而已。既不足以立國。而亦何所用其法律哉。故成立國家。準以衆人之利害。而定一國之趨向。是謂主權。

主權者所以定一國之趨向。而非可讓與他人者也。若可擅以一已之私讓與他人。則謂之放棄其主權矣。猶君主爲一國之軀體。不得妄以他人代任其責。此盡人皆知者也。故以主權讓與他人者。或出於萬不得已。然而强奪主權。厥名暴横。其有害於公益者。非淺鮮也。

今欲使全國之人。急公罔私。同其利害。是固非朝夕所能至。卽使全國之人俱能如余之說。亦不敢必其亘古不變也。凡一人之心。偏於私愛。不顧他人者爲多。所謂以衆人之利害爲一已之利害之說。名雖甚美。而核之事實。固相反也。故欲以公益變人之私愛。且欲使之亘古不變。是寔天下之大難。而非人力所可强。譬猶君主之所爲。以人民之所趨向爲的。人民今日之所尚。今日卽爲之。人民明日之所尚。亦於今日爲之。則吾見其難矣。因勢更革。與時推移。進化日深。風氣丕變。非特明日所尚不能豫期於今日。甚且今日所尚。亦將鄙棄而不屑道矣。若欲固執目前之見。以概將來。其弊將不可勝言也。

是以下之事上。甘居牛馬。而唯以畏葸卑陋爲尙。則余之說不可行。而進化更不可必。日復一日。且將失其天賦自由之本性。而上復獉狉之舊習矣。於此時也。有王者起。亦不過仗其陰鷙剛悍之資。奴隸人民。而困人民於水深火熱之中。不得一覩吾輩所謂政治世界而已耳。

君主所爲之事。要於不昧公理。而使人民寔享自由之福者也。故君主雖有集思廣益之自由。亦有獨斷獨行之自由。若夫民智未開之時。而又拘文牽義。束縛君主。則一國之中。將終古長夜。無復開明之日矣。雖然。專制之君。不能使人民寔享自由之福。而輒引余說爲口實。自謂獨斷獨行者。亦君主之自由。則適見其不知自量而逆天悖理之甚者矣。

第二章　論主權下

一國所爲之事。合全國之人而爲者有之。集國中數人而爲者有之。其合全國之人而爲者。爲一國主權之所定。而著爲一國法律者也。集國中數人而爲者。爲政府數人之意見。以益主權所未備者也。故主權所定者。既以著爲法律。則全國之人。一律遵守。絕無疑義者也。此又主權不可分之說也。

主權之不可分既如此。然不可分者主權之體。不得不分者主權之用。此亦言政治者不可不知者也。徵稅判訟。宣戰搆和。管理地方。訂立條約。與夫一切立法行政之權。不得不分別界限。各專其責。情勢然也。夫事之離合聚散。亦何常之有。君主也者。猶軀體也。人民也者。猶分支也。軀體分支。相合而成人。於是一身之中。手足耳目。口鼻心腹。各司其動作視聽之用。各極其運化消積之宜。然後血脉周流。膚革充盈。而人亦得以優游終其天年矣。譬諸眩人之技術者。於座客前臠割童孩。斷其手足。投諸空中。迨其墮也。童孩已完全如故。政治家之論主權曰。使通國人民。分任各事。而後以分任各事之人。合爲一國。亦不過如臠割童孩之說而已。世之政學家。每於主權之說。不能得其要領。而又不能明辨體用之界。故凡與他國有和戰之事。皆視爲主權之所定。不知宣戰之書。搆和之約。皆非主權所定之法律。不過遵奉昔日主權所定之法律而爲之施行也。爾此蓋主權之用。而政學家亦謂爲主權之體。何所見之左也。

余今廣集諸說。以明主權之不可分。而卽以釋他人之謬見。夫國中立法行政之權。皆奉行主權所定之法律。而所爲之事。卽爲主權所統治者也。或有不知已見之謬。而猥爲天下無主權不可分離之說。不知既立爲國。卽有一國之主權。主權所在。萬古不移。又何可分之有。國可滅。家可亡。而主權終無可分之日。雖然。當日主權可分之說。一倡百和。言政治者。深信其說。舉世若狂。不知其非。在彼倡此說者之意。不過欲分別君民之權而已。哥魯智斯巴比爾者。所謂穎敏英邁之徒也。亦爲邪說所惑。哥魯智斯所著國法論。第三四章中所言其顯著者也。後以不善已國之所爲。避居法國。謁見路易第十三。獻其所著之書。推哥魯智斯所持之說。無非剝奪人民之權利。而以生殺予奪之權。奉諸君主。自返本心。一若無間然者。巴比爾又譯其書。獻諸英王哲而治第一。嗚呼。可謂殘賊之尤者矣。先是奇洽摩者。黜雅屈第二之位。巴比爾力言雅屈自遜王位。而目奇洽摩爲悖逆之徒。妄逞私見。而欲以欺詐之說。掩飾天下耳目。其罪固不容誅。卒至其說不通行於世。復何怪耶。噫。苟彼二人者。果能見理不阿。則千載後。仰之爲聖賢。崇之爲豪傑。其片言半語。皆足奉爲準繩。何至其骨已朽。而猶爲識者所唾罵。乃竟逞其謬說。流毒後世。徒陷斯民於窮乏束縛之地。而博身後不美之名而已。嗚呼。立言之不可不愼也。有如是夫。

第三章　論輿論不爲外物所惑

觀於前章所論。可知全國之人。各盡其心。以求增一國之福祚。其意固爲公而溥也。然人民之所爲。責其必合於道。亦勢有所不能。雖其求保一身之權利。而使國人常蒙泰平之福。其心固孜孜不息。而於所以求之之理。茫然不知。則彼雖日求保吾權利。福吾國人。其終也非特不見其利。而害滋多矣。此直與求災招禍者。無所差別也。

人之思想。唯求有益衆人。而便於一己也。爾其求有益衆人之心。即求便一己之心。相積而成者也。且也物我之間。利害相同。則一己之心。亦即衆人之心也。而又何公私之可分哉。

一國人民。智識上達。發爲論議。互相競爭。迨中有一說。不能通行國中。遂設立黨派。各持門戶。傾軋攻擊。無或已時。一黨之中。自謂招集同志。所爲之事。不與輿論相背馳。然以全國之人視之。則各黨所爲。皆不過一己之私意已耳。故所立之說。必全國中意見相同者多。而後謂之不背輿論。若僅集數十百人。堅持一家之言。而竊附不背輿論之列。是亦可異之甚者矣。故各國黨派。每有一黨之說。行之不遠。而卒爲勢盛力衆之黨所壓制者。蓋自然之理也。

洵哉利吉希之言曰。一國之人。皆有不背輿論之思想。則全國一黨。而論議亦歸於一轍。若一國之中。朝立一黨。暮立一黨。而各黨又竭力擴張。設法維持。使己黨各員。不生異議。是亦可矣。而終不免有傾軋攻擊之嫌。抑何與不背輿論之旨刺謬乎哉。好立黨派者。可以觀矣。

第四章　君主之權限

一國之中。因締結民約。而所得無限之大權。賦之於天。譬猶人之身體手足。自有屈伸俯仰之權。而國中無限之大權。卽爲一國輿論所統轄。故由集合衆人之生命財産。而結爲團體。因國民之趨向。而定爲輿論。夫而後國家成立。衆人有所思慮。可以禆益國家之所未備者。皆爲國家所至重。而不可忽者矣。試以機械觀之。一輪有損。全體爲之不便。國家亦然。全國之人。既各以其所有之權利。付諸國家。而國家卽統轄人民之權利。補其不足。抑其過度。然後底於平等。而無弱肉强食之虞。雖然。國家也者。無形之人。無形之人。不能爲有形之事。乃選立一人。俾長國事。字曰君主。君主也者。卽代執衆人之權利。而爲之統轄之也。如御者然。東西南北。一聽乘者之意。御者不與也。唯善爲駕馭。使不至有顚覆傾側之危。斯爲御者之專責耳。

君主雖與國民相連合。而代爲統轄國民之權利。至各人所有天然之自由。則不可委之於君主。自由者。天賦之權利也。其君民共有之權利。及君民共盡之義務。俱不得與天賦之權利。同類而共視者。雖爲君主。而其一身所有之權利。應盡之義務。與國民一人所有之權利。應盡之義務。無絲毫岐異者也。故曰君民之於家國。不可不享平等之權利。亦不可不盡平等之義務。此萬古不易之通例也。

國家有應爲之事。必藉國民之力。則國民自應竭力爲之。以盡義務。但必詳審所爲之事。有益國家與否。若妄以一己之私。而强國民盡無益之義務。則直牛馬人民奴隸人民。無復君主之道矣。牛馬人民奴隸人民而可忍。孰不可忍也。

一國中所爲之事。皆由締結民約而起。事非民約所應爲。則雖有君主之令。亦決無遵守之理。據民約之旨。盡吾應盡之義務。非求有益於君主也。求保吾一己之權利。謀增吾一國之福祚耳。故吾之遵守民約者。非他人强我而遵守也。或有以維持民約之志。陷於偏私謬妄。而不顧國家之利害。是謂天奪其魄。而喪失固有之性者矣。由是觀之。人人有平等之權利。衆人有相同之趨向。皆天性然也。所謂是非之心。人皆有之。良智良能。孩提以上。無不知之者也。故法律之可統治國民者。必爲國民所承諾之法律而後可。否則置輿論於不問。而唯以一己之私。箝制國民。是謂獨夫。是謂民賊。極其弊。必至一國之中。公理滅亡。暗無天日。可爲豫言者矣。司其責者。可不慎歟。

羣數千萬人於一國之中。則其國之利害好惡。應與國人共之。忽有人焉。妄求一己之權。迴出他人之上。則爭心將作。而其原由於一己之私。於此而欲執可行可守之法。以評其曲直。豈不甚善。無如其説之不可通也。譬諸甲乙相敺。直甲則乙謂我私。直乙則甲謂我私。無已則取决於公論乎。然一國公論。亦變爲一偏之見。則無曲直他人之權。夫一國公論。至無曲直他人之權。尚得謂之公論乎哉。如雅典人民。任意廢黜其君長。而各有生殺操縱之權。凡政府之職。人民皆可擅自爲之。然試問雅典一國。尚有公論與否。以余言之。則不過無主之國。而人民皆有自爲官吏之權而已。

人民一己之意。欲爲通國之公論。則其說有二。論議精當。萬世不易一也。利益周普。一國共享二也。而二說又必相輔而後行。惟問論議之精當與否。則必置利害於不顧。而民日以困。唯求利益之周普與否。則必舍是非於不問。而俗日以偸。語曰。不偏不倚。中庸之道。言利者不離於道。言道者不諱言利。此治人律已不可磨滅之說也。

民約既立。則一國之中。無尊卑上下之分。既賦圓顱方趾之形。卽得享平等自由之福。故維持國民之範圍。保全國民之權利。使無一夫不獲其所。而民約之道尙矣。夫君主也者。人民之體。人民也者。君主之支。一國所立之民約。非上下相立之約。而支體相立之約也。一國之人。謀增一國之福。利益之所以公而溥也。君主有君主之權。人民有人民之權。各不相侵。國家之所以安而治也。一國之人。遵守民約而外。無可遵可守之事。崇奉公論而外。無可崇可奉之人。故君主應得之權利。

卽以君主之於人民所應盡之義務爲準。人民應得之權利。卽以人民之於君主所應盡之義務爲準。是爲民約。是爲平等。此義至精。非淺知之夫所嘗夢見者也。君主之權。雖爲至尊至大。而不得越民約之限。在民約之中。所允爲君主之財貨自由。及一切權利。則君主皆可舉而用之。譬諸甲國君主。於乙國人民。卽無應盡之義務。應盡之義務。既不可越其限。則應得之權利。亦不得越其限也可知矣。君主而妄越其限。以濟一己之私。則一國之中。人人得而誅之。此亦人民固有之權也。

君主之權限。與人民之權限。判若兩途。天下萬國。民約既立。則各人所有之權。永無損失之日。或有時焉。舉各人所有之權。歸於君主。非敢輕棄所有以媚人也。蓋欲求便其身家。福其國人。而一切權利。較盛曩昔而已。譬猶商賈。棄其耗資虧本之業。而更求他計。亦人情之常。一國之人。各舉其權。歸於君主。自有不可已者在也。且各人所有之權。常藉國家爲之保護維持。以底於安。今爲國家而罄其權於君。何不可之有。不幸一國之中內亂紛起。外患憑陵。則爲人民者。必視身家性命爲無足重輕之物。而後各竭其力。事成則社稷之福。已亦得慶生還。否則爲國流血。俎豆千秋。而國家卒賴其力以成獨立之業。後世子孫。席其餘蔭。同享太平。或駕昔日而上之。固與妄逞臆見。好勇鬬狠者。不可同日語矣。

第五章　生殺之權

或謂各人輕棄一己之權。而不能自保其身家。甚至視性命爲身外之物。抑何疏於自衛之甚也。嗚呼。或者之說。是眞舛馳而不可通矣。夫人孰不愛生惡死。然國家有害。波及一人。國之不存。人於何有。尙何身家性命之可計。與其爲亡國之人。不若爲國而亡之爲快。故遇國家有事。不得不舍身棄家。以赴國難。芟滅害我之人。而保我固有之利。爲國卽所以爲己。此亦人民應盡之責也。不幸爲國而死。亦無可如何。歸諸命數而已。譬諸一家遇火。主人衝戶破壁以救之。而誤傷其生。信如或者之說。則將以自殺律之乎。何不思之甚也。要之竭力爲國。不顧夷險。不避死生。利國而外。別無利己之方。此固萬世不易之常道也。如或者之說。則人皆飽食暖衣。閉戶不知世事。視國家之治亂。如秦越之肥瘠。嗚呼。爲人民者。豈不樂享此安閑之福。而爲獨善之身乎。無如今日以往。大地之上。已無若是之國矣。

民約之義。在保護結約之人。然天下萬事。必先歷徧艱辛。而後可以安享無怍。不觀開創之人。驅猛獸。翦荆棘。闢草萊。生聚而敎訓之。方足以立於大地之上乎。此蓋欲求他人保我之生命。則我必出其生命。以保護他人。報施之道。宜然也。由是言之。人民之所以有權利者。賴有國家。國家之所以能鞏固者。賴有民約。則國家之治亂。人民之責。民約之存廢。全國之責。其理昭昭。可以知矣。故君主雖責人民以死報國。人民亦無以自諉。蓋今日以前所得之安居樂業。非彼蒼之所賦畀。而實民約之所賜。茲之捐軀以徇者。卽所以報民約生成之德也。殺人者死。立法宜然。蓋好生惡死。人情之常。今出於常情之外。負氣殺人。則不得不甘受死刑。理勢然也。反常之人。待以反常之刑。所謂苦樂感應。自業自得。又何足怪。

干犯國紀。謂之叛逆。叛逆之徒。敝屣民約。則一國之中不認爲一國之人。至盜弄兵器。破壞大局。則一國之人。皆欲得而甘心者也。當叛逆之徒。擾亂國家之時。逆徒存則國家亡國家存則逆徒敗。無並立之理。而國人之誅逆徒也。不曰殺戮國人。而曰撲滅國敵。所以絕其人耳。故一國之中。設立裁判各官。凡有違犯民約者。聽各官之判決。然後定其可爲國人與否。播告通國。罪之小者。違犯民約者亦微。則以禁獄科之。罪之大者。違犯民約者亦鉅。甚爲國家之公敵。則竄諸遠方。處以死刑。皆所謂仁之至義之盡也。又何可議之有哉。

雖然。隆盛之世法尚簡。將亡之國法尚繁。故法之繁簡。卽可以覘國家之治亂。且人性皆善。彼雖逞其血氣。妄殺無辜。而究其良智良能。初無異於他人。特蔽其本性則爲惡。啓其天良則爲善而已。判訟各官。必先平心審愼。使兩造皆無怨懟之心。不然。鍛鍊周納。何求不遂。致死者不可以復生。絕者不可以復屬。此所謂上干天和。下叢人怨者也。

赦罪之權。非爲君主市惠而設。行其權者。亦不多見。其在文明之國。囹圄空虛。非由政府之仁慈。而由人民之不輕攖文綱也。叔季之世。法令滋章。吏議繁苛。衣赭衣者半於道左。嗚呼。何其謬也。夫法令者治之具。非制治清濁之源。僅使民知所趨避而已。未聞有以刑法立國者也。昔羅馬共和之世。政府仁慈。非有加於後日。而民之陷於罪辟者少。近世屢頒赦罪之詔。而犯之者愈衆。然後知婦人之仁。不足以立國。余恐赦罪之說不行於天下。將有日也。恨余未及見之焉耳。

第六章　法律

民約也者。猶一人之生氣也。法律也者。猶全身之脉絡也。故所定法律。皆賴民約之力。而後能流通往復。以保一國之生存。上鑑既往。下測將來。必使事事物物。不偏不倚。歸於中正而後已。

人之好善。出於天性。雖未結民約之前。已然矣。但人人好善之性。獨不藉夫民約之力。世之學者。遂倡爲人性之善。源出於天之說。而奉天爲至善之眞宰。嗚呼。是亦妄也。體國經野。自有常道。若以人性之善。託諸於天。則一國之利害得失。俱非人間應問之事。不設政府。不立法律。不飲不食。不作不息。羣一國之人。方屏足仰首。以聽冥冥中之操縱。試執此說。語之五尺童子。亦莫不笑其荒誕。矧欲援爲立國之道也哉。故舍良智良能而外。別無立國之道。因其良智良能。立爲相守相望之約。使通國之人。無不盡義務之權利。亦無不得權利之義務。否則各任已意。論列是非。人所善者惡之。人所惡者善之。彼此擾擾。終無甯日。且君子所定之法。君子踐之。小人所定之法。小人樂之。於此時也。欲分權利義務之界。使各人歸於平等。舍民約法律外。無他術矣。天然之世。非利於已。卽無應盡之義務。是僅用諸日常瑣事之間。而非立國之道也。立國之道維何。曰權利義務。一律平等。而視法律爲界限。卽視法律所定之界限。以維彼此之範圍。法律之旨。如是已耳。

人造之世。事有關於一國者。有關於一人者。一人爲私。一國爲公。既曰私事。則無與於衆人可知也。而私事亦有國內、國外之分。國內私事。與一國人民。猶有相關係者。國外私事。則非己國權限之所及矣。是以通國之人。而決通國之事。與我決我事無殊也。卽通國之中。有一人所創之議。異於衆人。亦無分裂國家全體之理。蓋二人之說。終必決以輿論。輿論之所在。卽公理之所在。故曰法律者。一國之定法也。

一國法律。歸於平等。自天子達於庶人。莫不遵守。且有一定之權限。而非一人所得而私。故法律雖可保議利益。而無予奪之權。法律可以維持政府。而無創立之權。要之利害是非。關乎一己之權利者。非立法權所得而干預者也。

由是觀之。立法之權。爲一國之人所公有。所定之法。決於輿論。則謂爲國人無不應有立法之權可也。君主雖貴。而不得越法律之限。蓋君主爲國家之一肢。一肢之力。不足以損全體者也。既爲法律。斷無偏倚之弊。人雖至愚。不聞有自立偏倚之法律。以自治者也。一國法律。不得不遵。人生起居動作。法律之中。皆縷載詳記者也。

官吏文告可得而變更之。一國法律則雖爲君主亦不得妄以一己之意。少有增減。凡有可增可減者。不得謂之法律。文告而已。所謂文告者。非由主權所頒。政府之意旨而已。

如余之說。有能以法馭國者。不問其政體如何。皆可以共和視之。蓋一國法律。爲一國之人所公立。則一國之事與一人一家之事無異也。故立國必至共和政體。而後其國不可亡。職是故也。

一國法律。人民有遵守之義務。卽有干預之權利。然聰明睿智者不可多得。甚且善惡不知。曲直不辨。以至愚之人。定一國之法律。而求其不悖公理。是亦難矣。夫自求多福。誰不如我。而不知所以求之之理。迨其終也。福不可得。禍害且隨其後。故一國之人。鑒往追來。知一國之中。不可無人以長之。各人知識。亦不可無人以啓之。遂舉天縱特達之人。俾長國事。本其所知。教導齊民。於是各人聞見。隨以擴張。凡有可以益吾國人者。無不知之。上下一心。肢體協力。而其國遂無可亡之日。

所有主權。亦鞏固不可動搖矣。余是以知立法者之不可以已也。

第七章　立法者

立法之人。必其所具智識。卓越尋常。而所立之法。皆適一國之人心而後可。且也甘以其身家性命。爲一國之犧牲。不偏不黨。維持公益。積心處慮。以求其令聞廣譽。傳諸無窮。而使一國之人。長蒙平等之福。立法者而能如是也。始盡立法之責。而無遺憾矣。

希臘學士普拉頓嘗著一書。言君民權限。歸於平等。羅馬帝加里喜拉。又推廣其說。証以實事。二氏之說。皆有可觀。然謂爲君主者。必具絕類超羣之資。則君主可常爲立法之人。是大不然。蓋所謂君主者。僅踐立法者所定之範圍而無制定法律之權者也。立法者猶創造機器之人。君主則猶司機之匠人耳。孟德斯鳩曰。上古之世。立法者。卽爲國家之元首。後世文明日進。則元首卽在法律之中。洵哉言也。

余今謹爲制定法律。統馭國人者。正告之曰。因其既往。測其將來。臨事而懼。好謀而成。不顧夷險。不擇利害。心衆人之心。而後其國不可敗。人心不可離。所立之法。亦安往而不得其所哉。蓋一國之人。分之則弱。合之則强。今舉彼此不相問訊之人。集爲利害相同之人。於是不得不出其天賦獨立不羈之權。委諸於人。分界而治。交盡其責。立法之人。雖亦有天賦獨立不羈之權。而定一國之法律。不得不藉一國之權。此自然之勢也。迨各人既出其天賦獨立不羈之權。其一己所有之權。雖若不可得而見。而全體之權。已爲至强。且至鞏固不可動搖者矣。所立之法。亦更歷萬世而無可疵議者矣。使各人不出其權以委諸人。則全體斷無成立之理。而一己所有之權。亦將爲强者所吞併。故合各人之力爲全體所公有與散全體之力爲各人所私有。其强弱勝負。判若霄壤。此非余一人之私言。天下萬世之公言也。是以立法者。必爲一國中非常之人。既爲一國中非常之人。必爲一國非常之事。然立法之權。與一國之政府不同。又與一國之主權不同。蓋有立法之權者。

必無治人之權。有治人之權者。必無立法之權。不然。法由我立。人由我治。不爲專制者幾希矣。是豈余所論立法之本恉哉。

昔有里寇路者。斯巴達之立法者也。當創立法律之初。先遜王位。希臘諸國。每以立法之權。委諸外人。伊大利奇哀坡諸國。皆竊師其法。而由是道也。歷致齊民於衽席。國家承平。亦累世而不衰。返觀羅馬。則其國之不幸。有爲仁人君子所不忍聞見者矣。羅馬雖在極盛之時。其人民之爲暴君酷吏所塗炭者。較諸國叔季之世爲尤甚。汝曰曷喪。予及汝偕亡之說。閭巷相傳。無或已時。此無他。立法之權。與行法之權。爲一人所併有。則所立之法。偏於一人之愛憎。民命不堪。非其所恤。末流之弊。遂足以亡國而有餘。無可深諱者也。

雖然。羅馬立法者。非有任意立法之權者也。觀其立法之初。詔示國人曰。予一人所定條例。必爲通國人民所承允。然後著爲定律。咨爾衆庶。其各仰體斯意。由是觀之。羅馬立法之人。不得操有立法之權。爲人民者。亦不得放棄其立法之權。使立法者。欲攘竊其權。爲一人所私有。則人民應出全力以抗之。何也。民約之公例曰。統治國人之法律。不得不以國人公定之法律。亦必經國人承允而後可。承允與否。悉聽國人之自由。不若是而求其所立之法。適用於通國之中。則余未見其可也。

或謂立法之事。非盡人可預者也。是又不然。一則一人智力。有所不逮。一則立法之初。必有無形之權利。而後立法之功可蕆。有是二理。非合通國之人。則余不知其法之能立矣。

天下之人。凡遇不如己者。而欲語以如己之所知。導以如己之所爲。則彼必冥然罔覺。木然不知。且以所語所導爲不經之誕事。避之唯恐不遠。故曰。非常之元黎民懼焉。幸有不世偉人。應運而生。竭其材力。發爲光明正大萬世不休之鴻業。而非愚者知慮之所及。下流之徒。想望末采。遂各以爲利一己之事。呼籲上聞。國家之利害。衆人之損益。不問也。是亦古今之通弊矣。故雖有盡善盡美之法律。而若輩不知美善法律之造福國人者。究爲何如。愚者所見。僅止於此。而欲責其奉公守法。處心平允。以國家之利害。爲一已之利害。衆人之損益。爲一已之損益。豈朝夕之間。所能遂厥志哉。必也播因於今日。而後異日或有獲果之期。至立法之指。唯視衆人之趨向爲的。所立之法。俱順通國人民之趨向。則人人平等。通國人民無一夫可以不遵從者。此猶天經地義。無可曲解者也。故立法之人。無權可張。無言可發。亦無威逼人民之權。又無勸誘人民之理。自有無形之權利。使立法得以告厥成功。是亦保持通國和平之福。所不可易之常則也。諺有之曰。法律者爲福利之因。福利者爲法律之果。善因不布。善果必不可得。司其責者。可以觀矣。

荒漠無垠之理。雖智者猶有所不知。夫勸懲衆庶者。不過懼以冥冥中之賞罰而已。又爲頒布戒律。善者天賞之。惡者天罰之。而後通國人民。束身自愛。榮辱愛憎之權。皆懸諸天而不問。立法者之所謂卓越尋常者。具竊此智也。爾然與神相語。或受神之訓誨。非生人之所能。卽自謂代天宣化者。亦誘導齊民之故態耳。立法者當亦自引爲懿德者矣。在立法之人。始謂代天宣化者。卽爲立法之因。而以立法爲宣化之果。豈至論也。夫刻石肖像以爲神。或爲受有神命與神相通。以之蠱惑衆庶。愚蠢者流。偶然麕集。售其欺者或有之。而欲以此虛妄之說。爲建國之基。則三尺童子。亦知其不可。且譎詐之術。雖或就緒於一時。而無材力以維其後。則日月遄征。身名俱裂。暴骨原野者。趾相錯也。然亦非可一概論也。猶太敎。久行不替。伊司配路敎。統馭世界之半。天下之人。稱道弗衰。仰之爲神。尊之爲聖。而妄人輙指二敎爲幸享天下之愚福。是亦異端而已矣。在政家之徒。曾不以彼之是非。少廑於懷。蓋爲國者自有坦途也。余願立法者。亦如二敎之相傳不替。遺德流芳。載之道路。勿僅襲敗亡之跡。而空嘆二敎之永永無旣也。

余說如此。或疑余說原於滑路皮氏之說。（英國有名之敎法家）而不知政敎相依之理。然學者熟玩余說。觀於人民之起原。而後知宗敎僅爲政治之一助。侈言敎法者。甚無當也。

第八章　人民論一

工人建屋。必先度其地之廣狹高低。而後知屋之可建與否。立法者當立法之初。亦必視其人民。果能奉我所立之法與否。如不顧人民智力所及而立法之心。熾熱於中。是猶工人不度其地之廣狹高低。妄築大厦於其上。夫亦徒勞而已矣。彌諾者庫蘭託之名人也。（庫蘭託者地中海之小島今名康奇）首出立法。制馭國人。彼所立之法。頗稱美備。無如其人民頑蠢之甚。幾不知法律爲何物。欲以遵奉之義責之。難若登天。是不啻以美備之法。陷人民於極惡之地。夫不察人民智力所及而貿然號於衆曰。吾立吾法。以治吾國。則末流之弊。必至於此。抑又甚焉者也。昔者希臘學士。普拉頓知挨路勤及希拉勤人。皆不可與以平等之權。因斥其立法之議。是誠於理至當之事也。

自有生民以來。錯雜繁賾。不啻恒河沙數。八荒之外。六合之內。星羅棋布。自成部落者有之。建邦定國者有之。然欲求其有至美極善之法。爲衆心所悅服者。則概乎未之覯也。萬一天下竟有一國。具至美極善之法。且爲衆心所悅服。而爲智力所囿。不足以奉所立之法。則法之美善。將與朝露而俱逝。俛仰之間。徒爲成迹。於人民無裨也。夫一人與一國。其理不異。試觀人生少時。善爲教誨。類成偉器。及其既衰。則雖有賢師益友。面提耳命。而方且目眩神疲。倀焉罔聞。少成若天性。習慣成自然。是之謂也。一旦欲以法律之權。變其數千百年所中之毒。豈易言哉。吾見其無益而有危也。人民之中。率皆怙惡不悛。間有出而革其故態者。竭力以抗之。倉皇以避之。其計唯恐不狡。譬猶瘋癇之徒。見有爲之針灸治療者。則必目張手支。大聲呼救。而不知所拒之人。卽爲救我之人。然瘋癇之徒。猶可强之以力。投之以藥餌。或有可冀。唯人民之頑僻性成。卒不可變。術之神者。亦將斂手而謝不敏矣。

人生不能無疾病。偶患頭痛腦傷。人事不省。譬猶國家不能無治亂。卒有叛逆之徒。揭竿圖事。則政府號令。不能舉國通行。與頭痛腦傷之人無殊也。其疾已瘉。既往之苦楚。不復想見。心神俱爽。無昏憒之憂。譬猶國家當內外交訌之時。上下震恐。國力遂朒。迨戡除敉平。則如槁木生春。蘇然復舊。此皆至庸之理。夫人知之者也。里寇路時之斯巴達。他路康後之羅馬。放逐暴君。廢斥汚吏。後之荷蘭瑞士。皆其例也。變革制度。倡自民間者。徵諸史策。已若習見不鮮。在若輩變革之功既遂。則盡若輩之生。不致再更其役。余嘗默究若輩倡義之故矣。草昧未開之世。人皆穴居巢處。所好者聽其自由。所惡者聽其自由。無馭人之權。亦無爲人所馭之責。後世有聖人出。正其疆界。別其人民。謂之爲國。通國利害。不得爲一人所左右。於是一人之所好惡。不若古昔之自由。遂羣起而倡革命。求復其固有之自由。而後一國之制度。應變應革者。可任我之意。而無他顧忌者矣。但其機已裂。一國人民。皆渙散而孤立。如嚮之所謂穴居巢處也者。中有黠者。遂乘此隙。擁其既散之衆。整其既裂之機。而黠者且侈然自謂君長。衆人亦遂相安。中古以還。進化秩序。固如是也。然此之所謂君長者。非能恢復人民之自由者也。要之人民皆宜享有自由自由之權。操之於己。不可放失。放失之後。不可不日求恢復之道。勿徒襲蠻野之人之迹。而爲黠者所賫。願享自由之人。其謹持此說。勿忘勿怠。庶有豸乎。

人生壯年。已非幼時之舊。雖其見聞之廣。知識之啓。不可與幼時同日而語。而欲以木立步行之態。復爲呱呱墮地之形。吾見其僻馳而不可通也。故人民中之老少壯幼。譬猶一人身體之有老少壯幼也。立法之初。亦必先知人民之爲老爲少爲壯爲幼。法之程序。遂因之而有高下之分。然人民之爲老與否。察之綦難。迨知其已老。則如就木之年。既至無可作爲之日。而猶欲以成事責之。是何以異於擁抱死體。而不知其無氣也。夫一國之中。有壯者也。有幼者也。壯者既卓然有所樹立。而後教掖幼者。導以美備之法律。俟彼少經陶育。更歷年數。奉法之心。油然出於至誠。智者愼始。職是也。爾執是言之。俄國人民。是誠無教可施者矣。蓋其進化之率。較他國爲速。其詣已造其極。而舉國人民。皆頹然爲老境所囿。沈迷不可復返。故也。彼得帝爲何如人也。觀其外貌。雖似頗具材力。要非創業垂統之主。試檢其所爲之事。有爲後人所稱道勿衰者乎。蔑如也。卽有嘉言遺謨。亦必幾經變革。而後可以流傳至於今日。彼得帝當日雖夙知俄人爲蠻野無識之流。返之於己。旣不知涵養民智之術。又無立法之材。唯以首功爲上。使民嫺於殺伐攻奪之事。而爲文明進化之要具。是謂不揣其本而齊其末者矣。彼得帝之初志。統馭國人而外。並欲驅英德之民。亦歸其範圍之中。其志非不雄也。無如逞血氣之私。欲舉億兆之衆。爲俄臣之臣。究其終也。欲求俄臣爲己之臣而不得。是可憫矣。近世法人之敎其子弟。每致力於幼稚之時。諄諄敎誨。一若唯恐其學之不成行之不立者。利國之義。則敎之者不出諸口。受其敎者亦不入諸耳。迨其旣長。其技不踰抄胥呫嗶之役。可勝慨哉。以余論之。俄人恃其兵力。懷吞併歐洲之奢望。竊恐其自速滅亡之禍。而爲歐洲所吞併也。如韃靼人。初爲俄國不侵不叛之臣。一旦乘機而起。遂擁有全俄。君其土地。子其人民。寖至蔓延歐西。是固勢有必至理有固然者也。余願歐西各國。互相合從。起靖斯亂也可。

第九章　人民論二

天之生人。必度其軀幹。爲定尺寸之限。過之則爲長大之人。不及則爲短小之人。人既如此。國亦宜然。立國之初。亦必先度地之廣狹。而後定其勢力範圍之盈朒。然國家應擴之權力。亦有止境可循。過則內治損。不及則外交敗。而有國之人。每求擴其版圖。若夫懼損內治。甘讓一隅以飼他人者。未之聞也。無如好大喜功之心勝。則綱紀愈弛。是以小國之可以常保安寧。不若大國之一蹶不卽振者。職是也爾。

試以實事証之。地大之國。呼吸不靈。一事宜革。則阻之者多。一事宜興。則爲之者雜。譬諸一拳之石。可以手握之。若以拳石繫諸長竿之端。則舉之不若前日之易。

且夫土地廣大。則應爲之事。隨之而劇。邑有邑之政府。郡有郡之政府。大之則有藩鎮之政府。中央之政府。各政府中。飲食起居。下迨一草一木。無不取自民間。祿階愈高。取之愈奢。其亦思人民絞其膏血。以供養此蠹我賊我之人。閭巷之間。不知其若何飲泣也。洎乎人民習知政府愈多。所耗愈重。於民固無絲粟之利。而徒爲握權施政者之利藪。不若舉通國之事。委之中央政府。以期節我之力。此亦勢之所趨。有所必然者也。要之不顧民力如何。而日以開疆拓土爲偉業。則必有存亡決於須臾。廢興懸於眉睫之時。願有國家者。先事預防。勿致自速國破家滅之禍可也。

地大之國。不特人民所耗愈重而已也。凡人民中有不奉法者。政府亦無暇責問。宵小得志。騷擾里閭者有之。僻遠之地。頑徒蜂起。政府之中。非特不能制於未發之先。又不能遽施撲滅之策於其勢未熾之時。任意猖狂。蔓延全國者有之。治人者與治於人者。終歲不相通問。人民不知誰爲治我之人。已與治我之人。有何相維之義。敬愛中絕。漠如路人者有之。且也同里之人。皆爲吳越。見有他省來者。則犬馬之不若。苟欲語以國家相關。善羣保種之道。則冥然木坐。與不聞不見者無殊也。由是觀之。風俗寒煖。隨地斯異。而欲以施諸甲地之法律。行諸乙地。必非至當之策。若國中所行法律。紛歧不一。則不能互相統治。利用厚生之道。不能相通。於是紛亂擾攘之患。遂因之而無寧日矣。天下而有若是之國。是不過集衆人於一地。人不相知。雖曰舉賢進才。而智者用違其所長。愚者自蔽其所短。惡人之罪不見罰。善人之功不見賞。上下相蒙。官吏遇事繁劇。則處事之權委之胥役。於是左右擅政。欺罔人民。當是時也。所謂政府者。非能爲福人民。唯爲招致禍亂。妄事役使而已。故土地廣大。踰於所定之制。是不啻負鉅石以壓己身。而自招顚覆之危也。

有國之人。苟欲戡除禍亂。文致太平。必使人無他志。朝無闕事。而遵從法律之心。油然出於至誠。如是而後其功或有可藏之一日。使一國之人皆心猿意馬。負隅相抗。又欲侵凌他國。求我所有之權。日益擴張。是與達斯加爾旋風之說無殊也。故不知弱肉强食之理。又無外敵相乘之慮。則其國岌岌。必有不可終日之勢。語曰。寧釋外患。以靖內憂。舍此不鶩。吾不知其道之所從矣。

由是言之。國强則土地必廣。國弱則土地必縮。苟欲明於强弱之理。得乎中庸。以常保國力於不墜。則非聰明睿智之政事家不可。先哲有言。事有本末。物有終始。知所先後。則近道矣。是之謂也。夫國既强盛。而懷擴充土地之志。則其功在外而不在內。處之不得不後。國既小弱。而有減縮土地之虞。則其禍將不在內而在外。處之不可不先。此自然之理也。內治不固。奚暇騖外。內治之所至要且重者。創立確乎不拔之制度。使通國之人。莫不遵奉是也。且擴充土地所得之益。不若創立善政所得之益爲公而溥。此理又無可疑者也。

嘗聞某國定律。以征伐他國爲要圖。內政如何不問也。一若土地不廣。其國不足以自存者。舉國若狂。皆以奉此定律爲造福之具。無如滅亡之慘。與繁盛之極。詣而俱來。試觀某國所定之律如此。今日復尋其遺墟之所在。亦渺不可得。余說豈無稽耶。

第十章　人民論三

覘國之强弱。其道有二。土地之廣狹。人民之多寡是矣。土地人民。其權衡必求其相等而後可。人民相集而後謂之爲國。各分疆域。足以容其相集之人。而後謂之爲土地。所謂權衡也者。土地無不足養載人民之虞。人民起居。亦不得過於所有土地之中。使土地之廣狹。出於權衡以外。則保護無術。耕耘之道既盡。而物產又無繁殖之望。且土地不足。人民衆多。則地力不足以養相集之人。勢必仰給他國。漏巵日甚。亦足以耗國家之元氣。此其釀爲內亂之因。卽爲自速外訌之所以也。夫窮通相尋。天理之常。轉貧爲富。轉弱爲强。自有坦途可循。而世人不知從事通商惠工之義。而欲於煙林彈雨之中。郡縣他國。必其人民無治內之材。而後內外交逼。曾無已時。生命岌岌。朝如危露。所謂郅治之隆者。無復夢見者矣。要之日耀兵威。詡爲至盛之業。以求我之所謂富貴。一旦遇有强於我者。力絀材盡之後。則彼必以我所施諸人者。反而施諸於我。是不啻自招其禍。且以所富所貴。與夫盛大之業。拱手以資他國。譬猶以國家强弱爲孤注。得當則償我所欲。不得當則返轅以遁。千金之子。不甘以僥倖之心。輕試其所有。而有國家者。每出此而不悟。大可哀矣。

今夫土地之廣狹。人民之多寡。非可尺度斗量者也。且地有沃瘠之不同。物產又有豐歉之異。與夫氣候之寒煖。人心之智愚。隨地而殊。或有沃土之民。所耗者儉。瘠土之民。所耗者奢。是皆言權衡者所不可不察者也。又如男女之多寡。賢不肖之衆否。生命之修短。軀體之强弱。職業之巧拙。有一不明。即無足以合我權衡之說。故立法者。當立法之初。雖任一己之意。而意之所起。必由所見所聞。有感於事事物物。而又不以小成自安。立法者之所以必爲非常之人。蓋由是也。雖然。覘國之術。又有未盡者在。輶軒之跡。雖徧天下。而風土人情。每有不能盡悉者。然而國土之應廣與否。有定則焉。山嶺之國應廣。凡樹林蓄牧之事。不勞人力而已足。一國之人。皆可從事他務。且山嶺之地百里。不若平夷之地七十里。此又爲山嶺之國宜廣之証據也。瀕海之國宜狹。物產稀少。不得不以漁獵補其不足。互防海賊。

又不得不互相團集。且地不過廣。則他日爲壓制束縛之政所苦。起圖自立。亦非所難。此其例耳。

立國之道。錯綜繁賾。不可得而盡悉。一言以蔽之曰。通國之人。勉求富貴。希望平和是也。自有此說。而後千端萬緒。靡不由是而生。當國家始立之時。與將帥編列兵制無殊也。演習未純。則人皆競競自守。能不敗已善。遑敢求勝乎哉。夫將帥猶不能以演習未純之衆。驅諸疆埸。與他人角生死於呼吸之間。而况國家擾攘。民不聊生之時。不知安享平和之福。以營求富貴。而輒欲妄事興戎。不至失其所固有不已也。且於危急存亡之秋。竊引外訌。則爲人民者。求一身之安甯。猶汲汲不遑。又以國難責之。勢必有不能應者。而竊引外訌之人。所志未遂。外人乘釁而入。則分崩離析之禍。亦足以起於蕭墻之間。可不慎歟。

嗟夫。多難之國。何代蔑有。苟以治國馭衆之權。委諸務外遺內之政府。則使彼亡國則有餘。責以興滅繼絕之義。是較强盲者以辨五色。聾者以別五聲爲尤甚也。

且獨夫民賊。每乘此機而起。彼觀一國之中紛亂擾攘。人心又皇皇無主。有人出爲戡除其亂。則雖施以殘忍苛酷之政。亦必帖然就我之範。若是則顛覆之虞。烏得謂非人民自招之乎。是以暴君之所志。與立法者之所爲。萬無相同之理。立法之事。暴君不得妄參絲粟之權。相機而動。所執不堅。則必釀爲國家之隱憂。是爲立法行法之權。不得委諸一人之說也。

然則必有如何之人。而後可以立法之權界之。曰原始相同。利益相共。契約無異。互相集合。而尚未受有法律之桎梏者。其不爲固執不變之惡習所中者。終身不啓外患。不與他國相通。而不救援他國者。爲衆人所知。而不甘以不肖之身。有忝其應盡之責者。無求於他國之人。而又不爲他國之人所求者。富貴不淫。貧賤不移。怛然自足者。折衷於上古之質朴與近世之文縟之間。而得其當者。必有如是之人。而後可以操有立法之權。所立之法。無名可求。無利可圖。而唯以適用爲的。故廢法之人。不煩舉手投足之勞。而使昔賢竭精儆神。所僅底於成者。一旦自我而棄之其亦大有類於不仁者之所爲矣。且夫天下之事事物物。各具氣質。不能强其相同。立法者必先祖其氣質之所近。而後導以適用之法。其案既難。其道尤雜。亦不知其幾歷星霜而後所立之法。可以通行於一國。蓋立法之難。固如斯也。凡爲立法之人。必以余之所說。夙銘於心。幷以余之所說。見諸行事。非可强顏自飾者也。嗚呼。立法之材之難。不其然乎。世界之廣。各國之衆。眞能制定法律者。曾有幾人。立有美善法律者。曾有幾國。環顧歐羅巴中。稱爲法律至備之國。唯古爾斯塊然一島而已。古爾斯人。類皆英邁卓犖。嘗恢復其所失之自由。以協禦外侮。日求保國之道。通國人民。遂蒙太平之福於無旣。是所謂魁閎豪傑者非邪。可爲天下師矣。他日舉彼蕞爾之區。震憾全歐。容有其時。余實不勝杞人之憂也。

第十一章　論各國政典之異同

國之所以立。人之所以生。必有至貴至重之物。以維其後。所謂至貴至重之物者。自由權與平等權是也。使一人身體。無自由之權。則一國身體。亦必無自由之權可知。天下寧有是理歟。而自由權之常保勿失。與道體不可須臾離者。又無可求之平等之權以外。故自由權不可不重。而平等權又不可不貴。

自由權之說。前言已詳。今當更盡平等之權之說。所謂平等之權者。非富貴威望相同之謂也。雖有威望昭著。富貴兼隆之流。而威望不足以勝法律。富貴亦不足以貧賤他人。是故威望富貴之流。愼其所發。不得妄以盛氣凌人。無力貧賤之徒。尤必戒其貪欲。不得自貶以仰他人之鼻息。各適於道。皆可俛仰無怍。心神俱泰者矣。顧不康哉。

世人或曰。平等之權之說。不過紙上空譚。名雖甚美。而驗諸實事。則廓然無當。豈其說猶有未盡。而不足堅人信乎。余曰。否否。不然。平等權之不得驗諸實事者。蠹國之害深焉已也。凡一事有弊。則避之唯恐不速。此爲天下至庸之理。三尺童子。莫不知之。而獨於蠹國之害。則能多留一日。卽爲如天之福。嗚呼。豈不謬哉。且夫千里之行。起於跬步。涓涓不止。終爲江湖。今日有一弊。漠然置之。明日有一弊。漠然置之。於是他日弊竇叢生。通國之中。無復夢見公益之期。勢之所趨。無可曲解者也。然則平等之權。既爲天經地義。而猶欲以一國政治之力維其後者。蓋有阻我之力在也。去此阻我之力。則非法律不可。夫平等與自由之說。道彌天地。咫聞孔見之夫。駭爲奇譚。亦其素所習者然也。吾何責焉。

立國之道。自由平等之權以外無聞也。天下萬國。失自由而無平等者。卽不足以爲善國。然而是說也。亦非可執一以論萬也。國土不同。所感斯殊。察其地勢之所宜。究其民情之所向。而後制之以限。無過不及之弊。是雖爲政之要。而猶不足以盡爲國之極詣。唯由斯道者。亦無不可自務也爾。試觀磽确不毛之地。或方里過狹。則舉國人民。無不奔走於一技一藝之能。以其所有易其所無。皇皇焉終夜不休。不若是則無足以資其所生。膏腴平坦之地。邱林崇茂。物產肥饒。而又無人滿之患。則舉國人民。取給於天生之物。已足遂其仰事俯蓄之心。終其身不識胼胝之勞爲何物。蓋農固足以繁殖人生。而工藝則僅就地之所有。以養所集之人而已。故農有農之自由。工藝則有工藝之自由。若欲以農之自由。强與工藝相平等。則不啻强奪農之自由。而與暴君汚吏之所爲相去無幾矣。濱海居者。航海爲業。漁獵爲生。與農相較。則風濤汹湧。水天一色。夷險之懸。奚啻霄壤。而亦各安其所。食息生字。彼此無殊狀也。要之平等自由之於各國各人。譬如布帛菽粟。不可一日或無。而妄執一端。不能會其通。則實爲秕政之源。決而壅之。其禍有不可勝言者矣。往古希臘人。近世阿剌伯人。俱以敎法爲治國之要具。雅典人則以文學。加爾達額及崎爾人則以貿遷有無。路士人則以航海。斯巴達則以戰爭。羅馬則以道德。各援所長。以立國於天下。萬法精理有謂立法者之覘國政也。必視一國元氣之所在。然後施以利導之術。舉例頗繁。余之所說。不過畧揭大指而已耳。其詳非所能也。

一國政治。眞能致乎其極。無復動搖之虞者。非有異術也。察其自然之理。知其風俗人心之所尙。而後制定法律。護持其所有。矯正其所失。能如是。是亦可矣。使立法者。不順與情。矯揉强作。諸如自由壓制富貴貧賤治內伐外之常道。俱一一反而行之。以快其所私。則他日法律就湮。政體紛亂。平日之所謂一世之雄者。轉瞬不可復睹。蓋邱墟禾黍之悲。已伺於若輩言高氣盛之時。及爲末路所迫。則遺恨無窮。而足跡已絕於天壤之間。余不識人亦何樂而爲此。嗚呼。可慨也夫。

第十二章　法律之區別

整一國之紀綱。而於通國所公有之物。制以相當之限。其說頗衆。一曰全國與全國之交接。（即君主與全國交接之意）全國與全國相交接。所定之法。名曰國法。（亦稱大制）所定之法。不問其爲善爲惡。而不得不博採輿論。世界如此其廣。而齊國之道。容有不得其當者。然斷無甘以不當之法。自殃宗邦者也。或有論議所立之法。爲可通行一國者。或謂猶不足應擯他國之所長。以裨所短者。是依順之。是違聽之。苟非至暴極酷之徒。即無藉人口舌之理。故所立之法。不問其爲君主之意與否。即立法者自謂至美極善。而人民亦可各罄所知。蓋法之得失。實爲一國安危治亂之基。得固人民亦蒙其福。失則人民首被其禍。烏得不深長思之。且法雖無可疵議。而人民之力或不足以奉所立之法。亦有難言者矣。

一曰人民之交接。人民交接之說。又分二系。曰人民與人民相交接。人民與全體相交接是也。然人民與人民相交接。則當務其小者。人民與全體相交接。則當務其大者。譬諸物我之間。不以他人之故。而輕失一己所有之自由。若夫與全體相交接時。則不顧事之輕重難易。必先放棄一已之自由。而後盡力以爲全體之事。然勇敢不撓之心。不能歷久而不衰。必爲求其所以作養之道。其道維何。曰國權之外。無異術矣。於是立法之人。亦由是而生焉者也。一曰人法之交接。如一人犯罪科以刑法是爲人法之交接世人每謂刑法者。不過法律中之一端。而不知他法皆得刑法而益固。如奸宄踵出。文告不能已者。刑以警之。使愿者益堅其所守。黠者亦因以自歛。諺有之曰。刑法爲季世所必需。而又爲盛世所不可無。洵哉斯言也。

三法之外。又有一法。爲諸法之所至重。萬事之所至貴。與一人身體。不可須臾相離。唯目視之而不見。耳聽之而無聲。無名可傳。無形可狀。銘諸於心。印之於腦。與有始以俱來。與無終而偕逝。卷之及乎屋漏之中。放之則塞乎天地之間。自有此法而諸法於以定。自有此法而滅者可以興。絕者可以繼。餘如風俗習慣之事。無不備具於此法之中。政學家之所不及知。哲學家之所不及察。迨觀既成之法。無不與此法相維繫。立法者。於立法之初。亦莫不持有此法。非可遊神荒漠。而猥以一孔之見。制定法律者也。學者愼毋狃於所見所聞。而忽於無形之法焉可也。

路索民約論第二編終

路索民約論

第三編

法國　路索　著
吳縣　楊廷棟　譯

第一章　政府總論一

人有懸一至正之的。爲彼畢生所適之地。且孳孳焉日求赴其所懸之的。但於求赴其的以先。必有求赴其的之志以決之。此之爲事理。理卽決事之志。而事卽接物之力。天下之人。欲得自由。而中有使之可以如願以償之道。亦必胎於事理而後可。事理偏廢其一。則政體運行之度。不能常保於自由之中。譬彼痲木不仁之徒。日具奔走之志。與捷足便走者。坐臥不起。同是跬步不移也耳。此亦事理偏廢之貽之戚也。

政體之中。亦必嚴治志力之界。吾今名其志曰立法之權。而名其力曰行政之權。

二權相合。萬機胥舉。否則徵特事無可爲。卽强令爲之。亦僅益耗精神於無用之地。而終無纖悉之功可覩。斯以已耳。

立法之權。爲全體人民所公有。行政之權則否。蓋行政權者。凡所取捨。俱非源於法理者也。不過遵守全體人民所規定之例。運用於一國之中已耳。今請約其旨曰。源於法理。千歲靡更之權。則爲人民所公有。臨時決策。實行弗替之權。則爲政府所專有。相維相持。而後羣不可渙。此事理兼賅之說也。

國有政府。又置執政以實之。是爲國家與君主。互相交接之樞紐。是以充執政者。必光明磊落。順洽輿情。操一國所公之權。而理一國所公之事。世人妄謂執政與君主無殊。此實誤之甚者也。夫所謂政府者。非舉政府之名。加之於君主。不過使彼介於君民之間。爲君民交接之樞紐。又使之施行法令。防護政權民權於不墜。如是已耳。若如世人之說。則政府將爲君主私有之物。豈不謬哉。

一國之人。服從君主。唯唯聽命。釀爲苟安卑屈之風。政府覬其隙也。凡民約中所不應爲者俱託於君主而妄爲之。是必驅執政諸臣。爲一姓之奴僕而後已。執政諸臣。深知予奪之權。爲君主所操縱。君主喜則聳於青雲之上。君主怒則墮諸深淵以下。於是奉令唯謹。興革大權。俱拱手而爲君主所專有。甚至脅肩諂笑。日惟忤拂君主之意是懼。勢之所趨。不得不然者也。夫權固應爲人民所公有。徒以積怯成弱。舉吾固有之物。奉與他人而不顧。豈人情哉。

吾故曰。政府掌有行政之權。非分有君主之威權者也。妄事嘵嘵者。可以悟矣。

君主政府人民。三者相繫之差。如比例然。以君主人民爲兩端之率。而以政府爲中率。若君主欲自有施政之權。政府欲自有立法之權。而人民又不願遵奉法律。則志力之効終絕。國亂政靡。胥踵其後。是蓋兩端之率之間。不可無中率以爲之介。猶君主人民之間。不可無政府以爲之樞紐。夫人民望治。猶望歲也。誰不欲得良政府以維三率平均之度。無如變亂之禍。接蹟於後世。覽彼史乘。彰彰可攷。蓋三率轉移之故。非僅隨各國人民之風俗而異。於世運變遷之中。亦有殊驗者也。

余今酌舉人民之數。設爲比喩。以明君主人民相繫之理。讀者或有取也。

凡一國人民。習慣過衆。則必增殖執法以矯制之權。民志過衆。則世之所謂公道也者。亦隨之而益加。苟希政府所爲。日趨於善。必視民數增加之度以定之。而政府又不得擴張其權力。請以專制政府論之。政府必有籠絡人民之權。君主又必有籠絡政府之權。國强則政權之分任於官吏者必鉅。國民之懷疑莫釋者亦彌甚。專制之端。卽於是肇焉。但余之所謂專制。非恃其權力壓制人民之旨也。唯國體所在。各部不得不具平均之力以維之耳。余非好爲奇異。而於設爲比喩以明君民相繫之理之時。雜以他說。不知此理不明。終不能窮吾說之奧。詞簡而晦。孰若少費而明之爲愈乎。

譬諸集萬人而爲國。則萬人合而理事。爲一國統治之人。分之則各爲孤立無權之平民而已。由是言之。統治之人。與平民比例之率。相差以萬數。雖人民自有一已不可侵奪之權。迨與統治者之權相較。則僅僅萬分之一。苟集十萬人而爲國。

則人民之權。與統治者之權相較。又爲十二萬分之一矣。故統治者之權。視人民衆寡而爲增減之差。國土愈廣。則人民之權益朒。此亦可知者也。

人民雖有統治之權。然不能舉通國人民而統治之。於是乎有政府。政府之中。不可無人以長之。於是乎有君主。故政府之中。不立君主則敗。若夫國家則雖無君主。其獨立不拔之基。猶如故也。執政之徒。所志不敢與法律相戾。蓋以法律爲人民公共之志也耳。若妄參臆見。坐擴其權於應有之外。則是破損人民所預儲於政府中之權力矣。遂有擁立兩君之制。一司立法。一司行政。彼此相持。以遏圖亂之萌。其實終非有國家者之福。擾羣敗類之禍。可立俟也。

一國之中。既有維持政府之特別權力。又必有維持國家之公同權力。所謂政府者。非使人民奔走於政府之下。而使政府奔走於人民之中者也。且夫國猶人也。政府其軀殼也。不過具有形體。而藉精神魂魄寄焉以生也耳。然窮通壽妖。發於軀殼。無可託而逃者。蓋人不能外軀殼以圖存。國亦不能去政府以獨立。軀殼病則精神爲之不爽。魂魄爲之不安。政府儆則其害波及於全國。故不得不愼言之也。

第二章　政府總論二

前章論政府總體。嚴分政府君主之界。今更於政府形體中。述其所以相差之理。并望勿以有司政府混而一之可也。

前云君主人民關係之强弱。視民數多寡爲增減之差。政府有司之關係。亦猶是也。民數日衆。政府有司之關係。必因之而益張。否則不得妄逾所定之度者也。

政府有司。如以人民爲藉口。而濫使所有之權。則必有損人民所有之權。蓋政府全體所有之權。卽國家全體所有之權也。

是以有司衆。則政府之全體必弱。以下當詳述之。

凡爲有司。所志維三。卽各私一己。彼此相援。及眷顧君民是也。

一國政權。措置得宜。則微特各私一己之志。無所用於其間。卽彼此相援之情。亦不甚熾。唯眷顧君民之心。則晝夜不懈。其國烏得而不興哉。

天然之世。所志不同。利己爲首。相援次之。若夫君民利害。則幾置諸不聞不見之地。蓋上古之人。偏隅自囿。無鄰里鄉黨之誼。苟不豐殖一已私權。則安愉逸樂之趣。不得終保於一身之中。迨有政府之世。而政府之權。復爲一人所操縱。則利己相援。合而爲用。究其終也。相援之心。必較利己爲尤盛。故一人勢力。即視其强弱爲差。政府專制之度。亦視政府勢力之强弱而定者也。苟有一人。力足以安危政府。則政府全權。必爲彼一人所專據。此又可知之理也。

若集立法之權於政府之中。奉有司爲君主。舉國人爲執政。相援之功用。隨之而失。於是君民之志尚焉。且利己之心。亦皆凝爲公同意志之後助。故政府得有專制權力之後。而所以使之得此權力之功。猶無往而不顯者也。

有司於一羣之中。所有之勢力。與人民於一羣之中。所得之勢力相較。有司之勢力必盛。故有司之志。由君主而發者。不如由政府而發者之强大。蓋有司統轄政府。苟使人各私己。則無可作爲於國民所有主權之中。政府之職務去。離散國民之弊。坐是故耳。

疆土日擴。不可不養國家眞實之權。否則權無可養。疆土徒擴。則冗吏盈廷。則政府中所藉爲權之至大者。亦末由而得所謂權之至大者。即爲國家之權。而常與政相持。以底於均者也。絀此不足以伸彼。亦無所往而不然者也。

且理事之人過衆。則所理之事必荒。蓋理事之人各有應盡之責。過衆則易於推諉。耗費又鉅。不至坐誤事機。斲喪國家全體之元氣不止也。前言政府視執政者之多寡。而爲事務緩急之差。生民日繁。則所以抑制之權。不得不增。由是言之。政府有司間之關係。與君民間之關係。大相背謬者也。

上文所述。僅爲政府關係之權力。而不可謂爲至正之關係。蓋有司之數大增。則其相援之志。益與國民全體之志相接近。朒於東者必盈於西。無所託而逃焉者也。

第三章　政府之區別

政府形體。不可盡同。茲分爲三類如下。

第一民主政治　君主舉一國之政權。委諸人民全體。或人民之一大部中。於是通國人民。執政柄者多。而無權者寡。是卽舉國民爲有司之說也。

第二貴族政治　政府之權。爲人民全體中幾人所專據。凡非政府所委任者。皆爲無權之人。且不得參與政事者也。

第三君主政治　政府全權。委諸一姓。百官有司。分有一姓之權。卽爲一姓任事。是爲世界通行最廣之政體。所謂帝王政府是也。

政府之形體如此。其勢力亦有强弱之殊。唯民主政治。則有凝結國民全體之力。貴族政治。則由國民全體之半。減至至孤之數。然皆無定限者也。若夫君主政治。則有限之者矣。往古斯巴達置王二人。羅馬帝國則八帝並治。然非分割帝國之疆土。不過分割帝國所有之勢力已耳。

求得至善至美之政府。則必使政府形體。不與其他事事物物之形體相悖戾。彼政府形體。既分爲民主貴族君主。三者非無高下之差。然亦各有定論者也。以下當分篇詳之。

或有集三者而一之。折衷至當。成一盡善盡美之政體。如君主政治。亦有君主政治之所長。吾卽拾而因之。民主政治。亦有民主政治之所短。吾卽革而舍之。於貴族政治。則亦若是而已矣。

政府形體之中。孰得孰失。嘵嘵者曾無已時。而論究各種形體之實際。辨其利害得失。則謂之闃無一人焉可也。

民主貴族君主三者。每與國民衆寡爲反比例。最小之國。恒爲民主政府。稍大之國。恒爲貴族政府。最大之國。恒爲君主政府。然其序雖不越乎此。而時世所迫。變幻莫測。烏得保其不生異例也哉。

國憲良否。莫若決於行政立法兩權相合之所。蓋法由我立。政由我行。利害損益。必較他人爲明。然事事物物。無界可分。其弊亦有不勝言者。行政立法之權。集於一人之身。則其指必不能普諸萬姓而無偏。如一人兼爲君相之職。則與創立政府於政府以外無殊。甚或挾私罔公。屈衆人之意志。以曲就於吾範圍之下。危亡之災。可立而俟。且政府枉法之弊。猶不若立法者自枉其法之甚。故立法者自枉其法。則國亂隨之而起。大本既敗。卒不可救。毋庸深諱者也。苟有不妄使用政府權力之人民。始可與言不妄使用獨立之權。設通國之人。皆足自修厥身。則亦無藉若輩爲之敎而治之者矣。

綜覽古今。眞可謂之爲民主政治者。未嘗有也。今日而後。終不能達吾所懸之的。亦不可知。以衆役寡。雖爲世界通例。而芸芸者如此其雜。勢難羣起而操治國之權。代議之制。遂於此萌其芽也。政府萬機。分置各部官衙以輔之。分則事簡。事簡則易信於民。有國之人。苟欲作養民主政治之元氣。可以此說衡之。

民主政治。恒行於最小之國。蓋由民志易結。善惡易辨故也。唯風俗簡陋。轉有事冗之虞。如人民階級。財產平均。逾度則諸法與權利。皆不可以永保。艷華美麗。雖足以爲一國富饒之章。甚則足以亂法。獲利過鉅儉嗇過甚。則或足以紊貧富之序。或足以啟惰弱之風。或足以長驕慢之習。皆與國家存滅之機。互相維繫者也。又有甲黨制馭乙黨。脅之以阿吾意。迫之以剝其權。情勢萬變。不可端倪。整飭之不易。恐非人意之所可料者也。

孟德斯鳩所著萬法精理中云。共和政治之元氣。爲人生不可缺之懿德。懿德云者。不問其爲如何政體。皆與人生不可須臾相離者也。孟氏特區而域之曰。共和治政之元氣。亦云謬矣。孟氏爲法理大家。豈猶有難窮之理。毋亦未知各政體中。主權無異之理使之然乎。故可爲懿德之元氣。不僅限於共和政治之中。苟企一國政體。進於盡善盡美之界。無不可以元氣名之。卽無不可以懿德稱之者也。

彌一國隱患之道。無逾民主政治。上者國民共立之法。卽由國民共守。各安所應得之自由。亂何自萌。政事有闕。無人操有阻遏變革之權。豈非長治久安之策乎。善夫波西那尼於波蘭國會中之言曰。余爲臣僕而偷安。不如處自由而履危。吾願天下求自由者。銘心印腦。勿忘此語焉可也。

雖然。民主政治。非可行於蠻野無識之人民之中。必其智可以語於此者。而後其効可得而覩也。

第五章　貴族政治

一國之中。有無形人二。一爲政府。一爲君主。政府君主之形體各異。所志之道。亦隨之而不同。一則與通國人民有相維之勢。一則僅與執政者不可相離而已。蓋政府必以通國人民之心爲心。君主則以執政者之心爲心。此其別也。然政府之所制定。雖必適通國人民之志。而不藉君主之名。則猶不得有布告國人之權力者也。

回溯上古之世。各國無不行貴族政治之制。各族酋長。綜決萬機。其他刑賞之權。

皆由子弟戚黨分而任之。後世遂有元老國老之名。北美蕃夷。猶有沿其舊者。蓋彼施政之善法。無逾此者也。

第五章　貴族政治

時移世易。微特紊亂天賦之秩序。一國教化。亦因之而有因革之分。如國中有權力者。於他人財產。日益兼併。舉國之人。崇之爲元老。己亦傲然自足。且凡非其後。皆不足任彼之責。迺悉其權勢財產。授諸子孫。於是乎啟世襲貴族之端。一國政權。外人無復有掌握之期。世有年未弱冠。詡爲元老者。烏足怪哉。

貴族政治之類有三。一爲天然貴族政治。二爲選舉貴族政治。三爲世襲貴族政治。天然貴族政治者。通常人民擢爲執政者也。選舉貴族政治者。選舉貴族。使執一國之政。是爲政體中之正眞者也。世襲貴族政治者。子孫相繼。世執政權。是爲政體中之衰頹者也。若以民主政治與貴族政治相較。辨其利害得失。則莫如貴族政黨。而以選舉之法行之。蓋民主政府中。不問人之善惡長短。皆以政權委之。保毋有辱及政體之弊。彼貴族政治。則爲執政者。貴族而已。且貴族之中。又必擇物望素孚。才德俱崇者任之。求其不當於通國人心者。不可得矣。國運安得而不日昌哉。

議會之中亦然。苟以卑賤無名之人。濫厠其間。則必不如貴顯有德之人之有益國家也。可知矣。

良政府中。皆擇屏私急公之人。而以政權委之。則雖二萬人經營不遑之事。百人可以盡之而有餘裕者也。

疆土狹隘。人民朴直。所行法律。類與公道相吻合。則不可以貴族政治施之。迨其國境稍廣。地方政府。各據所有之主權。狎而覬之。漸釀封建割據之勢。此其可慮者也。

要之貴族政治之功。終不可沒。苟欲遏其亂之所由萌。則莫如愼選而善任。若亞歷司度德爾所倡崇仰富貴之人而奉之之說。則余不敢信。與其崇仰富貴之人而奉之。曷如推舉才德之人而尊之。此亦盡人知之者也。

第六章　君主政治

余之所謂君主者。是爲有形之人。遵奉法律。有掌握國權之權利者也。

凡一國人民官吏之志。與國家公同之權力。及政府特別之權力。舉止無殊。運行亦同。而後無道可以覆滅之者。若不審理亂。一人自逸於上。則迫之者旋踵而來。昔亞爾希曼危踞海峯。見波浪大作。巨艦沈滅。怡然不少動。亦猶君主之小有才者。一旦竊掌國權。侈謂天下莫予毒者。雖通國蕭然而彼終不之顧也。吾惟懼其不終日也。

政府威權不盛。則所志不行。統馭人民之力亦益朒。然越於常度之外。則非全國人民之福。且政府威權。莫不取之於國家。政府之威權既盛。則國家必蒙其害。又可知也。

君主日執專制之權。以統馭其下。於是甘爲家奴者諛之曰。一人苟欲專掌國權。爲一世之大君。必先使民親愛其上。而後可順吾言者。名之忠而褒之。違吾言者。

聲其逆而誅之。羣一國之老少長幼。胥不越吾予奪生殺之範。吾術無可窮之日。卽君權無可替之期。美哉言也。君主囿於近習。聽之入耳。遂奉爲長治久安之道。不知諛君之人。卽因君以求私利之人。豈果有愛於君而有惡於君以下者哉。不過非是不足以結君主之歡心。不足以結君主之歡心。則無所因而饜其一己之私。卒之家國並滅。君臣皆不足以自全。此亦可爲殷鑒者矣。雖有良辟。莫或免也。

世有言政之家。誓發大願。置王統於萬世不朽之地。且謂人民之權力。卽君主之權力。下順輿情。人民自必愛而敬之。國運日隆。君主之權。自不可替。夫君主之所求者。亦不過如是而已矣。但君主所爲。恒與可由之道相悖。蓋專制之君。每務愚民之術。使之馴伏於下。任君之敲朴鞭笞。而罔敢稍萌異志。洎乎多難之日。人民又出其舊日事君之行。以轉事他姓。此亦可知專制之君無與共難之說不謬矣。麥亞伯爾嘗藉敎導諸王爲名。而陰以誘化人民。已歷奏膚功。所著王公論。誠共和政治家之言也。

君主政治。行於大國差宜。今請辨其利害得失。以終其義。一國之中。執政者衆。則君民關係日薄。馴至彼此平均而後已。執政者寡。則君民關係日繁。馴至大權歸一而後已。迨大權歸一之時。是爲關係日繁之極度。君民懸絕。一國團結之情。亦渙散而不集。苟欲一國政體日進於良。則執政之數。不得不折衷至當。勿使過衆。勿使過寡。又以王公貴族充之。斯以已耳。彼小國秩序易紊之故。類由君主貴族易於變遷已也。有國家者。奈何勿審。

君主欲因一人以施善良之政。雖疆土偏隘。其勢亦有所不能。況大國乎。是以不問國土之廣狹。既立君主。不得不置有司以輔之。職是故也。

君主政府。與共和政府相較。則君主政府之害多。而共和政府之害少。共和政府。選擢有司。必其聲望素隆者。否則不足以守其職。君主政府。則君主愛憎之念。郎爲人民涉降之階。口給善阿之夫。欺罔君主者。濫厠崇班。朝野排擊。不之顧也。若是則兩者之利害得失。當有能辨之者。任官之權。與其爲一人所操縱。不若分諸全國人民之公允夫人知之者也。至公選之人。足以亡國。暨獨任之人。足以興國者。皆千百載不可一遇。且君主政府中。雖得一人而可興。但喪一人而可亡。興亡之機。懸諸一人之手。必不可以終恃。共和政府。則所任者必爲衆人之所是。所黜者必爲衆人之所非。是非決之於衆人。則或興或亡。不能斷爲一人之功罪。此二者之別也。

凡爲政之要。莫如任官得人。又必計其國之大小强弱。而劑之使平。夫國得之易而守之實難。譬欲震撼全地球。必置一適用之木杵而後可。但杵之脩短巨細。皆可任吾意以爲之。而支其杵者。非强力之臣不可。是以廣大之國。遍於大陸。每一再傳而衰而墟而易姓。蓋開創之始。辛苦艱難。習知民間疾苦。不敢稍謬施政之方。迨海宇麤安。暮氣乘之。自謂起家布衣。稍平天下。舉億兆赤子。胥爲子女於我。卽少自縱逸。亦分所宜然。而不知吾所以興。必因彼有可敗之道。可敗之道維何。亦曰縱欲殃民而已矣。語有之曰。涓涓不止。終爲江湖。晝夜兢兢。以毋怠毋荒自律。晚節猶不可以對人。若自謂宜少縱逸。則吾不知其伊於胡底矣。迺授官分職。以分其所負之責。又設議政院以固其基。然而終不若量君主材識之所及而伸縮其國境之爲得也。世之有國家者。獨無意乎。

政府禍患之所最甚者。莫若帝位承襲之時。當一帝崩御。儲君嗣立。誠爲國家危疑之秋。人民則守義而作壁上之觀。政府中則援同排異。乘間竊發。恣其自私自利之心。且若輩皆以國家爲器具。授受之際。卽蓄賣買之心於其間。而買者又恃其威詐。强弱者以必賣。然賣買云者。交易之詞。今强買帝位之徒。則無値以償賣者。但買之於人而不欲轉賣他人。則勢有所必不可悖而入者。亦悖而出。此亦古今之殷鑒矣。若是則一國事物。無不可以賣買之道衡之。故忘本之鄙夫。又欲攘之爲囊中之私産。此家天下之制。所以歷久而彌固也。然非文明之世所可容者也。

預防此患。必定嗣續之法。使一帝崩後。諸子無爭立之憂。如世襲之君。雖不能盡擇賢哲而任。亦必視其外貌少竊者差可。蓋擁立嗣君。甲指若者爲賢。乙指若者爲賢。且賢君既立。奸臣不得陰施其詐。必多方以沮之。僅擇謹愿者。則莫不事之維命。然此皆庸人妄希旦夕之安。非國家百年之大計也。試援例以証之。丁尼大帝。嘗怒其子放蕩不學。責之曰。汝日受教育。豈皆受放蕩之教育乎。其子答曰。阿父。先君不嘗爲君王乎。蓋其意謂阿父先君。嘗爲君王。故阿父亦爲君王。則他日己亦必爲君王無疑。凡爲君王之子。而己又可爲他日之君王。則放蕩固無損也。此亦可知世襲君主之弊矣。

天生民而立之君。使司牧之。苟無辨識英敏之德。則雖教以駕馭之方。亦無益於君。故與其教以駕馭之方。則不若導以順民之情。試綜覽史乘。雖有不世出之明君令辟。亦不聞有以駕馭之術說之。可謂識治道矣。蓋駕馭之術。非可紙上空譚者也。虛誕之理。縱能窮幽闡微。僅足以娛一時之耳目。若夫空說駕馭。不若譚虛理者之猶賢乎已。

凡爲君主政治。日流姑息。則君主有司之功用。皆將湮沒而不顯。政府之中。政體卒變。終將不能遂君主政府所懷之志。子孫相傳。萬世不朽之業。亦不可終保。若夫英邁之政府。處置得宜。其患將不勞而永息。今請以公義論之。君主政府中。在朝之晉紳。概以權謀術數。奪下民之心。共和政府中。在議院之元老。皆以温厚篤實。圖下民之利。且君主政府。朝令夕改。時釀一國大革命之種子。共和政府。則事愈變而愈有益於人民。國家之基。亦因之而愈固。此又相差之顯著者也。

君主政府之弊如此。然亦不可執偏以概其全。如公正之君主政府。卽不可與壓制之君主政府相提而並論。又如王族之祖。若夫雖有懿德。亦不足以累及子孫。苟爲人君者。閑邪存誠。日以王道所不棄者自省。治術不患其不降。使君主政府放其光輝。深於存養省察之功。實爲至美極善之政體。其他政體皆不足與之抗衡。蓋君主政府所有之勢力。視其他政體爲特優。因此勢力益以公正之功。何患事之不集而民心之不洽也哉。

普拉圖曰。具有天性卓絕之智。而戴帝王之冕。猶不免毀傷天賦之命運。洵哉斯言也。凡遇若人空張王道以導之。益蝕其固有之性而已。所謂王道云者。界說若何。吾不得而知也。嘗聞有以王道說諸侯。是猶使王有一隅者。進而王有大於一隅之地已耳。若既稱帝稱王。而復說以王道。則使既爲帝王之人。重懷求爲帝王之心。終無當於理也。吾嘗窮究說者之故矣。類由不知君主政府之別而起者也。是以爲此說者。欲議政府之良否。必先究君主之賢不肖。而後其端不紊。其末自無不可通者矣。

騶古以來。我國清議頗盛。雖非盡不可觀。然終不足恃爲緩急可依之說。彼之說曰。下民無知。觸怒天帝。誕生暴君。降莅茲土。衆蒙其難。不啻衆樂之也。故必反躬自省。順而安之。上協天意。是爲避難之良法。其說如是。然否雖不可知。亦僅無聊游戲之語已爾。決不足以知政體之得失者也。譬彼謬信呪禱之術。室有病人。求治於術者。唯戒以堅心忍受而已。故國家設立政府。無可爲一國人民之利。則必萬端焦慮。勉創善良之政府。恢復曩昔所已失之利。是亦人情之所不能自已。無所逃於天地之間者也。

第七章　混合政府

夫天下雖有君主獨裁之政府。而君主勢不能自執庶政。故不得不置百官有司以爲之輔。天下雖有民主共和之政府。而人民勢不能羣預國權。故不得不擇統馭之人以爲之長。然則無論政體如何。必無專據之人。若夫一國政黨。則衆爲寡奴與寡爲衆奴。皆無一定之理。行政之權。則要以數人操之爲常道耳。區畫政府爲若干部。均分行政之權。爲相援相輔之圖。英吉利政府。卽其例也。或分設各部。而無一定規例。各部政府。無不操有行政之權。波蘭政府。卽其例也。但如波蘭政府之例。是政體之基。猶有未固。終必絕一國連接之情。而成各小邦並立之形。此可爲政體中至不善者也。

政體利弊。畧述於上。然亦有難言者也。君主政府。未必不爲福之基。民主政府。未必不爲禍之門。若行政之權爲立法之權所操縱。則人民與政府之關係弱。而君主與政府之關係密。其弊必使政府之中。各分黨派。不能相容。而君主爲守府。此其可慮者耳。

預防此患。遂有所謂協和政府之說。置有司爲中立之人。不與政府相關。唯監視立法行政二權。不失其秤量爲專責。凡此政體。亦可謂之爲混合政府者也。然而又有設立法廳若干所。執剛强神速之術。矯正立法行政二權柔弱緩漫之弊。凡行民主政治之國。莫不用此法者。首則分割政府。以殺其大莫與京之勢力。使底於平均而後已。次設法廳。爲伸國力而使之不失秤量之度。是表裏相劑之道也。天下政體。非强則弱。胥不免有偏注之觀。惟混合政府。則有不偏不倚之力。斯其例耳。

路索民約論第三編終

路索民約論

第三編下

法國　路索　著

吳縣　楊廷棟　譯

第八章　各種政體之功用因國而異

孟德斯鳩曰。自由之功用。各視風土人情而不同。豈不然乎。試探究此說。則眞理日見。而與實際之事。亦日見其相近也。

天下不論有何種政體。而有司立於政府之中。以執其事。斷無出其私產而供政府所用之理。不僅是也。凡有司所需之一絲一粟。亦莫不取自民間。人民之所供給於政府中者。莫不絞其膏血以充之。是以爲人民者。不特有贍顧室家之計。且必負任納稅之責。則人民日趨窮困。而無可爲療飢禦寒之具。則政府卽無與共存。而窮困與否之說。又因國而殊。或政府用奢而人民供給者繁。或政府用儉而人民供給者簡。蓋風土人情各有所異。歲之凶豐。亦不盡同故也。由是言之。成立政府之基。各國不同。亦理之所應者也。

政府質性相異之故。皆原於歲出歲入之不同。歲出歲入不同之故。則又原于國民納稅之心不盛與課稅之物不多者爲多。苟欲知其比例之率。不必測其歲入之數。唯視人民運轉之度遲速已爾。人民運轉之度速。則國必富饒。歲計自無不足之虞。使政府取於民者日苛。剝膚敲髓。所得之數。雖什百仟倍於昔日所收。而政府中舉而耗之無用之地。則人民雖蒙其害。而政府亦未必被其利也。又人民之供給於政府者日少。銖累寸積。所縻之數。雖大減於昔日所納。而人民舉而充其淫逸之需。則政府中雖不獲其利。而人民則亦必自殃其身者也。

人民與政府相去益遠。則供給於政府中者亦彌重。故國家歲入之數。以民主政治爲最薄。貴族政治次之。君主政治則最厚。蓋既爲君主政治。則課稅不重。其國不足以自立。故非富饒廣大之國。決不足以維持君主政治之政府。貴族政治。則適於貧富維均之國。若夫民主政治。則雖狹小貧困之國。亦足以自立而有餘裕者也。

探究愈精。則君主政體與民主政體之利弊。亦有可知者矣。自由政體者。計國民共同之利益。君主政體。則主强奴弱。人民不足以平立於君相之間。且易流於壓制殘賊之途。此不可不知者也。

是故不論政體如何。欲建之基。必先度風土人情。決其必合而後可以無弊。譬彼荒礫蕪瘠之地。徙吾人以居之。則微特無耕作之地。即勞吾心志疲吾筋力。亦無絲粟之利可獲。則雖敝屣棄之。復何足怪。然使蠻人棲息其間。亦自謂極人生之至適。又如某地生產。僅僅足以給各人之所需。猶不足創立政府。如償各人勤勞之外。稍有餘潤。則可爲自由之民居住之地。若土地肥沃。爲之者舒。獲之者多。民之慾充足之外。復有可積之資。則可行立君之制。故一國富源與其安耗於人民之手。不若政府耗之之得也。政府所以耗之之道。雖不盡同。要以致大已爾。

用因國而異

公理物情。恒有不相合者。如南北之天時地味。自有寒暑沃瘠之殊。政體自必隨之而殊。因其異而措置乖宜者。亦有之矣。有以南方諸國。盡爲共和政治。而以北方諸國。盡爲專制政治。夫豈通論哉。蓋熱國必多專制政治。寒國必多化外之民。温和之國。始可以建共和政治。此固於理至當者也。或難之曰。雖在寒國。亦有膏腴之地。雖在温和之國。亦不免有荒蕪之區。爲此説者。其猶未知以上歷述之事故已也。

今有面積相均之地二所。其所得之數。一爲五。一爲十。得五之地之人民耗其四。得十之地之人民耗其九。前者所餘爲五分之一。後者所餘爲十分之一。兩數相較。則所餘之數。適與所得之數相反。蓋得五所餘者。倍於得十之所餘。此其顯著者也。

使寒暖兩國生産之物。厥數相均。世容有之。余終不敢深信。亦有强之使同者矣。英吉利之與西西里。波蘭之與埃及。南方則有印度阿非利加諸國。北方則無可比者。且求物產相同。農工不可相異。彼西西里人僅知耕種土地而已。英吉利則耕種之外。猶有修治之法。西西里苟求生產之物與英吉利相均。則不得不以人功益之。既以人功益之。則所獲之利必薄。此亦勢之所必然者也。

又有人口相等之二國。計其耗費之數。則以在寒國者所耗多。而在熱國者所耗少。而彼此皆可適其所生。此自然之理也。使歐人移住阿非利加。必罹瘴癘之病。顯爾頓（法人於千六百年時遊歷波斯著有波斯紀行其書今尚存）有言曰。歐羅巴人與亞細亞人相較。殆如狼虎之與凡獸無異。人見波斯人衣食簡約。歸罪於稼穡之不勤。以余考之。蓋因人口稀而無事儲蓄爲也。使波斯人日事儲蓄。則其國必益困。吝而富者。其富益崇。廉而貧者。其貧益甚。且年歲豐凶。隨地而殊。平時不知自爲之限。則貧富懸絕之階。終末由相近矣。世有恒言曰。人民生存之計之至優者。莫穌蘇教徒若。雖其自夸之詞。亦有可信者在也。波斯人民中有一族曰亞爾美尼亞人。生存之計。與歐人無異。第面貌奇醜。身體胖大。與波斯人之美秀不羣者。不可同日語矣。

用因國而異

國與赤道相近者。人口之數必漸減。食不以肉。唯以米麥野菜充之而已。印度全地。雖有幾百萬人。而各人日用所需。日不過十文。即歐洲南北之國。奢儉之差亦甚。西班牙人六日之需。僅供德人之一次晚餐。且多食之國。飾費亦增。英吉利人。每食必具盛饌。伊大利人則置花果糖密於食几而已。衣服亦如是。寒暖倏變之地。必取輕暖之衣。若在温和之國。則專以飾觀爲務。拿伯爾（伊大利南方之都會）人。錦衣綾襪。日遊帕希黎布（拿伯爾西南之名山）山邊。皆可望而知之者也。房室又然。苟無寒溼之患。自必塗之堊之。美麗眩目而後已。故巴黎倫敦之所建築。皆聊蔽風雨。至麥毒黎德。則閈宏壯大者。鱗次而集。門壁鎖鑰。莫不窮工極巧。此皆可以實事証之者也。熱國所產之物味較厚。如法蘭西之米麥和水炊之。頗艱適口。伊大利則調以糖密而炊。其味之美。有出人意料外者。又法國所產米麥。勞力不甚。即不可得。故其利不足以償其所失。今試以麥論之。法國上品之麥。產於巴爾巴黎（在非洲之北濱於地中海）所得麵粉。視下等麥尤少。且其地所產者。不若南方所產者之味厚。然則近赤道者。麵粉必增。近寒帶者。麵粉必減。增減之極。則相差甚鉅。其他生產之物。莫不皆然者也。

熱國必多專制政府。何以明之。熱國土地廣大。而人口稀少。則生存之計。皆不勞而自足。且人口稀少。則土地雖廣。茍有謀叛之人。亦易於探索。故人民皆不敢輒起此念。卽有陰謀已成。一旦爲政府所發覺。遏其交通之道。易於反掌。若夫土地狹隘。而人口衆多之寒國。則政府不可卒預人民之主權。蓋土地狹隘。則政府偶有不洽輿情之所爲。人民卽可密創陰謀。政府又無從而防之。故熱國之政府。易流於暴。寒國之政府。易勉於善。維彼槓杆。於距離支點少遠之地而用力。則可以抗重點。人民之權力。則反是。與支點愈遠。則其權力益脆。故人民散居四方。疏於結合。其權力不得不弱。譬猶硝藥。具有激烈之性。若散布地上。以火爇之。卽不可復聞炸裂之聲。不過點點粒粒。盡爲灰燼而已。暴政之行於土地廣大。人口稀少之國。如猛虎之橫行於大砂漠中。無術可以禦之者也。

第九章　政府之善惡

人民關係之位置與自然之位置。二者相合不戾。果遵何道而然乎。是猶有以答之。唯以何等之政府。爲最良之政府。則其說無一定者矣。又必由何等之功用而後知敎治人民之善惡。此亦難言者也。余當詳論以明之。

衆人之志不一。故言政府之功用。亦時有異同。如順從之民。則希望靜謐之福。憂國之士。則贊揚自由之德。彼以刑政嚴肅。爲良政府之所爲。此以事物簡易。爲良政府之所爲。彼以外交不通。爲立國之道。此以恃威絀人。爲立國之道。彼貴流通金銀。增殖一國財產之數。此則僅求足於米麥而已。習俗不同。好尚斯異。猥以一偏之見概之。豈可得哉。故欲知良政府之功用如何。則世人雖有能答之者。余實不敢知也。

世人不知力求一言以蔽之理。而徒騁私意。紛紛不止。是實余之所遺憾也。一言以蔽之將奈何。曰政羣之終。與羣以內人人之繁榮安逸。共存於不朽。但必如何而後繁榮安逸。可以存之於不朽。此無他。人民之數。與繁殖之度。計必於均而已。求其遠因。則政府不爲人民所嫌惡。無移住他國及入人國籍之事。繁殖之度。自可常保而不墜。若國民流離顛沛。散之四方。則必無繁殖可期。故善覘國者。胥可於是徵之也。

第十章　政府衰頽之原由

人有公意私意之別。常相抗相悖而不已。一羣主權。亦有與之相反抗者。王公之勢力是也。王公勢力日盛。則必有漸破國憲之虞。使王公之勢力與政羣公意相待。而趨於相均。王公之意。猶日進靡已。則一國主權。必爲王公所剝奪。馴至破裂人民之公約。亦意中事也。無論何國。王公之勢既重。一國主權既爲所剝奪。則政體中所患之病。不得不亟求療治之方。譬猶人身。偶患疾病。必倩醫師治之。因循苟且。必至有性命之虞。究政體病之所極。則亦減損政府。破滅國家之二途而已矣。

所謂滅損政府者。舉民主政治。變爲貴族政治。舉貴族政治。變爲君主政治是也。破壞政府者。舉君主政治。變爲貴族政治。舉貴族政治。變爲民主政治是也。而無如減損者之易。而破壞者之艱也。

國憲紛亂之政府。猶有保全政體之望。若國憲無慮擴張之時。則政體之中。必生異變。此固無待蓍龜者也。洎乎異變既生。聽其自然。不圖挽回之術。其權將盡散諸無何有之鄉。政府生存之計。亦不可得而全。是以政府苟有可慮。必視國憲之盛衰如何。亟求術以挽回之。庶有瘳乎。

政府滅亡之故。厥有二因。王公之專橫。與官吏之暴虐是也。如王公不顧國憲。專斷國政。攘諸權爲一人所私有。致有不測之變。固非政府所得而干預者也。又如官吏作威作福。視人民如芻狗。其勢日盛。則雖在大國。其亡可翹足而俟。故不必問其爲王公。爲官吏。凡剝奪一國主權。以恣其私意。則固與民約相悖。而絕人民恭順政府之情。於此時也。人民不得不日求復其天然自由之權。而全其獨立之性。此爲天經地義。萬世不容自湮者也。

不問政體如何。苟因政府之謬誤。而釀成破滅之禍。則皆名之曰亂世。若就各政體中分別言之。則於民主政治中。謂之爲亞克洛希。於貴族政治中。謂之爲哇黎夸爾希。於王政之中。謂之爲基拉尼。第基拉尼之語。夙爲世人所詬病。今請辨之如左。

世釋基拉尼之義曰。破裂定則。不設法衙務以苛虐臨人之帝王是也。然其眞義。固不若是。凡己本無權。強干國王之權者。基拉尼是也。希臘人遇不擇善惡所肆權力。概不由於正道之王公。則皆以基拉尼稱之。蓋與強奪者之意相似者也。

第十一章　政體之命數

政府中之至善良者。政體自固。且使政府可以存之於不朽。然不朽之道。亦未可卒定。彼僅求固其政體。猶不敢妄希其不朽。凡事業之所不可知者。不得強以人力要之。斯巴達羅馬之遺蹟。已杳不可覩。世人亦可識其端矣。

政體與人身無異。雖至上壽。一死終不可免。政體可保幾時。固無定則可循。然無則之中。不得不暫立一則以從之。人之軀殼。造化所賦。絕其性命之權。亦復爲造化所操。政治之政體。則成之自人。保之亦自人。壽之妖之。亦靡不由人。但政體雖壽。斷不能不有終期。惟履其定則。庶不懼爲流行之天災所淩。以招意外滅亡之慘焉可耳。

主權爲政體之精神。立法權爲國家之心臟。行政之權。則其腦髓也。國家全體運行之度。俱由行政權掌之。人如卒中風痺。麻木不仁。雖腦髓昏瞶。亦不至有性命之虞。若心臟無運轉之力。則諸機俱息。生命有不得續之者矣。

治國之道。不由法律。而由立法之權。故法律宜改。今日所用之法律。明日行之。卽不見其益者。比比然也。但每有君主。見可廢之法。而心好之。不能終廢。且護之唯恐不力。譬有一法。用之一事而効。遂執以概諸萬事。而謂無不宜者。人民又不知不識。默然相許。又如崇奉古訓者。卽今日之所崇奉。亦莫不根之於古訓。蓋由習聞夫古今人不相及之說故也。亘千百年。不見美善之政體。復何足怪。是以君主非崇奉古法。則其法必朝更夕改。日進于善而不已。國家又恒以新權力。授諸其法之中。然則國家苟失立法之權。則必不能保其生命。亦可知矣。

第十二章　維持主權之法一

君主欲得權力於人民。莫如任立法之權于人民之中。凡以此權委于人民。而又欲一己之權。確乎不可拔。則莫如集通國之人。使之據意直陳。無不通之隱。若集之而猶無要領可得。則必有損於君主之作用。因之而不得立於政治會中之權力。或謂集通國之人。使之據意直陳。無不通之隱之說。虛妄之空論而已矣。然回溯二千年前。上古結羣之法。果由何道而然乎。試一究其原。當知吾說之非虛妄矣。不究其原。徒斥集言爲虛妄可勝嘅哉。小人驟聞君子之言。未有不痛詈之而不信。蓋君子之說。固無可痛詈。而小人見聞。勢不能隨君子之志量而擴張者也。事理所應行之幅員大廣。吾人思想之所及則苦狹。世之既惰且弱。自屈己志者。

肩背相摩焉。嗚呼。卑賤固陋之鄙夫。聞唱自由之說。即呼爲顛狂。已顛己狂之不知。猶肆然顛狂他人。抑亦未聞大道。而自幽圜墻中矣。與藩鷃之笑鴻鵠。寗有異哉。

今試舉其灼然不誣之例。以証集言之說。往古希臘之共和政治。姑不具論。唯取羅馬之共和政治而言之。羅馬爲當日大帝國。首都羅馬府。亦一大市塲。彼共和政治之戶口。據其最後檢查之數。任兵役者數十萬。全國之數。除他邦之婦女兒童外。有四百萬餘云。

人民如此其衆。欲集而使言。誠所謂匪夷所思。但羅馬人集言之事。雖不數覯。若夫集而所言之事。則皆統治國政之事。凡預言之人。莫不操有有司之權。而謂國人應有之權利。亦即此而已矣。

上溯太古。鑑於麥西騰及法蘭西政府之形體。雖爲立君獨裁之制。亦倣希臘羅馬舊例。集通國之人。以言政事之得失。非舉通國之人。集之使言。老少靡遺也。不過使人民自擇所知。足以任國家安危責者。卽爲通國人民之代表。是與集通國之人而使之言。無異致也。由是觀之。行集言之制。以補行政之闕。誠天下古今。不可易之良法也。

第十三章　維持主權之法二

人世不測之事。隨時而生。不得不隨時集言以助之。蓋集言之制。不特以之制定國憲而已。凡置政府於永久不朽之地。及選任執政。均非集言不足以藏其功。當集言之先。必使國民熟知集言之制。毋躁毋滯。毋爲文拘。毋爲義牽。所集之人。必使其皆有欣喜之念。而後上無不聞之憂。下亦無不達之隱。顧不康哉。爲國若此。是亦可以已矣。

僅恃規則。以言集言之制。則不無意氣用事。而其基轉有所不固。若以道理言之。則政府權愈强。主權亦彌尊。故不必更設防之之法者矣。

或曰行集言制於都府中之說。旣聞命矣。若行之於全國各地。則主權亦有分割之慮乎。或剝奪各地主權。而歛而儲之都府中乎。將何道以決之。余甚惑也。

余將曉之曰。吾子之說皆無慮之事也。主權爲特立獨行之物。無人得而破壞之。卽無人得而分割之也。都府云者固非一國之名號。不可自爲主者。亦不得從屬于他邑。其亦知政體之本質何在乎。非從順自由二者協和而成者乎。君主人民云者。不過國人分合之釋語而已。故思想之無殊也。可不言而喩者矣。

余將又曉之曰。世人恒欲悉衆邑之權。收而統諸中央政府之中。是實不善之甚者也。雖亦有善道可由。而天然障碍之物。終不得而去之。又欲迫脅小國之民。誘之於大國之中。其術亦謬。凡以小抗大。求之往古。蓋亦不鮮。如希臘諸邑之抗亞歷山德。近世荷蘭瑞典之抗澳地利亞。皆此理也。苟欲制定一國之界限。又欲爲人民往來之孔道。則莫若政府無一定之地。遞次移轉於各府各邑之愈也。且各方人民。皆可彼此交會。故有約地方人口平均之數。制一定之法律。使衆人生計。皆歸於平等。則其國必益趨富强。政體必益臻善美。可無疑也。苟有一日至此。則各府城郭。較村墟而益輕。首府中之經營殿宇宮室。較築矮屋一椽而更易。此亦可知之數也。

第十四章　維持主權之法三

夫集衆而爲眞實之君主之體。則行法之權當息。國中最下等之人民。與國中最上等之執政者之間。無絲毫貴賤之殊。僅有人民而政府不立。皆不足以爲國。羅馬國會中物議時興。蓋由不知此義故也。當時執政諸人。每自矜爲衆庶之首領。此其弊也。

凡行法權所棲止之地。君主有司是也。但必使常存畏縮之心而後可。苟爲君主者。天良就湮。擅壓國人。而國人又怯懦偷安。無恢復獨立不羈之自由之心。則抗拒政府之勢力。不能永存於不墜。政府乘其隙也。益肆其無饜之欲。主權日蝕浸至澌滅而後已。羣渙之機。可翹足俟之。

或有國也。設一權於主權。及專制政府之間。其義當於下章詳之。

第十五章　代議士

羣一國之人。不知各任應盡之責。日孜孜於財用之豐嗇。則國家覆滅之時。旋踵而至。如選爲常備兵役。惡其勞也。償金以避之。被舉爲代議士。將莅會代議。卽越之他邦。使國人盡援其例。是舉國之中。無常備兵役。及代議士一人也可也。其故則貽於靳力吝財而已矣。其極必至雇常備兵役。以禦外侮。而傭代議士。授以預政之權。此非事之至異者哉。

抑又有甚焉者也。工商各業。莫不以繁促爲苦。國人各舉其所務之事。出貨幣以傭代理之人。代理者之意。日益不足。卽舉己圖之益而讓之代理者。獲益鉅萬。而其慾曾不自足。是不啻陷人民於桎梏之中。計算之語。遂一變而爲奴隸之誘。蓋彼於共和政治之功用。未嘗夢見者也。

眞有自由之國。國人俱勞一己之力。爲國事役。非特無償金雇傭之事。幷償金雇傭之思想而無之。余之所志。固與世俗之鄙夫相違。唯力役之中。疾痛慘怛。不克自勝。當信余之所倡自由之說爲非虛也。

國憲罔弊。國人之盡力於公事之精神亦熾。而營私之徒。自藏其蹟於不見不聞之地。豈有他哉。一國之福。與一人之福。不可同量而語已爾。

德化沾濡之區。雖極村僻而義氣激發。預會言事。剛不可撓。唯居於惡政府以下之人民。則終無起圖改革之心。公道旣廢。權力全喪。愛國之情。自不縷存。故法制其善乎。人民日進於善。法制其不善乎。人民日進於不善。以是卜之。苟有言國事者。輒曰國家興亡。余何關哉。則吾有以覘其國矣。蓋充余何關哉一語之意。將拋棄天下之事事物物。并民約而廢之。猶欲保其羣之不渙。烏可得哉。

覘國之道之最善者。其唯覘之議院乎。彼代議士之討論辨議。發現於外之氣象。則凡人民愛國心之冷熱。利己心之熾否。及國家之勝敗得喪。政府之是非曲直。燭照數計而莫之子遺者也。試觀某國之所謂三條件者。人民一己之利益。居其二。公同之利益。居其一而已矣。

主權云者。不可假之於他。不可移之於外。秩然有序。寂然不易。恒藏於公意之中。而又不可少有動搖者也。公意云者。亦不可假之於他者也。是以公意與主權。有時相戾。而亦有時相同。若夫徜徉躊躇於兩可之間。則吾未之前聞也。

由是觀之。爲代議士者。決無移假國民權利。而恣其私決獨斷之理。蓋彼不過爲人民力役之夫而已。然則非由眞實之國民所制定之法度。則不得以法典稱之。亦可知矣。

英國人民。固有選舉代議士之權利者也。但選定之後。人民即無可爲之事。是不啻僅爲代議士任選舉之勞。而爲之奴隸而已也。猶晏然自得。侈謂享有自由之福。僅一交睫間之自由。安得爲終身罔極之榮譽。權利既喪失無遺。猶不足以介其懷。無一人倡恢復之說。是非大謬不然之所爲也哉。

選舉代議士之策。由近世封建政治而起。自此種荒惑無道之政府既興。則凡百事物。皆爲暴君汚吏所損壞。往古共和政府之時代。雖行君主政治之世。亦不聞有所謂代議士者。若夫今世之有代議士。亦究不知其爲何物。直謂之不祥而已矣。豈眞能自由之人所嘗夢見者哉。

羅馬民長。貴顯無比。然不聞有剝奪人民權利之心。又不聞有推戴一人爲主長之事。彼皆因襲希臘以來之風俗。國人皆有群集評議之權。如衆口囂囂。不能按照法律。則停止之審判之而已。雖有混視法典自由爲一物之弊。然卒無妨碍之者。且人民之至賢明者。不踰定則執行百事。凡遇民長不能措置之事。卽命警吏代治。人民權利。爲警吏所假用。亦無恐怖之者。此吾輩所稔知者也。要之表明羣以内人人之意者。始可謂之爲法典。然則法典爲羣以内人人之意所積而成者也。亦可知矣。故立法之權。無人可以越而代之。唯行法之權。則可委之他人。蓋權力之與所爲。皆由法典而生者也。由是言之。可知羅馬民長無代理國人之理。不過占有行法權之一部而已。

希臘亦然。凡人民可理之事。各任己意而行。居常集衆議事。爲之不勤。土地肥沃。

氣候温和。手足之勞。一以奴隸任之。所汲汲不少釋者。求擴自由之熱心已也。蓋寒瘠之地。居人恒有墮指之憂。則需用不得不多。欲於一年之中。因集衆言事而去其半。其勢有所不得。如低音之語。强其聲聞於野。寗可倖歟。彼希望自由權利者。不過希望多獲利益而已耳。不幸患難相尋。不顧奴隸之可恥。是固沒其天賦之性。烏得保其法典於不墜哉。

自由之義。非以離散臣僕爲利者也。一國之中。平民必居其大半。雖不足爲天然之窒碍。但其謬有二。自由之權。都爲他人所有。而不能保於一己之身。且其所以不能常保之自由。視至卑至賤之奴隸而保益甚。國人不幸陷於二謬之中。如斯巴達即其例也。今試執今世之人而論之。芸芸者衆。本非應爲奴隸者也。但皆求爲奴隸。遂爲奴隸而不拔。且夫各業之中。各有自由之權。而賣之於他人。苟有絲粟之利以相償。則固將欣喜不遑。而其實則由恐怖而出者也。

伊古洎今。凡余所經歷之處。不見有奴隸不可缺者。又甘心爲奴隸者。莫不具備確乎不拔之自由權利。由是觀之。世人之所爲。庸非自違其當乎。

今世之人。既創代議士之制。復假之以權利自由。萬事之廢興存亡。俱視爲非吾分內之事。而猶引權利自由存於一身。爲自重之計。則誠戔戔鄙夫之不若矣。試上溯太古。不聞有所謂代議士者。如今日世人之所爲。非鄙夫而何。國中一行代議士之制。人民之權利自由。偶爲所假。遂無歸之之期。其終必將忘其所自。始使人民不復有絲毫之權利。併其自由而奪之。是亦當然之理也。嗟吾衆庶。曷不撫今思昔。而一猛省乎。

觀於以上所述。羣之廣者。君主之權利不固。羣之狹者。君主之權雖可見諸施行。而外患或不可免。是言也。天下之恒言也。嗚呼。何其謬哉。外貌強盛之大國。豈得與政治善良之小國相比。余當以次明其理也。

第十六章　論政府制度非由民約

如以立法之權。置諸堅固不可動搖之地。行政之權。亦從之而不墜。此自然之理也。然行政權之質性。與立法權各異。故君主維持行法之權。而又綜理萬機。則混淆於二權之界。必至不識孰爲行政權孰爲立法權而後已。曩昔一國人民所公定之國憲。亦將爲彼頑弄之具。蓋變化政體之質性。則其獘有不得倖免者矣。凡羣以內預定民約之人。皆互相平等。而無貴賤高下之差。舉國家萬事見諸施行。而復爲之制以定之。此爲預定民約之果。無可疑議者也。然則一已苟有力可爲之事。亦有任諸他人之權乎。則答之曰否否。不然。上古初民。紛擾不可終日。迺相約公戴一人以長之。後世遂有君主之名。又由君主制定政府。分任王公以爲之輔。夫豈不可信哉。

世人輒目政府所爲之事。曰由於人民及人民所公戴之君主之間締結之約而生者也。但締結之約可分爲二。一則有不可不統治之職。一則有不可不從順之約。是說也。將益滋世人之惑矣。余當縷析以明之。

何謂統治之威權。凡事不知首先破壞。則必無取捨之術。是固不可不一究者也。

夫强設制限束之可也。故君主雖爲一國之長。苟悉人民自由之全權。併奉之君主。而自甘屈服。此亦謬之甚者矣。執是言之。今世之所結約於人民間者。皆爲阿曲偏私之約。從可知矣。吾今舉一言以蔽之曰。不正之約。非由主權所生之法典。卽不得爲人民應盡之責。斯固可以信諸百世者也。

立約之始。設立君長。握通國之權於一人。掌握之中。必有辭以要之曰。余一人不敢妄肆通國公有之全權。不過履吾所定之約。而爲之整治已爾。凡爾衆庶。苟有索余所假人民之權利之意。則當余罄所有以返諸人民云云。否則索之不聞。返之無期。人民之不幸。寗有涯歟。

是以一國之中。僅有一約。民約是也。自有此約。則其他諸約。悉爲所拒。蓋民約既定。則弊絕風清。吾固敢爲天下萬世決之者也。

第十七章　政府之制度

立法云者。卽君主建設政府。而制一定之律令是也。故制定政府。必原於法。

行政云者。卽人民公選君長。委以一國之事。設立政府以爲之者也。未設政府以前。果由何道而設政府。且君主人民之間。何以又有王公有司之名。是皆不能無疑者也。

政府初職。不過協和事物。而使之相結不解已耳。迨變端乘之。舊觀漸改。且有國人操有有司之權。或變公同之行。爲特別之行。或由立法之權。移之於行政之權。此蓋不可執一以論之者也。

變端如此。而今世施政之可爲其例者實尠。唯英國議院中。則恒見之。如下議院遇有精議之事。開大公會。後卽今變爲大官廳。夫下議院本爲主治之所。而爲民選議院之制。徒以大公會之制既定。遂降而爲上議院之從屬。亦可嘆矣。

凡可以制定一國之作用者。公意其首也。可以爲民主政治固有之利益者。執公意所生之作用爲權力是也。故必先舉君主設立政體。依所定之法設立政府。是雖爲一時假設之政府。而其基自必日固。要之不論政府元氣。則建設政府。無他善法可言者矣。

第十八章　預防簒奪政府之法

行法之權。本爲國民所有。故國民不得爲官吏所左右。彼爲官吏者。不過受國民之所委任。以行一國之事而已。故黜陟官吏之權。不得不儲之於國民。此固原始之約。無可强飾者也。

國民偶有舉其所謂寄借政體者。假之於統治之人。遂有創立君主政治及貴族政治之奇觀。是亦去舊務新之際。彌縫一時之權略而已。非可久業也。

變革政體。其勢至危。苟不借公安爲互相表裏之計。必不可侵凌既設之政府。是說雖非不易之天則。要爲言政治者不刊之標準。若以民權傳諸有司。如以兵馬之權。傳諸將帥。則其國之不可血食。無待著龜矣。

是以至公至正之所爲。與騷擾煽動之所爲。及國民之公意。與逆徒之陰謀。皆不可不嚴分其界。然後據法以治之。苟爲力所不及之地。則亦莫可如何者矣。

一國人民之中。偶有乘間圖事。則必爲政府所懲治。若夫王公有司。則無人敢以簒奪之名嫁之。蓋王公有司之權。恒越應有之限。故陰擴其權。而託以公益之名。妄謂更定適例。重有益於一國之人。非敢蘄遂私志也。人民之蒙其欺者。默而不言。卽施以小惠以榮之。人民之燭其僞者。力與之抗。卽被以嚴刑以罰之。於是一國之人。不得不羣出於從順之一途。數傳以後。固結而不可釋。公是公非。於是而熄。此亦由古迄今。大可痛心之事也。

羅馬選舉有司。率以一年爲限。留任與否。皆由議會決之。世界萬國。不聞有繼羅馬而創是制者。苟能創爲是制。而復假之以公同之權力。則簒奪主權者蓋寡矣。

議會集議之法有二。一問君主之意。欲保存其政體與否。一問人民之意。欲委任若輩與否。使君主欲保存其政體。而人民又欲委任若輩。則變端將何自始乎。

余請更述一言以終前義。天下萬國。斷無一定不變之法。羣約亦然。苟全體之人。僉謂其約可廢。卽不得以不正疑之。格洛鵠斯之言曰。國人一旦去其父母之國。

迨其返也。復爲國民如初。且其應有之權。亦與曩昔無異。夫一人可爲之事。而不可集全體之人以爲之。天下寗有是理哉。

路索民約論第三編下終

路索民約論

第四編

法國　路索　著
吳縣　楊廷棟　譯

第一章　可毀損者不得爲公意

國是不歧。卽無圖亂之人。羣以內者。各守信義。物我無間。所議所施。莫不爲彼此之所共利。夫是之爲公意。苟能如是。則其國民所享之福。世界之上。莫與倫比。雖下至農人樵夫。亦可於畎畝森林之間。共議國政。捨一己之私而趨公意之所在。故雖有詐僞之徒。馭羣以術。而不可以惑至公至正之民。既爲至公至正之民。則知慧絕人。微特不爲誑言所惑。且見有權謀術數者流。鄙行醜態。將非笑之不遑。彼術雖工。其奈之何哉。

國民之志如此。則不必瑣事制定繁法。而其國已可長治久安。此固無俟多言者也。然於既定之法之中日益加繁而不知止。是謂當事者之通病。嘗聞創立新法者之語曰。昔日施行之法。頗適衆意。且皆遵守弗怠。若是則他日法雖益增。亦保無違言者矣。是亦誤之甚者也。

夫羣以內者。各謀一己之利。汲汲不遑。置公益於不顧。又强凌弱。衆暴寡。朋黨相傾軋。各倡異議。於是一羣之內。無復有所謂公意者矣。一羣之內。既無公意。則民約不可以久存。國家衰亡之期。亦指日可待。當此之時。物議紛紛。雖有高論奇說。亦與羣渙無補者矣。

國勢方頹。僅有虛飾僞名而已。結羣之故。既絕滅於各人腦筋之中。人心幢幢。晝夜爲醜名惡利所役。恬不知恥。譬彼無法之國。人民偸生朝夕。不惜爲覆巢之卵。於此又欲以虛飾僞名爲維持之計。則不啻益以顚覆之力已也。

然則公意既滅。永無復見之期乎。曰否否不然。公意云者。剛健中正。常生不滅。惟私意日熾。戰之不勝。遂隸屬於私意之中。此固至不得已事也。

第二章　發言權

發言之權。卽在主權之中。無人可以剝而奪之。建議討論之權。則又不可爲官吏所操。蓋衆人所志。歸於一轍。則公意之力。自必日增而不已。否則各執其說。奴彼主此。公意無容身之地。其患可勝言哉。

若人民之中。具有貴賤之差。則余說有時而不効。羅馬之貴族平民。於議會之中。屢啟爭端。蓋兩黨並峙。各是己說。而以他說爲非。一國之中。遂無彼此共利之事。迨陷於卑屈苟且之弊。則一舉一動。不得任其一己自由之權。坐聽他人之論。拍掌贊成。僅爲遂其諂諛之具。否亦爲恐怖之心迫之已耳。往古羅馬帝王之世。元老院之陋習。莫不如是。世人所非笑不齒者也。佗希佽曼（羅馬有名之歷史家）嘗論哇通帝之治世曰。當時元老貶黜維德。遂斯致有意外之虞。使彼久在帝位。則元老之所云。不當知伊於何底矣。余今論述各事。以供讀者之所參考。藉明公意有無與國家盛衰相關之理。儻亦讀者之所樂聞也。

人之生也。各有自由之權。爲彼一身之主宰。執其自由之權。出而制馭世界上之事事物物。使必與己意相適。不得少爲他人所屈服。斯固理之所是者也。世人之說曰。奴隸之子孫。不得不爲奴隸。是猶言既爲奴隸。卽不能生育不爲奴隸之人。天下寗有是理歟。然則世有公同之術。而求不損羣以內之公意。不過恃有民約而已。集民締約之故。則又不外好治之情而已。

世界之上。雖多背戾民約之徒。第若輩非敢妄肆詆諆。不過解之之識未具。而爲思想之障碍所愚而已。洎乎其說既充。羣以內者。莫不惴惴焉日惟不合民約是懼。而圖國家長治久安之策。則自無黨派傾軋之虞。且凡在羣以內者。無一人敢懷不服主權之心。此又可知者也。

人民會議之時。以衆服寡。似與民約少悖。然此實出於民約者也。第人性具有自由之權。而不能自由其志。不免爲反對之說所屈服。余猶執出於民約之說相解。世人所不能無疑者也。余知疑者之心。必於民約之眞理。猶有未盡萌者。余將益明其說以釋之。

凡一國所定之法。一國之人。皆有服從之責。蓋一國之法。卽爲一國之人所定。所謂公意是也。當與公意相遇。不得自恃國民之權。而謂吾無服從他人之理。亦不得自恃自由之民。而謂吾無服從他人之理。故人民會議之時。創立一法。某某是之。某某非之。則某某之意。俱不可被以公意之名。既不可被以公意之名。則某某之所是非。尙不得列爲一國不可變易之法。從可知矣。當發言投票之時。僅各述一己之意。終迺計其衆寡。而以衆者爲公意。既爲公意。則服從之責。自必隨之而生。所以必以衆者爲公意。則以衆者爲直。而以寡者爲枉巳耳。夫三人之中。必以二人相同之意爲公。而以一人之意爲私。五尺童子莫不知。若是則萬人之中。亦援其理以視其比例之率。豈猶有可議者乎。雖寡者之意。極與公意相合。而不見容於衆人。亦無可如何者也。否則强以寡者之意見諸施行。而抗之者較順之者尤衆。一己自由。終不可保。人亦何樂而爲此哉。

一國之人。勢不能羣集而議事。於是乎有代議士。代議士之意。卽爲全體人民之意之代表。衆代議士之意。是爲眞實之公意無疑。若衆代議士之意。偏傾一隅。則其意必不能常保於議會之中。而全其自由之權。此固可決者也。

投票之際。有三人焉。三人所發之言。各執一是。卽無公同之可言。三人之中。倡異議者。僅有一人。則彼一人已與公意相悖。凡無公同之可言。及與公意相悖之事。胥視投票者之衆寡而異。是以必先規定代議士之定額。尤必使與國之大小相準。以防恒有之弊。斯爲善耳。

古訓有之曰。集商大事。所議必一。又曰處繁治劇。分類必簡。要之所議之事。有不得不神速者。則於各人所發之言之中。擇其尤卓絕者定之而已。故二說之中。以前者爲與法律相適。而以後者爲與理事相應。苟能兼衡二說。則無不可以處置裕如。奚事喋喋爲哉。

第三章　選舉

選舉王公有司之法。余已述之如前第駁雜繁錯。莫可名狀。然其行之之法。可析之爲二。拔擢與抽籤是也。往古共和政治。莫不採用二法。近世威尼斯選舉公會長官之法。則又混二法而一之。是爲選舉法之最雜者也。

孟德斯鳩曰。用抽籤之法。選舉主長。爲民主政治之本性。其說固無可疑。特又有未盡者在也。

讀者當知選舉主長爲政府之事。而與主權無與者也。選舉之時。復用抽籤之法。使官吏所爲之事。益趨於簡。此所以爲民主政治之本性也。

凡任有司之職。於民主政治之中。非求一身之榮利已也。又不得輕易授諸他人者也。有司之職。鄭重若此。而後有抽籤之法。抽籤之後。應以誰任其職。卽由抽得之人任之。此固大公無私。而又鄭重之至者也。

選舉之法如此。而後萬衆一體。無偏倚之弊。雖有阿其所好之情。亦無所容於其間者矣。如貴族政治之中。選舉王公之權。卽由王公操之。保護政府之責。卽由政府任之。是亦可謂處得其當者矣。

今舉威尼斯選舉主長之例。以爲余説之証。蓋彼混二法而一之。行於混合政府之中則可。行於貴族政府之中。則又有大謬不然者。威尼斯之小民。不得參與政府之事。不過貴族之中。少有民權而已。凡教黨集會於貧民郡市之中。亦不得與有司之重職相接近。且貴族以下。不得輒占高位。又不得爲代議士於上議院中。代議士之數。視日内瓦公議院之代議士尤衆。代議士之權。則視日内瓦國人之權尤輕。彼皆爲共和政治。而相異若此。蓋日内瓦之豪民都人。適與威尼斯之貴族相對。日内瓦之府人。適與威尼斯之府民相對。日内瓦之農民。適與威尼斯之隸農相對。此其理也。

威尼斯之共和政治。簡畧如此。皆由人民之厚德所致。非今人之所可冀及者也。且其建立政府之原。亦與日内瓦之貴族政府不同。而其尤異者。則威尼斯不置終身之主長是也。由是言之。日内瓦亦曷不行抽籤之法之爲愈乎。

抽籤之法。固可行於眞實之民主政治之中。然猶有進於此者。既爲眞實之民主政治。則人民之習俗知識。無高下之差。極其利害得失之故。則與其抽籤以決之。猶不如用拔擢之法。惟世界之上。尚不見有所謂眞實之民主政治。故拔擢之法。亦未能見諸施行。進化日盛。容有其機。靜以俟之可耳。

若兼用二法。則需用天然材力之人。可用拔擢之法。如需用公正廉直之人。而國人皆足以當之。則用抽籤之法。蓋國家郅治隆盛之秋。國民莫不備有四德。此亦理之當然者也。

君主政治之中。則不獨不行抽籤之法。卽衆人集議之事。亦不可行。君主之國。大權俱集於一人之身。攝政輔佐諸臣。皆由君主簡任。通國人民。又安得顧而問之。

昔亞柏（羅馬教之有名教士）欲增加法國參政之數。且以抽籤之法。選舉議員。是亦不過變革政府。求遂一己之私而已。

第四章　羅馬夸密司（國民集議之地）

第四章　羅馬夸密司

羅馬初世之成跡。史策不傳。無可稽攷。第詩篇所載。其畧猶可得而聞也。故僅據爲今世之殷鑑。則其說或有不可廢者。若引爲當日國體之正史。則失之遠矣。後世學士大夫。盡力研求。凡羅馬帝國沿革之故。畧見於詩篇之中。至其人民之形勢狀態。則詩篇之所不及。吾輩亦末由知之者矣。

求其習俗之如何。則莫若求其習俗之原。凡詩篇中所記載古代習俗之原最詳者爲最貴。且詩篇之所記載。尤必擇其本末確實者而取之。而後讀者或有所取資也。

羅馬開基後。爲共和政治萌芽之原之人民。其種族分爲亞爾綳薩綳外國人三級。各級統名之曰德黎比。每德黎比析之爲十。爲基雨黎一。每基雨黎又析之爲十。爲譚基雨黎一。每基雨黎及譚基雨黎各置主長一人。

每德黎比各出騎士百人。編爲一團。曰遜棄雨黎。當日一小邑中軍民之別。如此其繁。似爲無益之事。但他日羅馬之小邑。皆足爲全世界之都府。殆亦措置適宜之畀諸功勲。始分三德黎比之間。障碍乘之。蓋亞爾綳與薩綳二者。雖依然如舊。而外國人則屢與他族相仇視。爭鬭不已。其勢力遂壓亞爾綳及薩綳而下之。當時有瑞路意士者。知他日之害有不可勝言。迺變革曩昔所定之制。凡爲外國種族所廢滅者。別爲一級。又分爲四德黎比。此術雖可以防一時勢力不均之弊。而其後又有分割之虞。蓋當日所分之級。不獨土地爲然。凡居於某區域內之人民。不得妄自移居他區域內。是蓋預防各族混合之意也。且於三遜棄雨黎中。益以十二隊。各隊亦名之曰遜棄雨黎。以示人民與騎士之別。是固正直無私之法。斷無淩辱人民之憂者也。

瑞路意士又於都府之四德黎比中。益以十五德黎比。名之曰鄉村德黎比。蓋卽分割府外各地。以與各族而使之各居其地故也。後土地日廣。鄉村之德黎比亦日益增加。遂爲三十五德黎比。迺至羅馬共和政府之末世。其數遂無大增減云。

讀者求知羅馬之土地人民所以廣大繁殖之故。與彼所以維持風化習俗之道。可求之於都府之德黎比及鄉村之德黎比。相差之間。當能明其故矣。

如以皮相言之。則都府之德黎比。握有威權。享全國之榮譽。駸駸乎有凌辱鄉村之德黎比之勢。其實則反是。羅馬鄉村之民。守其田園。耕植自樂。而以極惡奇醜之所爲。任之都府之民。斯亦風俗之至美者矣。

是以羅馬之英才名流。皆高臥鄉村。躬親耒耜於田園之中。而其志則日求共和政府日趨美善而已。負一時重望之名公鉅卿。出處之節。無不相同。羅馬人民亦惡都人之懶惰柔弱。而好豪農之高尙純正。於是窮無所之之人。麕集都府。操守有爲之人。則寂處荒隅。坊倫嘗曰。偉哉夫吾祖也。國亂則進。國治則退。哲人傑士。遍吾鄰里。洵非誕也。

今請更述羅馬治術之謬。及其致變之原如下。

某德黎比可以移居他處。某德黎比則否。皆由審查官吏決之。後遂惟德黎比之與審查官吏之意相適者。許其移居。否則禁之。於是貴顯有力之人。皆編入鄉村之德黎比中。都府之德黎比。則僅有奴隸與細民而已。通常之德黎比。各失其固有之土地。混雜至極。各級種族。且有不可嚴分之勢。終至都府諸德黎比。民數日衆。於公選議會之中。勢力日盛。族中遂有求買議員發言之權。而都府之德黎比人。且大行賣國之風。是豈立國之道也哉。

瑞路意士變曩昔三分之制而析爲四德黎比。第創業之時。以全體人民爲三德黎比。又析爲三十基雨黎。每德黎比一。屬基雨黎十。今瑞路意士析爲四德黎比。則三十之基雨黎。分屬不均。且又不欲强爲分析。遂使之爲獨立之族。幷占有羅馬府內之一部。與其他諸德黎比相竝鄉村之諸德黎比。亦與基雨黎無相關涉。使諸德黎比。皆爲平常之民。別設官吏掌徵兵之事。往古所定軍民之界。俱廢而不用。故國民雖編入德黎比中。而亦有不編入基雨黎中者也。

分割國民之第三法與以上二法不同。而其力之及於國民者頗鉅。不問其門第如何。惟視其財產之數爲高下之差。全國人民分爲六級。最富者爲最貴。最貧者爲最賤。又有兵隊一百九十三分。課於六級之中。名之曰遜基雨黎。凡最貴之級。應備一遜基雨黎之大半。最賤之級。僅出一卒。蓋國中最貴者寡而最賤者衆。分課之數偏重於寡者而於衆者偏輕。最賤之人幾居羅馬全國人口之半。所出不過遜基雨黎之小半。此於分課之法。少得其當。但人民之中。猶存不悅服者無已。又設假與兵權之策。除最賤者外。各級人民。分別老壯。既達可服兵役之年。不得妄事逃避。年老不堪者免之。然嚮以財產爲差。則服兵役者無不足之虞。今則不得不設補充增減之法。於是擇都府相近之地。集衆開會。公議徵兵之制。議定後。始可見諸施行。後遂援爲常例云。

最賤之民。不分老幼。胥不輕以執干戈以衛社稷之榮名予之者無他。既有土地財產。卽不得不有保護土地財產之權利。彼赤貧之夫。家無絲粟之儲。亦何必予以保護之權利也哉。今世堂堂王師。雖有百萬之衆。無一非集赤貧之夫而充之。

若以今世之王師厠於羅馬保護土地財產兵役之間。則將非笑蔑視。不遺餘力者矣。

最賤之民。又分之爲二。曰浦洛蘭德爾。曰加卑德薩希。前者非絕無恒產之人。故亦可享有國民之權利。急難之際。又許編入兵籍。後者則皆爲赤貧之夫。與無用之物無異。迨乎麥黎攸斯之世。始許加入兵籍之中。

第三次改正之法。其利害得失。雖不得稱臆爲譚。惟於羅馬初世民情質朴。不偏不阿。則此制自可久行。若夫今日之貪欲無饜。神志鄙陋之人。則欲其如羅馬人民之維持一定之國憲至二十年之久。使國家無傾覆之虞。豈可得哉。第羅馬人民之習慣。審查官之材力。皆一定不可卒變。而富者又好自昡其長。蔑視貧民。此亦讀者所不可不知者也。

試以上古之史鑑之。則羅馬人民雖分爲六級。而所記載者不過五級之事而已。最賤之民。既不得編入兵籍。又無預會集議之權。於共和政治之中。無絲毫作爲。

與無此一級之人。又何異哉。

羅馬所集之會。曰夸密司。即以都府街市或與都府相近之街市爲集會之地。所集之會。又有基雨黎之夸密司。遜基雨黎之夸密司。及德黎比之夸密司。統名之曰公會。一國制令。即由三種公會決之。基雨黎之夸密司爲洛密攸黎斯所設。遜基雨黎之夸密司爲瑞路意士所設。德黎比之夸密司。爲國人所設。非經三夸密司承允則不得制定一法。亦不得選舉一官一吏。且夸密司之中。無一人不得編入基雨黎或遜基雨黎德黎比之中。亦無一人不得操有公選之權。故雖以羅馬國民爲立法行政之眞君主。亦無不可者也。

羅馬之夸密司。不僅選舉主長及裁決法律而已也。凡府政中重要之職務。亦由夸密司行之。近世歐洲議院中所行之抽籤法。皆基乎此也。惟古今事物各異。議院之所議者。亦不能不各有所是耳。

苟欲求其同異之故。則必比較古今之事物。如設基雨黎之始。因當日元老院俱爲人民所籠絡。而當日人民又爲元老院所籠絡。於是創爲此制。使人民保其固有之權。而與貴族之財產威權有相均之勢。第貴族之中。附以從民所獲公權超於衆庶之上。蓋當日人民皆知國有貴族政治者也。雖有主民從民之別。而於治世之仁德無損也。是以論貴族政治者。莫不推羅馬爲首。千百年來不聞有繼之者也。

基爾黎之制至塔爾克央王時始廢王爲羅馬第七世君主自王沒後羅馬始爲共和政治

至共和政治之世。基爾黎之數不復增益。而以都府之四德黎比爲限。除羅馬全都人民之外。俱不得編入四德黎比之中。元老院中皆系貴族。又德爾意綳雖爲平民之職。亦必擇豐裕者充之。凡在基爾黎中者。不得選充以上所述之二職。且曩昔基爾黎會議所決之事。今復褫而奪之。又置警吏三十人。於議會中以董其事。蓋輕蔑排斥。已底其極者矣。

遜基爾黎之夸密司。有薦舉執政官審查官之官位。其上者不過元老院而已。凡爲羅馬國民分爲百九十三遜基爾黎。又大別之爲六級。第一級中有遜基爾黎九十人操有公選權者。每遜基雨黎不過一人。故第一級發言之人較他級爲多。且各遜基雨黎交際之道。互處以和。無彼此畧奪之心。如甲決之事。乙與之抗。則視其衆寡之數。而決依違之差。此其例也。

德黎比之夸密司。爲羅馬國民之參議會。各率從民自行選舉之法。雖爲元老。不得列會而有發言之權。蓋既在德黎比中。則元老之權。視最賤之民益輕。雖別定規則。使貴族與通常之國民。一體列會。亦無特權可言者也。

羅馬當日所定之制如此。其繁非無故也。驅全國之人行公選之法。不得不分別黨派。各適其志之所欲。蓋若此。則雖不能合各黨派而一之。然截長補短。相須爲功。則有不可誣者在也。

今請一言以蔽之曰。德黎比之夸密司。與民主政治相適。遜基雨黎之夸密司。則與貴族政治相適。若夫基雨黎之夸密司。則助虐益暴而已。當日行之而無大害者。亦羅馬人民之幸矣。

羅馬初世之公選法。雖不若斯巴達之美備。而簡易過之。各以被選者之姓名高聲傳喚。書記官記載選舉册中。後遂於各德黎比中。計其舉之最衆者。卽爲各德黎比之被選者。繼集各德黎比之被選者。計其舉之尤衆者。爲一國之被選者。故國人皆以舉非其人爲大耻。後世風俗澆漓。漸有以發言權爲居奇者。迺變爲抽籤之法。此其因革也。

希汕倫不以所變之法爲然。且曰共和政治。實爲所變之法所顚覆者也。在希汕倫之世。或有不得不作此說之勢。若余之所志。則不能與之苟同。當羅馬民漸壞之時。不知變其所行之法。則顚覆之期益促。夫以統馭良民之法統馭頑民。是與節減常人之飲食無異。求其有功。烏可得哉。試觀威尼斯之共和政治。雖歷有沿革。而至今可以不墮者。無他故也。不過擇其非不良之人。不能遵奉之法。以治不良之人而已耳。故世有治亂。所立之法。亦隨之而有變遷之殊。開國之規模。雖足以爲興國之具。洎乎世衰道微。卽足以爲亡國之資。成蹟彰彰。天下萬國。何莫不然者哉。有國家者。可以鑑矣。

第五章　監國官

一國中各部之間。求其不失相均之勢而已。各部棼亂之端。必有特然獨立之職。不偏不阿以任其責而後可。任其責者。坐執規矩準繩。使各部皆歸於權限之中。如王公人民之間。及官吏君主之間。各極其伸縮離合之宜。而後爲盡其責也。今名其官曰。監國官。

監國官。操有立法行政二權之樞紐。使之相協而不相戾。羅馬德爾意綳。反抗政府以保護君主。威納司議官十人。反抗人民以保護政府。斯巴達之監國官。反抗官吏以保護人民。皆其例也。

然監國官。非可偏設各邑者也。又非位於立法行政二權中之一部。不過自有大權而已。凡監國官之所禁。各部不得妄行。是爲保護君主所制定。及官吏所執行之法律之人。至尊極貴之任是也。羅馬嘗行之矣。彼貴族妄自尊大。土芥人民。而與不受人民保護及絕無裁判權之監國官相遇。卽唯唯諾諾。奉令惟謹。此亦可以知其概矣。

監國官之所爲悉得其當。則國憲益固。郅治可期。但其質性恒以剛强自勝。勢力過盛。亦足以敗國而有餘。蓋剛强之性。抑之使柔挫之使弱。猶懼其有過激之虞。此固可信者也。若監國官自執國政。幷有制定法律之權。則殘酷之度。不識伊於胡底。豈有國家之福哉。昔斯巴達求爲國家長治久安之計。置監國官。假以大權。實不啻促其衰亡之機。彼惡雅典王之暴虐殺之。後爲嗣立者復讐。監國官又懲治之。於是斯巴達之共和政治。遂不可復問矣。至克黎哇曼斯以降。則空爲守府。擁有徒名而已。誰階之厲。識者自有定論也。

羅馬滅亡之故。亦猶是也。德爾意綳奪行政之權。而任一己之意而行之。彼雖欲使行政之權。有獨立不覊之自由。而不知自由卽爲彼所覆滅。終至守護帝位之外無事可爲。勢之所趨。有不能倖免者矣。

監國官過衆。亦足以敝國。羅馬之德爾意綳。始以二人爲限。繼增爲五。後又倍之。元老院中。亦無拒之之權。甲既招乙。乙又招丙。朋黨相軋。營私罔公。其弊卒有不可勝言者矣。

然亦有防之之法。官不永置。逾期則止。蓋所置此官者。不過處決非常之事而已。遇有非常之事。則開政廳以治之。治已則閉之。其不得爲非常之事。卽與彼無涉。翳古以來。未聞有行此說者。苟能行之。則余可決其鮮害者也。蓋監國官者。不得謂爲國憲之一部。非常之事既終。卽不使彼預聞他事。則其力自不能及於國憲之中。復何弊國之有。且政廳再開之時。新得之權力。亦與曩昔無異。惟視法律中所定爲應有者耳。

第六章　總裁官

法律既定。不可卒動。雖有事事物物之情。亦不得妄爲所屈。然有時或足以爲國家之鉅害。如停止法律之主權。非遇萬不得已之時。不可妄行者也。卽遇萬不得已之時。亦必擇有操有守者。使任保護公益之責。是爲總裁官置之之法。類分爲二。

若官吏之政權不振。稍事修治。則於官吏中選舉數人。以統總裁之權。惟不得侵入法律之域。

若危害及於法律之中。則必以大權假諸總裁官。主權之作用。亦必暫時停止。

羅馬元老院中。初以神命置執政。委以保護共和政治之權。阿剌伯又嘗於執政官二人之中。擇一人爲總裁官。統轄庶務。皆按以上二法而行之者也。

羅馬共和政治之始。恃國憲之力維持國家。而其基不固。迺屢置總裁官以爲之輔。職此故也。

總裁官任事之期。宜暫不宜久。蓋設置此官。出於萬不得已。苟稍事延滯。則或爲一世之暴君。要未可知。故事終卽廢。固爲理之所當然者也。故羅馬以六月爲限。而每有倘未滿限以前。卽廢其職。若夫逾限而不廢者。則未之聞也。

第七章　審查官

一國公意。由法律而明。審查官之所司。卽裁判公意是也。國民之意。卽爲法律之一部。故亦爲審查官之所司。

世界萬國之人。各具分別善惡之心。第此心非由天之所賦。僅隨各人之愛憎。爲之轉移而已。不問其爲何國。民心向善。卽知其愛憎之念。不爲私慾所汨設。夫人情易惑。遺實崇虛賢者亦所不免。故不得不置一人以爲之監視而防其弊。所謂裁判道義之官是也。人民之意。其源發於國憲。則法律中無矯正之術。唯立法者。特爲維特之而已矣。若立法者一失其當。弊害紛乘。漸啟民心頹敗之端。此實審查官之不愼。貽之咎也。

審查官。爲維持公意所不可缺之官。得其人與不得其人。皆與國家之興亡盛衰。相係至鉅者也。故審查官之所爲。不有大功於國。必有大害於國者也。一有不愼。則不特法律失其應有之効。其弊將波及於事事物物之中。不至土崩瓦解。其害恐未能卽已也。故拔擢審查官之時。必擇其才德可勝此任與否。不可躁妄者也。且審查官權力之所及。不第裁判公意已也。凡法律有不可適用之地。審查官有獨斷獨行之權。試舉一例以証之。私鬬是也。法蘭西私鬭之風最熾。幸國有賢王下令曰。私鬭時以挑激者爲負。其弊遂止。夫累代積習。一語解之。苟非與民心相合。其効烏能若是之神且速哉。

斯巴達議會中嘗有議員一人。言論頗善。而人物敗陋。議事之官俱不欲採用其言。而其他有德者。與彼相同之言。莫不採而用之。故彼徒以敗陋之故。雖有善言。而賞莫之及。有德者拾其餘緒。則榮及族黨。亦不幸之甚者矣。又薩摩斯集議之時。有醉人汚蔑議事官。議事之所因罰令爲奴。是又失之過寬者也。

由是言之。雖有善論。而無德則不賞。雖犯嚴刑。而醉人則從寬。是亦可以知其故矣。

第八章　宗教

羅馬帝某嘗曰。往古人民不奉王公爲君主。尊崇諸神而已。又不知建設政府。謹守神道之治行而已。彼皆於人類中擇一人爲眞神。掌有指揮命令之權。其思想亦已屢有變遷。而後其志可得而遂也。

所奉之神不同。所懷之志亦隨之而異。人羣之數。又因之而有增減之差。譬諸甲乙二國互相仇視。雖幾歷星霜終不得共事一神。使彼所戴之主長或異。而事神相同。則雖有釁可圖。亦易於和解。此實不可以口舌相爭者也。宗教爭戰之事。史不絕書。請歷述之如下。

古昔希臘尙未開明之世。國人遵奉諸神唯謹。且謂神者天之所賦。下爲人民之主者也。至今世各國所奉之神。莫不出於一源。而其名代異。若洛摩克若薩奇攸隆若克洛拿斯。皆爲一神之稱。又如腓尼基人之哈亞爾。希蠟之拿士斯。拉了人之及柏探。亦爲一人之稱。各國雖時地各異。而皆奉此怪物爲至尊至貴之神。亦可異矣。

或有問於余曰。孛加尼斯墨教諸國。與他教之徒。各奉所信相爭不已。將用何術以已之。余應之曰。宗教之爭與政事之爭無異。國民既奉某教爲宗。則其心已注於某教之中。如國有善良之政府。必竭其能盡之力維持之。使之勿墜。而諸神又無畫定界限使信吾教者居之。否則去之之權。是以彼此相爭。神固不任其咎者也。

古代海柏留國之主長瑪意司。畧取迦南之地自爲統領。且曰鄰國人民所奉之神。吾不得而撲滅之者也。又伊斯拉愛爾之判官某嘗示敵國之人曰。吾戰勝後畧得之地。而爲汝等所奉之神所有者。吾不得而管轄之。汝等所奉之神之所有。卽由汝等管轄。吾輩所奉之神之所有。卽由吾輩管轄。是皆至當之論也。

猶太教則反是。於耶穌教尚未盛行以前。慘酷之禍。史不絶書。凡自所信奉之神之外。悉以妖物目之。戰勝後。卽以謀叛之律處置異教之人。當日宗教。各與其國之法律相適。欲變他人之宗教。必先掠奪其國。使漸漬於吾法律之中。否則決無變之之術。故以戰而獲勝之人爲宣教之人可也。

政教合一如此。得勝之軍又將爲新宗教之犧牲。蓋非人民爲神而戰。不啻人民爲神而戰者矣。

羅馬人欲平敵城之時。先祈棄其所奉之神。彼謂勝則不第屈其人民。即所奉之神。亦爲吾屈。如格蘭頓之勝。即下令曰。廢格蘭頓人所奉之宗教。而以吾輩所奉之宗教易之。故軍敗之國。非特政令條教一秉勝者之意。宗教亦必若是者也。

羅馬人雖排斥彼所不奉之神。迨國境漸廣。宗教亦雜。奉異教者亦不得而禁之。

羅馬全國之教旨。其正邪善惡有不可知者。究其原之所始。則莫不出諸於一者也。如孛加尼斯墨教之原。亦不能與他教相異者也。

耶穌教則不與政事相混。始欲建立神聖王國於地球之上。終不得盡如其志。是亦數爲之也。

耶穌教人民與孛加尼斯墨教之人民。所志既異。必不能彼此相合。其勢然也。耶穌教人民欲執耶穌之新說以化導孛加尼斯墨教之人民。而彼腦筋中夙無此義。轉羣起而斥耶穌教人民爲謀叛之徒。耶穌教人民遂陷於至暴極慘之刑。良可哀已。

然孛加尼斯墨教人民雖倖博旦夕之勝。而至暴極慘之報其後者。亦旋踵可俟。耶穌教人民勢力漸盛。益蝕孛加尼斯墨教人民固有之權。又欲改易國語。且選殘酷之夫爲彼君長。於是厄於壓制以下。不易自拔者矣。

然耶穌教人民。其志猶有不能盡伸彼有王公之律與平民之律之分。耶穌教人民之所謂善者。彼以爲極醜。耶穌教人民之所謂萬不可容者。彼又爲至美。故終不相容者。亦勢使然也。

耶穌教人民之牢籠他宗。不僅是也。歐洲及其他鄰近諸國人民。多欲保其古傳之教。而皆爲耶穌教所制服。不稱其志。由今思之。宗教如此其繁。而必有獨立不覊之實。始可自立於不敗之地。唯與政事則無不相離者也。昔有摩哈默德自創一宗。曰以政教合一之說自勉。政府之中。必以其子孫任之。但其說終不可行。阿刺伯少趨繁盛。人民質性。亦日循温順恭讓之節。又不免遭鄰近蠻民之所横暴。又如回回教。始亦以政教相合爲的。而其終不得不分。唯與耶穌教則略有不可同者在也。

英吉利王。自爲宗教之長。威名至重。而其權甚微。至維持宗教之法。則王不敢有發言之權。卽偶有發言之權。亦置諸於無足重輕之列。故宗教之權。非王所有。不過與牧師僧侶共有之耳。雖謂政教之權。爲兩君主所分有。亦無不可也。

耶穌教之本旨。決不得與政事相並立。且耶穌教之功用。視政府之功用益大。化帕嘗建政教合一之策曰。政教相離。必不足以爲善國。政教兩權。互相並立。良法美政。始可行於一國之中云云。然終不得見諸施行。此亦末如之何者也。

孛意爾曰。世界之上無論何教。皆絕無裨益於政事之上者也。華爾歇頓曰。耶穌宗教。大有功於政事之中。且爲有國家者所至不可缺者也。二氏之說皆不得其當。上溯建國之始。無論何國。不聞有未創宗教而其國不可立者。是孛氏之說之謬也。若夫國有鞏固不可動搖之國憲則耶穌教之法則。不第無益於政事之中。且有大害者也。是又華氏之說之謬也。

宗教之於人羣之中。相關之說有二。人人之宗教。及國人之宗教是也。人人之宗教。卽所謂純粹之經文。膜拜空虛之神爲人生之本務。設立寺院祭壇。又定有祭祀之期者也。名之曰天神宗。國人之宗教。卽鎭護其國之神如河伯海若是也。定有祭祀之例。非其地者。不得妄事信奉。名之曰眞天神法。

又有一宗。是爲不可思議之尤者矣。一國之中。置有宗教政治二長。定有宗教政治二法。畫爲宗教政治二國。人民不得兼事二長。兼奉二法。或兼屬二國。名之曰僧徒宗刺嘛教。卽其例也。

以上所述之宗教。分之爲三。第一則無定例可循。日唯天神是賴。以有益之時日。

耗諸無形無影之中。雖欲導以教育。亦無効可覩者也。是大有害於政治者也。第二則爲天神政治之一種。爲國盡力。卽不啻盡力於神。苟違犯國法。處以極刑。則謂奉教不誠。神降之禍。是或有功於原始之民者也。第三則又無足深論者矣。然其弊亦有不可逃者。當與他國爭戰之際。藉宗教之力以驅之。固可以得旦夕之効。若欲恃爲長治久安之策。則其弊將有不可勝言者矣。原夫創立宗教之始。僅僅欺罔人民而已。彼恐人民之不能終安於下。迺託於冥冥之中。尊而名之曰神。神意所在。民必從之。否則降之以不測之禍。人民固無從執神而詢以荒誕與否。彼猶懼人民之不易信。又創膜拜之儀。身先衆人以爲之。於是人民見彼之若是其恭且敬也。必有可信之道在也。遂信奉之而不惑。信奉之者旣衆。則偶有不信奉。嚴刑以迫之。一國人民。誰能越其範籠而脫其桎梏也哉。智亦狡矣。

耶穌教中有愛繃奇爾一種。與今日通行者不同。其言曰。芸芸者衆。皆爲神子神孫。人類皆有兄弟。無貴賤强弱之差者也。敬奉僧侶與父師無異。而後宗教之羣。

至死不可渙矣。

其說如此。凡政事法律。胥爲外物。國家治亂不之問也。然與人羣精神之相背者。莫甚有此。蓋彼恒使一國之人相離而不相結。苟不知預防其弊。則必爲亂國之原。可無疑也。

或曰。眞耶穌教之人民。當能結合完全無缺之羣。以余言之。則亦大難事也。所謂眞耶穌教人民所結之羣。必爲宗教之羣與人人所結之羣不同。苟有此日。則微特無益於世界之上。彼亦不能永久自保者也。

人羣之可以安亨不替者。豈有他哉。人民各安其業而不荒善羣之責。君長正實以統下。官吏廉潔以奉命。兵卒輕死以衛國。如此而已。

耶穌教之說。無一語不關上帝。故眞耶穌教人民所結之羣。非人間世所應有。卽謂之天上之羣可也。彼宗教家之說。凡生於斯世。所爲不善。人亦不得以制裁加之。能盡其責者聽之。不能盡其責者聽之。國家隆盛之時。人民皆安享其福。迨國家衰頽。則爲之祈福於天。斯以已耳。

古代爭戰之人。知有死而不知有生。使與羅馬斯巴達之好名愛之民相敵。則耶穌共和之兵必爲所破。終至俯首乞降而後已。所謂耶穌共和者。猶有他意存也。彼耶穌教之人民不好爭戰。强之使從爭戰之役。則寬仁大度。必以可勝之機讓諸敵人。遇有力之强於吾者。即甘爲之奴隸而不辭。嗚呼。何其卑也。

或曰。集耶穌教民而編制之軍。誠無間然。是又謬也。余固未嘗見有耶穌教民之軍。或者又將以十字軍告之。是亦無足取者。十字軍非耶穌教民之軍。不過僧侶之兵卒及宗教之國人相集而爲之耳。與戰之國。本爲孛加尼斯墨教所統轄之國。且愛綳奇爾之教。非全世界所應奉之教。雖有戾之之人。亦安有舉兵討之之理哉。

夫國有宗教。使人各盡應盡之責。是固大有功於一國者也。若上不足以輔助君主。下不足以教導齊民。則又烏足重之。苟置其心於宗教而置國家之事於不顧。

則必爲敗國之原。夫人民與國家有互相維繫之勢。君主固無禁民不言之理。民亦安有不自言之理乎。

人民亦有不可不信之敎。特不與荒漠無限之說相同。苟無此敎。則國不可以爲國。民不以爲民。不信此敎。則不得容於人羣之中。而其身亦將陷於不測之禍。夫是之謂民敎。但必如何而謂信奉民敎乎。曰。遵守法律。爲國盡責是也。且威力材智恩惠及先見之明。賞善罰惡。保衛民約法律之基。皆括於民敎之中。而信奉之者。又無定限可言者也。

宗敎之權過盛。則君主之權必弱。且至僧侶爲主長。而王公爲備員。此與治國之道。大相刺謬者也。

强人民以信奉何敎。固非計之得者。蓋化民成俗。去惡從善之說。固無彼此不相容者。何必儆儆焉以爲之界。若以宗敎爲馭羣之所至要。則一國總敎會之敎長。非由君主爲之不可。然爲此說者。爲人羣之所必誅。彼僅行於天神政治之世。則可。洎乎人造之世。則其害甚裂。亨利第四之以羅馬教統治其國。固爲明君所不取者也。

第九章 結論

立國之道與夫治國之術。畧具於前。行吾說而不効。願被萬世惡名。以爲妄言之誅。若不行吾說。則固不知吾說之是非。吾亦不必與之深論者也。

路索民約論第四編終

光緒二十八年十一月印刷
光緒二十八年十一月發行

路索民約論
定價大洋六角

譯者　吳縣楊廷棟
印刷者　文明書局印刷所
發行者　吳縣楊廷棟
發行所　作新社
發行所　開明書店

原政

作新社發行

原政

作新社發行

原政目次

上編

原政上編第一卷

英國斯賓塞爾著
吳縣楊廷棟譯

總論

第一

維理與情。相反而不可相離。譬彼骨肉。功用各殊。散則俱敗。天下無無情之理。亦不有無理之情。第情爲理屈者曰理。理爲情掩者曰情。情理相繫。如是已爾。然天之所賦。容有差池。人之所感。亦不盡同。或拘於理。或溺於情。或又有溺於情而理又趨之。拘于理而情又乘之。時移日易。莫可端倪。世有妄人。嚴治情理之界。而又被以美惡之名。遂有以脫除情絆。深造理境。爲涉世之方。吾識其不可通也。夫情禀之於天。發之於性。周流於日用動靜之間。否則槁木已耳。死灰已耳。人之生也。其猶乘舟乎。以情爲海而浮之。以理爲風而御之。順吾所向。終焉已也。然天下事物。繁賾如此。苟欲諦觀眞相。論其成敗得失。則必宅吾心於情絆之表。凝吾神於理境之中。始不懼爲客氣所淆。彼理之所適。人類維均。而爲情所蔽。喪厥良知。又爲古今之通病。無庸深諱者也。是以求富明辨之心。莫若忘情。情理之界。又微不可分。則亦去其頗而劑其平。彼此不相凌襲。斯爲爲善耳。

一人寂處無事。忽忽有所感觸。嘆好花之易謝。悵流水之已逝。情之所注。鮮能自解。夫以有情之人。與無情之物相對。猶感慨流連。不能强制以理。矧物欲所纏。嗜好所誘。愛憎之念。不免有所偏倚。明辨之心。遂汩沒于無形無影之中。上下古今苟有葆其所守之理。而不爲外物所搖。是亦至人也已矣。無如曠世而不聞也。言羣治者。察古今人類天賦之性。究萬法之原。論其利害損益。而又欲脫除情累。其亦可謂任重而道遠矣。嘗著羣治論綱。歷言人爲情溺。足以喪其明辨之心。蓋有動乎中。必搖其精。恐怖希望之念賊之。則舉其手足唇舌。一動一靜。莫不揣摩世俗。隨他人毀譽。以爲吾說之升降。益以躁妄訾議。尤乖。外物之窺我隙也。乘之者衆。愛國保種結黨宣教各護其僻。馳鶩四界之中。是皆蔽我良知。袤吾明辨之心之蟊賊也。凡此諸說。觸類引伸。亦既窮其源而竟其委矣。是書更就羣治顯象。究政治直相所在。論其得失。兢兢焉以不偏愛憎自律。知我罪我。懸諸悠悠之口。匪敢聞也。

第二

縱觀寰宇之中。以文明長天下者。原其始祖。莫不出於蠻野無識之民。由今遡昔。諱之唯恐不深。斥之唯恐不力。是亦情誤之也。試虛心平氣。一按皇古時勢。當知蠻野無識之民。固大有造于今日進化之序者也。蠻民死後。歛以玉石。飫以酒食。酋長歿。則奴隷徇葬。千百爲羣。又或崇烏爲宗。拜蛇爲祖。凡今日不可思議之事。蠻民無不優爲。若夫輓近世人。則生於數千百年以後。蹏跡交午之風。不接於耳。擊鮮艱食之俗。不縈於心。驚駭怪詫。亦爲事所應有。無如彼爲習俗所囿。所爲之事。類以不背一世輿論爲的。而不知數千百年以後。猶有執數千百年以後之說。深詆而痛詈之者也。且彼所爲之事。固非罔益進化。不有蠻民。誰造今日文明之基。彼任其勞。而貽後世以逸。使吾人坐食其福。而曾不知功所自來。是何異於席先人餘蔭。而猶嗤其不善自適也哉。又如上古人民。種相攻滅。慘不忍聞。然擇種留良之數。無可倖免。磨洗愈酷。所遺尤宜。雖彼鬻割人肉。犧牲俘虜。甚或集敵顱骨。築爲高塔。此固不仁之至。但今世所云文明各國。亦孰不勵尚武之氣。而執橫尸滲血之陰謀。器械日精。殺人日衆。與蠻民所爲相較。殆尤甚也。何以悠悠之口。遇今世則崇若神明。遇上古則屏不齒。人愛憎之偏。至于此極。夫蠻民所爲。雖至不仁。而日遊天演界中。弱爲强併。劣爲優融。促後世之文化。進於無窮。今文明各國所爲。他日收效。亦正不知如何。而知人論世之徒。又復心爲物役。妄事訾議。此羣治公理所以終不明於天下也。嗚呼可悲也已。

世有咫聞孔見之夫。議論古今之政體。是其所愛。非其所憎。問以當日之時勢若何。即與聾瞽無殊。遡自皇古迄今。世變遞嬗。而輒以一家肊說橫梗胸中。使數千百年不相沿襲之事。俱與吾說相胥合。是借寒者之强人禦重裘於盛夏。同其虐也。夫殺戮無辜。開拓疆土。固未始不可被以惡名。然劣者日微。而優者之勢日盛。小國爲墟。而大國之基愈固。其有功於後世進化之序。烏得以一指撩之。而猶欲執此以罪蠻民。是亦天下之忍人矣。羅馬皇帝擧一時所爲忠臣義士者盡坑之。東方君長。父子兄弟相殺。又或暴君馭世。置斯民於水深火熱之中。而竊據天下爲一姓私產。此其慘酷無人道。固不待言。然集無限之權。歸一人掌握。亦足獲效於當日世界之中。埃及建巨塔。役工十萬。歷二十年始成。俄築聖彼得堡。死者三十萬人。歷史具在。彰彰可考。纖者每嘆天道憒憒。何以特生此爲人臧獲之人。而又賦以同是之方趾圓顱。嗚呼。是亦可哀之甚者矣。然强弱之界不泯。役人者與役於人者之階。終不可沒。導以事之所宜。順其勢之所趨。即肇後世文明之基。是不啻於不仁之中。有大仁之道存焉。言羣治者必遠紹旁矚。窮究政治之原。而揆以當日時勢。勿執肊見。勿凊俗說。是所望於來哲也。

第三

一人所爲之事。曰善曰惡。雖有定例可循。然善或爲惡之因。惡或爲善之果。且小惡與大惡相比。則猶不失爲惡中之善。微善與至善相較。則已不免爲善中之惡。互往互復。至無窮期。執偏概全。所惑滋甚。苟求不喪其明辨之心。則善善惡惡之心。不可與世俗同流。此亦言治者所不可不知者也。甲種政法。適於此未必即適於彼。茫茫天壤。知其故而能言之者甯有幾人。率謂時無古今。民無通塞。創立政法。不爲文明諸國所棄。是亦至矣。故以今日政法統馭洪荒未闢以前。亦無倂馳不可合者。天之所覆。今昔相同。地之所載。彼我無殊。豈渺然中處者有利害不能互通之理。嗚呼。何其慎也。一人嗜痂。衆口同味。一人病熱。天下同祼。雖至暴極虐之主。不聞有如是苛政以律人也。試上下六千餘年之因革。縱覽五洲萬國之治化。而後知羣治隨時而變遷。即政法因之而嬗蛻。故有今日所指爲劣等政法。而造福彼羣。則較之文明政法。有功于文明世界者爲尤鉅也。是非甯有哉定論。

上古之世。種相勝敗。國相盛衰。輓近則不過一人與一人相交接而已。唯以一人與一人相交接。則一視同仁。無貴賤高下之別。可以上對始生之祖。而無媿。其博施兼愛之德。夐哉尚矣。回顧國於進化始綴時者。殺人奪土。終無寧謐之期。蓋彼各集其相得之種。團爲一羣。羣以外又有與吾並立於世界之上。設於此而不知互相爭競之術。則吾羣將渙。而無足以制羣外之勝。是以彼雖冒後世不韙。而力足以保其羣。固可俛仰無作者也。文野升降。歷數千百年之久。則必有數千百年不相沿襲之事。行乎其中。今欲盡泯今昔之界。而執一法馭之。微特獨知前識之難乎其人。且不揣其本。而齊其末。吾恐今日治化之盛。不可覩也。譬諸初生之兒。當呱呱墮地之時。即衣以成人之衣。食以成人之食。而倖其不覆。且噎以死者。亦僅也已。

第四

文野之語。閭巷相傳。下迨販夫走卒。莫不知其有高下之階。但其義過狹。無足以箝天下之口。妄以文明各國爲美德之叢淵。而以蠻民爲醜德之窟穴。一人倡之。萬人和之。試一攷夫文野之人所爲之事。當必有廢然自返者矣。夫文采高尚。固今世之人所獨優。然上古之人。天眞未漓。樸質誠摯之風。彌護無限。雖今世之以學藝鳴天下者。聞之或不敢强顏以自飾也。此又窮理盡性者所應知者也。

品類繁庶。賦性相同。唯去較古近。則降衷之性。猶葆而未漓。歷世益久。斵喪愈甚。譬諸於木。彫精畫巧。外觀雖美。而質脆易裂。故僅以吾人所謂德義而言。則上古之人遠出文明各國之上。印度種中有薩德爾族。政法簡陋。卑不足道。而鯁直自矢。終身不作虛言。微特學藝日進之同種印人。不得與之相提並論。即歐人對之亦多慚色者也。歐洲治外交者。狡謀祕策。累出不窮。求爲一國之福。則夷人之宗。墟人之國。亦有不暇顧恤者矣。通有無者。壞貨贗造。惑志喪神。使人必售其欺而後已。是非歐人優爲者乎。吾嘗習聞文化之粹。爲歐人獨得之說。何以事事物物。與吾耳目相接者。反不若薩德爾族之可以質諸旦明屋漏之中。此可爲長歎息者也。亨達之說曰。印人薩德爾族。德義誠摯。生民以來。莫與倫比。匈牙利種。除奇魄拉人外。亦矢不自欺。又有康特族。羣以負債不償爲無上惡業。嗚呼。是豈歐人所能哉。然諸族與歐人通後。時或與其遺俗相戾。蓋由交通之始。歐人利其易與。餌之以術。狎之以權。權不可以終恃。術亦有時而敗。諸族覵其故也。亦援其所爲以敵之。是不啻散瘴癘之腥風毒氣。播之極樂之園。而又强抱璞者。無以自完其貞也。逆天悖常之事。俱自文明各國啓而成之。嚮也斥諸族爲蠻民。繼知彼皆謹守德義。遂即其所謹守者而賊之。必使世界之上。俱攻復於詐虞之中而後已。吾誠不識其何心也。洛斯氏曰。新錫蘭人。仇視皙族。亦即當日苛待之果。衆生芸芸。大地摶摶。文野交通之始。誰越此圈。吾願好以蠻民斥人者一自省也。

蠻民德義。高出文明各國之上。前已略言之矣。吾非好爲遁世無稽之說以自非也。如欲一一以實例證之。則汗牛充棟而不可盡。試據近日所聞見者敷說如下。可知治化少進。暨以文明自詡之國。其狠鷙陰毒。爲稍有人道者所不忍言。即以見文野之階。至無定也。太平洋中。有腓奇族。政肅令。清城砦不頹。兵備不弛。知耕作之術。講灌溉之利。合勞分業。工藝日臧。是亦天下之善國矣。然觀其人情俗尚。則獪詐荒肆。類以刼財爲勇。殺人爲果。否則不得爲克家之子。婣鄗之中。屛勿爲伍。甚或殺子屠兄。鬻爲鮮膾。飽啖懽呼。恬不知駭。又阿非利加有達藿墨族。門閥之限綦嚴。別級爲六。分置官吏。各供厥職。募兵編伍。校閱以時。營監獄設警察。定法律。通道路。架橋梁。制度秩然。在劣等人民視之。徒有望塵莫及之嘆。唯彼酋長居室。飾以敵顱之皮。每歲屠戮無幸。使之銜命於地府。他如父子夫婦之間。亦絕無戀愛之情。彼其與人道相遠。奚啻霄壤已哉。豈物極必反。事有固然。政法既美。必有慘酷之風以和之邪。嘵嘵之徒。輒謂文明各國以外。無德義可言。抑何悖之甚也。太古渺矣。傳聞異辭。不足以爲言治者之劵證。若夫羅馬之酷。則譚之於數千百年以後。猶使人膚栗而色變。儻亦世人所未昧者歟。時移世易。生長于餐腥飲血之中。而渾然自忘。見野人土蕃。偶效吾之所爲。則痛斥之不遺餘力。吾不識彼何擇也。羅馬王喀拉喀蘭。（生于西歷紀元後一百八十八年卒于二百十七年）之弟死。殺相識者二萬人以徇。又率師刦議院。有不崇其弟爲神聖者。族無赦。亦是不僅野人土蕃之所爲已也。自耶穌教盛行後。其習亦不少變。故當歐洲中古之世。政教錯雜。先後相望。譬幽圜墻之中。終其身不見天日。又何野人土蕃之可鄙也哉。知者觀微。請執吾說驗之。

文野之說如此。幾若倒果爲因。世人之惑。將因是而滋甚也。然日月經天。

江湖行地。不以腐豎指摘而稍變其常。且我說爲天下至庸之理。聖人復起。無以易之。唯不恐蔽聽塞明。以嫁惡於塚中枯骨。亦不敢合汙同流。以訣並世之人。夫文明進化之率。與仁心慈善不必相侔者也。當互黃始判。文野升降之際。彼其民皆由蠻野無識之鄉。躋之文明之域之上。保種宜族之念。亦淜騰湧注而不可復遏。使於此時少損殘忍之度。則爭之不至。擇之不苛。其功將末由而藏。上古約羣言治。肇日後建國之基。傳世稍久。務擴版圖。內轄人民。外禦隣敵。國力坐長。有隱然爲吾萬世帝皇之業障者。必草薙禽獮。剗其遺孽而後止。是豈煦煦孑孑。不履蟲蟻者所可安坐以俟之乎。毋亦國糜汗血。力爭倖勝。而後使吾渺渺之躬。留于今日世界之上耳。維彼文明各國。與夫治化猶未至者。遠蹟始祖。卒率獷不知人理。

今日所存。皆其苗裔耳。是以世人殘忍之性。根於數千百年以前。氣之所感。神之所觸。中我者深。上智無可以自解。雖强假仁義。爲自飾之計。亦僅蹩躠踶跂。抑性就情。勉羅世俗之網而已。譬彼虎兕。裹以綾繒。人徒艷其文采。而忘爲猛鷙之物。狎玩方縱。彼倏裂裳出柙。則吮血磨牙。與穴處窮荒者復何以異。是又奚堪深諱者乎。他日治化益崇。去古愈遠。自營不仁之念。澌滅無踪。博施兼愛之德。布濩彌垠。擧世熙熙。不聞爭攘之術。此在京垓年代以後。容有其時。若猶是今日也。則妄執私說於文野軒輊間者。爲眞無當耳。

第五

難者曰。如子之說。則世界文明。且爲言進化者所詬病。與吾人延跂殷望之心。大相刺謬者矣。天下之人。莫不以日求文明。爲盡其天賦之責。悲歡慶唁。又莫不與文明高下爲比例。若崇尙德義。而黜治道繁賾之國。反不如葛衣石斧之民之可以葆其眞也。則必羣天下之人。遊心荒漠。力治所謂淸淨絕滅之術。而老死不相往來。若是則人道或幾乎熄矣。豈詔示後哲之指也哉。抑別有故也。難者之說如此。是不可以無辯。

機生之物。遍海陸焉。進化功用。不越生存競爭之樊。蹟其始初。同種相爭。宜者近昌。悖者鄰滅。數傳而後。滅者絕跡。昌者蔓延。於一隅。又與種以外者相爭。優者益勝。劣者愈敗。敗者僻處窮荒。勝者遂遺其孽於大千世界之中。此亦極人事之困苦。而窮造化之偉觀矣。使動物界中不有生存競爭之道以促之。則生生息息之鍵。將無術可以爲之主宰。悖劣之種。亦藉此各保餘生。雖今日猶然。洪荒未闢以前可也。吾嘗觀夫狼虎相持。而得其政矣。虎性猛鷙。見弱質動物。則攫而殺之。狼之力不知可與虎敵。懼心既盛。避術斯工。天又賦之以善覺而便體。深目而長脛。使有以遠害而自完。然虎之攫狼之術。亦因之而進。避者之術佰。攫者之術亦佰。避者之術仟。攫者之術亦仟。攫者之術不盡。攫者之術亦隨之而無窮。虎狼之種。遂可以並存而不滅。狼之中有避之之術獨拙。則命若朝露。其種又必不傳。虎之中有攫之之術獨拙。則無以恣于羣外。即不足以爲羣內之宜。衆生芸芸。銜接至於今日。其進化秩序亦何莫不然者哉。

天生萬物。於誕生降衷之初。不使其有良懦之分。敎之以爪牙。養之以血肉。循其所有。自擇窮通壽夭之途而已。唯善用其爪牙。則吾以外之血肉。

胥爲吾生長之具。不善用其爪牙。則吾之血肉。且長吾以外之子孫。其機孕於至微。其效極於至鉅。世有諱言殘忍之性。則是涸進化之源。而塞文明之轍。其殘忍之度。不尤劇哉。夫人類殘忍之性不滅。而行其殘忍之術。則偕時遞嬗。變之于無形無影之中。終且爲天下之大仁。上古人禽雜處。愚智不分。迨人類戰勝於天演界中。而後傲然爲萬物之靈。生吾之祖。孰不由劣等動物而來。僅爲數千百年事事物物所淬勵。遂有以特立而獨異。彼生物家人猿同宗之說。洵非誕也。

機生之物。不越生存競爭之樊。前已畧言之矣。羣治進化。亦猶是耳。上古蠻民。各羣其相得之類爲小部落。而羣以外之小部落。與吾並立于世界之上者。不知其幾仟佰焉。中有黠者。混而一之。集爲大部落。而羣以外之大部落。與吾並立于世界之上者。又不知其幾仟佰焉。中有尤黠者。混而一之。建立國家。立法興制。與民共治。而羣以外之建立國家。與吾並立于世界之上者。又不知其幾仟佰焉。然知識相等。勢力相敵。雖有尤黠者。亦僅能各守其界。無隳吾生斯以已耳。若夫混一之策。則無可復用。此實今日以前。歷歷進化之序也。維彼黠者非得天獨厚。而有以自異於衆生。不過競爭之力。較衆生爲鷙。競爭之術。亦較衆生爲酷。遂足以償其所志而見擇於天。嘵嘵之徒。忘爲羣治進化。其機甚秘。實則族競之遺而已。世界文明。至於今日。合力分工之業。行之綦盛。有務農者。自營商者。有力工者。而於一農一商一工之中。又有所業之異。其要則皆頓腦枯心。日求善我之羣。而與羣以外者相爭。是即原始敎以爪牙。養以血肉之態。順化而來者也。如今世人事之繁。治道之賾。萬民之安居樂業。不覩橫尸滲血之痛。而吾又歸其功于蠻民。此非可執途人而語之。人壽七十。不得爲夭。然欲語數千百年以前之事。亦與蜉蝣不知朝夕。蟪蛄不識春秋無殊也。第進化之理。歷爲昔賢往哲所明。治生學者又復證據確然。始自信吾說之無以復易。而又知上古競爭不酷。則文明之運必末由而啓。茫茫五洲。至今猶爲穴居巢處之蠻民可無疑也。

人羣之中。生存競爭之風大行。政道之化。亦歷級而進。不過彼所持以生存競爭之具。則今昔攸殊。當上古之混小部落爲大部落。混大部落爲國家。治化駸駸。日與隆盛相期。其功非不偉也。然其原不外乎攘奪。迨後世則由攘奪所獲之勢力。不復用於攘奪之中。而別有恣其所肆之方。夫攘奪之始。慘酷無人理。非仁人君子所忍言。但攘奪不盛。則徒使羣治無由而興。而人心之暴力惡德。且與日俱長。越後世所想像者而益甚。此豈世界之利也哉。維攘奪盛。則羣治之興勃焉。羣治既興。則所謂暴力惡德。俱退處閑散之地。此與四時迭代。功成而不居者無殊矣。今日文化。容有未盡協者。悠悠之徒。雖不敢破壞羣治公例。而冒衆口之不韙。遂力返蠻民之所爲。然胎於始祖之殘忍。亦有未盡去者。是又爲促他日進化之嘉種。吾是以知治化無窮。殘忍之性。亦無盡淨之期。迨殘忍之性。既至盡淨之期。則治化亦不可復進。千百萬年以後。此說當有驗也。由是觀之。蠻民貽吾之利。則享諸靡旣。遺我之害。則與日俱逝。是不啻縻蠻民之智力爲吾人之牛馬。吾又從而非笑之。亦可爲言者之恥矣。

執進化之說。以求羣治之理。則殘忍之性。且爲今日文明之首績。福爲禍門。禍爲福倚。雖冥冥之中。不必有爲之主宰。而運會所趨。戾者無以逆之。故言羣治者不偏愛憎。不惑是非。而後明辨之心不喪。可以諦觀政法之眞相。論其利害得失。是固斯世之盛業。而亦爲學者之一樂也。世有知者。願共勉旃。

第六

諦觀政法眞相之說。已爲學者畧陳其端。今更以政綱質性之恉。述諸如下。

寰宇之中。集類爲羣。與吾並立於世界之上者。不知其幾仟佰焉。天又賦之以同是之方趾圓顱。雖有强弱文野之差。亦僅生長有徐疾。進化有先後已爾。至羣治日進之道。則古今萬國。莫或殊也。設有人推前事以逆將來。而任置一轍以規他國之盛衰。曰俄一變至於德。德一變至於英。是固不得以悖理黜之。然羣治界說。非片言單語所可竟其緒者。且各國羣治。所志容有未同。所趨亦隨之而異。言羣治者。欲比附事實。判其是非。固憂戞乎其難哉。試援動物喻之。先分大綱。次分細目。因指之曰孰者爲牛。孰者爲羊。此即於羣畜之中。泛以大異者。別其種類而已。言同種動物。則必首舉其數。又述其固有質性。與夫偶變質性。而後物無遁形。吾亦無不盡之說。如有牛數十。有白者。有赤者。有黑者。毛色既無定例。則毛色非牛固有之質性可知矣。若夫言羣治者。無形可覩。無名可稱。非若牛羊之可以目注而手索者也。故泛以大異者。別其種類。而指孰者爲牛。孰者爲羊。則下士或有以自勉。苟欲苛求細目。則上智猶有餘憾也。羣治進化之初。外物紛乘。其力皆足以使羣治進化之眞相。累變靡窮。忽焉得地。忽焉喪土。羣之大小。朝更夕改。或事征伐。或蓄奴隸立羣之術。不主。故常時人民政府。聚散無恒。是皆足以破壞羣治之眞相。而眩論者之目者也。且人羣所志所務。復有變端可循。而其力之所及者。尤廣如俗有佳兵善計（善治生計者）之殊。則羣治動力。亦必與之俱革。新陳代謝。馴至舊制日頹。而益以新政充之。當此興彼廢之際。紛紜蹂雜。莫可端倪。譬彼五聲五色。並時與吾之耳目相接。則幾何其不昏且憒矣。治羣學者。罔甲爲乙。即足以喪其明辨之心。故諦觀各國羣治之眞相。非僅指牛指羊之術。所可竟其緒矣。

治羣學者。於政綱蹂襍之中。而欲論次其得失。則僅通大綱。猶恐其說無根。不足以堅世人之信。然治道雖至繁賾。而爲吾人之布帛菽粟。不可須臾離者。要皆具於大綱之中。苟求細目。終非今日之亟務。吾願與學者竊自解也。其理當於分論詳之。

第一卷終

原政上編第一卷

政綱

第一

羣學家之言曰。人類屬集一隅。與羣治之說無與焉。羣治者。必羣焉而以公益爲鵠者也。使無共治之心。又無合權分力之業。則蠢然集者。必嘯然而散。即結羣於一時。終無持久之方。苟求所集之羣。鞏固不搖。而無離散之隱念。滲乎其間。則必引一人之利害於一羣利害之中。又必約一羣利害於一人利害之中。天下古今。而有如是之羣。則一與不可復敗。一盛不可復衰。羣以外之治羣之術。不足與吾敵者。終且不得與吾並存於大地之上。若集類爲羣。胥被以羣治之名。則飛禽走獸。何莫不然。蠻民土番。噂難自勉。何以羣治之道。僅爲靈長萬物之人類所獨擅。而又須俟數千百年進化以後也哉。故曰羣治者。非人類屬集一隅之說也。執是言之。公益爲羣治之母。不圖公益。則羣治必無由而起。此可斷之而無疑者也。太古之始。知不可以天下萬事。仰治於一人。凡一羣之中。必人人竭其能盡之力。以求善其人人之羣。於是乎有公益。獨力無功。而合羣力成之。公益也。守望相助。一人靡力而羣食其福。公益也。一羣之業。由一羣之人分職。而其終俱爲一羣之利。亦公益也。雖然吾嘗繹其原矣。野蠻之民。其臥徐徐。其覺于于。未嘗有學問。未嘗有知識。塊然軀殼。與木石鹿豕無異。然日思所以保其身者汲汲也。故其人居深山之中。其力弱。其志懦。聞木葉之脫則驚。見物影之動則走。惴惴焉唯恐其爲人襲也。遂約其屬集者而備之。

猶懼生物之不足以贍吾養也。狩獵之術。又約其儔集者而講之。吾是以知公益之原。或發於防敵。或發於求食。或發於求食防敵互合之心。夫各國羣治始興之際。胚胎所自。容有不同。而凝其獨行孤立之風。進於依賴從屬之階。則莫或殊也。且必俟其獨行孤立之風。進於依賴從屬之階。而後被以羣治之名而不靳。然公益羣治相繫雖如是其切。而尤不可無政綱以維之。彼結羣爲治。不得不定彼此共守之責。他如晷刻之舒促。分量之輕重。質性之宜否。亦不得不具定限以爲之制。譬諸農工商各分其業是質性之別也勞逸各殊是分量之別也晷刻不定則致力不專皆足以叢事之弊者也 蓋亟圖公益以興羣治。又創政綱以維之。使其不隳前脩。度亦言治者所不輕棄也。

第二

羣治始興之際。有二道焉。彼皆並存不戾。而學者昧於分解。混而一之。無如質性原起。誠有不可强同者在也。一則人人求償己志而日趨公益於無形無影之中是也。一則求遂原始公益之心。而卒能踐其所圖是也。行之之術。各不相謀。而界畫秩然。可以徵諸天下而無疑。今請歷舉其說。且爲學者廣其義焉。

文化未開之世。人類屬集一隅。知一己所獲。不足以給衆慾之需。遂有通工易事之方。斥其奇羨。以給他人之求。而己亦得其所欲。是微特爲一人生計之便。凡羣以內預其方者。胥蒙其休。所謂日中爲市。交易而退。各得其所者也。且通工易事之方。即爲後世分業之端。其端既啓。人懷其益。分業之途。亦日闢而日廣。其原要不外利己之念。有以誘而成之已爾。歷世既久。利己之念中人愈深。羣以內無不利之己。即羣以內無不利之人。此爲人人求償己志而日趨公益於無形無影之中之說也。分業之道。亦可垂諸永久而不革。彼主傭各事其業。似有約以範之。而後主不敢以凌傭。傭亦不敢以罔主。實則主傭均懷利己之念。舍傭則主無可利。舍主則傭無可利。合則均益。離則俱敗。斯其理耳。又若殖貨耗品之人。亦皆爲利己之念所迫。吾以殖之爲利。而彼又以耗之爲利。是固不可强同。而無俟締約爲也。輓近識者。雖力闢新見。知分業之功。運行古今而不替。然每謂順勢所趨。莫之爲而爲者。是又未聞利己之說。而昧於眞相者也。

圖羣以內之公益。又約麕集於一羣以內之人而爲之。其原之所起。與前說不同。其法亦因之而異。如一族集類爲羣。則自營不仁之風大熾。則微特無足以制羣外之勝。馴且不可以自立。迺召宗鄰。誓同利害。一族之中有黠者焉。推爲酋長。雖無指揮合族之權。而其力自足以制人。夫當日羣情。既以相守相望爲的。又得黠者以長之。朝令夕趨。一呼百諾。彼外患既有禦之之策。而酋長之勢日盛。治羣之術。亦賴之而彌固。此即求遂原始公益之心。而卒能踐其所圖之說也。自求圖公益之始。下迨其心日富之時。初無募兵編伍。講武以備之也。亦非命將舉帥。擇人以統之也。使人力公罔私。而結合不渙之機。實爲一世輿論所操縱。苟有植私妄營。則鄉里不齒。身後蒙羞。雖有孝子順孫。亦不得而濯之。中古以還。治道愈繁。生息大衍。不必羣人人以事國防。又不得不分求食之人以瞻之。於是軍士平民。釐爲二塗。酋長不能獨治。分建政府以爲之輔。而使人力公罔私。結合不渙之機。又爲政府所操縱。苟所爲足以斲喪元氣。而阻羣治之進化。則由政府黜之。凡治羣之術若此。遂鞏固而不可動搖者矣。若夫鄙倍之徒。利在則如蠅鑽臭。利盡則如鳥獸散。其材不足以善羣。即其種不貽於後世。固難與圖公益者絜其尺寸。而度長較短者也。始聽命於一世輿論。繼又受制於政府。而日圖羣內之公益。則莫或殊也。有甘冒不韙。破滅輿論政府之羈軛而自肆。則毀譽以聳之。刑罰以齊之。一羣之人。遂驅而納諸軌物之中。嗚呼。是亦言治者之至矣。彼圖公益者之功。豈不偉哉。豈不偉哉。

治羣之道。釐之爲二。皆足以爲羣治造福。而使羣以內之人。蒙其休於靡既。維彼行之之術。則畛域自不可泯。寒暑異性。而充其至境。則所損者一。

正負殊數。而窮其極度。則所獲者同。苟規規然執二者而功罪之。其亦好妄而知不自量者矣。合勞分業之制。始於人人求遂利己之心。而又欲不隳其所享之利。遂使一羣之中。無不溉其餘瀋。此由私及公之說也。施政備敵之策。始於求遂公益之心。而各竭死力以善其羣。遂使匹夫匹婦之賤。莫不惠其嘉康。此由公反私之說也。由私及公。則發於天性之自然。不聞有條教以迫之。鄙論以挾之也。由公反私。則雖發於衍種之根性。而此心不得不爲外物所役。北二者之辨也。

羣以內之公益。與夫圖之之術。其異同之辨。已爲學者略陳其端。然議論政綱。而又遡其原始。析其質性。上下其利害損益。則皆爲由公反私之說。雖二說之界。分之或有不可嚴者。甲說之中。必未不藉乙說之勢。乙說之中。又未必不賴甲說之力。故作者林立。欲求其無間學者之心。則鳳毛麟角。曠世罕聞。願竭吾知。能爲學界中一新耳目。亦樂事也。

第三

圖逸希適之心。根於天之所賦。上智不可以自解。然孤立獨行之夫。有枯腦汗血以求之。而終無所獲者。結羣爲之。則成之者易而所得者又衆。結羣彌固。公益愈溥。此可推諸百世而無疑者也。維原其結羣之始。與夫固之之術。則政綱實尸其功。苟言羣於政綱之外。則不爲始結之羣。必爲將渙之羣。故羣結而識政綱之功用。政綱立而知羣之不可渙。是政綱固大有造於人羣者也。欲明人羣所受於政綱之施者所及幾何。則以土蕃蠻民與稍開化者相較。當可喻其端矣。

劣等人種之中。有生存食息。純任自然。而無藉政綱羈勒之力者。愛斯克瑪族。是其例也。居民鮮少。分處四方。各執老死牖下。鄰里不相往來之念。又何知世有爭戰之事。行乎其間者哉。且所務職業。彼此莫殊。又無地可以用吾所謂合勞分業之道。是無促其結羣之萌蘗在焉。語曰皮之不存。毛將焉傅。羣既不結。則政綱亦末由而立。此僅逸乎情理以外之說。不足以破言羣之公例。學者以不聞不見處之可也。

美洲印度人種中。有狄克安族。散處撒臘納孛達羣嶺之間。飽以木實。居以窟穴。生存食息之道。與皇古無殊。橫覽四鄰。聚族而居者。莫不略識羣誼。獵野釣水。統馭有人。雖不足語於今日文明之盛。而治術粗備。其勢馴足以自立。若狄克安族之冥然罔。覺亦爲仁人君子所痛心者矣。然究其原之所始。由於不聞結羣之道而已。非洲某族。終日裸體相逐。上無政府以爲之治。下無力作以爲之養。彼與禽獸相異者幾希。然鄰族曰由尼哇洛。治羣之權。酋長操之。雖馭衆不無過酷。偶觸法網。誅殺無赦。而上下分業。規模粗舉。徵賦稅。定服制。技藝耕作建築之術。講之甚詳。是亦創立政綱之所賜也。

草昧敦麗。政綱始立之時。馭衆之權。爲酋長一人所操。羣治公益。即隨之而日長。進化之序。自有不可誣者。迨微族酋長。羣爲大酋長所統率。則羣治公益。必推之而愈廣。東印度有數族曰倍爾涅斯。雖每族公舉酋長一人。而酋長之上。不聞有統率之者。甲乙互擾。終無已時。又於曠漠之野。纍土爲屋。用以蔽風雨。匱什物而已。蘇格蘭之海倫族。無中央集權之所。

鄰敵侵入。則羣起備之。都鄙郡邑。各設堡壘。用以儲藏婦女家畜而已。如二族之蠻野無文。固爲後人所非笑。然亦不過無大酋長以統率之耳。古昔希臘人。知一國之中。不可無人以統率之。廼創賢士會。訂立約章。使各國不得築城於要隘。又攻圍敵城。有絕其水源者。禁之。彼賢士會中。固以統率各國自任者也。英吉利當羅馬統一之時。種族之間。不聞有互相爭鬬之事。至封建之世。列辟羣侯。共戴一主。亦不聞有私鬩之事。故合小羣爲大羣。而又創政綱以維之。則爲一國衆庶之福。寗有涯涘。此可斷言之而無疑者也。法王夏蘭曼（生于西歷紀元後七百四十二年卒於八百十四年）死後。西大帝國日就衰滅。羣藩獨立。互相仇視。戰爭之餘。皆以刧奪爲業。此實統率無人。紊亂羣治之秩序。而破滅政綱之階之厲也。試覽歐史所載各國成迹。疇不若是。一人統率之利。豈不溥哉。

一羣之人。族相讐敵。雖足以戕羣治之公益。然政綱之制日廣。則戕之之度。亦隨之而日縮。戕之之度既縮。則即足以爲羣治造福。又可爲羣治旁啓殖利之途。言進化者。不願重誣上古蠻民之所爲。坐是故耳。是以小羣之合勞分業。不過片技薄藝而止。苟欲圖羣治之公益。而使生產之種類大繁。則爲之者亦必衆材俱備。且循計學之法。各專一職。則傭工之人。不得不衆。此固非大羣不爲功也。又分業雖盛。器械雖精。而無大羣之所耗以濟之。則必壞貨山積。終其身無償之之術。此又小羣不若大羣之說也。

第四

圖羣以內之公益。必先立政綱以維之。迨政綱既立。則弊害即叢生於政綱之中。甚或所獲之利。不足以償其身受之害。此亦古今事勢所不可倖免者也。羣治初興。共立政綱。竭羣以內人人之力。使之永保於不隳。第政綱既立。不得不擇人以任之。於是乎有政府。政府所布之令。不得不竭羣以內人人之力以守之。苟政府恣其權之所及。收斂壓制。而執億兆人民爲芻狗。則不若穴居巢處之世之可以全其生矣。

暴君御世。何代蔑有。竊土地人民爲一姓之私產。剝脂吸髓。爲花息之恒例。凡務農力作之民。亦不能聊其所生。史策所傳。無可強揜者也。是不啻政綱之立。反以蠹吾民矣。羅馬之轄埃及。掊克聚歛。無所不至。微特埃及施政之費。取諸埃及。即羅馬施政之費。亦由埃及任之。且正稅以外。科以兵師糧食之需。常役以外。益以土木冗官所糜。杼柚既空。富源盡涸。彼埃及執政。不堪羅馬之誅求。又復苛歛於民。以足之。餘如貢納政府物品。亦莫不徵納重稅。張皇補苴而爲之的者。厥唯人民。故執政者雖重爲羅馬所戮辱。然不若人民毁家版命之尤可痛也。羅馬衰後。法人之困苦顚連。又有甚於此者。檢其正史所載。衣租食稅之徒。日益增加。而又安坐長眠。絞億兆人民之膏血。以供其淫侈歡樂之需。嗷嗷塗炭。不堪其苦。壯者背離鄉井。羸者轉于溝壑。顚沛流離之慘。有爲仁人君子所不忍言者。原野荒蕪。蔓草萋然。千里一望。絕無人蹟。而奸胥酷吏。往來市村者。猶肩相摩。趾相錯也。敲朴呼號之聲。上徹青空。又使僕誣其主。妻詐其夫。子訐其父。不應則三木隨之。終日擾擾。鷄犬咸驚。且細民困於虐政。因之殞其生者。官骸枕藉於道路。而死者之稅。又迫生者以分任之。此亦自有生民以來。所僅見者矣。故當日人民。困於水深火熱之中。聞敵來侵。則猶可以不聞不見置之。見催呼之吏。則膚栗而色變。泊乎羣侯列辟各戴一主之世。中央集權之力。次第擴張。種族相仇之風少殺。民困漸蘇。一國太平之福。亦稍稍盛矣。然弊之所叢。雖一毫而莫去。苛徵賦稅。强假公債。皆習爲之而不怪。且籍沒家產。勒取罰欵。不必其罪之當也。鬻官枉法。黷武窮兵。不必其理之在也。究其害之所極。則飢饉荐臻。凍餒交逼。散而之四方者有之。途窮而自殺者亦有之。人民之苦。又與曩昔無殊矣。至後世專制政體。日益完固。凡羣以內之瑣屑微事。莫不干涉。條敎紛紜。從者眩目。不越二百年。國中襍稅。（稅有正稅襍稅之分如土地人口房屋等稅皆爲正稅輸入輸出賣買讓受印花紙等稅皆爲襍稅）自一千一百萬。增至三億一千一百萬。人民生計。安得不蹙。此可爲長嘆息者也。今日試遊埃及。遡尼羅河之濱。察其民風土俗。距中央政府愈遠之地。則人民生計愈饒。知者善思之。可以得其故矣。輓近英吉利之治印度。雖盡力求爲印度之利。而受其治者。負暴斂之重責。服壓制之虐政。遂萌徙居鄰境之念。如挪墨與格哇黎爾之間。聚族居者。非可勝紀。彼棄先人之墳墓。去童子時釣遊之鄉。而又與鄰里姻婭相離散。豈得已哉。亦求倖脫故國之苦境已爾。古語有之曰。苛政猛於虎。洵哉。

治於人者。爲政綱所困。蒙其患難。而所獲之利。不足以償其身受之害。此匪特治於人者然也。當法令滋章之世。凡受其覊軛者。固困苦顛連。而無以自脫。即始創之人。亦不得不同茲甘苦。上下系統。階級秩然。在吾下者。

吾方奴隸之。而吾之上。又有人焉。則人之奴隸吾者。與吾之奴隸人者。復何以異。互爲奴隸。而又互爲奴隸。他人之人。迨有至尊之一人。則立法定制。求張一己之權。宜無奴隸之者矣。而不知所定之制。與夫所立之法。即爲奴隸至尊之人。昔者埃及王。日常動作之事。俱嚴畫界域。晷刻儀式。莫不具有定例。王遵守之。唯懼弗謹。由是言之。王雖握有無上之權。而與人民相較。吾不識自由之度。孰爲高也。天下專制之國。莫不如是。日本嘗制駁襍法例。自天子達於世人。錐刀之末。亦必徵諸法例而後行。執政者懼其擾焉。相率而辭其職者。史不絕書。歐洲諸國。君主每有自作壓抑之法。而即自嘗壓抑之苦。琪蓬曰。羅馬皇帝。深居九重。而與自定之儀式相對。則甘爲牛馬而不辭。曼推諸（曼氏於一千六百三十五年生於巴黎、嫁某氏而寡、後爲法王路意第十四女官尋邀寵）

曰。觀於法王路意第十四時（生於一千六百三十八年、卒於一千七百十五年）（選入後宮、氏富於文學、權勢甚威）宮闈之事。而後知天下煩惱之境。唯高居人上者遍歷之。次則羨之者也。彼爲人羨者之不幸。既較羨之者爲尤甚。何以南面御世者。銜接而來。且俛首下氣。晝夜謀得君主一顧之榮者。又如蠅之集於矢焉。或亦未嘗身受過也。執二說而觀之。則至尊所操之術。亦大可哀矣。吾嘗窮究政綱得失之故。苟有人焉。求張羣治之制。而廣行合勞分業之法。永保物我無疆之福。夫如是始可舉羣以內人人不足之心而足之。否則賦稅繁苛。貨殖必因之而減殺。政令嚴密。則人民動作之自由。必因之而束縛。於是治人者與治於人者。將交受其害。成蹟彰彰。烏可罔古蔽今。以自囿其見聞之實。嗚呼。利害消長之機。固非諓諓鄙夫所得而膚測者也。

第五

壘石爲室。而又欲發其所壘之石別有營造。則不得不先毀其室。第石紋堊黝。非括其垢而磨之使光。即不足以適所用。且堊黝之色。積之過久。則堅如膠漆。非卒然可以去之者也。故毀室而發舊石。不若更置新石之爲愈也。

今假此事實以爲吾說之證。凡天下之事事物物。所列之次已定。又欲從而變之。豈易言哉。一國政綱。即一國施政之次。政綱既立。又延諸於數千百年之久。一旦羣欲釐其舊染之汚俗。而使其日即於新。此亦古今萬國所難能者矣。吾嘗觀夫生物之變遷化醇。而得其故矣。當體質初凝。賦性猶穉之日。代趨微異。變其原始。所秉者於無形無影之中。迨所變既鉅。則微特復古之說不行。即欲稍易其毛色。亦有不可得者。習之者久。中之者深。觝抗變化之力。亦隨之而日壯。舉天下之官品。有不可作如是觀者誰歟。羣治之制。亦若是而已矣。結羣之始。類集各種分體而成。草創規模。亦不一。其源。時移勢易。其趣日變。雖不若官品之可以目注而手索。要亦有端可循。曁政綱漸興。施政之術略具。種族收分。職官已置。一羣之內。彼此相結托者。日臻鞏固。而其觝抗變化之力。即於斯盛焉。是以上古舊制存於今日者。猶比比也。立法以[illegible][illegible]教之戒律。則教徒起而疾視之矣。發令以遏武士黷職之弊習。則軍人起而號呶之矣。脩正則例。法家訾之。發明器械。迂者阻之。凡此諸端。又有不可縷指計者。蓋常人安於近見。欲持朝夕無根之新說。以易彼數千百年祖父詔示之舊習。亦何怪其格格不相入哉。

天下官品。各具一體。生存食息於天演界中。無間動植者也。各種動作。固以保持其體爲鵠。而分析觀之。則僅各護其分官而已。人身亦然。四肢五官與夫心腹腎腸。或主視聽。或主嗅嗜。或主運化。發洩。各勤厥職。而皆足以爲其體之利。然目聽於視。耳聽於聽。鼻聽於嗅。口聽於嗜。心腹腎腸之聽於運化發洩。皆所以各保其分官之功用也。結羣之始。竭羣以內人人之力。共維羣以內之公益。然羣以內有膺職者。有業工者。有營商者。有務農者。各懷利己之念。而視羣以內爲遂利之場。且利己云者。尤非各求有利一己之所作用之說也。不過求利行其作用者之身家已爾。雖一己之所作用。爲罔益叢弊。然既行其作用者之身家。所享受靡既者。曾無絲粟之殊。則護持之。唯恐其弊之或革。羣以內全體之損益。匪所問焉。此舊染汚俗。所以亙千萬年而終不可革也。昔者倫敦豪商某。政府與以專賣之權。而亦負應盡之責。歷世既久。忘其所謂應盡之責。僅以壟斷利源爲亟務。懼有人脺其餕而攘之。晝夜惴惴。防之唯恐弗至焉。蘇格蘭某村。爲皇室私產。舊例村中得集會議事。制定通行之律。今此例已廢。絕無可議之事。而古老相遺。集會如曩昔者。無虛歲也。其佗類此之說。欲盡舉而陳於學者之前。則徒糜精力而已。執是言之。善群之術。萃於結群分體之中。分體既備。則力圖利已。各求衍其生息於無窮。共結之群。遂失其所憑依。而無與爲治。嗚呼。此所以秕政流傳。使全盛之世。終不能及吾生而覩焉。可悲也夫。

政綱既立。即有觝抗變化之力。至其力之強弱如何。亦有可以前知者也。凡政綱之中。附有新設條例。微則特爲後日變化之害。且所附條例。新設於此。則彼興起變化之動力。必因之而銳減。是不啻於觝抗之力之外。復增觝抗之力。以重爲變化者之困也。一羣之中。創立政綱。又求規模宏遠。擴今日所行之制。或治道繁賾。不得不增設則例以定之。或居民稠密。不得不添置職官以統之。而治人之數。日益滋長。即治於人者之數。日見其朒也。夫創立之者。與變化之者。互相爲敵。譬彼率師禦人。我軍有竊附人者。則彼增一人之力。而我失一人之用。彼我均勢。遂不足以相侔。且治人者職叢如蝟。亦必集其與共治者爲羣。當各據朝堂。從容指揮。而籌體國經野之策。則羣以內之執政者。心志莫不相同。至羣以內之執政者。集於中央政府。而計全體之損益。則念之所興。隨人而異。或私己職。或暱政府。此又勢之所莫能倖避者也。彼衣文繡而饜膏粱。莫不絞兆民精血以奉之。故剝膚敲髓。求增歲殖之數。以爲吾一人身家計者。不必諱言酷也。吾嘗測其行政之樊。而度其隱矣。司財政者。則求其帑藏之充足。司軍務者。則求其戎行之整飭。甚或司軍務者。强司財政者以多撥歲費。司財政者。又强司軍務者以酌減兵額。若夫時勢之孰適孰否。則俱非甲乙所諗者矣。然彼雖互爭互嫉。而引水滋田。懼爲鄰牛所蹊。則又具有同感者也。設執政之中。有一人爲治於人者所排擊。遂不得償其所志。或有起而蝕其特享之權。則群以內之執政者。胥泯其互爭互嫉之心。各竭能盡之力。與治於人者相敵。迨戰勝治於人者。而復爲坐食太平之世。則嚮之互爭互嫉之心。又隱伏於不聞不見之地。語曰。兄弟鬩於墻。外禦其侮。此之謂也。執政者之言曰。衆生蚩蚩。夙爲君相所豢養。故君相之統馭萬姓。亦出於無可已耳。又曰。天生民而作之君。使司牧之。一人不能獨治。授官建職以輔之。是君相之力。爲斯民而痺。則民之誠服君相之命。亦其義也。嗚呼身爲群以內之元惡大凶。而猶盜美名以自飾。侈然自崇爲吾民之枋。天下罔耻無良之甚。莫踰此者。或執不顧公益之說責之。亦迂也矣。蓋旣爲執政。而入行政之樊。則素脩自好之士。亦必捨己而從之。否亦非其族類。鋤而去之而已。每有草野士夫。平日持論侃侃。塵垢粃糠。不可一世。於執政諸人。尤詆之無餘地。一旦徵使登門。玉帛盈前。敦促就道。猶拳拳不忘言天下事。至與君相相對。公卿大夫相往返。偶爲飫肥曳輕之風所感召。居移氣養移體。遂與彼數千百年心性相傳之執政者。無毫髮之殊。悠悠之口。雖以處士純盜虛聲相嘲誚。而終不能執無根之說。奪吾已嘗之佳況。且時移日易。囿於目前之趨走。以爲天下之事。舍此莫非荊棘。語以昔日自持之論。則曹若隔世。甚或笑而弗應者矣。芝蘭之室。鮑魚之肆。久即與之俱化。洵至言也。故治羣之術益進。變化之力益弱。而牴抗變化之力。則日壯。規模粗定。卒不可撼。侈談變化而藏厥功者。有幾人哉。吾是以重悲之也。

政綱益備。治人者之數。日就滋長。治於人者之數。日見其朒。遂增其牴抗他日變化之力。然其弊猶有甚於此者。群以內之思想感覺。必與始立之制相胸合。又浸淫於數千百年舊染汚俗之中。心之所知。耳目之所聞見。

不越政綱之樊。雖有智者。亦末由察其弊之所在。故誠服之心。發於不能自已者也。一羣勢力所及自有應止之境。政府所域而據之者廣。則人民拾其所遺者必狹。於是群以內事。咸拱手而仰治於政府。下迨日用動作之微。亦冀政府爲之定律以裁之。設於斯時焉別圖良法。可以脫政府之覊軛。而亦足以善吾生存食息之道。且使群以內之公益較政府所與吾者尤鉅。而彼皆駭而郤走。相謂天下斷無不藉政府之力。而可以善其羣者。蓋由思想少僻。感覺即融洽於一生所聞所見之政綱之中。雖至困苦顚連之極。亦僅呼籲政府有以拯之已爾。若夫嚮之所云。不藉政府之力。別有善羣之術。則彼自賦性禀形以來。未嘗夢見者也。是以觝抗變化之力。微特治人者。勢力日張。而治於人者。勢力日縮之階之厲也。法人康突。

（法國著名哲學家生於一千七百九千五年卒於一千八百五十八年）嘗論貨殖消長之機。其說雖多可喜。而爲當日法國情勢所蔽。遂瞢於群治眞相。則不能爲康氏寬也。彼於治羣之術。推前事以逆將來。又度異日政綱之外形若何。而思想所注。不背法人兵力世界之結習。遂謂將來羣之善者。不過軍事較修而已。至亟言貨殖。是賤丈夫之所爲。或援爲治羣之術。則匪敢知矣。嗚呼。習俗所移。賢者固不免哉。夫獨立不羈。爲合勞分業所獲之果。合勞分業。又爲促貨殖世界進化之先聲。康氏痛詆之。蓋生於多事之國。終身不解寗謐之福。所聞所見。類以抑制自由爲亟務。父兄之所詔示。師友之所訓誡。莫不以威重令行爲善羣之具。因以槪諸古今萬國。而希其不紕繆焉。寗有倖歟。又如德國均產黨。憤政綱不善。羣欲起而革之。並世之人。相率羅拜而崇敬之。且謂均產黨得志。則必有一新觀聽者之耳目。均產黨中。亦以此事引爲己責。且必有所以塞天下之望。而償其夙懷之志。迨詢其所志維何。舊制之弊。孰者宜革。新制之利。孰者宜興。則後亦未能盡明。因彼之思想。狃於數千百年之聞見。猥欲屏棄一切。草創新制。必其不與舊制相同。則吾不敢信也。且彼所口倡而手畫者。不啻舊政府之覆瓿而已。彼所經營締造之所謂新政府者。猶是彼所奮興破壞之所謂舊政府而已。使行政之權。爲彼操縱。則生計勤勞之業。必藉汲政府以指麾。與曩昔强迫壓抑之制相較。吾未見其有優劣之差。時或羣以內人人之起居動靜。蒙政府干涉患者。較舊制益甚。斯皆未可知之說也。是以均產黨疾視舊制。亟欲滅之而朝食。然彼所挾以自矜者。豈果舊制所無可企及者乎。殆不然矣。吾是以知政綱已立。中人者深。與羣以內人人之思想感覺。浹洽於無形無影之中。雖有上智。欲於一朝夕間。抉其根株。不使偕吾身心相纏繞。蓋有難言者矣。

一羣之中。政綱未立。聚散無恒。則爲羣治命脈之公益。必末由而興。至政綱已立。次第美備。則觝抗他日變化之力。因之而益甚。故今日劣羣之公益。與夫維持公益之制。振古如茲。而不見其有進化之日也。斯亦人世之大戚矣。上古人各自域。雖於雞鳴狗吠相聞之地。亦老死不相往來。後世交通少廣。合力之原暫淪。而即爲世界中止之境。合力之法。固猶有進乎此者。無如其艱於行也。迨凝結之力增固。則鎔解之力益損。其群治所終。廼與官品之遞變鉅著者。不能强。易其形無殊。語曰。天道好變。不主故常。

抑有不足堅人之信在邪。

第六

天下官品。每有質性相同。而分體遞變。進化日深。則分體之各部分子。微特勤其一己之職。又必使其子孫襲其世業。傳之靡既。而後可以竟其功用。如膽汁細包掌運輸膽汁。以助消化之力。且於其傍別生一細包。以爲之副。若第一細包腐敗銷滅之時。則副者繼其所掌。而又有副者生於其間。故者代謝。新者迭生。夫如是則運輸膽汁之業。畢世毋荒。亦不得移之於心腹腎腸。與夫神經系統之中。設各部分子。不產同種分子。以當後繼之任。則一蹶不可復盛。官品各部。將失其官品之功用。此生物家不刊之說也。

官品之說如是。群治猶然。人羣既結。所以卒不可更之故。蓋由羣以內者所居之地。所務之業。曾皆受諸祖父。而又以傳諸仍雲。甲者之業。乙者不得而襲之。乙者之地。甲者不得而踰之。比較競爭之術。胥於是泯焉。迨草創政綱。文化稍進。則執政之徒。亦俱類別而派分。各私所守。而以全體爲集矢之的。故門閥之限。振古不衰。世胄之家。生而食祿。耄不之奪。且有喬木之臣。共國休戚之說。若夫都鄙下流。則幾屏諸不齒人數。斯固人間大可憾事。然雖有令主明辟。不能抉其藩籬。而英俊賢豪。又無以脫其羈軛。豈非以及人者廣。中人者深。勢有所無可如何者哉。回遡太古草衣石斧之民。蔑業可務。治道歷繁。始有四民之分。重以祖說相傳。習俗所囿。必使士之子。恒爲士。農之子恒爲農。商之子恒爲商。工之子恒爲工。百世遞推。

莫或微異。而後得爲克家之子。宗族相慶。婣鄰相賀。己亦引爲無忝厥祖之所爲。蒂固至是。猶謂朝夕可更者。橋旦枉爾。是以求變他人所居之地。與所務之業。其難易適相均平。彼印度爲尤顯者也。英國昔日亦頗嚴門戶之見。蓋門戶之見。持之綦嚴。則所結之羣。必賴之而彌固。祇抗他日變化之力。即於此萌其櫱矣。

家世相傳。使所居之地。與所務之業。累代不變。即足以固所結之羣。然猶有所以固之之術在焉。凡用家世相傳之法。則家長之權力必優。彼握樞要者。事生產者。俱汲汲焉謀保其目前所享之樂。非瀕死不願令子弟代之。故少壯之徒。終無展其所懷之地。不幸爲人子弟。則雖材藝軼羣。而於父兄生存之日。不得居要路。以與當世之人。一角優劣。唯鄉先生流。年齒較崇。則雖菽麥不辨。亦可坐尸高位。且長者不知自慙。少者又不敢非望。此誠理之所不可解者也。營業者亦莫不然。雖有子弟於父兄之業。一切弊害損益。瞭若觀火。又能舉奇矜貴利悉錙銖。而徒以父兄尚在。不得僭執應用之權。分播生產之術。盡歸父兄所操縱。即子弟力足以善其事。亦不敢任意左右。以攖父兄之不歡。且父兄所爲。容有不盡合者。子弟雖目笑存之。猶必陽示謙退。蓋自媒所知。蔑視家長。即爲清議所不韙。非至愎極悍者。不甘輕以身試者也。第歲往月來。外物之淬勵我者既久。身心之相交接者日衆。習俗桎梏之力。亦隨之而日酷。少時疾長者之靳予我權。至長則猶憶曩昔長者之所爲。遂援之以償少時之所疾。故好因惡變之念。幾若生物之進化無窮。終不可誅絕者矣。夫少者善遷。長者喜故。在稍閱人事者。疇不知之。而家世相傳之法。如是其盛。使家長之權。日益滋生。視子弟爲牛馬。迨子弟遞爲家長。復將牛馬其子弟。於是保守之義。彌護無垠。事事物物。一仍其已成之形而不變。嗚呼。四界茫茫。新政鼎革之際。何恡其天道闕而人事闇哉。

設羣以內人人所居之地。與夫所務之業。俱以材藝準之。年齒不預焉則羣治變化。必較易萬萬。都鄙之夫。倏與縉紳先生竝坐而論道。微特閥閱之階。一掃而空。即彼我宗族姻鄰。亦弭悴榮使辱之風。且曩昔高下懸隔思想感覺。每有併馳而不可通者。今接之以情。各泯人相我相。而會於圓融之地。貴不可自矜而慢下。賤亦不必自悼而諂上。門戶曁化。質性斯親。又推而汎諸日用勤靜之間。無潛容隔閡之地。斯固可以前知者也。分播生產之家。亦援此說行之。則工可以爲商。商亦未始不可爲工。破世俗之覊軛。統四民而一之。智力體力。遞推遞變。一羣之中。同爲圓顱方趾之儔。即無不同之性。昔所務之業。家各相異。嗜好取捨。因之而殊。今物我一體。其弊遂蠲。夫閥閱之階。門戶之見。既掃盪之不遺餘蘖。則群以內者。必竭其材藝。以赴新得之地。與夫新獲之業。彼去故爲新之徒。必有所拙於故而巧於新者。當更迭之際。容有窒礙鮮通。不得與先進度長而絜短。然旦夕損害。不足紛其進取之心。且彼各有挾而來。日就月將。非僅求如先進已也。必將軼而上之。使羣以內之事事物物。自我而改舊日之觀。譬猶春雷。蟄物因之而蠕動。是固可以副他人所仰望。而塞讙譏之口。請援實例證之。務農之子。棄其祖業而爲商。始固不能與數世負販者角錐刀蠅末之利。第毅然捨其手習之來耜。而晝夜握籌。計貴賤盈絀之差。亦必有所以能善其後之智。無俟途人妄測者也。若夫草野之士。驟登樞要。非無不諳朝儀。不詳則例之憂。且事務殷繁。類足以眩當之者之耳目。然懷撥亂反正澄清天下之志。則有不遑顧慮者矣。夫唯羣以內者竭其材藝。以赴新得之地。與夫新獲之業。而後數千百年所已成之政綱。幷因緣爲奸之弊。俱可以次變革。羣治進化之機。始稍稍淪矣。任設一格。以衡天下之士。曰若者爲才。若者爲否。否者黜之。才者陟之。則變化羣治之功用。且於主因之外。復有副因生焉。主因之說。曰少者精氣充滿。雖挫弗撓。旣以一事自任。即不識有所謂隱退之念。功之成也。人嘉其惠。副因之說。曰精氣充滿。則思想深邃。涉世之後。必有一新衆人之耳目。由此觀之。家世相傳者。

尙齒之原也。尙齒者。成事之賊也。世人暱其賊而倖其有功。是何異於進豨苓而求引其年乎。嗚呼。亦可痛矣。吾故曰。羣以內人人所居之地與夫所務之業。俱以材藝準之。年齒不預焉。則群治變化。必較易萬萬。且吾又有說焉。少者必壯。長者必衰。衰者都昏。壯者都慧。一羣衡要。俱量材藝而任之。則少者當衆。少者旣衆。則左右一羣之力。即爲少者所操縱。而猶懼他日變化有觝抵之者。是亂羣之說也。

吾今懸兩說而衡之。甲則力足以固旣成之政綱。乙則智足以神他日之變化。且乙又善遷而利物。甲又喜因而叢弊。孰得孰失。當有能辨之者。吾固不敢作爲虛誕之說。以誑世人者也。

第七

分體釐集。共處者衆。政綱亦必因之而蹂穕。一家之制如是。一羣之制亦如是。初無相差者也。蠕動之物。茲姑勿論。結羣之始。舉民鮮少。規模簡率。無可紀者。生息稍衍。制度亦蹔興。至人事繁賾之世。治道廼大備。當合小羣爲大羣之時。彼統馭小羣之政府。不得不歸納於中央政府之中。中央政府之政綱。不得不擴張完備以應之。且分體日增。微特政府懼爲蹂穕所困。一羣以內。莫不具然者也。羅馬始爲一市府。終爲世界之國。勢不能執市府之制。行諸大千世界。又不能括百洲六千萬人域而驅之區區市府之內。然羅馬版圖日廣。其力已足變革既成之政綱。而戶丁稠庶。亦足爲之而不靡。昔日英國。統馭百萬人民之法。與今日統馭數百萬人民之法。其繁簡之分。豈第霄壤而已哉。是亦可以驗吾說之非謬矣。

吾說如此。猶有一言未盡者。今淸述之如下。凡事物發生之後。政綱必由簡而繁。但政綱善變。則治道有日促於進化之機。政綱難變。即爲文化中止如畫之境。嘗設例明之。生生者衆類有未成形體之中。日益變遷。迺分官骸。各部分體之鉅細肖先。莫不遞有變化。鉅細變化者子女官骸以次成長之謂也肖先變化者父母與子女相似之謂也則非體質柔輭不可。洎乎體質已堅。官骸之屬。序列已備。觝抗變化之力亦日盛。於是人身之形。可以歷千萬年而無異。羣治之進化亦然。分體日增。不得不變。當日所行之制。以應之至治道極繁之世。即蓄觝抗之力於變化之中。雖又有分體增於其亦不間得援前說以爲之例。而況乎分體之必不可增。此固可以據理而測之也。

政綱蹂躪。足以窒塞進化之說。尤有甚於此者。彼執政之徒。又足以吸取進化之精氣。以神其窒塞之資。前論政綱已立。則弊害即叢生於政綱之中。甚或所獲之利。不足以償其身受之害。已爲學者陳其端矣。蓋政府耗費。即殲剝生產者。骨折筋糜所儲藏之果。弊之所播。與殲剝群治全體之生存食息者。有以異乎。吾知其無以異也。譬有殺我分官者。是非殺我具體者乎。且彼執羣焉而以公益爲鵠之說爲皁家業長子孫之具。聚斂無恒。人民相率塡於溝壑。生齒緣之而日稀。一群元氣。於以喪焉。即聚斂之數。僅止於此。而既有所輸之於官。則必有所減之於民。既有所減之於民。而猶冀不爲生息繁衍之障。烏可得也。且夫士大夫足履執政之域。則擧其父母妻子婣鄰僕從。胥爲不耕而食不織而衣。坐仰細民爲彼衣食之源。一羣資生之力。與夫生產之人。止有此數。且資生之力。尤必與生產之人爲正比例率。今高居廣廈者若而人。饕肥曳輕者若而人。彼高居廣廈者。即減於生產之人之中。生產之人既減。即不能盡其資生之力。而又有饕肥曳輕者以觳（音遷力取牛羊乳曰觳）之。是細民不啻爲重刦所困。窮其弊之所終。非至無一潘餘瀝以潤之日不止焉。彼亦遂無可仰之人。洎乎源枯流涸。而妄畫增殖戶丁策者。豈人情哉。夫創立政綱。與群治進化相繫如是其密。苟不知去其頗而濟其平。則固爲斯世之囏戹。而亦官民交困者也。任司牧責者。尙其圖之。

第八

以上所論著於篇者。皆窮究政綱利害損益之原。然學者不能綜舉大綱。則條目紛繁。神益眩矣。不敢憚煩。復爲學者撮其要領如下。

羣治者。必羣焉而以公益爲鵠者也。人羣不結。無公益可圖。不圖公益。羣治亦末由而興。雖羣結而有公益。第必有公益而後其羣可以不渙。此第一篇之說也。

然欲圖公益。必先分業。如晷刻之舒促。分量之輕重。質性之宜否。亦不得不具定限以爲之制。且職務紛繫。任之者必隨之而衆。第人各有能有不能。强之則敗。民濕寢則腰疾偏死。鰌魚則良。木處則惴慄恐懼。猿猴則適。故必順其性之所稟。量其才之能任。於是各有可冀之功。而政綱之基。即於是肇焉。此第二篇之說也。

政綱既立。公益藉固。政綱之外。無復善羣之術。故有政綱者。可日縮戕賊公益之度。而爲群治造福者也。此第三篇之說也。

羣以內者。坐食政綱之福。而政綱亦足以殺其所獲之益。夫政綱既立。必有所以維持之道。於是乎有政府。政府之中。又授官分職。以掌行政之權。第政府諸人。衣食之源。莫不仰給於民。苟聚斂無度。橫加戮辱。則民之蒙其害者。轉不若政綱未立之世之可以保其生矣。此第四篇之說也。

政綱甓備。即有觝抗變化之力。譬彼生物。微特求爲具體之利。各部分官。亦俱懷自利之念者也。彼執政者。爲一人身家之計。羣以內之損益。不遑問焉。且治道日繁。治人者日衆。治於人者日減。變化之動力日朒。遂無進化之期。此第五篇之說也。

觝抗變化之力。最著者莫若家世相傳之法。父死子繼。兄終弟及。所居之地與所務之業。振古如茲。不少變易者也。夫新故互殊。始促全體有不得不變之機。今逝者已去。來者方多。而各宗所襲。兢兢焉以隳厥祖說爲懼。安望其有變化之日哉。設量材藝而任之。勝任者。雖在途人必錄。不勝任者。雖在子弟必黜。而又不必俟諸沒世以後。則他日變化。必較易萬萬。故家世相傳。爲善因之原。器使藝材。爲善變之本。此第六篇之說也。天下事物日變。則日趣於善。今政綱既備。所蓄觝抗之力亦日盛。又吸取進化之精氣。以爲涸轍求魚之計。故羣治進化。至政綱既備之世。則羣以內者。雖被其無疆之庥。而他日至治之盛。復爲此既備之政綱所障。此第七篇之說也。

第二卷終

明治三十五年陽曆十二月十　日印刷
光緒二十八年陰曆十一月十六日發行

定價大洋三角

著者　吳縣楊廷棟

發行者　作新社
上海英租界四馬路惠福里第五十一號

印刷所　作新社印刷局
上海英租界四馬路惠福里第五十三號

總販賣所　作新社
上海英租界四馬路老巡捕房東首第五十五號

政學叢書

政治泛論

卷上

政學叢書

第二集 第六編

政治泛論

上海商務印書館印行

政治汎論序

東京專門學校、命繙譯外國政治法律財政各書、次第付梓、顏曰早稻田叢書、其一、卽政治汎論也、一名政治沿革學、原名些斯德多、係美國學士威爾遜所著、初威爾遜痛論合衆國政體得失、成加佛綿敦一書、蜚聲遐邇、遂爲美國第一等大學和布景斯政治學教授、研鑽之餘、更著政治汎論、其學秉英法德歷史學派、評論精刻、而不失公平、儻所謂美國新學之山斗非耶、余讀加佛綿敦、服其識見高邁、文章雄渾、不讓於伊國巴西哈多、明年吾友家永豐吉氏、學成自美國歸、出其所齎些斯德多示余、讀之益服威爾遜非尋常之學、遂從事繙譯、四越星霜、始克脫稿、夫余之譯是書也、豈僅欽佩威爾遜學識、俾廣傳聞已哉、亦爲我邦研究政治學者、彌縫其缺耳、都人士政治之學、日興月盛、然教科書善本、寥如晨星、坊間僅有布倫志絡利國家論、那特碇政治學講義等數種、求其簡括明備、足爲學堂指南者、卽在英美德諸國、亦不數覯、政治汎論、旣爲各國所共珍、自爲我邦之寶笈、況時勢日新、政治體用、爲士君子者、尤宜精益求精乎、書中具載政治源流、遠溯希臘羅馬、以迄法蘭西德意志瑞西奧地利匈牙利瑞典那威英吉利北美合衆等國、凡憲法行政法地方制度、古今沿革、靡不綱舉目張、苟讀此書、旣知政治之原理、自通各國之制度、其比較得失、而有益神智者、獲益豈有涯哉、惟余公私鮮暇、卒能譯成巨帙、藉東京專門學校校友吉田己之助氏襄贊爲多、其任校勘者、則東京專門學校校友田中惟一郎吉田俊雄二氏也、他山之助、永矢弗諼焉、

明治二十八年十月三日高田早苗誌於東京專門學校圖書室

政治汎論

威爾遜略傳

威爾遜以一千八百五十六年十二月廿八日、生於哇爾納州之斯當閫、蘇愛兩國之衝也、父爲布列比德安派知名教士、母名熱西捖陀奧、出蘇格蘭牧師家、（其家有多馬斯捖陀奧者爲蘇國宗教史家之祖）威爾遜幼時、嘗在梭爾牙、南嘉羅來納、北嘉羅來納諸州、蓋以其父宣教其地、故得肄業各私立學校、以爲入大學預備、游北嘉羅來納一年、以一千八百七十五年、登布林斯頓大學、一千八百七十九年六月、得巴志耶羅爾學位、歷三年、又得馬斯他學位、繼而欲爲律師、學法學於哇爾納大學、此爲南部諸州大法律家研究之地、後掌梭爾牙州西多蘭之法律事、猶討論不輟、法律益精、至一千八百八十三年、歸大學、未幾又入和布景斯大學、爲史學政治學高等生、成加佛綿敦一書、（美國政治學一千八百八十五年刊行）陞爲特待生、一千八百八十四年、得敦克多爾學位、一千八百八十五年、爲諸處大學教授、一千八百九十年、就布林斯頓法理學講席、且自一千八百八十七年、每歲任和布景斯大學行政學講義、於是聲名藉甚、冠絕儕輩、美人僉稱爲學術演說家、其平素學問、普及諸門、而政治文學史學、紀載尤詳、別著有列路里翁、（一千八百九十二年至一千八百八十九年合衆國史略）馬斯他（政論集）云、

政治汎論目錄

卷一

第一章 政治之源

第二章 政治發達

政治汎論　目錄　二　商務印書館印行

三　論羅馬之政治

帝國時代政治進化

第五章 中古 條頓種族制度政治

商務印書館印行

德意志帝國之政治

商務印書館印行

郡之政治

聯邦政治

商務印書館印行

第九章　兩聯合國

英殖民地之政治

第十一章　合衆國政治

商務印書館印行

地方政治

商務印書館印行

政治汎論

聯邦政治

第十二章 總論

第十三章 政府形質

第十四章 法律 性質發達

第十五章 政府之職掌

商務印書館印行

商務印書館印行

政治汎論目錄終

政治汎論卷一

第一章　政治之源

第一節　本論性質　政治之源、非揣測而知、必據歷史事實、以論定也、元初歷史、遺留於今日者、猶動物形骸、封藏於巖穴、動物之發現也、由博物家鑑別而知、制度之流傳也、亦由有識之士、溯源而得其維持於今日也、或固結於野蠻之中、或潛伏於法律習慣之內、或古史家業已蒐集事實、著爲傳說、欲網羅無遺、編成一史、取材有限、從事鉛槧、固覺其難、然能堅持其力、比例而分析之、則凡博物之家、言語之學、無不足供攷證、何則、政治之迹、與言語技藝、生長一體、比較參觀、可利用也、雖以今稽古、洪荒之時、不甚明瞭、然較之本今日人羣、與先天之理、逞其臆說、導吾人於歧路者、其識不亦遠哉、

第二節　研究亞利安人種　欲研究政治之發達、而廣爲比較、不僅在亞利安西米底人種、稱雄於萬國者也、卽霍敦杂兀羅夸、非因土耳其人、苟其制度、稍能發達、皆足供研精之助、故凡世界政治之形狀、普通之典型、盡宜究心、然考今日政界、凡野蠻諸國、習尙傳聞、固有不必問者、夫開化最善、成優强人種、以爲歐美諸國之統係者、希臘、拉丁、條頓、克爾多人也、誠知其政治之史、則亞利安西米底二人種、政羣之初、風俗思想、固不難知、歐美至今所謂有勢力於世界者也、而由其古昔已廢之制、以悟當代合宜之度、其獲益非淺鮮矣、

第三節　西米底及都蘭人種　西米底都蘭人種制度研究之功、可居第二位焉、今歐洲政治之主、亞利安人種也、而西米底都蘭人制度發達之初、與歐洲歷史彷彿、蓋其組織人羣、形狀同

也、故某國某羣、其變化歷史、今日可攷者、與他國政治之階級、足資互證、如不詳亞利安人種之習、可假西米底都蘭二種以釋之、然而吾人所亟欲知者、固亞利安人種也、

第四節　政治起於親族　觀萬國史之民人羣組織、始於親族、是羣之政治、亦起於親族也、蓋結合人民、與從服政治、其本則一、所謂血族關係也、古之一國、無非一家、則自歷史觀之、今日之稱爲國者、卽謂一家之推擴焉可也、故曰國者、家族之別名也、

第五節　家族古史　政治之源、與家族古史有密接之關係焉、近世學者、議論不一、概括之、得二說焉、甲說曰、古代家族、各戴家長一人、凡專史通史所紀人種、皆溯原於此族有家長曰元初家族、家族之原形也、乙說曰、當家族有長人種之序、已經發達、非草昧家族之本體、蓋此家族、必先閱一婦多夫、一男多妻之制、而上溯太古之世、則凡曰男女曰血統曰子孫、大率紛然淆亂、漫無區別而已矣、要之甲以家族有長、爲元初家族、乙以爲其先尚有無數家族之組織、是家族有長、不可謂元初家族、而未進化者、元初之家族也、

第六節　例證　印度　甲說之證、吾探世界中央人種之史而得之、所謂亞利安人也、亞利安人繁衍於歐美大陸之上、突入亞非利加、植民其地、且回首東洋、再占古代母國亞細亞大部、然印度開化停滯、制度習俗、尚與初羣相近、其階級制度、粗陋之狀、幾不詳其始於何時、邊隅村落、微弱孤苦、尤無生氣、與人羣發生之時、何相類也、觀亞利安人退步之速、亦可爲家族有長爲元初家族之明證矣、

第七節　斯拉窩尼初羣　愛爾蘭古法古條頓人風俗　且有三證焉、俄羅斯之達馬沙及克

羅沙有斯拉窩尼人村落、以有長家族而成初羣之秩序也、證一、愛爾蘭者係亞利安人其羣組織原形、亦以有長家族爲政治結合之始、證二、條頓人雖經英國歐洲大陸幾多變化、尙保其故態、由親族祖先結合成羣有借地法、村町團各種風俗焉、證三、

第八節　希臘及羅馬家族　右列諸證、皆遠古也、請言近世、近世之最古者、莫如希臘羅馬、其初羣亦有長家族、羅馬法者近世法律思想及其成例之母也、而考其原始、則以家族之父爲王爲高僧統治其下、若小國焉、希臘制度亦然、則亞利安人種初羣之習、始於家長制度有斷然者、

第九節　例證釋疑　古亞利安人血統模糊淆亂、故有謂家族有長已爲進步者、然以世界雜說及習俗較著之證、曲爲引伸、亦有長家族論之一助也、

第十節　亞利安人種外家族　論者謂古之人羣、始於親族、固確見家族之定形、而吾姑請以他人種證之、蓋亞利安以外之種族也、其狀最古、不離野蠻、而羣之初制、實有各種之證、當時大族血統認鳥獸爲祖先、以名其族、而普通一脈之緒、轉無實跡、卽有族譜矣、有女譜者、卒無男譜、故兄弟姊妹、多夫多婦、一夫多婦之婚、錯出其際、不可殫究、至於多妻之制、一妻之制、與家長制度相輔而行、則其優等種族、閱旣往淆雜、變遷發達者耳、是有長家族、固自發達而來也、疑是說者、應亦知所審矣、

第十一節　亞利安人口碑　然求此證據、於亞利安人種中、亦僅能推測知之、蓋以神人、爲其始祖、以爲自祖及身、一脈相傳、迷信不破、且此人種保其制度法律、猶是元初家長組織政治之原形也、考其形迹、歷歷可覩云、

第十二節　自有長家族而成國家　觀右諸說、則家族有長、政治之源也、蓋一家有父、爲王爲高僧、遂成家族、家父權力獨尊、男子立於家父之下、無成人資格、雖娶妻生子、父在之日、非受父命無獨立權、身家生命皆在父王掌握之中、稍久、家族變爲宗族、而宗族之管轄如故、族長卽家父也、族之宗敎、有儀式成例、以爲聯合之準、各家族首領以其德位發行命令、及宗族繁盛、結爲種族、以家父爲酋長、亦曰氏長、管轄其下、全種族戴之、以掌種族之政權、至種族結合而爲國家、則以國王爲人民之父、而統治其國、此國家之始也、

第十三節　排除先入思想　欲究政治達發之原狀、必先排除先入之思想、夫先入思想、雖爲近世治政所宜、而與古代政治、程途迥別、抱先入思想而論古代之政治、不可得也、蓋經數千百年、今羣已非古羣、故運會變遷、古人懷抱不能與今人强同、學者上究政治、以溯初羣之權勢、必先捐其成見、以濬靈源、然後政治之源可得而徐考耳、

第十四節　國家卽土地　試舉其例、近人見原始之族、游獵漁牧、日逐水草、無區別人己之境界、無特色構成之國家、人與土地不相連屬、卽有政治組織、亦似萍梗靡定、必謂其無國家之念矣、而不知非也、夫人種漂泊、甲之河、乙之山、丙之海、或漁或獵或牧、今日據此土以爲我國者、明日或不知爲鄰國、是不以土地爲國家、而完然成一團體者、卽其國家也、近世史家、多能言之、惟其證迹不出紀元第五世之上、試觀法蘭克人、初住法蘭克地、忽焉如風如潮、溢於羅馬帝國、而來因河之源、初無法蘭西國名者、當時去其本土、固法蘭克人王、非法蘭西國王也、日耳曼及法蘭西兩國、在此人種掌中、可謂法蘭克人王、不可謂法蘭西國王、至其變爲法蘭西國王、以數世

紀、後棄其故習、限有特定土地爲始、由是封建制成、各以主權見地方疆域與一切新名耳、

第十五節　若日耳曼諸國民、亦有人種之酋長、無土地之首領也、至英吉利紀元四百四十九年後、歷數百年、亦稱英吉利人王、不稱國王、其稱國王者、實以治雍王爲始、蓋人羣組織、東西各團體閒、衣食與土地漸相密接、漂泊生涯、變而爲耕作之業、人民方有定土、而政治之生計、與各羣之土地蓋有直接關係、思想於是發達矣、

第十六節　近世國家、必有主權與定土、然後成其爲國也、伯倫丟氏曰、國家者、有特別之土地政治、以結合人民者也、抑知土地思想、固不入古人之胸乎、當夫團體初起、政治不擾、人宿野幕、一切輜重、不難移徙、或以甲地移至乙地、或以丙地移至丁地、故土地思想、非彼所知、惟以同種同團、爲各團體互相接近之法、且彼此相區別者、不在山川之距離也、其初政之體、以親族互相結束、實較地理關係、更爲堅固、蓋其血統、不相暌離、日用相習、以謀生計焉、然亦因其親族、而後有公共之生計、非因公共生計、而後有親族也、

第十七節　對於自然說之契約說　凡國家成立、隨領土思想、生於近世人心者、定各人之契約思想是也、然不可以論初羣、蓋初羣景象幼稚、人人終身、必保其初生之位、曰身分法、凡人生之事、不以己意選擇、亦不以彼此約定、奴隸工人僧徒之子、各襲世業、爲身分法之命、故人雖才能、不能越門第而有所好尚、若溯更幼稚之社會、子雖天才卓犖、其父暴戾恣睢、而法律之上、不能脫父羈縛、以避家族之盟之責、而與他族同盟、此契約思想、所以決不可有也、蓋以爲各人生涯、定於生前血統之中、苟離位置、卽破宗教之義務、而被神罰耳、洎夫人智漸進、契約思想以起、

商務印書館印行

經自然改革、舊習始破、然當元初之時、固夢想所不及、蓋身分法在該人種中、時閲千年、尚立於不變之地也、斯賓塞曰、各從其能、以定生計優劣者、人羣之進步也、非其明證哉

第十八節　國家起原諸說　契約說　以上諸說、創於一時、皆破壞古治之論也、而諸說中最爲世重者、以政治之源、起於人羣契約之說也、謂宇宙人定法之先、有自然法焉、合布斯氏謂自然法中有正平和惠四德、卽己所不欲、勿施於人之義、解釋自然法者、皆以人定法爲無形之標準、其論曰、自然法、施於愿人、雖常爲所拘、而狂傲貪慾、有滅自然法之力、勢難永守、蓋無政治機關、特設之官府、裁判之義務、惟視各人天良、以命令之已耳、佛嘉氏曰、所謂自然法者、拘束人類、俾結同盟、定其應爲不應爲之事、而約束之者也、夫人之生也、一己所出之物、不足以自給、欲彌缺憾、與人交接、結爲同盟、人類所以有政羣也、或曰、凡人爭奪離羣之心、非自然法所能羈勒者、所謂天然界也、以自然法制其私欲者、易天然界而爲戰爭界、不得已之勢也、蓋天然界中、彼此民族、互相爭競、而不能自立、爰以其意相互成爲一羣、有政治團體、然後在戰爭之中、始立於不亡之地、至既相結合、不得不認一裁判之權、而服從之、誠以其權利與人抵觸、而欲存之、不能不有所容忍也、而協力之義、寓乎其中矣、洛克氏曰、人在天然界中、各以其意、認爲政羣一員、自然之形勢然也、公猛耶斯氏謂自成規則、以組織政治、皆衆人悟天然界中、不能永保、深慮而得之、此契約論之旨也、

第十九節　初定法律之人　古傳法律制度之源、與右諸說、其旨迥異、曰、太古之世、各國民間、皆有手定法律之人、迄今尚論、猶太以外之史、皆有摩西其人者、如東洋摩奴克列多梅諸士雅

典、梭倫、斯巴達、雷克嘉士、羅馬、留馬、英蘭亞爾夫列敦、政治之起、雖不同時、而其制度發生、率以廣大之功、獨尊之力、取各國政史、斟酌損益、以成一家之制、是說也、以國之政治、不發於自然、而由於人力也、

第二十節　國家起於神意說　組織政治、有智力過人之神、以監督焉、然其說有二、謂人受神命、宰天下、以代天神者、甲說也、謂當創造萬物之際、天神以其業、錫予人間者、乙說也、

第二十一節　理想事實　近世學者、競究人類古史、余得就初羣之事實理想、而略述之、諸說事理不明、以無一二實蹟也、故民約論缺點、可以一言駁之、曰是說也、無歷史可證、且人之初羣、在身分法、何有箇人之勢力哉、由家族而種族、始有大力之君主出焉、政治之起、固在箇人勢力之前也、是時也、又何有契約哉、而民約論以契約爲羣生之首務、謬矣、夫民約論所謂契約者、人人有尊敬法律之心、保守契約之念也、而尊敬法律之思想、實起於近代、當時所謂愿人者、親族也、羣者、血統也、一人（指君主）性質者、全體之羣也、而此一人、且隱沒於初羣之中、故非親族、則無義務、至愿人各團、漸攏而成國家、亦籠絡血族之結果、非制定各人利權之結果、則其由族種法、而不由契約法也、明矣、故曰結合愿人、以崇管轄之故、非道理上崇敬法律之心也、

第二十二節　論初羣政治者、或謂一人制法、或謂神定、請更駁曰、甲說以結成政羣、歸於人力、人力恐不及此、乙說以人受神意、歸於天授、然天授之性、亦難奏此大功、此二說之謬也、

第二十三節　諸說眞理　以上諸說、皆非眞理也、夫政治本原、不起於愿人之契約、法律、制度、亦非制於一人、則政治發生、不可不歸於自然、而其發達也、考察選擇、實有力焉、故政治之事、非

創於神而授之人、亦非全成於人、蓋由人及家族、自然而生也、亞里斯多德曰、人者天生政治動物也、或謂政治發生實由於人類好惡、不知與政治之源、亦無與好惡之心也、惟使已所發生政治、有變化之力而已、

第二十四節　結論　吾熟察人類、以觀古之成蹟、知人羣基礎、不在契約也、凡人初羣、治者被治者之間、皆無契約之義務、蓋政羣根原生於自然交際、各得利益而已、故謂政治創於神成於人者、其說不免於誤、而全謂生於自然者、亦非確論、惟以制度之成立發達、歸於羣之性情而成於考察、庶幾得以折衷二說也夫、

參考書曰

蔑英氏古代法及古代之法律習慣　魯波克氏歷史以前時代及文明之起原　斯賓塞氏社會學第一卷第三編　伊比安氏亞利安家族制　古蘭西氏古代都市　納爾氏亞細亞之研究

右各著述、皆家族古史也、其關係較深者、尤以蔑英斯賓塞二氏爲最、其與諸家相反之說、亦列於左、

摩爾甘氏古羣　馬列蘭氏古歷史及家長論　斯美斯氏古亞剌比亞族制婚姻　耶蘭克氏家族論古家族史　初政契約說　夫嘉爾波利智　合布斯列伯山　羅之克政治論集　盧拔羣約論

第二章　政治發達

第二十五節　政治初期　政治始於人種進化古史其初行也以家族規律防血統混亂然後種族有確定之力故必人知有父以爲主治之人家族定制方見發達夫家長制度果爲族制之基與否雖難臆斷而捨家長制度以論政治原形必無本之言也

第二十六節　家族者權輿也　果如上說則家族爲政羣權輿持其統系擴其規模所以助政治之發達也洛克氏乃謂結合初羣者衆人也誤矣蓋政羣結成之本其各種思想無論煩簡皆不外此家族組織而已夫家族各員以血脈相結合故家父施政之權制裁有力所謂同族之親也若親族外之人卽爲交誼外之人以本族視之不啻異域人耳仇敵耳

第二十七節　親族之念歷久常存　團體發達之後其親族之念亦不消磨親族實調和人羣之劑也蓋親族日增固其根本繁其枝葉自成國家試觀父祖曾祖以及他之家長皆得保持子孫管轄族類以爲統一家族之主迨其人亡亦必選其宗族之長者賢者以嗣其位雖其權力或過於祖先或不及祖先苟究其事亦可知其以結合血統之緒爲政羣完全之資矣

第二十八節　便宜親族　元初組織人羣有便宜之親族焉螟蛉法是也古之某族以人子爲己子使棄其家之氏神從己氏神他種之人亦得入於祕密宗教之內故宗族有自然者亦有人爲者擴張宗族而爲種族爲國家大抵有親族關係存乎其間若無此親族卽無同盟亦無人羣古人之思想然也

第二十九節　親族與宗教　羣之發達親族與宗教實共創造二本也然其宗族亦以表章親族而設蓋古之家族無論已成種族未成種族皆有中央最重禮拜各禮拜員在家族盟壇崇拜

其族豪傑之靈、祈保護而請教導、而爲他家養子者、卽奉其家之神聖、以其家父爲己父、擔負親族間最重之責、螟蛉之法、既許入於宗族中、家族種族無二致也、然則宗教也者、其表示親族形體、以知聖神義務之一證哉、故入此宗教之下者、卽入此宗族之中、古人異姓入繼之事、非苟焉已也、

第三十節　宗教成法之拘束　吾人今日、皆稱英人好守成法、以慣習法決判法、由此發達也、雖然無論英人美人、其尊敬成法、皆崇拜祖先之結果也、美人每年以七月四日、祭獨立戰爭之士、敬其上下人民以愛國心、有裨政治德義、然千七百七十六年、勳功最大之人、美人不過親爲人類、而獨以祖先爲神、以爲祖先靈魂永存、司人賞罰、不可不伺其喜怒、而守其成法、苟違成法、是侮神聖也、傷宗教也、破親族義務也、守法既久、斯爲習慣、幾成至大至剛、人生不可亂之規律、各人舉錯進退、皆在羈束之下矣、

第三十一節　習慣羈束　習慣之羈束人也、久而日嚴、卒使其羣、成不動不變之式、其壓制勢力尚有餘地哉、蓋當時家族人羣、皆由習慣而成、人人奉其族類謬說、以祖父鄰保之例、張其綱目、成爲禮法、以今日獨立不羈之人、視彼古羣、不幾歎其錮於舊習、一成而不變歟、

第三十二節　制度以不變爲常進步其變例也　幼稚政羣之典型、果何如哉、一家之內、父有無限之力、一家之外、俗有不變之論、以爲人類之標準、習慣也、夫此種頑固人種、固覺其多、而脫此習慣、僅達於階級制度者、亦不少、階級制度、卽身分法、所謂以大勢力而成世襲閥閱者也、自古人類停滯不進、其政治成蹟、大率在此二級、其法制見於古史、卽進以較速之種、其思想政治、

初皆與此相同、學者所當知也、非觀今日野蠻人事實不知吾故以停滯不進爲常、而以流動進步爲變、世界各國、或以其大部分法律制度變化小部、若以此自滿、雖至於今日、亦不動不進矣、此古代慣行、所以宜變革也、

第三十三節　制度變動先於思想之變動　今日進步人種、與當日野蠻、有相肖者、證以親族思想足矣、然而其進步也、脫其舊習、較之脫舊思想、固爲迅速、觀今日最開化國民、如美國基魯特、紐龔、革魯達、諸會館、同業相待、有若兄弟、非古人同姓爲羣之遺意乎、美國政變、以王位爲憲法中心、雖最近二百年、進步之速、無以變也、美國法廷、雖不重舊法、其實新法、不過數衍而已、且有援古以改今者、參考第二百一節千百八十七節千百八十八節夫世間事情、有理論有事實、而事實之變革也易、理論之變革也難、竊婦之風、既廢滅矣、婚姻旅行、宜同廢也、然尙有攜其新婦以遠行者、今日世紳、所貴者功業、然貴族之裔、較易通顯、此亦思想不變之證也、然而不謂之進化、亦不得也、

第三十四節　原變　各國人民、囿於時俗、幾如人甫成長、習於嬉戲、不知其他、所謂變以進化者、果由何道歟、茲特略舉數端如左、

第三十五節　習慣不同　古代人類、團體習慣相同、不可不信也、然其習慣、在幼稚時、尙柔輭易變、及其久也、則頑固難移、夫漂泊時代、甲羣與乙羣相離愈遠、則其習異亦甚、離羣索居者、以生涯宗教相違之故、遂自成結果、以其慣行思想而別成家族種族、其遇他族也、視爲異域之人、而不能調和、衝突攻擊、所不免也、試以多雷戰爭證之、夫希臘人固自小亞細亞耶西安海岸移轉而來、多雷之兄弟也、而希臘人忘之、視爲敵人焉、且夫希臘人羅馬人克魯多人、亦同族之民

商務印書館印行

也、何至後世、迥不相若哉、

第三十六節　習慣相背　自習慣相違、而家族種族民族之間、遂生嫌忌、哈馬圖氏曰人類教育不同、習慣斯異、習慣所無者、吾人所忌也、試思行外國者、見其生涯宗教、雖不識笑怒罵、而一經遇目、輒以爲異、華人食飯以箸、西人以叉、日用之末、猶且各誇其勝矣、況推而至於禮教大典耶、

第三十七節　習慣競爭、　自古人觀之、大小習慣、皆宗教事也、其信奉諸神、及其同族之教宗、古人皆負其責、見有種族、背其宗教者、卽不能容、蓋以背教爲莫大之罪、見而容之、厥罪惟均、故以異域人爲汚穢、與之相見、必欲破之、此種族團體之本也、卽戰爭時代也、戰爭惟何、亦勝者破負者之慣行、而使之我從而已、

第三十八節　優善者通行　夫優善之習、流行無阻、勝於惡劣之習也久矣、凡種族受訓練於家長者、制度必嚴、故於戰爭之界、最爲得勢、試觀宇內各國、家長制度之人民、占地球最良之地、振其權威、其餘各國、非驅逐於極寒極熱之地、卽逃於山谷、避於邊境、無他、其制善耳、而宗教之有生氣有維持者、其效亦同、其種族不惑怪談、不拘虛文、不泥積習、自重自信、以爲一切變化、及身境遇、皆得以人力斡旋、故其優勝之力、非他族頡頏、此宗教與家族制度、所以爲古人二大要件也、適於用者、必勝其斯之謂乎、

第三十九節　離羣索居停滯不進　夫世界國步、停滯不進者、大抵由離羣索居而來、如階級制度國民是已、中國印度、國度之大、似不能咎其索居、而非也、當諸國人民去亞細亞毋國之時、

中國印度人種、可謂大水回瀾、大水西向、流入歐羅巴洲、而二國之民、遺支在後、厥後種族之爭、起於本國擾亂之餘、習慣相若、其遙遠時代、移於泰西、教宗羣誼、早經統一者、非其人民所夢想也、故中國不明窮通變化、閉關自守、既安於凝滯之域、而印度階級之民、亦突起於一大山脈、索居半島、與中國同、雖至後代、侵略東方、亦惟驅逐故主、而君臨其民、其租稅之法、地方之俗、未嘗變也、

第四十節　西洋運動變化　西遷諸種、變革習慣、遲速不同、功效實大、蓋山川風土、閱歷既殊、與各族人種競爭、優劣自顯、故進化之國、雖在中途、往往經數百年、而其風俗思想、不能不簇簇生新、不觀希臘乎、夫希臘人去小亞細亞、播遷海濱、遂改其俗、蓋與海爲鄰、漸知海性、故遇和風、以爲海神呼吸也、遇暴風、以爲海神激怒也、相習既久、得操小舟、渡大洋、越荒島、遷於同種之一國焉、即希臘國也、遷徙之後、其心更雄、其技更熟、果敢敏捷、遠勝其前、豈有他哉、亦與海爲鄰之明效耳、

第四十一節　移住與征服　希臘人如是、其餘人種、去其本土、移住他國者、何獨不然、夫風土所變、生計所移、以及征服於人、國民之性、實有不可避者、如拉丁希臘人種族同也、然拉丁人至意大利、其習尚教宗、與移住於馬克納到屑之希臘人大別、物我相接、不獨被征服者、多受變化、即克敵之人、亦多漸移默化於敵之故俗也、試思日耳曼人混一撒遜人種、究不免以撒遜之血族思想、入其神經、撒遜人壓伏開爾多人、亦不免惑開爾多人怪說、觀此二事、不可爲歷史之例證哉、

商務印書館印行

第四十二節　種族相倣　成功鮮少之人種、常倣優勝人種之制、以圖自利、舊約全書、載猶太人所破諸國、率棄其神祇、而自薦於伊斯列邇神前、且敗衂之後、即不皆效敵韜略、改其制度、而其習尚不能不與俱化者、古史所載不一而足也

第四十三節　倣效匹夫之業　以劣倣優、各團體所以强盛也、而以倣效匹夫之業爲尤甚、自古英雄豪傑才能過人、或爲播選之先導、或爲戰爭之將帥、脫頑固之習、以破狹隘之制、及其成功、遂以一家權利、爲人羣之模範、雖顯達古道、豈有議之者哉、

第四十四節　變化制度選擇君主　進化之勢、在求完備之制、廢奴隸之習也、而其政治既成、影響之捷、有可確指者矣、（參考三十八節）家族有長、競爭世界、最得勢力者也、凡元初組織、家長制度、人種、即占最良之地、而爲歷史主人、所謂中央人種是已、然至人種混同、家長主義、不能不生變革、蓋人種混同、雖奉一祖、永爲系統、爲首領者、須有定格、爲衆選擇、而匹夫創業、遂有變化之力、故昔以家族嫡長爲大賢大智、奉爲首領者、至此一變、凡有勢力材略、皆得選爲首領矣、

第四十五節　政治官代世襲官　或由自然、或由人爲、種族增長、不同其發展、國民位置、而使血統之限、漸以消滅也、則同蓋直接系統、因彼此交涉、混同紛亂、故其親族不能復辨、是離家長政治、種族政治、而別成政治者也、當時國家、種族非一、斯其首領之種、亦難定一尊、且夫世襲權之破壞也、不以家族司國家、實以國家司家族、是以在家服從其父者、在外且選而爲君、以轄其父、是政治權力所以離家庭權力、而漸以發達也歟、

第四十六節　總結　欲於次章詳論希臘羅馬制度、試再論此等變化之性質、本章所論、上古

中古制度詳盡無遺大抵初羣習慣固結難化多數變之羣因以不欲化維持其位惟少數之種或以戰爭之故或以難抗之變或由本羣摹倣他族或爲匹夫創業所移革其舊俗皆離親族而爲國民之進步也

參考書目

巴治合敎物理政理　斯賓塞禮式進化論政治進化論　達羅爾人類古代史原始敎道

美英古制度史東西村落羣

第三章　希臘羅馬政治

第四十七節　政治進化　古政之發達其階級不可悉數然欲得其實曰希臘曰羅馬其進化階級尤不可不明夫希臘羅馬自初政以迄近代固不出前章所紀而欲明近代之政治必由太古中古政治以知其發達之序焉

希臘政治

第四十八節　立法　希臘古治考和美爾伊拉特阿特西詩史其君主政治與希臘季年迥異今日所無也今稱曰家長督制政治 Patriarchal Presidency 其義稍當蓋當日國王非若後世專制君主自制法律以掌司法之權國王者貴族會之議長也然亦非如共和政治成於一市一國也不過各羣互相團結戴一政府以成君主之國而已政府樞要爲長者議會 Gerontes 即縉紳之家長也亦曰王議會王之召議會也有醼饗之席其議事堂如近世會食廳絕無禮法與普王弗列威廉所謂煙草國會相近煙草國會者國王議員相聚吸煙煙霧深處以祕密之語辦國

大事、以爲政府成案所異者、普魯士之政、不示其民、希臘則公諸世人、且希臘國王、亦召集國民會議、以審議長者議會員之案、國民議會 An Assembly of the Gentes 者、以當時古族、立族員爲議會、與長者議會同受國王監督、或謂長者議會自行監督國民之開議會也、長者議會員國王、列坐其前、國王報告議案、長者議會員可向該議會發言、惟尙無投票之事、議員聞言、亦可隨時辨論、以示從違、其所發之意、遇有要事、亦稍得力、若其通例、則惟以長者議會贊成議案於會食場、餘人皆無權也、

第四十九節　司法之事　立法事務、上文詳之矣、其司法事務、無大異也、蓋國王位處至尊、當亦莫並、設不能爲國民判官、其下爭訟、豈能自行裁斷哉、故凡訴訟、如議政、然國王長者議會員、莅其人民、共司審問、長者議會員依次各述意見、以多數之說、而下法庭之判焉、

第五十節　家長僧官　家長督制政治者、以國王統率國事也、卽國初人民、奉戴其長、世襲而掌統治之大權也、蓋民謂古之神祇、選一人焉、以監督議會、遇戰卽爲主將、且俾以其魁柄、一脈相傳、凡國王有家長之義、其各種特權、爲國之高僧、以國爲家、總宰禮典、共奉犧牲、一也、代表國民、以答神祇、二也、臨戰王爲元帥、三也、

第五十一節　國王非君也長也　雖然國王特權、盡於此矣、古希臘國王、固以督制代表職權、爲其本體、而監督立法司法、爲高僧司令官之外、未嘗別有特權也、且當時人心、初無尊君之義、國王雖受臣民獻納、用官私土地、而當日人民、視王爲父、非奉王爲君、非心悅誠服、亦無所謂義務、故曰國王者、非君也、長也、

第五十二節　帝摩斯　試以意揣之、當時所謂王者、國民之首領而已、夫和美爾所謂帝摩斯 Temos 者、固非今日之人民 People 亦非箇人集合之體、實各家族 Gentes 集合之體也、家族皆半獨立之村落、以爲各地方生計、國王爲其首領、其政治之府、卽衝要市也、

第五十三節　古市　今日之市 City 人口產業之中心也、當時之希臘不然、而與歷史時代、希臘所謂雅典市府者、亦異、蓋和美爾所稱者、惟王僧官與其從者家族居之、此外無人焉、市以山岡建築城砦、以備有寇、則四方家族避難來此、有神殿以供禮拜、有買賣所以興商業、遇有祀戎大事、人民亦集於市、然其日用生計、無可考也、當日人民分居部落、各有議會、制定法律、族員從之、若彼之市、但尊敬之而已、制督此議會者、卽宗族之僧官判事、主將、世襲首領也、各宗族間、有公祭典、公葬地、其族人互相承繼負擔負債、非其族之裁判所不得訴訟、亦可謂立於家族政治之下、而能自成一家者矣、

第五十四節　家族團體聯合發達　君主政體之市、非徑以家族聯合也、進化有序、先自家族、而成衆族、Gentes 同行禮拜、合成家族、Phratries 卽拉丁語之所謂 Culies 又由衆族合成種族、至種族相合、遂成當時之市、各奉一英雄、爲其祖先、神事之擧、會長爲高僧、開議會時、以之司祭典焉、

第五十五節　市爲宗族聯合之體　市也者、種族之聯合體也、國王召集議會、爲之代表者、依然以宗族舊形、爲組織政治之本、夫市與衆族、其禮拜軍隊組織、有獨異者、究之成軍隊者、雖在衆族、而搆成政治者、仍家族團體也、

第五十六節　市非箇人之集合體、團體之聯合體也、成市之後、其團體依然、按雅典人資格遞進、首家族員、次衆族員、次種族員、次市員、非如今美人生而爲某家某郡某洲某國員也、凡人初生六日、爲家族員、數年爲衆族員、自十六至十八歲、始爲種族員、市員儀式不一、而其得資格也、謹向神前供犧牲、陳誓詞、以奉一市之宗教、得與禮拜、觀雅典人亦可知古羣進化之狀矣、古朗哲士古市考

第五十七節　氏長宗族之長　果如第五十五節所說、則當時政治樞機、不在於王、而在議會之議員也明矣、蓋古之初羣、以長者議員爲各宗族長、而行父王 Father-sovereign 之特權、以表家族之統治、或比於美之元老院議員誤矣、夫美國元老院議員由人民推選、爲代議士、第有代議職權、不能宰制州務、而古希臘長者議員、皆世襲首長、主治郡村、其臨議會、權力更重、即當時所通稱爲王者也、長者議員既立爲王、以之主宰議會、戰時爲大元帥、平時司宗教事務、豈非居至尊之位哉、

第五十八節　宗教僧官　古之初羣、宗教實組織之鎖鑰也、家父、酋長、國王之職權、家族、衆族、種族、市之制度、皆起於宗教一念、家父爲家僧之首、酋長爲衆族僧之首、而國王、即市僧之首也、其外職權、皆自此而掌、希臘當時、以宗教保其秩序、雖數紀之後、俗尚如故耳、

第五十九節　當時宗教、惟家父、酋長與王、許代神明、餘人不得僭越、各家神祇不同、自家族至市、各祭其神、非其類者、神亦弗歆、高僧司禮拜團體中體制尊嚴、因特異之性、遂生特權、所謂世子生由天命、他人不得掌職也、

第六十節　長子嗣位　施政之權、以各羣首長掌之、卽僧官也、考長子相續法、Primogeniture凡長者首長王位、皆以長子繼承、且觀後世主治之官、出於公選、亦以僧官職權、制裁庶政、可知合羣之本、在宗教勢力矣、主治者位在神祇之次、常傳神命、自稱臣僕、

第六十一節　市之宗教　市之政治、無一不與宗教相關、市有公會堂、Prytaneum 燃巨燈、長明不滅、開公醼、以會代表人民之人、以酒食薦神、夫王召長者議員、而開會議、所以聯社交也、而奉事神祇、以行祭典焉、則當時政治、豈在宗教外哉、

第六十二節　市之衰亡　古之希臘政羣、普通之模型也、然觀和美爾詩、自家族成種族之前、必有英偉之子、誕生其間、以爲家族之原、但以時在太古、祇見歷史一端耳、當時制度、發達已久、盛極而衰、蓋世運變起、政羣之制、將自此變矣、

第六十三節　然世運變革、不能以一律論也、希臘各地、情事各異、其變更也、因有遲速善惡之別、今欲講求擴張之故、非舉其特別市府、則證引末由、如雅典斯巴達者、典籍較詳、殆學者稽古之資歟、

第六十四節　以市併族　希臘政羣、變革不同、而以地方政治、變爲市府政治、則無不同、蓋自家治制衰、昔日之市、依家族政府、以爲重者、今則集權於市、家族政府、轉依該市以爲重、誠以種族衆族家族、爲其分子、渾化而成一大羣也、故家族政府、爲市隸屬、失其主權、

第六十五節　氏長權力衰退、　當日政治、所以起變革者、雖史乘無徵、其故可略言焉、家族政府既聯同盟、立於市府之下、則其勢力、卽爲市府重力所吸、不能保其獨立、是非不欲永固其家

商務印書館印行

族也、亦以利害較大家治之見因之而化耳、且無論當時衆人、不欲損其家族勢力也、即長者議員尊榮有素、豈不願傳之子孫、歷久弗替哉、乃時勢推移、一陰一陽起於合羣人心、卒不能不立於隸屬之位、而失獨立之權也、噫國無二王、國王之下、更立王國、事固至難、臣屬之人、亦非所願也、此時奉强者爲王、長者議員、徒擁虛名、亦勢使然爾、

第六十六節　以宗族政治解體家族相關利害之事、不得徑行、則政治之團體亡、家族之本體、亦因之失矣、雖一族相衆歷數世紀、尚如一家、而其支族、彼此獨立、凡財產分析之權、極其自由、不歸嫡長嗣續之法、亦不如昔、是嫡長之權、與諸子無異也、請更言市之政治、市府以統治之職、壓制宗族、凡宗族利益特權、不足以保其結合、惟以其族人得爲市民 Citizen 市民之權、且壓家族之員、蓋在當時所競爭者、獨市之政治、非如族隸於市、昔之郡村、足以組成市政耳、

第六十七節　梭倫之市　王位廢絕　吾人亟欲知者雅典梭倫之事也、梭倫制亞典新法、當日制度、書缺有閒、而其重要諸典、所可稽者、則與上文希臘市情事不同、蓋梭倫定制之市、非和美爾所詠之市也、當時梭倫選爲執政、任諸政務、所謂亞爾千也、古無此官、非王官、亦非長者議員、蓋舊王既廢、梭倫以王裔擢居是職耳、案王位之廢、亞里斯多德氏謂希臘當時大王强盛、壓制諸王、淩虐議會宗族、漸以解體、然猶未發也、至哥德落爲大王、貴族作亂廢之、或曰哥德落者戰死於伯羅本烈沙斯者也、當時神人曰、亞典王當戰死、否則敵獲大勝、哥德落慷慨戰死、身爲犧牲、或曰以哥德落無賢嗣、故廢世襲王位、諸說紛紜、莫衷一是、然觀哥德落勢力深入雅典人心、其爲當日末王、較爲足證、不然何其嗣王至今無聞哉、

第六十八節　亞爾干職權　然則雅典竟廢王位、變爲公選職官乎、未能也、當日教宗政略、不許變家族國家 The Family-state 之制、得變革者、惟其名稱、如哥德落時、稱巴西納斯 Basileus 王者、其嗣改稱亞細干、即主治者是也、爾後哥德落子孫、依世襲法掌亞爾干之職、三百六十年、當變更名稱之時、其內職權、亦必有所變革也、亞爾公既非由哥德落受祖先之權、傳之子孫、果何所用之、曰、惟在議會得制貴族之意耳、於是昔日專制君主、遂變爲有限專制君主、而貴族議會負責任焉、

第六十九節　九亞爾干　後廢亞細干世襲權、以議會公選、任期十年、然以哥德落之裔爲限、亦可知世襲性質、入人之深矣、然自此世襲主義、遂不能久、紀元前六百十三年、亞爾公任期、始以一年爲限、職權分爲九人、凡以由巴多利 Eupatrids 稱爲古來家族國家之裔、有被選資格、首名譽長官、曰亞爾干伊波尼馬士、Archon Eponymus 以其人名爲年號、次曰亞爾干巴西留士、Archon Basileus 爲市高僧、次曰亞爾干波列馬嘉士、Archon Polemarchus 掌大將軍職權、其餘六人、曰德斯摩德 Thesmothse 即裁判官、皆如古王、亦爲會員、曰亞爾干會、分掌國家一切行政事務、名譽長官理親族相續法訴件、亞爾公巴西留士理宗教法律訴件、亞爾公波列馬嘉士、裁判外人訴訟、其餘六人、審理一切雜件、除此法官外、人民不得他訴、其九亞爾干、職權並行者、罰在逃流犯、監選下級法官、會合人民等是也、

第七十節　梭倫爲亞爾干伊波尼馬士　上文所紀、梭倫改革之大要也、時梭倫爲亞爾干伊波尼馬士、權力强大、非通常亞爾干所及、觀當日時勢、足見與和美爾所記親族社會異矣、當時

雅典平民黨、與貴族軋轢、卽山中海濱平地之民也、按山中海濱兩黨、人口不多、散漫無紀、平地黨、耕作貴族之土地、長爲農夫、然皆有負擔、無特權、爲貴族奴隸、或營事業、向貴族措資、貴族覊勒、因之益固、惟海濱黨、耕亞知加半島之南、休那亞 Sunium 豐腴之地、法律亦寬、較之山民耕磽确之土、居苛法之下、幸福既優、激烈少遜、然其嫉惡貴族之心無異、故常合縱同盟、以圖貴族、貴族居都府內外、臣僕衆、資財優、惟本族人數不多、難與民黨相抗、故民黨以梭倫春秋已高、名聲亦隆、選爲亞爾干、任以立法大權、俾定萬姓平等憲法焉、時紀元前五百九十四年也、

第七十一節　特拉哥法典　當梭倫改革二十七年之前、有特拉哥者、曾改法典、然意主保守、不能平允、改法之後、務爲深刻、古法之弊益甚、民不堪命、是知大改法度、以圖人民福利者、梭倫之天職也、蓋至此時、民怨已甚、梭倫雖欲彌縫舊法、而不盡廢、亦勢所不能爾、

第七十二節　梭倫改革財政　梭倫爲亞爾干、隨時變法、果斷精密、無急激之弊、無玩愒之虞、今究其政治之計、必先明其財政之模、凡欲與貧民參政權、先使其身自由、當時貧民多以債負、爲地主貴族束縛、梭倫計設法律、不許以身抵債、釋放耕農、毀石碑、分給耕地、或曰石碑佃農抵質之證據也、或曰抵質起於近代、石碑所係貴族所立、以標土地之界者、前說但毀抵質之據、一時雖脫束縛、難免仍蹈故轍、若後之說、則毀其神聖記號、以貴族土地給氓隸、立爲新法、貧民永爲有土之農、其使民自由一也、於是從事於實業者、雖非閥閱之家、亦得相當之酬報、而富厚繁盛矣、梭倫之惠、豈不溥哉、

第七十三節　梭倫改革政治　一分財產爲四級　梭倫改革、次以富人爲政治特權之標準、凡

邦內人民視其財產分爲四級每年土地生穀粟酒油五百石 Medimui 以上者爲第一級曰邊他哥革美底尼 Pentacosiomedimui 三百石者爲第二級百五十石者第三級不及百五十石者爲第四級總稱曰庶民又別第二級人曰希比士 Hippeis 卽武士爲軍中騎兵第三級人曰西由治台 Zeugitoe 謂其有財產役牛馬以營生業也第四級人曰賽德士 Thetes 謂其多爲他人傭工也

第七十四節　然猶有獨重者就人民等級以財產土地加意計算是已當時土地占財產要部如亞知加其著名者也蓋雅典之羣不如斯巴達羅馬輕蔑商務梭倫身親商業周歷各地增殖財產故通天下之事改革政治卒勝其任然雅典富人視土地外諸產若不足重也者亦可知貴族平民皆以土地之主占政治要部矣

第七十五節　選舉權被選舉權　選最高公職以第一級人民爲限其餘參政權不然蓋梭倫建國民議會凡有市民權者皆得參與有選舉行政官之權然一切小官第三級以上人民皆可入選而要職如亞爾干者則須第一級人民且係由巴多利之裔蓋梭倫非全改舊習故閥閱之後依然左右國是惟登此等重職待人民推選與昔異耳

第七十六節　國民議會及參議院　國民議會不獨有選舉之權且在立法部亦議各種之事惟尙非居國上游梭倫別設豫審參議院 Pro-bouleutie Senate 議員四百人凡選舉及一切重大事件必預經議決始交第二議會（國民議會）參議院議員選自第一二三級民中且分古四種族各族出議員百名該議院承長者議會據政治要地職權甚大遇重大事件雖不經國民會議亦能

專決、昔長者議會亞爾千與嗣王、有督制之權、該參議會則以亞爾公統率之、無督制權也、然參議院議員與亞爾千一切官吏每年選舉一次、權力雖大任期較短、國民議會不然、其權位不變、自第一級至第四級、苟爲公民者皆得爲議員、雖以資財盈虧等級不定、而其議員資格則不患不定也、

第七十七節　亞流巴嘉士元老議院　位於國家之上、更有高等衙署、亞流巴嘉士元老議院 The Senate of the Areopagus 是也、或以此議院爲梭倫創設、謬矣、蓋梭倫據成憲以變其職權而已、按當時元老議院、爲最高衙署、監視行政事務、按察諸省官國民議會、而干涉之、亦司國家風紀、規正人民、凡不敬不義之行、皆得正之、有放告逮人之權、皆梭倫所參酌損益者、蓋元老議會設於亞流巴嘉士岡、上古長者議會也、梭倫奪其立法權、建議權、別設四百人參議院、縮其任期、以直接於人民、於是舊議院祇保其監督之權、規正之任矣、亞爾千在位無過、期滿辦職、得補爲亞流巴嘉士元老議院議員、惟議員均係修身官、（無過犯之人）則古之制耳、

第七十八節　司法事務　亞爾千職權雖有變動、司法權仍歸掌握、惟其判決也、必由最高等平民黑利亞法衙 Helisea　再審改正、黑利亞法衙每年以衆民舉陪審官、其法或抽籤、或投票、今不可考、又有地方裁判所、在亞知加域外、以判各地方小事、是亞爾千法庭爲初審裁判所、無定讞權、不過以其裁判之旨、告黑利亞法衙而已、且刑事訴件、黑利加法衙有先審之權、惟民事裁判、必先訴於亞爾千法庭也、平民法衙其權爲獨重矣、

第七十九節　新主義　此梭倫國憲之大要也、昔日制度、氣象爲之一新、然其保守精神、未嘗

滅也、梭倫憲法雖深圖改革、而決不出以急激者、革命之事、殊多避忌也、故其始也、貴族仍握權力、惟其政權待人民協贊、司法事務、以民選陪審官、掣貴族之肘、更以箇人之富、定政治特權之準、平等主義、絕而復延、然血統與富、固當日政治之本也、由巴多利族、猶掌高官大職、幸選爲官者、必兼富人資格、然後百尺竿頭、更進一部、斷行改革、獨以富人爲得政權資格焉、未及百年、此事卒得實行、梭倫亦無遺憾矣哉、

第八十節　比士踄拉都與梭倫憲法　梭倫歿後數年、雅典極盛、名聞天下、凡制度憲章、皆後人改革之先路也、然其時由巴多利貴族、以失其專有特權、嘗其過舉、而山嶽黨海濱黨、又以梭倫變法、不滿其欲、忿忿不平、爭鬬復起、至梭倫之姪比士踄拉都蹶起、合山中海濱二黨、奪雅典政權、而行威福、梭倫夙夜經營、所建設之政治主義、掃地盡矣、可勝悲哉、然梭倫憲法、能保其命脈、晚年得平和之實用者、非比士踄拉都之功哉、設時無是人、合其目的、保其條項、以專制之權維持之、則此憲法、或滅沒於黨派之中、蓋比士踄拉都、既加修正、較梭倫制度、適於平民、比士踄拉都、爲平民黨主政、故其維持自由主義、得政略之宜、嘗詭言曰、我握大權、惟監督伯父判定之憲法耳、使梭倫親見其姪聲言準據憲法、而所行背之、能不申斥乎、雖然、比士踄拉都、非能以其掌握之權、傳之子孫也、要不過維持梭倫制定之法而已、厥後子孫、不如祖父深謀遠慮、以至失位、梭倫憲法、遂爲將來改革之模範焉、

第八十一節　克利德烈斯　其後懷有爲之才、起於雅典、以完梭倫功業者、克利德烈斯 Clisthenes 也、自稱擁護民權、初比士踄拉都家失位、衆推伊沙哥拉斯 Isagoras 爲主將、欲復由巴

多利族權力、攻破各黨、立身雅典、亦人傑也、克利德烈斯抗之、專爲衆民、制定國憲、冀立不朽之功焉、

第八十二節　新定行政區畫新種族　此時首務、在抗梭倫政略、與由巴多利族政權、凡由巴多利族、宜與人民無異、不得獨占政治之位、昔梭倫存其族重要官職、且參議院議員皆以古代四種族充之、故參議院幾如貴族協會、克利德烈斯據財產以分階級、定第一級第三級人皆有就職權利、其設參議院也、更不以古種族相限、於是四種宗教雖仍其舊、而國家政治機關、不以是爲重矣、且放奴隸、以公民權與昔日斥除之人、分亞知加全土爲百區、曰特美斯 Demes 合十特美斯爲一種族、編十種族、在參議院、皆有尊號、與貴族埒、且增議員爲五百人、十種族各出代議士五十人、凡賢良公民、皆有被選權焉、

第八十三節　特美斯布置　觀右改革、似覺急激、其實非也、新定種族、多原於古代、惟至克利德烈斯、始有職務名望耳、初各村落以亞知加爲衝要、分爲小區、曰特美斯、克利德烈斯、惟合其小區爲百區、非變更昔日區域、而成新種族也、然克利德烈斯俾十特美斯互相聯絡、不似昔日、各保其鄰、政治義務不同、夫雅典境內特美斯五種、散在亞知加東西南北、各聯一族、克利德烈斯、必以政治利害、合爲一致者、以化平地山嶽海濱三黨之跡也、蓋集爲大羣、畛域既泯、其黨爭自不能久耳、

第八十四節　宗教及種族　新種族原於古代、夫人知之矣、然其所以成之法、必在人爲、以其迷信宗教、已成錮習也、夫亞知加宗族、固結最久、一旦以卑下之民、爲新公民、苟非改其成憲勢

難久處其中、是創新政以奠新族、不可不酌舊教規模、而定新教之職務也、故置僧官、演禮式、擯其非我族類、不與神祕之旨、而別設規則、作一新團結體、其初經營不遑、繼而精神養成、形體威儀、日以增長、卓然獨立、自不亞由巴多利族矣、新教奉太古英雄、亞哥拉 Agora 爲神、設靈像、建議會、使崇拜亞哥拉者、羣居其周圍、此使人民忘由巴多利族之政略也、

第八十五節　陪審法衙　克利德烈斯、進而改爲平民國憲者、擴張陪審法衙之制也、增黑利亞法衙、陪審法官、法官與參議院議員、均選自十新種族、該新種族、雖曾爲奴隸者、亦得公民權、因此民主制度、進步極速、實當時之要務也、

第八十六節　十將軍　亞爾干波列馬嘉士 Archon Polemarchus 卽第六十九節握軍國大權亞爾干也 之職權、梭倫未嘗變更、克利德烈斯、奪其兵權、予十將軍 Strategoi 十將軍、國民議會每年自十新種族中選其一人、或曰、十將軍與主軍亞爾干同職、威嚴相等、而其權過之、且奪亞爾干施政職權、

據馬拉孫之役、紀十將軍在軍、輪爲大將、大戰之日、以美利太德斯爲大將、或曰數日前、九將軍、以大將之任、讓美利太德斯、Miliades 今不可考、

第八十七節　貝殼投票　克利德烈斯、恐有比士路拉都姦雄再起、必逞其私、壞新憲法、設貝殼投票法、以維持之、夫今日民主制度、已固煽惑 Demagogues 之圖、久不足慮、而當克利德烈斯、立法之時、貝殼投票法、立意非過刻也、蓋防政治家、躬居民上、權勢漸大、或如比士路拉都、淆亂政權、以召不測之禍、故參議院每召人民、問以何人當逐、其投票也、不示姓名、但問曰、今日雅典、欲保平和、有宜放逐之人否、衆人書票投匭、若六千票、同指一人、其人十年內、不得在亞知加及

其屬地蓋依雅典人民、總投票三分之一也、夫貝殼投票、雖爲憲法之本、厥後基礎鞏固、漸以廢弛、然未廢之先、達其目的、不可謂之無力也、當新定憲法未極平和、而使人民養成機會、在黨派之閒遏其爭鬬、以戒苛罰、且知修身之道者、實不外此、人民既知抗異圖之人、以護憲法、并解憲法之意、不入邪徑、則國內之敵、既能禦侮、外患何足慮哉、

第八十八節　克利德烈斯憲法之功　克利德烈斯改革、有功當時、後經喪亂、有益見其堅定者、當波斯大軍、侵犯希臘、天下恟恟、萬民塗炭、而雅典以黑拉士人種、爲諸州盟主、雖國步艱難、幾更寒暑、卒昔獨立之名譽幾去些非沙斯伊利沙斯 Cephisus and Ilissus. 之海濱、而克利德烈斯憲法精神、仍屹立雅典之內、故欲考希臘美大政治、必自克利德烈斯之改革、以至雅典之衰退、尋其顛末也、

第八十九節　伯爾沙之役及擴張政治特權　伯爾沙之役、雅典財政之大變也、但爾沙人來侵、所過焚掠殘暴、郎內田園、悉成荒野、第一級豪富地主、多墮下級、業主土地商賈財產、虜掠殆盡、蓋雅典昔以商業興國、至此變爲貧瘠海國矣、至呼拉渣戰爭畢、亞里士多德 Aristides 公言曰、不論貧富、凡稱爲國民者、皆有選舉官職之權、雅典人民從之、

第九十節　伯利克利斯政略　至伯利克利斯 Pericles 當國、雅典憲法、全爲民主制度、伯利克利斯、乃越民主國常例、久握權勢、非侵奪而得也、在人民之上、有盛名耳、其政專在教育人民、以勵政治、而修品行、卒使雅典爲希臘雄邦、不辱黑拉士聲望、其技藝巧妙、營造諸事、踵事增華、後世輒稱伯利克利斯時代 The age of Pericles 云、當日赴劇場者、赴陪審法衙國民議會席者、

皆給金錢、而演劇之中、尤伯利克利斯、敎導人民者也、要之使人民爲司法行政生動敏捷之人、以增愛己敬己之念、伯利克利斯無遺算焉、既而盡瘁從公之人、與俳優賣買之人、並有俸給、朝綱亦因之大紊、蓋伯利克利斯握權柄、政國家庶務、固不失其宜、及其去位、雅典人民、忘其遺敎、諸弊叢生、且戰爭時代、軍務之役、國家所不得已也、人貪便利、以爲同得金俸、與其服役兵事、不如從事政務、遂使國家徒養怯懦無用之人、而振興無日矣、

第九十一節　耶非亞爾德斯改革憲法　最後修雅典共和憲法者、耶非亞爾德斯也、耶非亞爾德斯、廢投票選官法、凡授官職、皆以抽籤、以收亞列阿巴嘉士即元老議會之權、惟行政事務、十將軍職、不依抽籤法、至紀元前四百六十年、耶非亞爾德斯、更以法律、減亞列阿巴嘉士議會監督國家人民之權、且限其法權、祇及於殺傷諸罪、更設法律監督委員 Nomophylaces 以代監督國民之權、抽籤選舉法、一以矯陪審法衙、奪普通政務官職之弊、一以救行政職權、專歸十將軍之害也、凡非瘋癲疾病人民、苟任其事、皆不至大謬、能守其職矣、

第九十二節　雅典衰微　右伯羅本烈沙斯役終、雅典權勢墜地、參考第百三十一節及第百三十三節　然而雅典之衰微、非雅典之滅亡也、雅典滅亡、在紀元前三百二十八年、基羅里亞馬基頓王大勝之時、當其衰微也、政柄掌自數人、人民罔知德義、其列國民議會、陪審法衙、劇場者、優予俸給、富人資財、多被刦奪、以雇兵代市軍、陸海聲名、泯焉澌滅焉、然克利德烈斯憲法、此時尚有存者、

第九十三節　移住民　雅典制度憲章、論之詳矣、今特就所謂移住民 The Metoeci 與奴隸、以結雅典之局、雅典民主政體、所謂市民權 Franchise 者、其民不多、古稱民主政治之國、其得

市民權者、大抵如此、雅典有民權者九萬人、而奴隸至三十六萬五千人、不啻四倍、外國人之移住者四萬五千人、蓋利德亞、呼利沙西利亞、非尼基 Lydians Phrygians, Syrians, Phoenicians 並雅典外希臘人等羨雅典位地政略、利於貿易、逐利而來、以成移住民一級也、其中亦有解放之奴隸焉、當克利德烈斯改革時、增市民權、所補之員、自此選拔也、洎夫季年民主政體完備、移住之民、遂爲歸化人、凡移住民、雖許歸化、而法律之上、仍無能力無資格也、蓋雅典移住民、非有特許、不得亞知加內置有土地、欲得土地、必賴市民布羅斯他德斯 Prostates 請於政府、人民否則罰爲奴隸、其在法庭與政府交涉也、亦須市民介紹其間、正稅較市民、不加錙銖、而別納保護稅、特許營業諸稅、且希臘人皆蔑視外人、雅典效之、外國人因之重困、雖移住之民既多、政府亦與特權、然終不之重也、

第九十四節　雅典奴隸　雅典奴隸、一爲戰爭捕虜之蠻人、一爲買自特羅斯、基奧斯、巴山底亞 Delos, Chios, and Byzantium 市者、而買奴隸爲多、凡婢僕、農夫、坑夫、工人、製造工、守卒、雜役等、皆以奴隸充之、亦有使設小肆錢鋪、爲監工書記者、若國家奴隸、或充警官、或爲兵卒、西雍曼氏 Schömaun 希臘古事記曰、若會計吏、書記、句攝、代書、獄丁、劊夫等、多用公奴、而劊夫坑夫、尤爲奴隸職、然則奴隸移住民、皆支辦衣食事物、以奉國家、而以其市民執政、以導國家歟、

第九十五節　斯巴達制度憲章　考斯巴達建國、其制度憲章、歷數十百年不變、卓立一方、宜希臘諸州、怪且妬也、斯巴達占希臘要部、雅典梭倫制度發達、以至衰亡之期也、其制度憲章、在數世紀、晚近之風、無異於締造之象、吾故曰斯巴達制度憲章、一成不變、

第九十六節　斯巴達人卽戰勝之守兵　斯巴達建國、更有特色之史焉、溯斯巴達人、初戰勝時、本爲優羅他斯 The Eurotas 之穀利安人 Dorians 因侵伯羅本烈沙斯、始顯於希臘、然當時實占希臘之一部、再接再厲、經大小百戰、至於憂羅他斯河畔、建設王國、蓋已經百十年矣、人口百五千人、而以其武力壓伏臣屬、幾至十倍、自爲守兵、以護主權、異於雅典自然政羣、以世襲首領、立於臣屬之上者、亦勢所不得已也、

第九十七節　奴隸及隸農　斯巴達有奴隸、亦如雅典、然然其數不多、不過充富貴家僕婢而已、別有黑羅支 Helots 隸農、以一切勞力與奴隸等、屬於斯巴達人、實拉哥納之臣民也、居最下級、其祖爲拉哥納住民、初敦利安人來侵、勇戰不降、及統一其國、恨之、驅爲隸農、噫天若錫茲福祉、得爲戰勝獨立之民、其義勇詎不足稱、不幸國亡、激烈之性、轉爲苦彼之具矣、豈不悲哉、或曰黑羅支本黑利路斯 Helus 都名、抗敦利安人、堅守後降、黑利路斯城市也、敦利安人建國未固、叛服無常、亦黑利路斯人也、報復之罰、不亦宜乎、然彼非束縛於奪其國土之人、亦縛束於其地土耳、黑羅支雖無自由之權、亦不如特羅斯巴山底亞、麕集奴隸之窟、幾如動物、得以賣買交換、其力田也、非有特別准許、維持公安之權、不與土地相離、其主人不得恣意使役生殺、雖確遵其地法律、耕種所獲、得以分贍其家、惟既立國家之下、則政治善惡、自與隸農欣戚相關、有所不平、惟政府是訴、或立功戰陣、政府予以賞典、而免隸農焉、

第九十八節　伯利亞　位於隸農之上、稍得自由、隸於斯巴達人者、有伯利亞、其如雅典之移住民乎、曰、伯利亞雖與本國隸農雅典奴隸不同、而雅典移住民、則非其比、雅典移住民、Metoe

商務印書館印行

多爲工商、而伯利亞爲拉哥納 Laconia 亡國遺民、實囚虜耳、惟不如黑利路斯城 Helus 義民倔強、歸服較早、故免爲隸農、俾保其同盟、但既受敦利安人壓制、無同盟之實也、職業皆爲工商、然皆斯巴達人所鄙棄不屑者、故不如雅典移住民有獨立不羈之概、雖有土地權利、而管理之法、非其所定、是以得拉哥納腴地行市町之制、而市町之長、亦以斯巴達人充之、斯巴達長官選之而已、則伯利亞人雖貨殖致富、其生活予奪之權、仍操之斯巴達政府也、而政府機務、非彼所知、更無論矣、別有下等民族、介於隸農伯利西之間、惟事無徵、不足考斯巴達制度風俗、不贅述、

Cf. 參考第九十三節

第九十九節　斯巴達民族　財產規則及監護法　市民權、惟斯巴達民族有之、所謂斯巴德底 The Spartiatse 是也、雖伯利西族居四分之三、黑羅支隸農居二十一分之二十、而斯巴達人輕之、不在人數之多寡、而在勢力之强弱也、蓋斯巴達民族居國上游、利權獨攬、世謂斯巴達數百年、如以軍隊守城、堅忍勇敢、人不敢犯、信矣、同族相處、平等均一、曰合利委 Homoioi 物我平等之義也、非草創時代之良法耶、其土地、以國家爲業主、箇人產財、國家有予奪權、人民土地大小懸隔者、國家常以主權收回、再行均分、而當時人民、以爲優待斯巴達民族者、各以其身供給國用、不敢以私廢公耳、殖產爲士人所輕、故國家管理其產、行上古家族之權、無所顧忌、不但此也、凡富家以女子繼世、俾與貧男結婚、或以貧男爲富家螟蛉、且富人非請之國家、不得徑以他族爲子、受國家土地、不得賣買贈人、要之當時市民、不過居租地位、經理諸務、無非國家之權也、雖然國家家長監督市民、爲土地主、實立憲之初期也、國運漸衰、貧富不一、富裕者曰甲級、貧窮

者曰乙級、階級既分、斯巴達民族、不能平權如初、其甲級、不失爲合美委、而乙級變爲劣等市民 Huponeioues 矣、

第一百節　二王　斯巴達民族政治、與雅典民族政治同乎、曰否、雅典山中海濱平地三黨、鼎立相爭、自梭倫出、創立憲法、根本以立、而斯巴達民族、天命人事、運會所趨、適有二君主焉、古傳曰、初敦利安人取伯羅本列斯、將帥分領各地、有亞利斯特母斯者、Aristodemus 得拉哥納、未幾薨逝、有二子、曰憂利些南斯 Eurysthenes 曰布羅克爾斯 Procles 其母以孿生故、不辨長幼、爭王位、訟於神巫特爾俾神、曰、二子宜共王位、掌天下之政、自此兩王、君臨人民、至今未統一也、夫斯巴達二王、果爲此孿生裔否、荒遠難稽、而自建國以至衰頽滅朽、羅馬國民常戴二王、無可疑也、和美爾詩詠斯巴達二王、奉天神地祇、承平無事、管理議政司法諸事、人民之統領也、及臨軍陣、爲六軍帥、其特權詳見下文、

第百一節　長者議會　按和美爾詩、斯巴達二王、議政制法、必待家爾些 Gerusia 長者議會襄贊、然後施行、該議會議員選舉之法、與古長者議會異、蓋民會推選也、（參考第百三節）議員二十八人、二王共三十人、聯爲議會、滿六十歲、得爲議員、任期終身、其職第一司法事務、爲國家法衙、權在國王之上、裁判重罪、剝奪所謂亞志美亞斯巴達民族資格等事、第二立法部、權如君主、有先議權、凡國家大事、半歸議決、其須民會票決者、亦先經議決、後付民會、是其職權立於雅典亞列阿巴嘉斯元老議會、與四百人參議院之間矣、（參考第七十六節七十七節）

第百二節　民會　以年三十歲以上市民、組織民會、斯巴達民族也、而其投票也、有四事焉、一

曰繼承王位之議、二曰政務官及長者議員 Gerontes 之選舉、三曰宣戰構和之事、四曰與外國訂約之件、民會僅得票決而已、惟國王與太宰五人、Ephors 長者議員有討論之權、風俗不尙辯給、尊奉拉哥里克曼寡言修行之人也、遇有事故、太宰長者議員以片言決之、票決之時、亦不必明白投票、惟高呼以示從違、所謂比巴哇斯 Viva voce 票決法也、

第百三節、選舉長者議員　凡選舉長者議員、召集民會、先於近傍設選舉處、至選舉時、候補議員以抽籤依次進民會之前、選舉處記其名姓、第一某人、第二某人、民會俟候補議員前行、放聲歡迎、聲最高者、其議員中選、實比巴哇斯票決之法也、

第百四節　太宰　斯巴達憲法、最有力之官職、太宰 Ephors 也、其職出於遠古、而發達極速、初以太宰五人、爲國王代理官輔弼司法、王薨攝政、常奉王命、約束諸事、正飭風教、召集長者議會及民會、然自世運推移、職權大變、太宰每年選自市民、利害是非、轉與市民相同、與王齟齬、其背王而獨立也、正如雅典之王舉亞爾干以爲輔弼、未及數年、亞爾干權力轉高於王、王擁虛器焉、夫王失拔擢太宰之權、不知其始、而當日太宰實以監察國王百司矣、國王據國法行特權、每月必向太宰立誓、太宰亦代國民矢曰、王善踐誓約、民自不犯王權、閱九年、太宰以王過失問神、神示變兆、則太宰以王行爲付長者議會 Gerusia　雖一私人、得訴王過於太宰、太宰下其獄於長者議會、仍以太宰決之、（按此等案件太宰必召王使得答辯）

第百五節　今試綜舉太宰之權力焉、太宰按查行政百司、有責罰之全權、一也、司國家教育、監督庶吏之長、以及私人、二也、得召長者議會民會、且建議諸案、三也、掌國家財政、四也、然則斯巴

達太宰、握國家權力別無限制乎、非然也、太宰五人、凡處理重要事件、不得一人獨斷、五人協議、然後裁決、且任期一年、滿歲降爲私人、繼其後者、議其惡而罰之矣、雖欲恣行威福、豈可得哉、

太宰中一人與雅典之亞爾干伊波里馬士同、以其名爲年號、所謂耶花爾伊波里馬士 Ephor Eponymus 也、

第百六節　司法　斯巴達司法權、分爲三項、凡家族內嗣續、依貧富結婚、分財、一切訴件、以法判斷者國王也、其訟王與重罪事件、審理者長者議會也、其餘訴訟事件、則以太宰或所在有司、裁判之、此民選陪審法衙所以不立於斯巴達歟、

第百七節　國家教育　按斯巴達民族、立於隸農伯利亞種族 Helots and Perueci 之上、能保大權、且使宇內萬國、莫不讋慄者、實教育制度使然也、斯巴達民族、以身捍國、卽以其身爲國家之身、人生七歲、離父母懷、至三十歲、皆在國家教育之下、凡衣服飲食進退動止、所以修養四支而發育五體者、監督盡善、雖今日體育家、夢想不及、以三十歲爲成丁、至期得政羣特權、入市民之列、始完婚姻、然從來之習、不能稍變也、每日飲食、必在公會、與妻子會合、僅數分時、國家命結婚、亦不得避、因之民皆有家、且市民有以財帛寄會食場之責、惟年逾六十、始聽別營事業云、

斯巴達民族、降於劣等者、皆違國家教育、及不以財帛寄會食場人也、參考第九十九節 女子幼年、與男兒同受體育、惟成年之後、無嚴厲之訓練、然其教育、亦非如今日弄數絃樂器、唱軍歌、以柔其筋骨而已、故其男子皆爲强建寡言之兵士、女子皆爲體格端好之婦人、

第百八節　斯巴達憲法發達　斯巴達憲法始終畫一、學者以爲成於一朝焉、誤矣、夫斯巴達

商務印書館印行

與雅典各邦、其憲法由漸發達、惟斯巴達人以數倍敵人、爲其臣屬、務不失其權力勢與尋常諸國不同、故其初定憲法、必思持久、始足以自立也、洎夫後世、或爲民制政體、或爲民主制度、變化所經、不免與雅典彷彿、而斯巴達以外之種族、遂進步於憲法之中、有得權利之勢、故羅馬征服斯巴達都府、與希臘之他都府、無所異也、

第百九節　雷克嘉士　雖然斯巴達憲法、固一偉人之制作也、偉人爲誰、雷克嘉士 Lycurgus 是已、學者稱雷克嘉士、組織國家、區別三種、分士與斯巴達民族、伯利亞民族、設長者議會、月開民會、建國家教育制度、其特殊之形、固非無力、然亦非能大變法憲者也、而謂其非梭倫克利些烈斯所能頡頏、起不謬哉、蓋斯巴達憲法、非一蹴而幾、雷克嘉士、適値危急之秋、建設是制、導其先路、使遂其發達已耳、

第百十節　綜論希臘行政　希臘諸市府行政機關、吾人未知其詳、亦憾事也、是貴舉某某市府日用瑣務、適用之法律規則、以知政府設施、而討論之、然亦不能詳其制度、惟綜論其大市小市司員、所行政事而已、嘗攷亞里斯多德希臘行政記、以希臘諸市政府、分爲四項、第一監督市府市場一切之貿易、第二監查公家營造之物、第三警視市街住宅、第四監督山林原野、以收稅官出納吏出納公款、文書官作法令判決之公文、又有聽訴官檢察官獄吏、陸海軍官軍吏、吏以雅典所謂亞爾干波列馬嘉士、與十將軍者總督之、檢查會計官以檢查收稅官出納吏、監督禮拜官、以監督公衆禮拜、襲上古王號、該王無政治權、惟當日宗教尊重神祇、故以神聖王號奉監督禮拜之官、參考第六十九節、至人民居國家之下、別置官吏、以監督學童、及成年男女、而以公家庖丁、

任會食場烹割別設監督吏監督會食焉、

譯者曰、黑拉斯 Hellas 者、黑列奴種殖民地總稱、非希臘一國也、希臘人、初稱黑列奴人、及服羅馬、始有希臘之名、本文紀希臘人處、嫌與黑列奴人混淆、故以希臘國、與黑拉斯別之、讀者不可不知也、

大希臘　黑拉斯

第百十一節　希臘非黑拉斯總稱、　按雅典及斯巴達二市府、在黑列奴人史、似占要部、爲諸市府標準、然二者之政治發達、不能以括全希臘人也、蓋希臘人不以希臘本國、爲其全部主要、實以地中海諸島、及其餘島嶼、爲其殖民之地、距中央希臘雖遠、亦與祖國市諸府相合、成大希臘也、可知黑拉斯 Hellas 非言特殊之一國、如大不列顛帝國 British Empire 不專指一國而言矣、故某島某半島、苟爲希臘人移住、建設獨立之國、施特有制度、則皆黑拉斯之一部也、且希臘人全體、非共同政治之國家、故黑拉斯名稱、亦不必指定某某地方、爲國家國民耳、

第百十二節　希臘人初徙　希臘人之初徙、已紀於前矣、試更詳之、(參考第三十五節及四十一節)亞利安人種移住於歐羅巴西部也、希臘些魯多人、拉丁人、情狀皆同、及東西分馳、性質遂異、第一些魯多人離海突入大陸、第二拉丁人陸行入意大利半島、而希臘人暫息於比利時山地、進伊煞海濱、從事航海、與非里家人交際、按希臘人經黑列斯本多海峽、至歐羅巴、人口頗多、占領希臘本部、伯羅本列沙斯半島、伊煞海羣島諸地、併有其衆、無何更結小隊、分種族、登小亞細亞海岸、征服各地而移住之、其在希臘半島者、亦往焉、是則愛阿納 Ionians 祖先、在歷史以前、固早徙於伊

緐海亞細亞之海岸、而敦利安 The Dorians 祖先、初居北部希臘、繼由小地往征伯羅本烈沙斯半島、爲希臘史權輿耳、

第百十三節　非里家人之化　愛阿納人、早與大海相接、則希臘祖先、固深爲非里家所化矣、非里家人當紀元前千六百年頃、早知貿易開化甚遠、遇希臘人、如師教其弟、希臘人居地中海間、因得航海造船之術、度量權衡之法、以及美術學藝、是以東洋文明、輸入歐羅巴者、希臘人也、惟歷年既久、東洋文明與黑列奴人思想渾化、蒸爲風俗、不能辨別耳、

第百十四節　歐羅巴希臘人第二次遷徙　希臘人移住於歐羅巴半島、吾言之矣、今按其序、第一德沙黎人、Thessalians 入半島北部、驅逐伊阿拉人 The Eolians 於南部比阿西亞 Boeotia 設德沙黎國、第二敦利安人、The Dorians 征南方伯羅本烈沙斯、破伊阿拉人、伊嘉人、The Eolieu 而奪其地、第三伊嘉人爲敦利安人所逐、走哥林斯灣頭一帶狹小之地、驅愛阿納人、盡取其地、於是歷史始有伊嘉之名、第四愛阿納人既爲伊嘉人所逐、多走北部、以會亞知加同種、此希臘中古史各人種分處之大略也、

第百十五節　自希臘再徙於亞細亞海岸　各人種既向希臘半島、分住東西南北矣、而人種移住、猶不止此者、愛阿納人爲伊嘉人所逐、咸至亞知加、地不能容、多去亞知加、往小亞細亞之伊緐海岸中部、建殖民地焉、先是伊嘉人某部、亦去伊嘉、往小亞細亞伊緐海岸、占領其地、亦爲敦利安人所迫也、蓋敦利安人自伯羅本烈沙斯、渡亞細亞、占領小亞細亞海岸西南部、立殖民地於克林多哥斯及羅都諸島、是時獨割據伯羅本烈沙斯之東南部、有葳些納拉哥納亞哥利

斯等地耳疆域未廣也、今則多立殖民地於伊煞之南諸島、小亞細亞海岸西南部、領土頓擴、卒爲希臘祖國南境、儼然立於一方矣、

古野史多雷戰爭、卽此時歐羅巴希臘人與多雷人、本同族也、當時不啻敵國、相率戰爭、亦奇矣哉、

第百十六節　希臘地中海　希臘人殖民事業、勇敢敏捷、伊煞海岸、既有無數殖民之地、名曰希臘伊煞海、更欲殖民於地中海之羣島、名曰希臘地中海、然後厭其欲焉、自紀元前八百年、至七百年、大勵殖民、愛阿納人創美列他斯 Miletus 殖民地於小亞細亞、又在伊比亞 Euboea 建嘉爾西斯 Chalcis 殖地民、以美列他斯爲本部殖民地、別以幾團人民、送來爾阿三角地、以建魯克拉老斯 Naucratis 殖民地、更於北方波羅的內海、建西嘉斯 Cyzicus 西庸布 Sinope 等殖民市府、以爲八十餘殖民地母市、且多設殖民地於海黑岸、盛營商業、分西黎之希臘殖民、於嘉爾西斯、建嘉爾西特西 Chalcidici 市府、設列沙毋 Orhegium 殖民地於意大利、皆愛阿納人殖民事業也、試言其餘、斯巴達人建南意大利他連他毋市、伊嘉人設西巴利斯 Sybaris 克羅敦 Croton 都府於南意大利海岸、哥林斯人 Corinthians 造哥爾基拉 Corcyra 殖民地、於伊比拉斯遠海、卽於西黎海岸、溉西拉鳩士 Syracuse 都府、若侯西士愛阿納人、The Ionian phoeaeans 則更深入西海、創馬沙拉 Rossalia 市府、開今日法蘭西馬些爾 Marseilles 港之基、而馬沙拉人、別遣幾團之人、殖民於西班牙東海岸、馬些爾人不敵馬沙拉人、希臘人殖民勢力、乃更進於西海焉、然而當時希臘人在地中海也、殖民諸地、又各自爲母國母市、其殖民之事、約自紀元

商務印書館印行

前七百五十年、至五百五十年、二世紀間、進步較中央希臘母國、更爲迅速、自阿利毋巴敦、歷算事起、僅一百年內外、紀元前七百七十六年、至六百七十六年、黑列奴之重心點、早已離希臘本部、而移於强盛殖民之地、西些羅所謂以黑列魯之錦繡織地中海之蠻土也、於是東自來爾河魯克拉志斯、西至高盧 Goul 之馬沙拉、希臘殖民、散布島嶼、幾無隙地、上自波羅的 Propontis 憂基生 Eusine 海沿岸、下至地中海兩岸、不歸愛阿納人管轄處、無非黑列奴之殖民地矣、所在必以秩序之政、勇敢之氣、剛邁之思、卓立於蠻人之上、以保其固有之性、焉於戲盛矣

第百十七節　人種分處　右希臘人種分住各地之大略也、茲試詳敍之、伊煞海岸、自東北以至西南、皆愛阿納人之殖民地、其一面與德沙黎人接境、而小亞細亞海岸之西北部、則多以阿伊納人殖民地擒之、故愛阿納殖民地、自伊比亞州東北部起、歷嘉爾西特西 Chalcidici 斯列士 Thrace 南部、通沙摩斯、伊嘉拉、那克棱士、巴羅斯、德若斯、及安敦羅斯諸島、下伊煞海之東岸、再接伊比亞州、幾占伊煞之全部、且其南方、有敦利安人殖民地、通克利多、嘉爾巴沙斯、及魯特斯諸島、入小亞細亞西南部、包其海岸鄰島、而殖民於意大利者、多爲伊阿納人、惟其中有敦利安人都府、又有愛阿納人市府、伊阿納殖民地、畫爲兩端、若西黎、則敦利安、愛阿納人分殖之、惟愛阿納人、與敦利安人、雖居相接、而宗旨各異、其言語人種、亦徒同矣、

第百十八節　希臘殖民制度　攷希臘殖民制度、民族雖同、而都府政治、各自獨立、故當時希臘殖民、不惟與近代大異、卽與古羅馬亦異、蓋自殖民成立、其與母國市府、遂無關涉、所感念者、不過宗教耳、然則希臘殖民地、可不謂獨立自治之羣耶、然母國市府之送殖民隊也、如割其市

府之一部焉、殖民隊臨去、必自公神鑪、奉神火至殖民地、置神鑪、神火者、古宗教視爲神聖者也、母國定隊長、衆殖民戴之、有時請於特爾回神巫、或受母國市神冥命、殖民地別遣新殖民隊、他往、禮亦如之、故各殖民教宗感想、雖與母國相連、非失獨立自治、而隸屬於母國者、是伊阿納人敦利安人愛阿納人合成州邦、固非點綴殖民已也、蓋其市府星羅棋布、威權之强盛、早與雅典彷彿矣、

第百十九節　殖民地憲法　各殖民地、制度憲章、準據母國、亦不得已之勢也、希臘殖民之事、雖漸流行、而當其古代、非族長統治貴族政體、初無所知、故殖民初期、君主政體、不久滅亡、繼起者貴族政體也、然其發原也、在黑列奴舊邦、若新殖民地、不曾再起再蹶焉、蓋母國文物、未輸入於殖民地之先、民羣平等、古昔專制政體、初未目擊、因而民主政體、不啻天產之物、自然發達於土地空氣之間、是貴族之治、新殖民地不得不變者也、攷希臘史、其殖民地民主政體、早行於黑拉斯中部、與外國諸部、雖雅典依克利些德列斯之改革、實行民主制度、尚在紀元前六百年之末、（參考第八十一節至八十七節）而新殖民地諸邦、實先雅典百年、已建此制矣、

第百二十節　殖民之地、因變母國憲法、改造政體、實駕乎中央希臘之上、而著先鞭也、然亦不離乎雅典之已事耳、凡一市之建設民主政體也、必先經富族政體 Timocroey 如梭倫治雅典、（參考第七十三四節）視人民之富、以爲得政權之等級也、且殖民地際此、必有若羅馬中央希臘諸邦、編纂法典、公布成法諸事、或暫變民主政體、爲專制政體、以防貴族、如雅典比路拉都其人者、（參考第八十節）以殖民地平民、或由正道、或由詭計、得非常權力、使民悉從己、以制貴族專制、或身爲貴族、乘變

竊權、以破貴族政體也、之二者皆以一人專制政治、轉增人羣利福者也、蓋民主政體、必先品位平等、此專制政治人民之中、厲四民平等之義、卽謂貴族專權爲民主政治之階梯也可、

第百二十一節　黑拉斯變革憲法通例　所謂黑拉斯憲法變革之通例者、謂希臘諸州、變革憲法勢力同、影響同、而後變化次序同也、蓋以君主專制政體、變爲貴族政體、而貴族政體變爲富族政體、至富族政體、復變爲民主政體、其閒往往一人專國蔑視國法、政歸一人、然後反而爲民主政體焉、此憲法變革之通例也、故希臘諸市府中、或以一人專擅國極富强、及民主政體興、轉難獨立、卽於衰亡、惟伯羅本烈沙斯諸州、與斯巴達、永保貴族憲法階級特權、不致放失、此外黑拉斯大小諸州政治之變、雖有遲速優劣緩急善惡之不同、而東西南朔、苟不制於外人、或平民相鬨、或豪傑自立、起而變革政治、亦獨立自治之諸市府所不能免者爾、

第百二十二節　希臘人統一及其感念　希臘諸市府、其生存雖異、而獨立自治、各羣之人、除固有政權之外、惡他羣之政權、此其血統、宗教、文物、所以同也、故所謂拿西若拿利志感念、羣固有力、徧行於地中海、黑列奴在他羣內、皆有殊性、然希臘政治、以其先天之性、與夫地理之域、能阻其國民統一之運、亦正大也、

第百二十三節　宗教結社　特爾回鄰保同盟、希臘統一宗教、足證拿西若拿利志之精神焉、按希臘諸府市、圍繞蘇斯 Zeus 亞波樓 Apollo 波賽頓 Poseidon 諸神廟、欲維持典禮、以表敬禮、故結鄰保同盟 Amphictyons 其最善者、在些爾摩比烈 Thermopylæ 之特蔑他爾亞母希克、Demeter Amphictyons 特爾回之亞波樓諸神殿傍、特爾回近傍之同盟、包希臘總民族規

模宏大後伯羅本烈沙斯之敎利安民族亦加盟焉、其源遠溯上古、意在管理國神亞波樓祭禮、擁護神巫特爾回俾不失傳、遇有外寇、戮力以衛其地、各市府加盟、各出代議人、定時開評議會、設官衙定規則、以紀古人之勳績焉、鄰保同盟在些爾摩比烈特爾回地、每年春秋大會、希臘人自黑拉斯中部諸州咸來與祭、商賈利市、非常然因諸州民族評議員數同、凡外交內治會議無力蓋强大諸州惡弱小諸州議權相等、故以其議爲不足遵、其同盟規約曰、一不得攻擊同盟諸州都府城市、二不得逃盟、三盡力保護特爾回神殿、同盟境內無論常變、皆守仁義道德、凡神靈祭典以及諸事同心戮力、此諸州鄰保同盟之規約也、該規約中具有統一國民聯絡邦交之槪、而卒無發達之期者、其宗敎勢力不足敵當時之割據政治也、

按鄰保同盟無嚴密規約、故黑列奴人史大書特書之時、鄰保同盟已無勢力於政治之上、至後再有勢力、希臘人轉陷於神聖戰役、馬基頓國乘勢破希臘獨立、則希臘人馬基頓人全忘同盟之宗敎仁義而規約盡廢矣、

第百二十四節　特爾回神巫勢力　黑拉斯東西南朔、特爾回神巫勢力極大、司公私生計、鄰保同盟卽崇敬特爾回神地而保護者也、史稱神廟有黑拉斯公鑪 The Common Hearth of Hellas 敎宗也、希臘民族敬神之念皆集於此、爲一民族之準、雖至羅馬帝國時亦以之卜吉凶、況當日希臘人乎、或遇國內困難、或與强鄰啓釁、時亟明敎以釋羣疑、故神巫言語之妙、聲名不墜、卽至晚年、特爾回神巫與古宗敎同失勢力、而其流行固已久矣、要之神巫勢力雖微、而希臘統一國民之勢力究不得不首屈一指爾、

第百二十五節　政治結合　耶基亞霸權　黑拉斯以政治結合諸市府、不以宗教爲本也、其爲市府也、但依强大之主、橫暴市府、以其勢力、結合諸市府而已、多雷戰爭史、載希臘統一政治曰、有一統國焉、（或云一市府）以强大權力統諸市府、美些黎是也、美些黎當時最强、故其王亞嘉蔑母流、爲全希臘人元帥、以征多雷、美些黎在亞爾哥利斯西北部志林斯、位於亞爾哥利斯首部、並爲大市、美些黎之初建也、徙自呼希利沙、Phrygia 勢日强大、和美爾詩所謂伯羅本烈沙斯之耶基亞人主要市府也、其征多雷也、耶基亞人實爲主謀、故和美爾詩往往稱希臘人爲耶基亞人、此中央希臘諸民族所以推美些黎王爲主、而不敢叛也、蓋美些黎管轄斯巴達亞爾哥斯哥林斯伯羅本烈沙斯半島諸市府、皆希臘雄壯市府也、

第百二十六節　克連多霸權　克連多島有一古王、或稱爲制法人曰梅諸士、嘗握大權、希臘人稱上古英雄克連多島之諸沙士、Cnossus 或曰梅諸士是也、威服島中諸市府、併伊綠海羣島、建克連多帝國、大振海軍、埽海上匪徒、而布法律制度、斯巴達法律之祖也、

第百二十七節　亞爾哥斯霸權　後亞爾哥斯市府、亦於伯羅本烈沙斯半島握大權力、統轄諸市府焉、蓋亞爾哥斯依回頓 Phidon 英明之力、統御亞爾哥利斯市府、與伯羅本烈沙斯半島之全部也、回頓爲拉克利特斯家 Heraclidae 代表、敦利安人主權之君主、權力强大、奪伊利斯地方阿利毋賓監督賽技 The Olympian Games 之權、移於亞爾哥斯焉、亦可見其一斑矣、

第百二十八節　賽技及祭典　黑列奴感念　當時有統督阿利毋賓祭權者、即統督黑拉斯全州之人也、當時希臘黑列奴人感念、以阿利毋賓爲盛、每四年、在阿利毋賓賽會、以揚國神蘇

斯Zeus之名黑拉斯地、希臘人雜沓而至、又特爾巴地每四年爲亞波羅神、行比西亞大祭、凡詩人、史家、樂人、力士、觀者、自希臘各地咸來與祭、監督哥林斯者、每三年因伊斯美亞賽技、The Isthmian Games、行愛阿納波賽頓神、The Ionain Poseidon、祭典、更於亞爾哥拉斯、因蘇斯Zeus神、每三年在烈美亞行大祭典、而賽技焉、然其名譽勢力、以伊利斯之阿利母賓祭典爲最、希臘人依祭典以紀年焉、凡阿利母賓賽技得賞賚者、名不朽、故詩人競賫詩什以求表揚、各公使欲表希臘宗教、亦爭來襄禮、有力市府咸與焉、若希臘以外之人、但得游觀、不得賽技、黑列奴人無過犯者、方得與賽、希臘時方承平、賽技舉祭、以示國民精神、表宗教人種之大同、故在政治道德之上、勢力頗大、厥後盛行、幾歷千載、然此亦國民之精神、而非政治統一之實際也、蓋希臘諸市府、雖以國民政治改良一時、而無眞實之力、究無由奏功於久遠耳、

第百二十九節　德利安同盟　希臘諸州有統一黑列奴人之實者、以德利安同盟 The Delian Confederacy 爲首、自紀元前四百九十年、及四百八十年、波斯大軍犯希臘、歐羅巴希臘諸市府、推斯巴達爲盟主、而二大役結果、希臘獨立、雅典最爲有力、舉爲代表、復於馬拉遜沙拉美斯及布拉茶三大戰、希臘大勝、逐波斯人、雅典遂有盟主勢力、未幾伊煞海之黑列奴諸邦、亦繼本部諸州、自歐羅巴黑拉斯、亞細亞黑拉斯諸地、逐波斯人、是役也、斯巴達實爲統率、恰如曩日守希臘半島、占盟主之位焉、然斯巴達以爲久占此位、將士之中、苟有非常之人、奪國軍大權、則斯巴達貴族制度、必有大害、且爲希臘諸州盟主、統率伊煞海亞州之希臘諸市府、以防波斯、非海軍不可、而斯巴達位置制度、不合海軍、故不久卽退、而以雅典代率希臘全部、紀元前四百七

十五年、德利安同盟初成、伊煞海羣島亞細亞海岸愛阿納諸州、咸加盟焉、以德羅斯財府之地、爲同盟會議府、以其居同盟諸州中央、亦古亞波爾羅神廟所在也、故當時希臘同盟、得宗教結合、與鄰保同盟相若、其組織也、依亞利斯他特斯 Aristides 保守方法、頗爲善良、同盟諸州、各備船艦兵員、成同盟全隊、且捐助金錢物品、置同盟庫、其理財官、以學於雅典者任之、終身稱黑列諾他邁同盟會、定期開議、海上有大艦隊、以待不時之需、可不謂黑列斯結合政治、强固同盟耶、

第百三十節　雅典霸權　無何德利安同盟、失其同盟之體、蓋雅典爲德利安盟主、實握管轄之大權、司同盟財政者、雅典人也、率同盟艦隊者、雅典人也、同盟諸州、一聽所爲、若供給軍艦兵員捐納金錢之外、餘無所知也者、雅典以其不敢異議、凡同盟財庫、盡入於掌中、至伯利克利斯 Pericles　主治、更以同盟之財、與美術工藝建築諸事、以飾雅典府、雅典之府庫、用反節焉、若某州欲脫同盟、則增其貢額以報之、或徑歸雅典直轄、俾就範圍、洎夫晚年、更置按察鎮臺於同盟市府、以鎮撫之、且與同盟有力之市府、結特別新約、增統御之權、此德利安同盟所以變爲雅典霸國歟、

按伯利克利斯時、國民議會員、皆給金錢、（參考第九十節）同盟之帑藏也、凡浪費無度、財政不見困弊者、職此故耳、

第百三十一節　伯羅本烈沙斯役　貴族政治　民主政治　方雅典之霸也、斯巴達妬之、伯羅本烈沙斯役者、雅典嗾哥爾基拉 Corcyra 與其母市哥林斯 Corinth 戰也、實則因雅典霸權日熾、伯羅本烈沙斯諸州、不能容忍耳、且伯羅本烈沙斯諸州、多貴族政治、而雅典尙民主政

治、爲民主制度之代表、故伯羅本烈沙斯諸州、舉斯巴達爲盟主、以破雅典之霸權、伯羅本烈沙斯役終、斯巴達遂霸、然斯巴達亦以權力而併希臘者也、諸市府有怨望不平者、駐鎮兵置守將 Harmosts 以監軍國之事、而以伊煞海之黑拉斯諸州 Aegean Hellas 不能屈於暴政之下也、斯巴達霸權、因之墜地、至斯巴達失霸、雅典權力又盛、於是欲復往時之位、更結新同盟、舊同盟諸州、大半來盟、而敦利安伊耶賓諸州、亦加盟焉、且馬基德沙黎君主、與之合從、而雅典舊時同盟、迭經慘變、新政得宜、同盟兵力、因之極盛、伯羅本烈沙斯諸州艦隊、自伊煞海盡被驅逐、是斯巴達失權、僅爲貴族政治國之袖領、而希臘政界之大鈞、仍任民主州所播弄矣、

第百三十二節　西布斯霸權　既而西布斯、依伊巴美流達斯雄材、紀元前三百七十一年、大破斯巴達人於利路克拉、而掌希臘霸權、伯羅本烈沙斯半島政界所以大變也、惟其歲月較短、不足數耳、

第百三十三節　馬基頓　後世諸市府、雖握霸權、然曰同盟、曰霸業者、不過一時之雄耳、而統一希臘大業、實成於馬基頓、羅馬也、馬基頓何如人乎、曰係希臘人之從兄弟、大約亦黑列奴人種也、（他種相雜若干不詳）馬基頓人、近希臘人、識希臘性情政治、其以統督希臘爲己任者、亦非強其所難歟、

馬基頓王非律布、思統希臘、勇敢之氣、濟以智謀、遂奏膚功、故非律布先克希臘市府之鄰、次出神聖戰軍、神聖之戰者、起於特爾回神廟鄰保同盟之間、馬基頓先列希臘諸州之中、入鄰保同盟、已而破雅典、紀元前三百三十八年、基羅納之役、壓斯巴達、遂統督鄰保同盟、爾時歐羅巴之

商務印書館印行

希臘諸州、同盟之名雖存、其實已建馬基頓帝國矣、後至中央希臘諸州、感東洋諸國、爲亞列魯文明國、The Hellenization of the East 遂統一焉、

第百三十四節　黑列奴感化東洋　亞歷山德大王、征服東洋諸國、而黑列奴之化起焉、亞歷山大王、歐羅巴希臘之君主也、其攻波斯也、自爲元帥、指揮六軍、士卒皆純希臘人、東洋諸州、皆染希臘之風、然歷山大王歷年不永、故在東洋、祇傳播西洋技術思想、若夫東洋諸國受大變動、化爲黑列奴文物制度、則在其嗣 The Diadochi 前後戰爭、而設半希臘半蠻夷王國 Graeco-barbarian Kingdoms 之時也、小亞細亞黑列奴之化最爲完全、其性質與黑列奴相近也、而西里亞、埃及、其力尤熾、觀安志若克 Antioch 亞歷山德 Alexandria 諸市府、地中海諸要國、服從希臘、亦可見當日之聲靈矣、

第百三十五節　雖然感化東洋諸國之希臘、非伊煞海小亞細亞諸州之希臘也、希臘人之入新王國也、其人雖多而且強、然較之本國總數、未嘗過半、且非阿利毋賓賽技之純希臘人、蓋自馬基頓霸圖征服東洋、而生新希臘人種、其血脈風俗、固與馬基頓及野蠻人相化、創新文明、會逢其適、所謂東洋希臘文明 An Orientalized Greek Civilization 是也、豈猶是黑列奴人不容外來勢力、而拒主治之誘導哉、

第百三十六節　馬基頓人建東洋王國也、陶冶東洋諸國、別成一種特性焉、故羅馬王政、遠及東洋、而此等特性、猶與羅馬政治有別、終成東羅馬帝國獨立之形、（參考第八百十六節八十七節）及君士但丁帝 Constantine 自羅馬首府、遷於比山渣母、Byzantium 帝國之重心、亦自拉丁條頓 The Latinteutonic 之西移於希臘之東且伽拉知安 Justinian 帝時專用希臘語其高等官亦用希臘人焉、

第百三十七節 伊煞海岸小亞細亞希臘諸市府、早有吞於馬基頓國、及同種强國之勢、蓋希臘諸市府、不相聯合、孤立無助、故先降於半野蠻之利顛 Lydia 繼併於野蠻之波斯、而雅典斯巴達西布斯等、皆入敵手、爲其得力州郡矣、

第百三十八節 耶基亞同盟 馬基頓掌希臘霸權、希臘不自由之日也、然希臘國民、耶基亞人 The Achacans 當多雷戰爭、固爲全希臘人主將、(參考第百二十五節) 爾後退居黑列奴之內、孤棲耶基亞地、徐圖發達、至希臘史終、奮起於列國之前、更執牛耳、蓋耶基亞諸市府、自古別成政羣、民氣團聚、及紀元前二百八十年、某某市府、謀廢馬基頓君主、意在物我一律、互相救護、以保自由、他市府傚之、勢力愈熾、耶基亞同盟、忽成一緊要之大羣焉、而西翁 Sicyon 者、入耶基亞同盟者也、亞拉他土豪邁英毅 Aratus 進爲民主、以其材略、結强盛之盟、使哥林斯 Corinth 及近鄰諸市府、脫暴主羈絆、同盟日增、遂包夫蔑嘉拉 Megara 多連賽 Troezen 伊比道拉斯 Epidaurus 蔑嘉羅波利斯 Megalopolis 諸市府、而亞爾哥斯 Argos 亦加盟焉、要之耶基亞同盟、全世紀間、爲希臘人民所信用者也、雖至後世、不免服於羅馬、而希臘政史、以耶基亞同盟爲殿也、豈不宜哉、

第百三十九節 耶基亞同盟憲法、亦政治學當研究也、所謂聯邦同盟是已、其憲法、以同盟議會議決、每年開議會二次、選同盟吏員、定同盟諸市府、及其外交事務、以參議院定同

盟會議之職、會期不變、同盟職員係一將軍、（初二將軍）一騎兵隊長、Hipparchus 以及屬官、公務尚書一人、Grammateus 終身行政委員十人、Demiurgi 而以行政委員會司同盟會議之啓閉、耶基亞同盟者、所以組織政治而統一國民也、而不免缺點者、其組織同盟會議、雖以同盟諸市府、三十歲自由公民、而其會議場通常以伊西母 Aegium 後移於哥林斯市府、自由公民之全體、及其餘府公民、皆得參會、若夫代議制度、以條頓人種、解釋政治古之初、羣固未知之、且同盟會議票決、咸由市府之數決定、而不以列會議投票公民之多數、故遠方同盟、或以一二議員代表市府人民、即與數十人議員無別也、若夫一議員投票、祇有一議員投票之力、當日會議、亦未之知耳、

第百四十節　伊多納同盟　伊多納同盟、亦起而與馬基頓耶基亞諸市府爭雄焉、然其憲法、與耶基亞同盟酷似、以希臘人政治思想慣行、不相遠也、其議會、均以自由公民而成、亦有參議院職權、以委員會定同盟議會事務、且其行政長官、亦以將軍 Strategus 騎兵隊長各一人、而以公務尚書、掌一切儀式、

第百四十一節　雖然竟謂其首尾如一焉、亦不可也、耶基亞係市府同盟、而伊多納同盟、固種族之同盟、耶基亞市府有盟主權、而伊多納人知山谷之險難、抗外患、退居平地、不受迫脅、性又慓悍、乘海作賊、權力日盛、遂創帝國、自南至西、撫有伊比拉斯 Southern Epirus 亞嘉爾拿里亞 Western Acarnania 德沙黎 Thessaly 樸阿西土 Phocis 比阿些 Boeotia 諸部、而小亞細亞呼倫志斯海岸、The Prontis 亦同盟焉、史稱其管轄特爾回神巫、The Delphic Oracle 鄰保同盟會

The Ampictyonic Assembly 之全權非虛語矣、若其統督同盟諸州、全以武斷 Military Leadership 與耶基亞同盟諸州、得自由權利、而成同盟者、其形勢尤不同爾

伊多納同盟議會議員自年三十歲自由公民選舉、每年秋開議會於些爾馬木 Thermun 列議會者、不盡有力市府之民、

議會凡選同盟行政官長、即大將軍、必豫選候補數人、以抽籤擢一人、

大將軍召集同盟議會、（耶基亞同盟行政委員會十人伊多納同盟無之）且軍事職權之外、更有文事及代表職權、

伊多納同盟耶基亞同盟後皆服羅馬、

第百四十二節　羅馬及西部希臘人　西部黑拉斯與嘉爾塞西 Carthago 相接、後爲羅馬呑併、然是爲羅馬干涉內亂、遣大軍於希臘本部以前事也、至羅馬略定馬枯拿克連西、Magna Graecia 大希臘等事、則在紀元前二百七十二年、克服意大利全半島之時、

又西黎及殖民地紀元前二百四十一年、羅馬略之、二百二十七年、編爲郡縣、其餘西部希臘西班牙高盧 Goul 等、後亦爲羅馬所攻、歸其領內焉、

第百四十三節　羅馬征服之後　羅馬雖征服四方、而在小亞細亞西里亞、Syria 馬基頓人之制度、未嘗改作羅馬風尙也、蓋東洋半希臘市府 The Semi-Greek Municipalities 之自治精神、與羅馬制度相抗、亞細亞西里亞埃及、或用希臘語、或半化於黑列奴風俗、亦與羅馬相反也、然至羅馬以君士坦丁 Constantinople 爲帝國首府、則希臘羅馬及東洋三種之政治、皆以帝王之力混合爲一焉、（參考第百八十一節至第百八十七節）至西黎意大利高盧西班牙諸希臘人殖民地、被羅馬勢

力較多、故化爲羅馬風、而與其政治相合也、

論羅馬政治

第百四十四節　上古羅馬王國　上古羅馬未建帝國也、政治巨細、與希臘無異、和美爾所詠希臘家長政治、即上古羅馬國王之制度、惟羅馬王位係出數家、非如希臘拿西若拿利志王家、一脈相繼耳、雖然羅馬王之職權、政府之行事、當時希臘人視之、亦不爲怪、蓋羅馬王爲國高僧 High-priest 大將軍、General 裁判官、與評議會有脣齒相依之勢也、評議會即元老院、Senate 以氏長組織者也、羅馬與希臘合宗族 Gentes 衆族 Curies 種族 Tribes 而成國王、及參議院之議、須以自由衆族評議會 Comitia 決之、（參考第四十八節至五十七節）羅馬王崩、先以氏長評議會、選攝政、Interrex 攝政一日、指定王嗣、王嗣與氏長再議、而以衆族評議會、最後指定者爲王、而即位焉、是上古羅馬王繼承法也、

第百四十五節　羅馬憲法發達特性　上古羅馬憲法、既與希臘相似矣、然而建國未久、其形已變、而有特異之性、所謂羅馬方法者、以上古羅馬無革命 Revolution 事也、羅馬國憲、以刪除修補爲變革、初無激烈之舉、故雖經變革、如木有本、水有源、其舊章不盡廢焉、雖有雅典梭倫克利德烈斯其人、亦烏能施其術哉、雖然改革之因、隨時而伏也、研究羅馬制度者、亦明其由來可矣、

第百四十六節　塞爾彪改革　塞爾彪都爾留、Servius Tullius 上古末期之明主也、有文武略、其變羅馬憲法也、猶梭倫之於雅典焉、按羅馬元老院初期、似英國古貴族院、The House of

Lords 參考第六百五十九節 組織之人王所召集人民之長也、及塞爾彪、以其特權、擢平民大族富家之父、入元老院、於是破貴族特權而行憲法本體、非異日奏功之本乎、塞爾彪有大元帥資格、故既實行憲法、更改軍政、依財產、分人民爲五級、命自備兵器、課以軍役、聯爲評議會、卽一百人會議、Comitia Centuriata 軍人會議也、以百軍人爲一隊、每隊有一投票權、得參與評議會、外交事件、尤與軍人相關、故一切事、歸其議決、夫準財產新定五級人民、與以政治特權、憲法改革、寓於是矣、然軍人會議、其初止預軍事、爾後卽無軍事、會議不廢、至代表之職、盡廢世襲、以財產爲準、凡選舉立法諸權、悉歸於此、夫豈塞爾彪所逆料哉、詳見下文、參考第百五十四節百五十五節

第百四十七節　遜丟路利　塞爾彪人民級別法、以統計財產爲本、研究及此、不能不溯亞典梭倫之改革政治也、參考第七十三節 而與克利德烈斯級別舊種族法、亦相彷彿、其財產級別、分爲五種、凡羅馬人民、皆有軍事義務、且以持二西路克郞以上田地者、定爲新級別、出爲兵卒、以衛國家、新級別第一級、凡財產十萬亞些士、二千圓 出步兵八十遜丟路利、譯者曰遜丟路利一百之義、八十遜丟路利、八千人也、騎兵十八遜丟路利、第二級財產七萬五千亞些士、第三級財產五萬亞些士、第四級財產二萬五千亞些士、各出步兵二十遜丟路利、第五級財產一萬一千亞些士、出兵士三十遜丟路利、而其各級步兵之半、四十五歲以上六十歲以下、其餘皆十七歲至四十五歲之人、百人會議 拉丁語所謂 Comitia Centuriata 其意爲百人級之評議會譯者從簡譯爲百人會議也 之票決、卽以上步騎之遜丟路利爲之、各遜丟路利之投票、各集會、豫以多數定之、自其制度全體觀之、其以財富年長者、左右軍人會議也明矣、而五級遜丟路利外、更計無一萬一千亞些士之財產者、新遜丟

路利不載於統計表者出樂人及力役四新遜丢路利於是遜丢路利總數凡一百九十有三、（譯者曰觀此則當時羅馬步騎兵總數實一萬九千三百八人也）

第百四十八節　發生共和政治　羅馬之廢王位也、共和政治以生、蓋如克利德烈斯 Clisthenes 之於雅典改爲平民政治也、然當紀元前五百九年羅馬發生共和政治、初無激烈革命之舉、凡所改革、先二百年、已伏其因、如雅典亞爾干 Archons 改終身職爲一年期滿是已、當五百九年之改革、其大綱有二、曰以主政官二人 Consuls 代王、一也、而其主政官每年以軍人議會選舉、蓋其王者其先有他爾克因 Tarquin 代之、業已腐敗也、曰新置高僧 Rex Sacrorum 享有舊王宗教上之特權、二也、於是王者職權、盡移於主政官二人、選舉舊王之權、歸於軍人會議矣、然羅馬憲法固不失舊形也、不過元老院職權見其伸張而已、

第百四十九節　元老院　羅馬元老院 The Senate 者、其職權無定、特別之政治機關也、自初選舉主政官、至第二比路里克役之終（紀元前五百九年至同二百一年）、元老院實羅馬之政府、其議決也、爲行政之主、然其權利、非法律所明定也、其實不過評議院而已、凡執政長官皆得諮之、元老院亦得拒其意見、當王政未廢、元老院爲王輔、及王廢而爲二人主政官、元老院亦爲其輔、進謀議焉、元老院初爲國內第一議院、掌總立法權、後以新執政長官及其餘政治機關、攬其法律慣習權力、元老院僅有微權、然元老院固羅馬帝國之樞要也、其處理軍事、其職權在他議院之上、當時主政官、任期雖僅一年、而皆選自元老會中、凡人民評議會（參考第百五十四節百五十五節）、無持久之性、不過依當路長官、一時集會、惟元老院始終不改、皆有力也、其議員爲終身官、院內皆知名政治家、法律

家將士、練達事務、故其勳德殊負人望、非主政官在職十二月、人民評議會、倉卒集會所能及也、且其宗旨之確、行爲之決、實有足多者、彼以其職爲不明者、胡不觀其利益哉、凡庶官廢職、元老院總攬其權、若與之爭權、則任其所取、及其溺職、復收之、然主政官或他行政長官、得排斥元老院決議、徑行己志、或容人民評議會、而棄元老院意見、元老院似主政官行政長官之屬、而其贊畫謀略、意見之確、考按之精、富於閱歷資財威望、固非他人所及也、故天下承平、國家務閑、元老院行職務、莫或敢抗也、

第百五十節　組織元老院　考羅馬史、元老院議員、常三百人、任期終身、爲監察官、Censor 惟失身分者、除名、王政時代、選舉議員者、惟國王、凡王命參集於議院者、皆議員也、（參考第百四十六節）至主政官襲王職、亦選議員、而紀元前三百五十一年、設新法律、凡主政官布連多爾、Praetor 司法官、土木官、Curule-aedile 皆有爲議員之權、不足以監察官補之、蓋元老院之議、固不獨監察官也、

第百五十一節　因征服諸事變動憲法　羅馬兵克服四方、元老院出奇計、選良將、以成其功、夫帝國創造大業、總攬政治、如元老院者、若不勝任、則他執政官、評議會、更無論矣、時羅馬政體、有不能如雅典斯巴達及希臘山中諸市府、平安自治者、因羅馬非如亞知加 Attica 四方有障、得以獨立也、其周圍拉渣毋之平原、伊多爾拉他伯爾河畔、皆爲敵國市府、至此等市府歸羅馬大權之下、羅馬四境、轉增強鄰、欲保持安甯、能不征服意大利之全部哉、若意大利已服、羅馬西黎諸地、僅隔帶水、因而進西黎與嘉爾塞西 Carthage 啓釁、及破嘉爾塞西、遂攻西班牙、蓋羅馬

是時征略四方、勢成騎虎、欲罷不能矣、夫當日羅馬繞地中海、依海水以通三大陸、歷遣軍隊、幾非屈全世界於羅馬之下不止、而其憲法因此戰亂、遂多變更、平民得政治特權、卽其結果也、

第百五十二節　平民　羅馬之平民果如何哉、某史家曰、羅馬平民、The Plebeians 卽布烈比安、非市閭市民、Non-citizen class 所謂雅典之移住民 Metoeci 是也、參考第九十三節 或曰布列比安者稱從市民、Sub-citizens 初亦羅馬之宗族、自衆族而成者、後因他事、不列貴族、The Patrician Gentes 失就官權、或曰、羅馬本非鞏固豐腴之地、上古人民、非選擇而居之也、意大利無賴、避本國之法、隱居於此、要之羅馬之民、其族淆雜不一也、又有氏長者、Fathers 別稱巴多列斯、Patres 古貴族之長也、因爲第一貴族、自稱巴多利西安 Patrician 蓋係人爲宗族、而非自然留遺者也、後之來羅馬者、當酋長家族既成、遂爲酋長家族之人焉、宗族縱與貴族並立、不排斥於衆族、而其位較劣、此外又有自外國來者、經商於羅馬他伯爾河、以博利益、初爲外人、年久而爲非市民、謂忘其出於外國、與羅馬府民族視爲一體也、當時民族之多、從可知矣、夫此等民族、不問其爲從市民非市民以半奴隸之狀、屬於貴族尊長、皆謂之爲平民焉、

第百五十三節　平民退羅馬　紀元前四百九十四年、羅馬平民、或大隊、或小隊、爲羅馬大軍之本、增羅馬軍勢力、得與元老院階級、而有政治之權利、而其之第一次之運動、以其實力爲貴族所知、而平民亦自知其强大也、蓋平民以羅馬方事爭戰、乃自擁平民軍、退羅馬府、別建獨立平民政府、當時怨言曰、平民運命幸福生殺之權、皆操自貴族、執政官敢怒而不敢言、是平民第一次運動所以禦執政之虐、別無重大之要求也、

第百五十四節　平民法官　此革命之苗播種之時也、選平民法官曰多利比紐 Tribune 初二人、後五人、最後十人、謂法官選自平民、位居他執政官下、平民上、有拒止判決之權、凡貴族與平民條約、苟干犯其職權、目爲人神之敵、然貴族之於平民、正不多讓也、平民法官雖選自平民、其實選之者、仍非平民、蓋貴族評議會所謂哥美斯基路拉他 Comitia Curiata 也、（記元前四百七十年止）雖然平民法官實改革國憲之基、後以平民法官不足制執政官之暴、欲自爲平民政治袖領、集平民評議會 Concilia Plebis 煽動不已、貴族大憤、乃解散平民集會、虐遇平民法官、平民激昂益甚、遂於紀元前四百九十年、定新法律曰伊西蘭 The Icilian 平民法官遇有害民者、定爲死罪、

第百五十五節　平民勢力增進　紀元前四百七十一年、以選舉平民法官權、與新設平民評議會、卽西拉毋多利比達布列比斯 Concilium Tributum Plebis 也、平民評議會勢力日增、爲政治要部、後遂不論平民貴族、凡稱爲國民者、皆得入西拉毋多利比達布列比斯國民評議會、爲國家主要之法部焉、平民法官在評議會有發案權、繼有元老院發案權、幷制執政官、而爲獨立司法之權、其貴族評議會曰哥美沙基路拉他者、尙有微權、蓋不能遽廢也、百人議會限制較前稍嚴、仍有選舉立法之權、元老院依舊參議行政、他事無關、故攷其實際、所謂哥美沙多利比路他 Comitia Tributa 國民評議會實掌國家之大權也、其餘評議會自貴族而成、蓋莫不衰矣、

第百五十六節　平民及執政官之權　平民以僅增立法權、平民法官、介立於平民執政官之間爲憾、欲以平民就執政官、以增政治勢力、其最欲得者主政官職 The Consulship 也、蓋得主

商務印書館印行

政官職、則其餘職、固不難得耳、雖然、公修爾職、爲當時憲法之鑰、其任甚重、貴族百計阻之、民不得逞者百五十年、後以民權難抗、乃減殺公修爾權、而設新官職、與以特權、其職不專以貴族補授、當爭議之初、平民不認公修爾職權、貴族乃因軍事法官 Military Tribunes 以戰陣公修爾職權、給平民、蓋以平民法官、不認執政官判決、謂其不能保護羅馬府外之平民、而公修爾戰陣權力、則平民所必欲得者也、然平民猶以爲未足、欲得全公修爾職權、而持其戰陣內政諸公修爾之權、於是依法律、平民得補公修爾一人、然其勢力謀略、平民公修爾固不及貴族公修爾、蓋選舉公修爾者百人議會也、且乘機防平民攘取此職、新設魁斯多爾職、爲理財官、以公修爾權力、分與貴族魁斯多爾二人、平民知其有害、進而奮爭、乃以平民補公修爾一人之法律、發布實行、後平民可爲二公修爾、此時貴族則以屬於前後公修爾之權力、分入掌中、第一舉塞梭爾官、以改製元老院議員名簿、次設布達爾多 Proetors 官、與以公修爾昔日襲王司法之權、此二職皆不許平民補授、布達多爾卽公修爾之原名、然此與前異、職官分配漸定、雖貴族尙掌政權、而平民得就官職、凡神聖僧官以及神學院 Augural College 等、平民皆爲之、古昔貴族平民不平諸事、全消滅矣、

第百五十七節　共和政體崩潰　雖然、貴族平民紛爭、共和政體、已形崩潰之兆矣、蓋羅馬初征四方、多併州郡、未嘗布新制、施善政、以固管轄之權、遇新事情、惟襲用古制市府之憲法、不足以治大國、其破裂也、不亦宜乎、

第百五十八節　地方政治　當時市府政治、公修爾及布達多爾、仍未廢也、惟派布羅公修爾

布羅布達多爾 Pro-consuls and Pro-praetors 於各地以治地方之政、該官無平民法官之監督、與元老院諸評議會之評論所箝制者、惟遇職務過失、滿任之後、當在羅馬府受陪審法衙 Jury Courts 審問而已、陪審法院可以賄賂顛倒是非、且羅馬市內公修爾布達多爾二官、實獨立於元老院人民評議會之上、則布羅公修爾布羅布達多爾在市府外、亦獨立不羈之官也、且布羅公修爾布羅布達多爾、遠離家鄉、脫市府監督、以赴任、其治下人民、固非其同胞市民也、當時裁判之事、定例凡第一審陪審法衙審問、徑行審判者、得以上控、而布羅公修爾布羅布達多爾、受命於市府、而蒞於地方也、法律毫無限制、卽爲最後裁判官、所拘束者、惟其所發法令、與所選成例而已、以市府機關推及於各地方、其徵收租稅也、委之巴布利肯 Publicans 以步德納之於官、共中央政治地方政治、無連絡一氣之法、各地方都府州郡、往往不得保其政治、而受羅馬府之干涉、制度不完、復迫以兵力屈服人民、是不以天下國家而布政治、實以天下國家、爲逞威之具矣、

第百五十九節　失敗原因　以一市府憲法、而治全國、其失敗原因如左、一曰以參政權與地方人民、而自羅馬府、派官吏於地方、該官吏雖屬於羅馬府監督、而無監督之實也、二曰當時無代議院制度、除羅馬府內市民權外、別無公民權、地方人民、不知羅馬政治也、蓋當時地方人民、不得來羅馬府列國民評議會部審法衙而與議事、則在羅馬府內無市民權、惟在地方上、有市民權、其所得者、制地方行政官及劾巴布利肯耳、

第百六十節　創建帝國　當時救國家人民第一法、在先廢市府憲法、以一君主統治全國、使

商務印書館印行

地方州郡、與羅馬府權力相埒、此該撒所計、破共和政體、以建帝國、二大事也、蓋創建帝國之前、公修爾元老院以地方州郡、爲羅馬之財產、府民之領地、及帝國既成、帝者臨御四海、以一人之身、併有公修爾布羅公修爾布達多爾布羅布達多爾多比利奴魁斯多爾之權、而地方州郡、竟爲組織帝國之本矣、雖元老院仍存、地方官吏多出羅馬府民選舉、然羅馬府與各地方皆服從於帝、凡地方官吏、羅馬府吏、皆爲帝代官、於是天下萬姓、皆服屬於一君、地方人民與昔貴官比肩而立、故至紀元二百十二年、甲拉蘇帝法律、以公民權與全國民、亦帝國自然之結果也、蓋以全帝國人民、爲帝臣屬、故全國民皆公民也、

帝國政治之進化

第百六十一節　創建帝國史　羅馬創建帝國、自共和政體、變爲帝政、以及革命之起、非朝夕之故也、其征服四方、增長尙武之氣象、習爲放縱、性質固已漸化、然所以變革制度者、實其沈著剛强、歷百五十餘年、羣之生機不息、蓋廢共和政治、以創帝政、其緒發於紀元前一百三十三年提比留駕拉克平分財產法律案、至紀元第十四年、屋大維之崩、猶未成就也、

第百六十二節　自提比留駕拉克 Tiberius Gracehus 至奧古士都（屋大維）Augustus 時期、羅馬國發生帝國之原因、實於駕拉克之立法案、共和政治實力在自由之公民、農民、貴族、大地主、小農等、自羅馬威權日强、版圖式擴、其征討之際、良民旣死於戰爭、而富族日營巨產、小耕地民、遂併於富豪之大耕地、捕虜遞增、自由之人、亦爲奴隸、奪其產計、卒之屬國諸州郡、多產賤價穀物、意大利本州雖奴隸之大農作、亦歸廢絕、萬頃田圃、變爲牧場、徒見牛羊之跡矣、因農民困難、

乃略取意大利外殖民地以救之、及嘉爾塞西滅亡、戰爭之禍稍紓、而財政日迫、貧民咸失衣食、國家公地皆歸富豪、富豪議員滿元老院、以左右國家之政、其失共和基礎、而迫欲改革也、豈無故哉、

第百六十三節　提比留駕拉克、思復古法律、（即紀元前三百六十六年之利西蘭法）以救國民、誠以元老院富族、違利西蘭法、兼併公地也、紀元前百三十三年、提比留爲平民法官、提出法律案、欲收富族强占之土、準舊法仍作公地、分給人民、富族元老院黨、弑提比留而壓其黨與人民不平者、槪爲排斥、提比留法案、無由實行、後十年、提比留之弟駕拉克 Gains Graechus 起爲平民法官、銳意行提比留政略、其法律案曰、一、穀物當以廉價賣與平民、二、意大利外土地、均作殖民地、三、以參議院議員司法職權與某公民議會、四、定新地方定軍令制、當時貴族、仍與相反、破其政略、而掌國政之實權焉、

第百六十四節　當富人貴族、掌握政權、有黎約 Marias 蘇拉 Sulla 二人者、分甲乙兩黨、各戴首領、用起內亂、兩黨久結平民、其政略在消磨洗滌諸種流弊、然非其任也、馬黎約黨務期猛進、以握政權、乃以謀敗意大利之財政、初無改良、而馬黎約抗之、復古羅馬憲法、微與些爾賓斯 Lervius 憲法相若、因爲法律之本、施數十人專制之政、而與之相抗者、亦不能增人民勢力、不過成爲內亂耳、內亂起於該撒及多拉亞母比連 Trumvirates 三人執政以前、迄於奧古士都 Octavius 羅馬帝政之初、案羅馬自共和政體、移於帝政、其序極明、第一自由農作衰廢、財政權力自人民移於富族、第二貴族權力集於元老院、第三各種反動及爭黨、第四該撒克高盧 Gaul

勇士援之、乘勝干涉國事、第五國家政權歸於一人、蓋共和政治末年、羅馬內亂相踵、幾成痼疾、以上諸節、皆其救藥也、

第百六十五節　奧古士都變共和制度爲帝政制度　雖然、帝者職位、非創自一朝、自共和制度、綜合而裁成也、奧古士都一 Octavius 本政治家、其改革舊制、雖無激烈之形、而廢底克顛多爾職、以主治權、歸於一人、則不能曲諱而不必諱也、攷底克顛多爾 Dictatorship （執政官政權無限）在共和極盛之時、固非不經之官、惟以一人永爲君主、有乖共和、其位於法律之上、擅權之跡既明、且以蘇拉曾充是職、尤民所怨、故儼然廢之、不以爲非耳、要之創設帝政、尚留共和舊法之形、但其內部別有新精神新勢力也、

第百六十六節　紀元前四十三年、奧古士都、與安多拉斯 Antonius 列比達斯 Lepidus 組織第二次多拉亞母比連、The Second Iriumvirate （即三人執政同盟）受人推戴、同僚二人、以多拉亞母比連資格、掌國家大權五年、（紀元前三百十八年）續任五年、奧古士都、權力聲望日增、任滿、（紀元前三十三年）其權力仍存、紀元前三十一年、奧古士都、以三十二年人民所奉軍事總督 The Military Imperium 職權、與安多拉斯戰於亞克渣母、破之、奧古士都揚言曰、余所競爭、非爲私鬬、蓋征伐東洋之叛魁耳、後奧古士都實爲主權者、然其法律外之權、必須示之人民也、紀元前二十八九年、奧古士都、舉親友亞格利巴 Agrippa 爲公修爾、而以嚮屬公修爾之權歸己、然後以塞梭爾職權 The Censorial Power 改革元老院、第一嚴議員財產資格、第二以地方州郡加新議員、第三沙汰議員是也、其餘欲改革者尚多、至紀元二十八年、奧古士都佯辭紀元前三十三年來之權曰、余爲

多拉亞毋比連難免違法今將解任就閒矣然布共和政治於帝政之內實自此時始也、

第百六十七節　紀元前二十七年元老院因地方州郡多未綏服保持國威續請奧古士都總督軍事於是奧古士都遣太守為代官永職地方事務以己親轄地方屯軍握地方之全權惟已經撫綏諸地仍依元老院以決政務布羅公修爾 Pro-consuls 布羅布達多爾 Pro-praetors 歸元老院選拔而已已而奧古士都恐人嫉妬乃避其名立恍惚之號曰屋大維 Augustus 紀元前二十三年後數年閒奧古士都累受多利比奴布羅公修爾公修爾職權任終身至紀元前十九年、屋大維授管掌國家大法職十二年陸本志非克斯馬基西某 Pontifx Maximus 位權力完全無缺矣然屋大維掌握此權非廢共和時代之官職也蓋非親居公修爾多利比奴之位惟掌其實權而已所謂公修爾多利比奴者仍為一官由評議會選舉惟公修爾任期稍短耳皇帝卽耶毋布羅爾 The emperor 職其形與諸官相同元老院依然為行政法律之本屋大維與議員同服同席而會議於元老院裁斷機務者屋大維也主持元老院而為塞梭爾者屋大維也有元老院議員名譽財產而稱職者屋大維也屋大維之御宇也國家大權久歸掌握天下莫與爭衡乃猶準共和形式置顧問官以輔立法行政實造帝政制度於共和政治之內此後世羅馬帝皇所以行帝者大權而無所忌憚也、

第百六十八節　凡為國民具有性情苟觀上文所紀假會 Masquerade 謂假共和制度以行帝政也必有啞然失笑者當時羅馬人豈眞冥然罔覺哉然當時人民久困內亂及無政府得屋大維新政保其治安宜其喜也若夫聰明勇決逆知屋大維狡謀不惜死亡犧牲其身而與之抗者、

則後世所稱豪傑之士耳豈所望於當日羅馬人民哉、且亞克渣母 Actium 戰爭以後、屋大維麾下雄兵四十萬且經二十年內亂殘忍暴戾幾成習慣彼嗤笑其旁者能無懼乎、

第百六十九節　帝權完備　皇帝者主國務之執政官也雖諸種職權、執掌各別、其實以帝統之、蓋皇帝卽國家 The State Personified 也自立法發案以及行政監督指揮諸權、皆其職掌故屋大維既爲皇帝慰其實行權力之心昔日民選諸官不啻大木之葉泰山之礫已耳雖皇帝服飾起居與民無異已爲自古未有專制之人矣、

第百七十節　制定法律之新法　欲明共和制度之廢棄、亦觀其立法可矣屋大維之立法也、亦改平民立法之式其國民議會除選舉權外他無與焉元老院雖爲第一立法之部然其議員、悉由帝簡威嚴亦不如前其昔盛今衰非所謂以子之矛陷子之盾耶史家基本氏 Gibbon 之言曰當日元老院決議宣告遵奉皇帝之旨者也某史家曰爾後皇帝實爲法律之原蓋謂法衙引用法規皆由帝意也帝之布告 Edicts 行政官也如古布連多爾兼任高等官職不必準據成例以司法官資格經行判決 Decrees 或下勅書 Mandates 於有司有司得呈意見備帝採擇、帝得擢用學士與以權力用其辨論 responses 釋法律疑義凡元老院議決亦承帝指導權力之大亦可見然共和立法之式雖廢於此時而元老院評議 Senatus Consulta 仍代之而立法也、

當時國民議會仍有選舉權惟與古士都帝政第一期國民議會選舉諸有司權立法權移於元老院然權力雖減得之者猶以爲榮故此等官職由帝委任亦籠絡貴族之具也、

第百七十一節　元老院司法權　帝國初期元老院最有威嚴勢力者其裁判所職權也蓋共

和時代元老院嘗出雄辨之士、至帝國遇國家大事、元老院亦有聲譽耳、

第百七十二節　新職　新立皇帝、制度憲章一切更張、職官爲之一新、因古布列非克官、執行特殊行政職權、後立羅馬市布列非克 Praefects of the city 新官、皇帝不在攝政、Vice-regent 設皇帝特別護衞隊、曰布連多爾、屬布列非克管下、更設警察、帝國常備兵於羅馬府內焉、至布羅鳩連多爾 Procurators 官、初理皇帝私財、不過一附屬職官、至是强盛、而顧問官 The privy Council 尤日攬大權、以元老院之名、行豫定法律諸權、

第百七十三節　郡縣　羅馬帝國、新組織者、地方郡縣 The provinces 也、考共和政體之敗、一由財政衰頹、一由國境廣漠、憲法不足以統之、而以郡縣失統治爲尤甚、故創建帝政、最宜於地方郡縣、且共和時代、郡縣官吏、祇知厚斂困民、而無善政、是其市府爲無數專制君主也、及帝政新立、以一君主、永爲政府、氣象一新、凡皇帝財政、與郡縣之貧富、全國官吏之貪廉、莫不相關、蓋以嚴正之法、約諸有司、不以地方郡縣、屬於元老議院、而歸皇帝直轄也、其仍屬元老院者、皇帝亦制其人民官吏、不使失其從服、壞其秩序、且皇帝之御天下也、元老院與地方郡縣、利害相同、元老院議員、多出自郡縣、凡上流人士、以財產功勳、有爲元老院議員之權、故通國爲皇帝耳目喉舌、以發有司之覆、政府之內、無非郡縣之代表矣、

第百七十四節　羅馬帝國歷羅馬府　創建帝國後、他方郡縣、政府倚之、爲政治要部、當羅馬五帝西路亞斯家、即該撒統係、（自屋大維至尼羅五帝）非以帝國爲帝國、而以羅馬府爲帝國也、及五帝後、皇帝時代、羅馬雖仍爲帝國首府、已非如古羅馬府爲羅馬之帝國也、蓋羅馬府與郡縣等、實自

商務印書館印行

屋大維帝始、漸以羅馬府民所占特權、許郡縣之人民、不問首府郡縣、皆爲皇帝領地之一部、而西路亞斯家皇帝以後、進化愈急、至以意大利西班牙種大剌壞爲帝、哈的練帝 Hadrian 馬古奥里留 Marcus Aurelius 二帝亦係此種當時市府郡縣、咸歸平等、皇帝雖自羅馬府出令、以治天下、而施行之政、天下一家、非爲昔日專爲羅馬府矣、此以羅馬府帝國壓羅馬府之情形也、

第百七十五節　後代帝王　軍人革命羅馬皇帝之係有不出於羅馬者、希略駕巴羅 Elagabalus 西里亞 Syria 拜日教之僧 Sun-priest 馬西密鄰 Maximin 斯列沙之農 A Thracia 也、而地克里生 Diocletian 者、變革帝國、軍人革命于焉告終、則達馬西 Dalmatia 微族之子也、是時拉丁血統無勢、至第二世紀後、拉丁語亦衰、希臘語行矣、

第百七十六節　軍隊　未幾、地方軍人、政治之上、又有大勢力矣、羅馬之征服四方也、多徵兵於地方郡縣、及帝國規模漸大、兵士（擴帝國版圖防其分裂者即此等軍人也）雖受羅馬訓練、不失羅馬精神、而血統漸淆、所謂高盧日耳曼西多亞 Seyshains 以及諸野蠻國人、皆已征服、俾服軍役、及共和末路、羅馬大軍、卒視政府毫無忌憚矣、凡欲得奥都古士帝位者、必先結軍隊心、如格老丢斯即位、實布連多爾軍隊 The Praetorian guard 力也、是以羅馬皇帝元老院選定、必待軍人承諾、若嘉爾巴帝 Golba 阿拔帝 Otho 威德拉士帝 Vitellius 等、皆起於羅馬府、依軍人推舉、然後踐位、其威權强盛、雖布達邊斯家諸帝 The Flavian Emperors 亦不免依軍隊之力、於是郅治已去、歷二十餘帝、百年間、郡縣武夫、推戴所愛、互相攻擊、而天下事不可問矣、

第百七十七節　變更政府　軍人干與政治、政界之大患也、英武之帝崛起、變更政府、天下之

政、一新、與古士都帝國遂變而爲君士坦丁帝國焉、此時維新、與近代君主政治相似、其尤宜措意者、則共和政體所未見之職、當帝政初期、顯於政府也、羅馬富家貴族、其管理私地、經理家計、率以奴隸秀良者充之、而帝國初期之帝、亦以之供會計祕書顧問扈從之職、愛自由者、往往引以爲恥、蓋共和時代人樂盡力公務、若私事箇人、無論內事、固爲世所詬病、雖貴爲將帥、而以保一姓之計、有類婢僕、卽於名譽有玷、條頓人不出此也、（參考第二百二十六節至二十八節）豈料後世且以是爲榮名哉、然世運變遷、輔弼之職、日侍帝旁、漸握大權、亦足以動志士功名之心也、貴族 Patricians 初爲樞密顧問員、繼爲朝廷要職、帝以爲友、Companions 拉丁語所謂 Comites 者、卽 Companion 之義、英語公脫譯曰通例伯爵、卽自 Comites 出也、凡自由諸人、亦以得之爲榮、而 Comites 遂爲百官之長矣、

按、初期帝國內侍職司、與中古歐羅巴諸國朝廷執事 Stewards 侍從 Chamderlains 給事 Butlers 等、同今大臣職、及內閣、實自此發達、羅馬內侍職司、與君士坦丁帝及近代司職、亦相似、詳見下文、

第百七十八節　帝政制度之發達也、郡縣太守、不過總裁監督之權、至皇帝許地方自治、郡縣都會、遂設各政廳、治其人民、後因地方人民、喜中央政府干涉、帝政制度、益普及於地方、而中央政府、又依之創省局政治 Bureaucracy 矣、郡縣太守、多置僚屬、一司法機關也、然政府常以法學名士監之、蓋羅馬政府、欲管轄各人公私之務、集權中央、以成階級政治 Hierarchy 其平也、郡縣各地、依首府搆造、受其指揮、有受法規約束之文官、而官吏之階級起焉、

第百七十九節　地克里生帝方略　革命變遷、而郡縣半野蠻軍人叛逆執權之時也、歷時百有四年、至二百八十四年、地克里生登帝位、乃改革憲法、以制軍人、先是憲法湮滅、羅馬人與野蠻人、毫無區別、而郡縣之兵、亦自諸州軍人淆雜而成、地克里生乃以帝國爲武斷專制之國、廢元老院以下共和官職、其所存者、不過略有其名、無與於政治也、於是政府一新、悉爲法度之政矣、

第百八十節　地克里生之方略、君士但丁之祖也、地克里生、計使各自獨立、分掌軍國大權、而以己爲首領、乃以馬西密鄰 Maximian 爲副皇帝 Co-Augustus 開左納拉 Mediolanum 府、即美蘭府、以治意大利亞非利加諸州、已爲上皇、都比西納 Bithynia 之尼前蔑渣 Nicomedia 專治東方諸國、保大政總督之權、別立高盧布利顛西班牙諸地副王、Caesar 都高盧蘇嘉他利比倫 Augusta Trevirorum 府、即多來耶爾府也、立伊利嘉母 Illyricum 副王、開府於沙爾馬木 Sermium 以助上皇帝副皇帝、Two Augusti 且有嗣二皇之資格、爲政府之樞、而治難治之郡縣者也、副皇帝副王、行文武大權於其屬地、然亦必奉地克里生爲之主耳、

按此制度、知羅馬府非帝國之首府、所以分帝國爲東西二部也、

第百八十一節　君士但丁改革　地克里生帝崩、分割大權、競爭不已、幸君士但丁帝出、爭奪始定、帝意與地克里生異、尤在文武大權、盡歸己轄、爾後一人之外、不復有統轄之權力也、君士但丁帝行政、復本地克里生意、分全國爲四大區、區置太守一人、Praetorian Prefect 以爲皇帝特領地代理行政財政最高官、讞定爭訟裁判官、惟無軍事之權而已、

君士但丁分全國爲四大區曰布列斐克丟亞、Prefecture 地克里生制上皇帝副皇帝副王、各置代官曰布列脫蘭以襲古布列脫蘭之名君士但丁雖置布列斐克多四人其上無副皇帝副王蓋君士但丁獨主之也而布列斐克多係文官無軍事職權與地克里生之布列脫蘭職權異矣布達多爾軍隊亦廢於君士但丁、

第百八十二節　君士但丁又分四大區爲十三小區、Thirteen Dioceses 各區置副太守、Vice-prefects 復分十三小區爲百十六區、Provinces 各置布羅公修爾、Pro-consuls 哥列克多爾、Correctors 公西路拉爾、Consulars 布列西顛脫 Presidents 以治之、

基本曰當時羅馬文官皆選自法律家爲文官者必先學法律五年卒業後得充文官任官後、歷各等官級然後得爲主掌若小區大區政治大官也、

第百八十三節　右當年羅馬制度之梗概也且兵馬大權、別立大將軍四人、Masters-general 以分掌之置郡縣副將三十五人、受四大將軍之指揮監督焉、

副將三十五人各有稱號總名曰志路克 Dukes 拉丁語之 Duces 將領義也或加高等考脫 Counts 拉丁語 Comites 爵號云、

第百八十四節　內廷職司　君士但丁定帝國首府於比沙渣毋、Cyzantium 世遂稱其府曰君士但丁羅馬府祗爲帝國郡蓋帝政府在帝國東部矣帝倣東洋專制國君宮闕威儀莊嚴華麗且以內廷職司、（參考第七百七十節）爲重要之職立大官七人以小官數百十人屬之成所謂希臘基亞 Hierarchy 蓋小數官吏之政治也茲錄七大官如左、

一 侍從長、The Great Chamberlain

二 內官長、The Master of Offices 居諸內官之首、後世稱者斯志 Justiciar

三 宮內尚書、Imperial Chancellor 稱魁斯多爾、Quoestor 與共和時魁斯多爾不同、

四 出納長官、Treasurer-General 監督郡縣收稅官二十九名、監察外國貿易及各種製造、

五 監理帝室收入財政官、Count of the Privy Revenue of the Monarch

六 近衛武官二人、Two Counts of the Domestic 即新定布列非克多 Praetorian Praefects 以一人指麾騎兵親軍、一人指麾步兵親軍、當不在後世公斯德布馬斯達 Constable and Master of the horse 下也、

第百八十五節 君士但丁制度 君士但丁制度、有宮廷職司、軍務官、郡縣司牧、凡中古帝政國、與政治機關、輒規倣之、蓋服從條頓將帥之臣僚、Comites 較之內屬於羅馬皇帝之臣僚、更有名譽、其所以有名譽者、實襲君士但丁之制、預爲今日地方長官內閣之模範也、

第百八十六節 東西帝國 自紀元第五世紀、數世紀間、條頓人之蠶食羅馬帝國、西羅馬離君士但丁皇帝而獨立、於是地克里生帝不獨分東西羅馬帝國、爲行政之區、其政治之本、亦不可復合、二帝國並立、一曰比山丁帝國、亦曰希臘帝國、以君士但丁爲首府、一曰西羅馬帝國、首府仍名羅馬、或名拉賽納、紀元四百七十六年、意大利再歸東帝國、而西歐羅巴諸州、不敢踵意大利之後、後數年、西帝國歸日耳曼人管轄、至沙爾大王、Charles the Great 建所謂神聖羅馬帝國、然不能一統也、參考第三百六十四節 是時東羅馬帝國、尚能獨立、至千四百五十三年、乃滅亡、

第百八十七節　宗敎抗爭　右紀東帝國人民與西帝國人民政治之分離也、而宗敎之異、尤加甚焉、君士但丁帝采基督教、爲東帝國國敎、而西帝國羅馬教會、無基督教徒、因此排擊基督教義、羅馬敎以敎王 Pope 爲長、基督敎以管掌 The Patriarch 爲長、敎王實居主權、不受皇帝之制、管長在皇帝下、爲半臣屬、而兩宗敎義、各以言語傳聞、分道而馳、二國統一政治、因之益難、甚且阻東西二國之交通、卒使西歐羅巴諸國、與東部諸國、徒見獨立之政治已、

結論

第百八十八節　市爲古代政治之中心　以近人之思想、似不能攷希臘羅馬政治之發達、然上古家族之狀、固有確證者、故知上古政治、不能遏止、所謂市府精神者 Municipal Spirit 則知希臘羅馬政治之發達矣、夫古之市府、非如今日市場、僅爲人口產業之中心也、當時商工、雖闤集市場、而市府成立原因、初不在此、古之初、羣共居中心之地、實由家族衆族種族而成聯邦也、至羅馬帝國興、蹂躪地方郡縣、總括而爲納沙納利志、復經封建制度結爲君主之制、第十五世紀、文運復興 Renaissance 改革宗敎 Reformation 乃成代議制國家、是以自由人羣維持政治、而成市府也、故稱政治曰波利志克斯 Politics 即市府事務之義也、今日所謂地方政務中央政務、悉以代表之人、參與其際、實與市府政治無別、則中古自由市府、而希臘羅馬之自由市府、其爲今日之過渡也、豈不然哉、

第百八十九節　近代政治　家長統領　如有羅馬市府政治、是帝國興、不堪壓制、加以希臘諸市府內起爭亂、外有馬基頓之寇、遂底滅亡、然在帝政之先、市府政治實與近代政治相近、和

美爾之所詠也、當日之王、卽家長首領、諮問會、由貴族革命所成者、蓋因貴族革命、而古來族長、其位與王相埒、是專制之王、僅爲種族之家長統領也

第百九十節　市民之分與親族之分　貴族政體革命之後、更萌革命之芽焉、按長者議員、各爲族長、以保族制權力、不失爲家族本質、自變爲合同評議員、則族長無君主性質、而失其身分、且廢長子嗣位之法、世運趨於君主主義、亦與聯合與家族之君主主義相反、此近代政治、古代政治所由分也、人民不必介於族長之間、得與國家直接、而市民之分 Citizenship 與親族之分 Kinship 迥然不同矣、

第百九十一節　非市民勢力　市民之發生也、由古之血族、而市府政治之內、更有某種人民、托足於國憲之門、以得憲法之權利、所謂非市民 Non-Citizen 也、無論生於本國內外、或以工商致富、或爲常備兵而得勢、有參與政治之權、蓋此等人民、昔供國家之役、依人作僕、至此始厭屬隸之位、進而經營國事也

第百九十二節　言論定制　非市民之出政界也、改革政治利器、始行於世焉、言論是也、非市民之得政權、非自閥閱血統、故廢市民舊例、而以言論爲決定憲章之利器、且夫言論者、實改革中最有功效者也、天下事理義、苟言論精當、自能指其僞、斥其謬、而使歸於正、蓋自此非市民、卽平民 The Prebs 政權授受、皆以言論決定矣

第百九十三節　政治與宗教分離　言論之顯於世也、其機雖遲、而其效實大、法律制度、規模爲之一新、古昔法律、屬於宗教、至是與宗教平行、法律之力、嚮依習俗、今乃從天下人民之心也、

其政治主義則以票決法斷不可忽、故政治與宗敎、截然分離、而仍受言論之監督、至其宗敎、不過視爲天神地祇而已、

第百九十四節　法律成長　然而言論之於法律、其效不止此也、依衆議制定、其綱目極煩、且變通自由、適合羣之事情、當時之法律、與近代豈相遠哉、

第百九十五節　帝政　羅馬大帝國之政、其中央集權、規模宏大、實太古亞利安人種所不及料者、蓋自歷山大王征服事業、已開其端、復以兵力行其實際、以一政府之力、統國千百、轄民億兆、古代政治、日益衰廢、至與今之政治相遞嬗焉、

參考書目

希臘制度

基伯脫希臘古國家論　西約翰希臘古制國家編　克蘭西耶古市　基魯古市府成立論　布魯志路黎國家學汎論　斯美斯希臘羅馬古事類典　哥克斯希臘政治家傳

希臘史

克羅脫希臘史　嘉爾志斯希臘史　敦雷孫耶林制度沿革　嘉爾志斯馬基頓帝國史

羅馬制度

馬咔敦及摩母孫羅馬古制　摩母孫羅馬國家法　姑蘭西耶古市　布魯志路黎國家學汎論　亞諾爾敦羅馬郡縣制度　斯美斯希臘羅馬古史類典

羅馬史

商務印書館印行

黎伯爾羅馬史講義　哀烈羅馬史　亞諾爾敦羅馬史　摩毋孫羅馬史羅馬郡縣史家
布斯古帝國　蔑利伯爾羅馬帝國史　基本羅馬衰亡史

第四章　羅馬領地及羅馬法

第百九十六節　羅馬法流行　羅馬法者、完備之法律也、流行遍於天下、古之法律思想、益以發達、故近代法律、其編輯之方及其精神、無不含有羅馬法旨、而所以成其特質、使羅馬法普及天下者、羅馬帝政也、故欲知羅馬法性質、當考羅馬帝國征服之始末、

第百九十七節　初期羅馬法　當征服事業寖盛、羅馬之法、雖優於希臘日耳曼人成例、而未足以合世人意也、蓋初期羅馬法、不過定貴族相接及遇官吏之制、半宗教規則而已、其聽市民之訟、別有神祕法、所謂平民不得知者也、當時除占驗變兆、裁斷之外、家長遇家族、輒以權力擅行私法、故保護平民 Non-patrician 權利、其法律上、初無確定之條、苟非興訟而得審斷、人民無所依據、且訟即得直、亦不能援為成例、永保利權、蓋其法律取舍之權、悉歸貴族、非平民所得預耳、

第百九十八節　平民不平　十二銅表　右之法制、偏頗狹隘、其廢此法制者、冀平民之不平也、民嫌法律不明、欲知法律、且得司法官之意、在以現行法律編制法典以示天下、至紀元前四百五十年、五十一年、委員會 Decemvirs 二次定十二銅表 The XII tables 法、而公布之、第一次全以貴族、制定十表、第二次、以平民 Plebeians 三人、與貴族 Patricians 十人、更制二表、始成十二銅表、此羅馬法律初定之文也、惟古習慣法文、民多不解、故十二銅表、以性情所習、與條例

所限、不免障礙、其文字益覺簡略、且以古之法律、爲銅表束縛、失其伸縮自由之性、其範圍更增峻刻矣、至法律之儀式辦法、雖已載於十二銅表、而法律事務、猶屬貴族管掌、故其儀式辦法、惟貴族始知、當日所謂儀式辦法者、與宗教固結、專以禮法爲重、非平民所解、此平民所以憤不能平、欲出貴族之上、而掌法律全權也歟、

第百九十九節　羅馬法發達　解釋　法律範圍既明、盡人可知、不復如往時陰祕、而十二銅表、實羅馬法之樞紐也、故凡法律之解釋準之、至後世不廢、且羅馬法發達、非每年以新思想新主義增加法文、亦以其固有理想適用於新訴訟諸件已耳、

第二百節　布達多爾　羅馬法解釋適用、實因設布達多爾官、與以昔日公修爾主政官、及王司法之權也、布達多爾二職、一市布達多爾、即市判事、Praetor Urbanus 一外國布達多爾、即外務判事、Praetor Praegrinus 也、以市判事理市民之訟、非親下判決、惟以判決情形、豫定法官所準之法律而已、訴訟之起也、市判事聽兩造訴件、自市民中指定裁判官 Judge 一人、使下判決、而其命裁判官也、先下教書、指示訴件之要、擬定法律、使憑此以下判決焉、以裁判官一人審斷諸訟、然亦常以訴件煩冗、增裁判官爲數人、數裁判官檢查訴訟、以成陪審法衙者也、其市判事陪審官、與今判事之於陪審官、規模相似、惟當日審判訴件、市判事與陪審官、各有法庭、與今制異耳、要之市判事解釋法律、而以陪審官審斷事實也、

第二百一節　法律及其適用　市判事下教書於陪審官、其指示適用及解釋、非以立法體裁、

視人羣之用、而定新法、亦依十二銅表、與元老院議決、以及平民所參政之權、而生法律之理而已若今日制定法律之案、固非當日市判事所知也、故市判事解用十二銅表、及元老院諸議、雖爲制法之宜、而市府人民日加發達、市判事行用法權情形自別、以無數訴件、而欲以昔日簡略法律治之勢、必不能也、然則市判事如何行其法權乎、曰市判事亦按古之法典、以其材淺、發明法理原則、以施之紛雜訴件而已、而因其解釋古法、新法理、新思想、遂生於冥冥之中、故曰市判事者、自然法之本也、

第二百二節　市判事法令　市判事解釋法律、而使之適用、亦非徒爲各訴件而下敎書於陪審官也、其就職之初、即布文告、聲明繼前官施行法律之主義、并已在職中適用之新規則、惟此新規則亦不過通常之訴件辦法耳、試舉其文告如左、一凡人民財產權、市判事視爲不合古法、或已廢之法、今以新法得釋理由、爾後視與古法無異、二以某法所得權利、爾後視爲正確之法利、然市判事非能作新法也、其以右之權利、視爲有効者、實以補舊律之欠缺、而既有彌補之法、自有阻遏之權、不待言矣、夫市判事發布文告、羅馬法自然發達之証也、當時法律所以不變革、而久適於用者、非以順序漸進、合人民之宜、而應用無窮耶、

第二百三節　外務判事　外務判事職權、與市判事相同、而其裁判之權、受古法之制較少、其管轄件、第一住居羅馬府外國人之訴訟、第二羅馬市民與外國人之訴訟、第三羅馬領地諸都府民之訴訟、蓋羅馬法以市判事執行、曰西路西比 Jus Civile 法律、爲羅馬人而設、非純羅馬人不能用之、以其古種族之習及宗教之禮、不可瀆也、凡拉丁意大利諸都府屬於羅馬者、苟非

抵觸羅馬政權、皆得維持其固有法律、然甲都府之法律、不能用於乙都府、故兩都府民、互相涉訟、不得不歸宿於羅馬、又不能徑用羅馬之法、受置外務判事、以聽訟焉、其詳如左、

第二百四節　齊準西亞　初設外務判事、多所專恣、以其不辨是非、或比擬羅馬定讞、而妄下判決也、雖然、存心正直、爲羅馬人之特性、故或參觀領土諸州、就其法理習慣、而得比較之機、以發明通融思想、或方下判決、以通融思想、與人民所認法理、定爲普通之準、經前後判事、成爲畫一之法、曰齊準西亞 Jus Gentium 即以羅馬官吏、執裁判權、而行諸州普通之法律也、

第二百五節　齊準西亞非外交法　右國民法律、即齊準西亞、與今外交法異、Conternational Law 所謂外交法者、一國與他國交涉、屬於公法 Public Law 範圍、而齊準西亞、在私法商法之間、其性質尤屬於商法、定羅馬領內諸國人民之關係也、故羅馬法爲自治其國之政略、而外務判事法、專治人民之私權者也、

第二百六節　齊準西亞勢力　齊準西亞、勢居西路西比（羅馬法）之上、而羅馬法發達、更有大效焉、蓋此法不因一國人民之習尙、而徇其偏見、惟視善惡以定判斷法理、故其法獨優、後各種裁判法理日臻定備、西路西比羅馬民法、益形苛刻、于是外務判事、儼如以其法理訓市判事、而西路西比法律之原則、不免借用齊準西亞之法理、相接愈近、而西路西比、全變爲寬大法律矣、

第二百七節　郡縣法律　雖然、外務判事法權、未嘗及於意大利外之郡縣、與羅馬府直轄之屬地也、其外務判事法權、執行之乎、曰太守行之、郡縣之都府、雖與意大利都府、同保固有之市制、及其裁判制度、然其內異都人民之訴訟、非太守不能判斷、太守握兵權、行政權、或以布羅公

沙爾 Pro-consul 或以布羅布達多爾 Pro-praetor 之名、行判事職權、此就職時之初、所以發文告而明司法事務之主義也、因此齊準西亞發達更速、蓋當時法律家多依此法而發明法律也、

第二百八節　自然法　羅馬征服漸廣、法律漸行、法律家研究齊準西亞 Jus-Gentium 本體、得以其理由而廣釋法律焉、而得益於希獵斯推克哲學派 Greek Stoics 者尤多、案羅馬人初居亞知加 Attica 及伯羅本烈沙斯半島 Peloponnesus 時、希獵斯推克哲學派、號稱極盛、德性忠勇、理義精闢、尤合羅馬人心、故與之相化、有益於羅馬法律家思想、昔斯推克學派、與希獵諸哲學派、均以人類及有形之物、歸諸天然動力、謂有形無形、自然之勢力、皆生自一元、所謂天然法則也、羅馬法家、以天然法則（即自然法）與齊準西亞法理旨同、足明齊準西亞一切法理、蓋謂外務判事、Foreign Praetors 發見於諸郡縣人民之感念（法律思想）殆昔日人民以爲別有人生大法、位於人定法之上、而爲天地自然之大法者歟、

第二百九節　由是齊準西亞制裁之力益大、與曩齊準西亞、成自習慣、止爲法律之一體者迴別、其功效駕乎他法律之上、而西路西比 Jus Civil 日屈其下、無幾何時、二者有合一之勢矣、

第二百十節　羅馬市民權及其法律　後羅馬市民、與其所屬都府郡縣之人民、漸無區別、西路西比、與齊準西亞、益有一致之勢、自拉丁諸都府、及意大利諸市府、以至羅馬帝國外部郡縣、其市民權、昔惟歸羅馬府一部者、至此及於全部羅馬法律、行於各人民間、至嘉拉嘉拉時、羅馬全國住民、遂悉得市民之權、非理數當然之事歟、

第二百十一節　法學家　自羅馬法廣行天下、固以高尚哲理、衡平原理、初發學者愛羣之心、

使之盡心研究也、然當時羅馬律師、Advocate 既無特別學校、以敎育法律、更無法律公所、以發見、巨細法律事件、而日事研練、故當時律師在法官 Judices 之前、陳述事實、惟識法律之原理原則、初無獨伸己見之時也、洎夫歲月漸更、自成階級、不立法庭、居律師之職、專以解釋判官法令、而研究齊準西亞十二銅表發達之狀、別設法律公所、Office Practice 而凡爲律師者、亦多聚於其旁、故一訴訟之起、每以其事顚末、述於法律家之前、以聽其意見、法律家又多收子弟以共論各種擬判擬律焉、

第二百十二節　西路利斯勢力　雖然、羅馬法律、因此法律家、其理論上、猶有大發達者也、夫羅馬人思想習慣、固有保守之性、而法律家研究羅馬法律、不敢放肆、理論實際、無害於世、能以齊準西亞法律、移入西路西比之內、使羅馬法律、成普及之機關、其所刊行擬律擬判、旣使法庭易聽、更爲律師及訴訟人所樂遵、而且蒐輯判官法令、加以詳語而印行之、於是法律原理原則、益以明瞭、蓋誠含有十二銅表及諸法令精神也、其與國家法令同其聲價也、豈不宜哉、

第二百十三節　帝國時代法律家　天下學人、究科學法律、實自共和政治之終、至羅馬帝政之始、而更進步也、其初期實紀元前百年間耳、

自紀元前百年至紀元後二百五十年、爲羅馬法律家、Jurisconsults 著作始終之期也、其尤知名者曰、巴比蘭、亞爾賓嘉牙士、休那斯波拉士 Papinian Ulgian, Gaius, & Jurius Paulus 雖然此特別文學、發達於羅馬法律家、亦惟帝政時代然也、按帝政時代、凡羅馬執行法律、法律名家、有特別評定之權、Jus Respondendi 以陳己見、其較共和政治法學家、僅得辨論事實、而無

力於法律之上也、相去遠矣、故遇訴件、兩造律師、往復辨駁、由法學家評定、雖在法官、不能排斥之、而獨下判決、觀今日法學家、才學非常、在法庭極有勢力、當日羅馬法家、何多讓焉、雖如布拉斯頓斯多黎、碩學鴻才、受國家命、以爲判決法家、然猶未及羅馬法學家之勢力也、

羅馬法學家在帝政時代、右權力外、更有各種權力、蓋執法律以行裁判官職權、非若共和時代、僅爲私家之言也、

奥古士都帝時、羅馬僅有法律二學校、其後重要市府中、均有法律學校焉、

第二百十四節　帝國立法　雖然、羅馬法學家之勢、不獨在行法之上也、其制定法律、亦與有力焉、羅馬自屋大維帝至哈的練帝、皇政初期、立法之事、尙難保其舊體、當屋大維御宇、國民議會、得審皇帝多比利倫 Tribune 所降諸法律、元老院亦有大權、以管轄法律行政、（參考第百六十五節至百七十節參看）然元老院及國民議會、固非能獨立者、元老院以皇帝有塞梭爾 Censor 資格、爲其權力所制、國民議會、亦以皇帝有多利比倫資格、爲其所抑、於是行政官之法令、及司法長官之訓令、裁判、皆發自帝意矣、幸羅馬皇帝、能采諸法學家之見、使羅馬法律、臻於完善、凡皇帝所有法令裁決、皆法學家發達之兆也、然則帝國法律、所以能立規則、不脫哲理範圍者、非以於其初期、常受諸法學家之監督哉、

第二百十五節　編纂法典　羅馬法律、合近代之用、而成千古偉業者、羅馬皇帝、編纂法典之力也、而其蒐集祖宗詔敕法令、及元老院議決、以成一書者也、尤以帖痾朶皇帝（紀元三百七十九年至三百九十五年）日斯底尼安皇帝（紀元五百二十九年至五百三十四年）爲最著、帖痾朶法典、在先入羅馬之條頓人功效頗

著而日斯底尼安法典諸法典中、尤為完善通行於後世全球蓋其彙集共和政治法律、及判官法令至第四世紀更以法學家盡集帝政時代諸皇帝法律、修理而編纂之也法典分四大部、一曰品顛克士、The Pandects 法律之註釋也、二曰哥顛克士、The Codex 帝國法令之提要也、三曰英志路西客、The Institutions 即以右二書為本而評論羅馬法律之序說也、四曰歐耶爾斯、The novels 法典之補遺、即新法律也、至第二世紀編纂法典曰哥巴西路西威利、Corpus Juris Civilis （即羅馬民法）宇宙之大法典也、於是羅馬法律皆稱西比羅、（即羅馬民法）無西路西比齊準西亞之別矣、

第二百十六節　羅馬民法、本帝國之法律也、亦為意大利法律、然至中世紀終、除意大利外、西方諸國法律、尚未發達、蓋日斯底尼安皇帝、不以君士但丁為首府羅馬帝國之西、未嘗服屬、雖意大利、亦暫併於東帝國耳日斯底尼安法典、所以流行於歐羅巴者、實中世紀諸大學校、及僧侶為之媒介也、（參考第二百五十八節）

第二百十七節　羅馬法完備　羅馬大法典、積諸哲理之解剖、而適合於實際者也、然其傳於歐羅巴也、非以其政治之典型、而以民權之原理、蓋哥巴西路 Corpus Juris （即羅馬民法）非後世公法之淵源、而私法之淵源也、（參考第二百五十八節第二百六十七節）且夫羅馬法之政治結果、亦觀其市府制度可矣、夫羅馬諸郡縣都府、雖保其固有之政治制度、而其習慣、或不合於羅馬、無不令其變革、當時羅馬、除意大利外、凡來因河沿岸、及其餘樞要諸地、莫不立殖民地、或建城市、或設村落、以羅馬市府制度、輸入其內、故諸都府耳濡目染、不久而相習成風、自條頓人侵入羅馬、而西歐羅巴南

商務印書館印行

歐羅巴、無非羅馬之市府政治矣、

第二百十八節　羅馬私法普及勢力　羅馬私法、帝國之大法典也、自羅馬市民、其權擴張、私法徧行於帝國、至其所以普及且行於寰球者、則以適合夫衆人種之宜、其商工財產之關係、亦斟酌盡善、且羅馬私法確定個人之權力及契約而承認之、亦普通法學之準也、其條例之煩、雖非野蠻人所能遽明、然其適合當時實際、稍能開化者、必知其有用、然則羅馬私法、其亦野蠻發明法律之本歟、

第二百十九節　第五世紀羅馬法律領域　至第五世紀、羅馬法律、越來因河而侵入西方諸國焉、其征服諸國、既行羅馬之法、采羅馬之制、都市所在、無不成羅馬風、人民羈束於羅馬法律習慣之下、而當時野蠻之人、遇此制度、而與羅馬法條頓風俗、互相抵觸、其事顚末、在中世紀政治之史、亦吾人不可輕視者也、

第二百二十節　摩西制度　雖然、中世紀法律制度之發達、不獨羅馬之法律思想、有無限之勢力、獨見功效也、夫條頓人受羅馬之化、實並受基督教之化、而因基督之教、猶太思想侵入於歐羅巴內、故摩西法律、與羅馬法律並行、以成近代世界、爲人民創其制度、而施其教訓、苟考箇人國家之行爲、以知習俗淵源、則西人負猶太之恩義者、豈獨宗教而已哉、

參攷書目

摩毋孫古家爾等著羅馬法典　布魯斯羅馬古代法　呼西路家日斯底尼安帝以前法學論　和蘭脫日斯底尼安法典評論　家翼羅馬民法評論　哈敦列羅馬法總論　摩列羅

馬法大要　美路黑頓羅馬私法沿革要論　亞摩斯羅馬民法沿革及法理　馬家志現行羅馬法教科書　伊耶林羅馬法精神論　呼比利麻羅馬法概論　利威耶羅馬法沿革論　克那克王朝時代羅馬法　摩母孫羅馬史及羅馬國家法　布呼達羅馬法典綱要　華德爾羅馬法歷史　沙比黎中古羅馬法歷史　西特美耶歐洲主要國司法制度起原及進步　馬家志比較羅馬法　利華斯自羅馬征服時代至耶利沙伯斯朝英法歷史　威拉母斯日斯底尼安法典與英吉利法律　斯古敦羅馬法及影響於英法　西耶美多羅馬法及日耳曼法之區別　哈明羅馬法原則及日耳曼法原則之物質合致論　西黎羅馬帝政　布來斯神聖羅馬帝國　蔑英古代法及古代法律與習慣　阿斯志法理學講義　斯美斯希臘及羅馬古政治書

政治汎論卷一終

第五章　中古條頓種族制度政治

第二百二十一節　條頓種族與羅馬人交接　第五世紀後、條頓種族、更入西羅馬帝國、而奪其地、其種族某部、已知羅馬之制度焉、蓋羅馬人、雖屢侵日耳曼、爲其所逐、而日耳曼人固早羨羅馬之勢力、其來因達里路布河畔日耳曼人種、固與地中海及西部諸國之人民、常相交接、深感羅馬帝國文明、而當北方蠻人戎裝移住羅馬之先、條頓種族、亦求利他邦、相率侵入羅馬家於其境、此固羅馬所不能征服之大種族也、及羅馬帝國晚年、日耳曼人剛猛堅强、乃充滿於羅馬軍隊矣、

第二百二十二節　條頓種族初制　及佛蘭克人、波斯人、巴敢特人、略奪羅馬領地、侵入羅馬帝國、更輸箇人思想於西部歐羅巴之內、惟其時羅馬紛亂衰頹、已非故態矣、蓋條頓種族、其制度之上、自具固有之質、當其未入羅馬、惟棲息於某種政體之下、其政體雖不免失之野、然能不失統一種族與箇人獨立之概、如條頓人及亞利安人族制、卽合羣之基、最初政權之制裁力也、彼以家族、爲造政府之本、故以親族種族、集爲村落、有自治之權、設村會、定法律、以理公產、其村內土地、雖爲全村公產、然必分給各人、俾事耕作、以收其利、村置首領、以施政權、選自村會、其司法權、首領與村會共決、村會別置事務官Assessors以參司法之權、由自由民選拔者也、

第二百二十三節　自由民　非自由民　貴族　雖然村內人民、不盡有自由權利也、其第一等雖無政治特權、亦爲自由隸農、有田地、別居一級、位於隸農下者、奴隸也、而位在自由民上者、

曰貴族、亦非有政治特權、特爲村民推重、授以村會各職而已、是貴族非出於血統、而由於羣之參政權也、

第二百二十四節　各村政治　各村獨立、其村會之權、不獨選行政官、理公產、行司法事務也、更有宣戰選帥之權、凡戰事外交諸大端、以會議代諸村決議、是時各村會合縱同盟、設同盟會議、Folk-moot 以徵軍隊、選將帥、而更選首領、以統督數村之政、

第二百二十五節　軍帥家臣　爲軍隊長者、皆勇武練達、能得士卒心、以鼓敵愾之氣者也、臨戰選爲將軍、役終退位、然平時亦有指揮之責、遇有變故、仍爲首領、以握兵權、惟兵勇動輒嘯聚、戰爭侵掠、以擾羣之安甯、其民族年壯氣銳、富於冒險之心、遇有雄略軍帥、相率歸附、以成武族、曰嘉美顛達斯、Comiatus 軍帥之家族也、衣食軍器、仰給於帥、有功受賞、故常出死力、以衛其主、卒成軍帥之名、而俾得高位焉、

第二百二十六節　條頓制度與羅馬制度相背　右種族之聯合、與箇人之勢力、有上古羅馬國家之形狀矣、然當條頓人侵入羅馬之時、制度與羅馬固殊、蓋條頓制度、尚屬上古草昧之象、與羅馬制度之大本、其主義全相背也、

第二百二十七節　羅馬人服從國家　條頓制度、與羅馬制度、所以相背者、以條頓制度、本質屬於箇人、而羅馬不然、夫服從箇人、係日耳曼制度之本、羅馬武人庶民、皆服從國家、而無服從箇人之義、故其身入羣中、以國家爲父母、而人民爲子、苟非稚兒應享之權、不能擅據一物、是以人民從服行政官及軍帥、及其退位、而爲箇人、卽無服從之責、凡行政官及軍帥、爲國家宣勞、卽

爲國家化身、市民卒兵、有服從國家之義務、故舍命不顧、以聽長官指揮、藉非落職、且不能彈劾而責問之、後遭蠻人侵入、國家壞敗、政治主義、亦被棄廢、而羅馬人心、固未之失也、

第二百二十八節　條頓人服從箇人　條頓人種、其政治結合、實與羅馬之主義相反、其卒勝羅馬帝國者、實本服從箇人主義、結合階級、而來侵也、條頓種軍帥、初由羣公認、戰畢繼任、（參考第二百二十五節）以士卒爲其家臣、是以箇人之力、而臣服之也、且既爲其家族、卽受其豢養、苟非無恥小人、羅馬人不屑出此、蓋箇人主義之制、以無權之人、而忽有勢力、得以縱恣自如、尤羅馬所深惡而痛絕者乎、

第二百二十九節　二制共存　條頓人管領新地、初三百年間、其制度、與羅馬制度並行、蓋日耳曼人、聽羅馬人民、存其法律、日耳曼法律、惟以慣習行於己國民族之間、新附臣民、不之强也、羅馬舊主、雖被日耳曼人奪其私地、降爲僕御、而亦多有釋放、不失土地者、且當時條頓人俗固强悍、而以羅馬主義、較條頓人爲高、尊敬有素、相處既久、遂不覺爲羅馬所化、而並存其習、而羅馬地方制度、雖經帝國大亂、勢力尚存、當條頓人初臨其境、聲明文物、亦早入其思想、故其後條頓人種、不啻轉爲羅馬所轄、而摹倣羅馬之俗也、

第二百三十節　二制相互　今試約舉羅馬勢力、與條頓勢力、交錯之狀如左、曰條頓勢力、重組織政治、羅馬勢力、重發達私權、條頓人之至羅馬也、其固有制度、爲其羣生計、欲以古之習慣、爲私有土地、地方自治之本、而組織政權、不能覆羅馬國家、排斥其公法、羅馬人亦欲以其主義、漸化條頓箇人制度、政治之上、自不免極形變動、而羅馬政治、卒不能復顯於世也、運會所趨、遂

別成爲中古制度焉、

第二百三十一節　羅馬私法之效　觀右諸說、羅馬私法、爲羅馬勢力之媒、而最强者也、其法律完全、固非新政所能排斥、而羅馬內治制度、尤爲條頓首領所賞、蓋當紀元第六世紀始、西義特 The West Goths 王西拉利克二世 Alaric II.（紀元五百六年）巴爾其特王西基斯曼德 Sigismund（紀元五百十七年）自梭德沙士法典及基亞斯 Gaius 波拉士 Paulus 二家著述、編爲羅馬法要略、以合臣民之用也、又高盧北部地近羅馬、被羅馬之化、至法蘭克人、斥羅馬法、高盧人竭力維持、及其既也、至成不規則之法律、Personal Law 蓋高盧人係甲種法律、法蘭克人係乙種法律、而猶是法蘭克人其法律亦異、故沙利安法蘭克人 The Salian Frank 之法律、不能約束利波安法蘭克人、The Repuarian Frank 每遇訴訟、從甲法律則甲勝、從乙法律則乙勝、兩造紛糾、輒無定程、沙爾大王、排除雜駁之法、而布亞拉利克法典、所謂欲於其國內施行新羅馬法者、卽此事也、

第二百三十二節　羅馬都府　羅馬法之城砦、咸在都府之中、則羅馬法在都府之中、極有勢力、非外人所能征服者也、當日條頓人慓悍躁暴、嫌都府狹隘、不喜居住、故羅馬都府雖降條頓人、未嘗深入內部、凌壓都人、其都人頗能維持舊狀、以羅馬法享有中古獨立之勢耳、且不獨意大利一國然也、卽倫河來因兩河傍諸國、昔日管領世界之勢力、猶有存者、

第二百三十三節　二制相合　後經數十年、日耳曼慣習與羅馬法律思想、日漸陶鎔、遂成近代政治之狀、蓋中世紀間之政治、成於日耳曼人種個人主義、實與羅馬專制主義相若、蓋君主政治也、而其中之制度則封建是已、

第二百三十四節　征服之效及於條頓制度　雖然封建制度成立之先、條頓制度猶有變化焉、然非條頓人與羅馬人交際之結果、而征服運動之結果也、

第二百三十五節　新種之王　條頓人之徙羅馬、服從個人主義、擴於一時焉、其至新領地也、非如蠻族漂泊、實隨遠征之軍、攜其家族奴隸什器相率而至、有久居之志、時恐其羣渙、推元帥爲王、以統諸族、蓋當未移住時、其種族選王、以督國民評議會、位在高等種族之上、其威儀已隆重矣、案和美爾詩古希臘諸王、不過家長之統領、而高盧西班牙諸國不然、王實撫有其民、自率征軍、破羅馬而奏大功、永爲元帥、統一人民、覩日耳曼政治制度、當時之王、掌亙古未有之主權、殆其勢所必至耶、以播遷之將而爲一國之王、亦至變之事也、雖然、其與法國封建之王、尚不同耳、

第二百三十六節　保有土地法　當時侵奪羅馬之人民、固當依本國保有土地法、而保其新地、然其征服之地、羅馬人民之產、固不能盡奪之也、因縱羅馬人爲隸農、稍變其制、而許羅馬人民其保有舊土者去羅馬舊主、而歸日耳曼新主、日耳曼政治、遂以新級人民爲國民之一部、而條頓人之保有土地法、亦必有爲羅馬所轉移者矣、

第二百三十七節　右之變化原因、實與征服事業相隨也、日耳曼將帥處征服諸地、其大部分、固以防務兵略、爲其宗旨、而以其略獲財產、分給重臣、俾成巨富、於是以個人之制度、復生人羣之變故、蓋其重臣、各擁封土、權力漸擴、積重難返、卒不免與王者相爭、至此羣又失和、天下之權、分奪於諸小君主、而封建之制起矣、

第二百三十八節　封建制度　條頓人封建制度、一以合於羅馬新領之基、一以合人種移動征服之情而爲過渡之時代也、凡諸侯割據分轄天下之權、其制度之基、不在普通政法、而在領土財產、成此制度之二動力曰推托 The Commendation 曰封土 The Benefce 封土者、君主封以土地、臣下守之、以事其君、依托者土地非錫自君、但爲臣下托其保護、自有忠義義務也、而以封土與依托、遂生服從個人之制、即小事大、大役小之制也、

第二百三十九節　諸國封建制度異同　封建制度發達之狀、諸國不一、英國沙基松 The Sasons 人特英 The Danes 人、以服從個人爲主、即自軍帥家臣而成者也、參考第二百二十五節二百二十八節而法國及餘大陸諸國、與英國異、蓋封建制度、實由領地而生、甲說其臣下爵位土地權力、皆錫自王、乙說則臣下以其土地奉國王爲君主、藉以維繫而已、今攷英制、臣下鞠躬盡瘁、國王因以土封臣、法制、領主本爲君主、以不能獨立、納地於國王、國王返之、君主保護其臣、臣下盡忠於君、互有義務也、然法國亦封有臣下之土、以行甲制、英國亦有領主、獻地國王、而後返之、以行乙制者、但非兩國之通制耳、

第二百四十節　依托　依托之制、與封土之制異、其土地變遷、不在地主與租地之人、而在其國之君若臣也、今考其所由來、自封土之制發生、富厚財產、各有嗣續之權、領土交錯、星羅碁布、小地之主、懼大地主侵陵、欲保其私地、以免衝突、遂相率而歸大領主之下、服從個人之制由是成矣、而當時自由民及降服臣民、雖得自由、而無置土地之權、因而人民失其占據之地、凡遇侵凌壓制、初無救援、不得已、請以其身託之領主、以求安甯、效忠領主、以酬保護之德、亦所謂依托

之制也、要之凡人必有君主、實爲當時法律格言、而封土之制、與依托之制、在封建主義之階級、必有一定之分限位置也、

第二百四十一節　政治分割　如是、則國家之政權、多分割於諸部、各成半獨立之形、求其以中央權力直轄人民者、不可得也、國王之直轄者惟諸侯、諸侯之直達者惟國王、其餘陪臣、必由諸侯轉達國王、故國家大權、自上被下、猶流水之轉注也、要之此制非一切民人普通之法律、亦因私有土地、而成服從個人之制度耳、

第二百四十二節　凡封建制度、非諸侯及其臣屬、國王無直接之人、諸侯奉王、惟以王之武力制之、陪臣惟諸侯是從、故諸侯尊王、其臣屬亦尊王、諸侯抗王、其臣屬亦抗王、蓋諸侯實臣民之主、出戰陣服軍役、諸侯之命令也、遇他國壓制侵掠、保護臣民、諸侯之權力也、行公義于臣民、諸侯之法庭也、故曰國王之權力恩惠、非臣民之權利、而諸侯之權力恩惠、爲臣民之權利、然而當時法律、諸國習慣、各不相同、故僧侶法家、受諸侯諮問、除據羅馬法之原則、其法律之制、輙無一定、然則封建制度、非以不能調和之小國、雜集于一政府之下也哉、

第二百四十三節　封建主權　封建之制、以領土權爲主權、當時諸侯、不獨據領地內之俗、定財產權利、依裁判之律、裁決私權也、且得造貨幣課關稅、遇敵開戰、而與國王同、馭土人以爲臣隸、或以領地與人、俾爲幕下小侯、凡領地領民、諸侯皆得指揮、行其主權、于是諸侯分割主權、爲世襲私物、權並國王、豈非儼然一國之主耶、

第二百四十四節　封建與市府　當時市府、有與封建抗衡者、諸侯城於山河要害、以臨市府、

市府威服、固不能不奉爲君主、然其强大市府、仍保古昔之獨立、至封建滅廢、不失其初羣之形、蓋市府所謂政權思想者、不在於買賣私產、而在維持其羣之公道也、

第二百四十五節　基爾敦　雖然市府之內、亦有封建之度也、夫市府所以有勢力者、非以其有土地、而以其有商工也、內部團體依此而定、基爾敦 Guild 之制起矣、蓋各工商與市府外之地主、自由公民、分雖獨立自成一羣、皆以基爾敦監督其業、所謂團局也、局員非出萃之人、不許同盟、凡入局者、須有歷年奉公資格、一經入局、受局中規則束縛、而以當時市廳爲基爾敦代表之官、非爲局員者、無公民權、今倫敦市政、尙爲基爾敦合爾 The Guild Hall 者、即此制也、市府義勇軍、多出于基爾敦、其階級如地方郡縣、所謂市府封建之制也、

第二百四十六節　市府同盟　第十三世紀、巴志克海附近、及來因河沿岸諸市府、封建制度之下、相率同盟、以行宣戰講和結約關稅之權、該同盟意在保護商賈、除道路不甯之害、其最著者曰狠些志克 The Han-Seatie 連里西 The Rhenish 兩同盟、狠些志克同盟、以爾伯克 Lubeck 狠波古 Hamburg 諸市府爲主、包括巴志克海耶爾布河九十餘市府、連里西同盟、以哇母斯 Worms 及蔑英支 Mainz 爲主、入盟者七十餘市府、越來因河合布列勉紐列母伯古 Nuremberg 等諸市府、而成一大同盟之勢、所最重者、尤在貿易之路、來因河之傍也、當時大諸侯、見市府同盟權力盛大、往往與之相結、然其商業嫉妬競爭、亦多起於專利之國、爲諸市府勁敵、市府同盟、卒至分裂焉、

第二百四十七節　統一勢力　中世紀間、調和封建制度者、有結合之勢力二焉、曰羅馬天主

教會、曰神聖羅馬帝國、Holy Roman Empire 皆舊羅馬之幻影也、一爲該撒帝國宗教、一爲世俗思想、

第二百四十八節 羅馬天主教會 羅馬天主教會、與羅馬帝國、關係極切、蓋羅馬帝國、受條頓人多爾哥人攻擊、以基督教爲其國教、羅馬教王、在帝國內不過爲大僧官之一、西帝國與東帝國、教義各別、積不相能、而西帝國天主教早傳于羅馬、轉欲逞其威力管轄新主、（條頓人）以本教精神貫注於政治制度之內、於是天主教徒、蔓延都府郡縣、其有力僧官、至爲封建君主、主領侯國、政治宗教之上、甚有勢力、且如寺院、亦有廣大領地、其地以封建租地法、分給其人云、

第二百四十九節 當時教會雖與封建並峙、然天主教會、實有一致之概、教王權力、不如王者分裂、僧侶盡忠奉事教王、凡侯國王國、不能犯其宗教、其主權上自王侯、下至庶民、靡不普被、此非以威武博取勢力也、亦以理想聯絡人民而已、蓋其教旨無非四海同胞萬姓服從之義、故世人不能盡忘、且羅馬教宗法、Canan Law 多能維持民法、其法律不繁、故自宗教裁判所普通事務、以及貴族僧正 Baron Bishop 監督裁判所特別判決、皆深入乎人心、而其所以統一宗教政治、得擴其勢力者、則以才德門徒、贊助爲多也、噫羅馬教會、其亦采用帝國主義者乎、

第二百五十節 神聖羅馬帝國 至格羅的翁王 Chlodwig 子孫、佛蘭克國四分五裂矣、然至沙爾大帝御宇（自紀元七百六十八年至八百十四年）後、一統而擴張領土、帝以威武統轄日耳曼瑞西匈牙利意大利、（極南諸地方不在此例）法蘭西及比利時諸土、其時竊欲與羅馬而登該撒家帝位、蓋羅馬帝國之古事、恆欲鼓舞沙爾拿破侖歐羅巴諸豪傑也、而沙爾帝權力最盛之時、正羅馬教會與東教會齟

齬之會、當日君士但丁女皇伊廉 Irene 廢子自立爲帝、意大利人聲言女子不得登該撒家帝位、羅馬法皇因稱立天子特權而使沙爾大帝踐神聖羅馬帝國之位焉、（神聖二字當時以名西羅馬教會之權力也）

第二百五十一節　夫帝國之初、祇割羅馬領地之半、而沙爾帝以其全力統一帝國、徧布羅馬法、威西哥斯之解釋、（參考第二百三十節）帝崩、國幾分裂、然其子孫承羅馬帝號、自中世紀以至近代未嘗或絕、且自信爲該撒家正傳、每遇機會、效沙爾帝因羅馬法律創建制度、故如沙爾波爾頓 Charles the Bold 王、曾言決不布抵觸羅馬法之令也、

第二百五十二節　中央集權　加魯令非賓王統　攷沙爾帝家、掌握政權之顚末、足見封建時代、中央集權之性質、中央集權、起於諸侯雄心、在格羅的翁王子孫之時、（卽羅維志安家）Merowingians 佛蘭克人領地分二大部、實以王家世襲之地、分給王子也、而西部柳斯多納 Neustria 與東部阿斯多拉沙 Austrasia 遂永區別、該二國王季年、勢漸衰頹、遂爲阿斯多拉沙豪族沙馬的爾家所滅、沙爾斯馬的爾者、王宮之主司也、爲王庭官、然薦自國內强侯、故常與王爭權、爲貴族首領、官職世襲、沙爾斯馬的爾有才略、其子非賓、更能有爲、得羅馬教王歡心、命爲佛蘭克人王、而昔日天子、以此顚覆焉、馬的爾嫡孫、卽沙爾大帝也、

第二百五十三節　嘉賓　當第十世紀、沙爾馬的爾之後裔、加魯令非賓家、不能掌握政權、有勇將崛起、奪加魯令非賓家而代之、該將始防北寇、居邊境、加魯令非賓家賞其功、與以巴黎一郡、繼命爲法蘭西侯國、當時法蘭西國、不過巴黎一州、因嘉賓一族才力漸成爲封建强國、此法蘭西侯國所由起也、嘉賓家爲諸侯首領、及諸侯與加魯令非賓家王不和、遂自立爲法蘭西王、

既滅蔑羅維志安加魯令非賓家兩王處蹈覆轍、益擴領地、以成後世歐羅巴之最大强國焉、其擴領地也、悉用戰爭婚姻契約之權術、使諸侯領地歸其掌握、以成統一之主權、蓋不啻奪封建私產而爲帝國之產矣、路易十四世曰、朕卽國家、豈虛言哉、

第二百五十四節　奧地利普魯士結合邦國　其後普魯士奧地利繼起、凡强大之封建諸侯、悉以戰勝、繼嗣、沒收、婚姻、契約、欺僞之術併之、以作異日組織國民之本、於是奧地利以哈布巴古家 Habsburg 踐神聖羅馬帝國帝位、普魯西以合根梭領家爲新日耳曼帝國、而普魯西初尙民主之制、既而以專制勢力爲世界之一統王國、實非人所逆料也、

第二百五十五節　近代羅馬法之制度　自第五世紀至第十二世紀、羅馬法多行于羅馬諸都府閒、蓋其繁密法律存於諸制度者衆也、然至羅馬人與條頓人畛域漸化、此等法律混入于普通慣習之中、其不期然而然者、豈若科學家之選擇精密哉、

第二百五十六節　野蠻法典　雖然當時羅馬帝國法律思想、不獨自地方習慣而來、實以亞拉利克第二世法典、帖痾朶法典、諸法學家布列邊利法典、The Breviary 並爲其本也、然西莪特人不喜布列邊利法典、至第七世紀、在西班牙別編列克斯威西哥梭倫新法典、兼有羅馬法梗概、與義特習慣、乃斥亞拉利克法典、而爲西班牙法典之基焉、雖然昔日兼領西莪特之南部法蘭西、仍守西拉列克法典、而亞拉列克法典更移於法蘭西北部日耳曼英倫、雖至第十一世紀第十二世紀、羅馬法蕩然無遺、其重要之源、實以維持諸國之法典、蓋自沙爾大帝再行亞拉列克法典爲法理要略、其後意大利人雖被羅毋巴敦人侵入妨害、紛亂之際、務盡其全力維持

羅馬私法、流行于羅馬諸領國也、

第二百五十七節　法蘭西習慣法成文法　當時南部法蘭西、曰成文法國、Pays de Droit Ecrit　北部法蘭西曰習慣法國、Pays de Coutume　分爲二大部、以南部法蘭西數世紀之閒、化於羅馬、故行羅馬之成文法、北部法蘭西、化於日耳曼、故行條頓人之習慣法也、

右之區別與蘭古敦克 The Languedoe 及蘭古德爾相同、蘭古德爾地方用習慣法、而蘭古敦克用成文法也、

第二百五十八節　研究羅馬法　雖然、第十二世紀羅馬法典、爲法家與科學法家所研究者、曰亞拉克列法典、曰日斯底尼安法典、但日斯底尼安法典、其化於日耳曼歐羅巴諸國、未嘗采之最先研究者、意大利也、以波羅納大學 The University of Bologna 爲首、次比沙 Pisa 其餘諸學校、無何羅馬法典、流行于法蘭西西班牙、法蘭西先以猛伯納 Montpellier 及巴黎爲先路、而波格斯 Bourges 阿領斯 Orleans 都羅斯 Toulouse 亦相繼建學、西班牙紀元前一千二百五十四年、設沙拉曼嘉大學、The University of Salamanca 而和蘭效西班牙法蘭西、研究法律、第十七世紀出法學家虎哥果羅家、Huge Grotins 以羅馬法公正原則、唱外交法、參考第千二百十六節 英國自設波羅納法學校後、研究法學、至今不怠云、

第二百五十九節　羅馬法侵入歐洲之狀　研究羅馬法學家、與實際之用、互相切磋也、蓋當時法家、諸大學校、研究羅馬法、明其統系、以合夫諸國法律、實知司法事務、必須此等法律也、

第二百六十節　法蘭西路易第九世詔譯羅馬法爲法語、參攷千二百二十六節至千二百七十節 吾觀路易王以

羅馬法、改革司法、詳載嘉賓王國、（即法蘭西）史、擴張羅馬法權力、實與中央集權、並奏厥功、路易建法庭於封建諸國、以理詞訟、而以巡回裁判法、遣親任判事於各國、防其害人民權利、設巴黎議會、Parliament of Paris 爲國內最高法律衙門、命諸侯爲該衙門具員、以法學家協贊之、實爲議員、法學家習羅馬法久、故下判決、悉合法理、且常以羅馬法演爲格言、以敎國王、於是國王法權以尊、而羅馬法之法理原則、益行於時矣、

第二百六十一節　羅馬法與王政制度、顯於國民之中、故巴黎 Perri 波爾波烈斯、Bourbonais 阿巴倫、Auvergne 中部諸州、遂以羅馬法爲普通法、凡國內之習慣法令、無不據羅馬法、以下判決也、厥後羅馬法、又爲全國之補助普通法、雖法蘭西北部與中部諸州不同、而遇有疑惑訴件、仍以羅馬法爲成文法理、以判詞訟、且拿破侖法典、法國最新之法典也、其大體亦以日斯底尼安法典爲藍本、蓋日斯底尼安法典依雜奇事情、以相酌改、實足爲拿破侖之法也、雖然、羅馬之法、固與佛蘭西法、勢力相埒、而佛蘭西法律、究以日耳曼法律大部行之、永久耳、

第二百六十二節　法蘭西地方習慣　雖然依當日王權、而統一調和之勢力、非及於內部之法理、惟及於外部之辦法而已、蓋當封建之成、諸州情形各異、故嘉賓稱王、擴張其國、而鞏固之、實閱數世紀歲月、而其間諸獨立侯國、亦各有特別法律、且其後法蘭西一部、往往隸屬英倫巴敢特諸國之內、至復與本國結合、其習慣法律、已難强同矣、曰日耳曼、曰柏林、曰英昭 Anjou 曰布利達里、Brittany 雖繡壤相錯、又豈能斠若畫一哉、

第二百六十三節　王權統一勢力　王權勢力在各種法律、祗以統一半獨立地方裁判所之

法、而未變其習慣之本也、蓋當時人民、上控於國王、故其控訴審理之法、爲一切訴訟之模範、惟王庭審理上控事件、必從上訴人本地法律、亦其實情耳、

第二百六十四節　雖然法律之新思想主義、與上控之新方法、漸混於地方之司法事務、故各州之法律慣行、其裁判組織之法、與國王法廷相類、蓋地方裁判所羅馬法律家、旣傾心於王廷成例、地方法官自以其職權務使地方習慣漸就王廷判決範圍也、若羅馬法、以國王權力早入地方裁判所者、則所謂法蘭西全國普通法、行於阿巴倫波爾波烈斯諸州是也、

第二百六十五節　進而按之、羅馬法自巴黎議會流行國內、（參考第二百九十三節二百九十八節）其法權涉於宗教司法之上、蓋日斯底尼安法典羅馬敎會宗教法因羅馬司法、而互相發明也、

第二百六十六節　日耳曼羅馬法之勢力、隨法國統一勢力而並進也、初羅馬人擴權力於來因何以東及第五世紀後、條頓人種侵入、遂以日耳曼習慣管轄住民、封建制度益固、日耳曼自古以諸小邦結合而至近代者也、然其設神聖羅馬帝國也、帝號傳自羅馬、故帝之法衙法家信任諸人、無不遵羅馬之法、至哈布斯布爾克家占領日耳曼帝國、其風尤行、於是羅馬法、益普及於國內、而日耳曼之習慣、幾爲排斥、國內諸法廷、始以哥巴斯休利斯法典爲補助法律、凡遇訴訟以羅馬爲正則、而間采日耳曼之習慣法、此至今德意志諸大學所以較波羅納 Bologus 巴黎拉丁 Leyden 諸法學校、而多出法學大家歟、

第二百六十七節　試更論夫英倫羅馬人管領不列顛、歷四百年、其行政之旨、使英倫服從者、皆羅馬法之轉維也、觀法律家巴比倫二亞 Papinian 實行羅馬法於不列顛、亦可知沙基遜克

守舊法矣、攷英倫市府羅馬制度、歷久不變、且羅馬教僧侶、夙以羅馬法、輸入不列顛、而歷史家比德 Rede 受僧侶監督、嘗本羅馬法編沙基遜法典、正如意大利中古時代、研究羅馬之法、閱三世紀不絕、其法家若伯拉圖、Bracton 極蘭比勒、Glanvil 佛列達、The Fleta 熟於羅馬法典、著述之中、多羅馬法典文詞、故顯利第一世法律、大半自羅馬法律而成、凡宗教裁判所、衡平法院、Court of Chancery 海上裁判所、The Admirality Court 早以德意志習慣為補助、用羅馬法、惟保有不動產一部法律、為歐羅巴諸國之法律、無羅馬法之勢力耳、

參攷書目

志約志中古初期　耶馬敦中古概論　哈拉母中古歷史　基棱法蘭西及歐羅巴文明史講義　斯志布法蘭西史講義　德魯西羅馬滅亡至十五世紀近世史　西取布巴德羅馬滅亡與新國家之興　比連歐洲及其殖民地制度史　嘉顯斯羅馬帝國史（自帖痾朶大帝崩至沙爾大帝卽位）　基本羅馬帝國衰亡史　美爾曼羅馬基督教史　布顯斯神聖羅馬帝國史　布魯條利國家學汎論

第六章　法蘭西政治

第二百六十八節　法蘭西君主體　欲知法蘭西政治、須先明法蘭西君主政體之顛末、蓋法蘭西史自繁入簡、當嘉賓 Hugh Capet 時代、法蘭西不過巴黎之一公國、其權力領地互相匹敵、而所以勝於他國者、非別有强大之權力也、惟後之君主、為他諸侯所推、勝大總督之任耳、按當日疆域西諾爾曼特、Normandy 北佛蘭達、Flanders 及粵曼德、Vermandois 東開巴流

Champaigne 公國而巴敢特、Burgundy 西基得魯 Acquitaine 公國在其南、其次都爾士、Toulouse 諸耳曼特之旁安棗 Anjou 布利達里、Britanny 各以侯國主權、接於四境、其外更有無數小州、皆與中央集權相抗、攘奪特權、然法蘭西公國、其位置合於軍略政治、故氣運所趨、受天之祜、卒爲諸侯之統領、其實法蘭西當時固諸公國之一也、

第二百六十九節　雖然法蘭西統一大業、嘉賓歷次規畫、卒奏膚功焉、嘉賓以陰謀出兵四方、併吞老斯得奈 Neustria 封建諸州、以建强固王國、其運謀也皆策萬全、於是法蘭西遂如歐羅巴諸州、自雜駁之種、構成國民、併諸侯國而成中央集權大國、其特種之君主政體、可謂盛矣、至其後欲固權力、擴張整理、孜孜不已、非尤足爲政治之資耶、

第二百七十節　法蘭西封建制度　封建制度、法蘭西尤覺完全、歷時亦久、考老斯德奈、（即佛蘭克）（王國西哥奴地）自阿斯德拉渣（東部日耳曼地）分離、（參考第二百五十二節第二百五十三節）法蘭西王國瓦解之源也、厥後巴敢特、布列達里西基德魯各自獨立、掌握大權、日耳曼人亦挾一大領地、立於其間、羣雄四起、天下大亂、昔日沙爾大王統一之國、遂四分五裂、而佛蘭克勇敢公民、亦絕迹矣、佛蘭克公民、嚮依專制政治、得保自由、至諸侯柄權、王權衰退、人民特權、盡入諸侯掌中、法蘭西封建制度、爾時蓋全盛云、

第二百七十一節　史載修嘉賓法蘭西自由人民及貴族、殆稱百萬、而有土地者、不過七十萬、其三十萬人爲貴族所領、以百萬人成國、鑄貨幣、收租稅、定法律、執行裁判、而此百萬人中、實有權力者、不過八九萬人而已、

第二百七十二節　法蘭西君主國之資　右即搆成嘉賓君主國之資也、嘉賓排斥封建主義、以成君主政體、凡諸侯各種特權、必破壞而屈服之、蓋欲己之勢力完全鞏固、勢必出此耳、

第二百七十三節　地方自治　封建制度之世、各地人民、固在君主直轄之下、然此制中、尙留地方自治之餘地、蓋封建制度極盛之時、正法蘭西地方自治完全之日也、及國王權力完全、諸侯權力、盡爲所奪、地方自治制度、亦歸破壞、其後雖望政變、自治之制、不復完全、蓋地方自由本自君主未握大權之時、養成形體、至國王與諸侯戰爭終局、其進與王抗者、實地方自治法也、是則禁地方自由、以成集權於中央者、亦王者不得已之舉歟、

第二百七十四節　農業地自治區　當封建初盛、(貴族行勢之時)諸侯常以特許狀、給領內郡區、及第十二世紀後更盛、所詔特許權者、即郡村設局、而定人民特權、處理公產、指明權利義務、以定公共之責任也、而郡區人民、得徑議局中事務、置局員以行政治職權、各司其事、遇有緊要事件、則召集人民、立評議會、以決議之、以處理公產警察租稅諸務也、

第二百七十五節　中世紀法蘭西司法事務、庶民與貴族、均有裁判權利、諸侯法廷、庶人得爲判事、如英國地方裁判所、The County Court 有自由公民之席也、(參考第六百五十五節第七百五十一節)

第二百七十六節　自由市府　羅馬市府　雖然農業地方自治特權、不過以君臣範圍之內、Inside Vassalage 許可特權、予奪非自主也、而實有獨主之權者、厥惟市府、蓋佛蘭克諸王、創建於高盧之地、本欲其權力與羅馬帝國相埒、後其領地分裂、服從於中央君主、大地主乘時衰亂、以確立主權、而謀獨立、蓋佛蘭克人之占高盧也、遇羅馬市府、初不顧其生計、而征服之、旋放棄

之、參考第二百三十二節 故不失羅馬都府之體焉、其後佛蘭克人、侵入其本國、與羅馬性質融化、於是合議政治 Moot-government 及箇人自由德意志主義、如新血脈、貫注於羅馬主義、強固之團局以成此所以得享自由、而掌周圍土地之特權也、先是羅馬勢力、徧被市府、以數貴族成數人會議、Curiae 後以基督教會、與野蠻條頓人共占高盧、稍廣市府、爲僧侶之住處、僧侶助平民、抗市府外之諸侯豪族、共得勢力、民主主義、斯確立矣、

當時伊大利諸市府、倣羅馬共和制度、設公修爾及餘職官、亦民主主義、復興之規模也、

第二百七十七節　非羅馬市府　然羅馬都府、惟來因河沿岸及南部地方、而羅亞河 Loire 北部之佛蘭克人、亦漸有市府之計、日耳曼都府、由此起焉、該都府特權、請自諸侯、舉行政務、明定諸侯人民上下權限、非南部諸都府所及知也、諸侯權力、以布列華之官吏、執行布列華者、諸侯臣僕、掌市府政務者也、此都府自治之制、行於法蘭西全部、合政治制度之自然、且與王者主權、有間接之關係、爲最完全都府、而此自治制都府、Pre-votal town 至第十五世紀季年、在法蘭西國中、實普通之都府也、

第二百七十八節　然都府人民、其獲自治之權者、固非易易也、或以兵力抗諸侯、以保其權、或乞援國王、以免敗衂、當時國王、患諸侯跋扈、故利用都府人民、而某某都府、亦有輸納巨貲、以邀諸侯寬典者、國王計保權力、與諸侯爭、每借都府之自由、以得便利、於是法蘭西君主、或以市民權給人民、或以土地人民、給諸侯家人、以結其心、至以人民貲予陪臣、而王領都民、又別成階級矣、王領都民、即法語 Bourgeorsie Duroi 是也、

第二百七十九節　都府與十字軍　法國貴族之從十字軍也、其都府權力、因以發達、當十字軍起、貴族爭望從軍、不惜資財、而羅馬敎會又慫慂不已、貴族亟需金貲、都府人民每購貴族之產、以收諸種特權、而貴族從十字軍者、往往不復自巴列達英歸國、蓋出征之際、倉卒所失特權、不可恢復也、其歸國者、亦多窮乏、無與富民競爭之資力、都府人民、得以維持特權焉、

第二百八十節　都府特權　都府人民、以金貲收特權如左、第一、定管理之法律、第二、處理司法事務、第三、視適宜之方法、而徵收租稅、（此指王及諸侯所課之租稅及人民公用之租稅而言）第四、得應選舉、出為警察官、而都府之外、村落特權不然、蓋村落人民、無裁判法廷、不能不以諸侯法廷裁判訴訟、其課稅也、亦無選擇之權、而更屈服於無道之警察制度、村落所得者、不過人民之身、稍有自治之權而已、

當時都府行政職權、第一、處理公產、第二、維特街衢、第三、營造公產、第四、監督學校、第五、定徵收租稅及其稅額、

巴黎評議會、（參考第二百九十三節至二百九十六節）嘗拒貴族請求、免除都府義務、

第二百八十一節　都府政治　都府自治之制、雖以時地互有異同、然其大體一也、監督各都府者有二評議會、曰貴族評議會 Assembly of Notables 曰市民評議會 General Assembly of Citizens 二評議會、非分自一院、職權各異、而民評議會、選執政官、而以貴族評議會輔之、一則立法府、一則行政府也、然當時普通評議會、不過人民評議會耳、該會選舉執政官、品評而監督之、以斷行都府之政務、都府執政官曰知事、Wayar 曰長老、Alderman 共有行政職權、位望

商務印書館印行

相埒、

第二百八十二節　自治都府衰廢　觀亞里斯多德著述、民主制度、法蘭西全國亦往往而隳、（參攷一千一百六十四節）蓋民主制度常爲數人政治、及專制政治所侵、故都府之地不能久保自由之勢、而其所以變化者、非由內部之腐敗、而以外難之迫脅、以當時都府、具有自治之能力也、既爲王者權力所破、則其獨主之名、亦徒留於後世而已矣、

第二百八十三節　地方評議會　自治之制、早行於地方郡縣、故各地方有評議會、由貴族僧侶平民而成、議地方政務而指揮之、而有評議地方、Pays d'Etats 代表地方自治之制、與都府町村他自治之制迥異、當時法國三十六縣、恰如英國拱體 Communes 封建各別、（參攷第六百五十五節）當時中部北部都府、別有特權、而地方評議會、不爲都府評議會民主體裁之簡、蓋合貴族僧侶平民之級而成也、紀元千三百二年三民 Otater-General 會議之模範也、（參攷第二百八十八節）地方評議會、起於甯建時代、以代表公共及箇人之特權、當時諸侯、欲保領內安甯、故容評議會之議決勸告焉、

右評議會、大革命時、屢開於蘭古敦克、Languedoe 布利達里、Brittany 及其餘地方、與他議會諸地區別、

試先以中央集權束縛之地、以明地方評議會之性焉、該評議會、以王召集、議事於王官之前、待王裁可、然以其有特權、凡無評議會諸地、莫不羡地方評議會、得自徵租稅、納諸政府、收地方行政諸費、以修道路水道、不受中央政府之監督也、評議會特權、雖有限制、而其範圍之內自由運

動、以保地方之元氣者、豈若中央政府直轄諸地、無此特權也哉、

第二百八十四節　地方評議會財政職權　地方評議會、定郡區稅額、以郡區評議會屬之、定町村稅額、以町村吏員定各人民稅額、地方評議會初期、國王雖遣代理委員監督、而無定稅額之權、

第二百八十五節　法蘭西君主國擴張領地　法蘭西君主國、前後八百年間、擴張領地而結合之、當一千八百二十八年、嘉賓王統未絕之先、早達完全之域也、蓋自阿嘉他斯奪英倫諾爾曼頗、更據耶曼德阿烏耶留都列魯安棗蔑英及婆都 Vermandois, Auvergne, Touraine, Anjou, Maine and Poitou 爲領地、子孫益務兼併、至哇雷家繼王位、惟北方佛蘭達、巴敢特、布利達里三州、惡法蘭西權力、及英倫所屬亞基德魯中間、法蘭西東南領地、與法蘭西本部分界而已、夫法國統一、國粹不拔之基、爲嘉賓王家之天職、異日子孫、卒能以布利達里、亞基德魯、巴敢特諸州、並自羅馬河來因河、爲法國之境、行其主權焉、

第二百八十六節　十字軍及法蘭西國　十字軍興、貽害封建、爲都府之益利、已詳第二百七十九節矣、而君主之利益尤甚、蓋貴族戰沒、失其財產、畢役之後、徒供君主之蠶食、且當第一十字軍時、法蘭西王權力、止及本國、其後收貴族諸種利益、王權益大、凡赴東洋而從十字軍者、難侵本國之權利矣、

第二百八十七節　制度發達　領地擴張、制度自然發達、而地方自治、已破壞於冥冥之內、蓋法蘭西化爲一統之國、害及地方自治、較封建時代、無政府之禍爲烈也、初都府與諸侯競爭求

援於王、王陰圖利益、以敵諸侯、及諸侯權力盡廢、都府雖懷嫉妬、亦無抗王之力、故古郡縣、得列席於諸侯地方評議會、以認都民 The Rurghers 參與國政之權（參考第二百八十三節）者、至是集權中央、以收都府郡縣之權、昔日地方評議會、有力於王國者、不留一息、僅存而不能獨立矣、

第二百八十八節　三民會議　厥後國王又集國民而成三民會議、蓋腓立布王、Philip the Fair 自紀元千二百八十五年、至千三百十四年、惡羅馬教皇干涉國事、欲保全己權、乃召國民代議士、而爲之援、先是法蘭西王、凡國家政務、常用諸侯僧侶之謀、以其戮力同心、素盡忠告也、至腓立布召集都府人民、成三民議會 Etatsgeneraux（千三百二年）國民之三級也、後遂僧侶貴族於政權外、掌握國家主權者、惟王與平民耳、

第二百八十九節　三民會議性質　腓立布之召民會議也、與千二百九十五年、英國義德華第一、召集國會相似、（參考第六百六十二節第六百六十九節）法蘭西初如英國有代議院、表國民之意、以議緊要之事、然不孚衆望、自第十世紀至第十六世紀、（一千三百二年至千六百十四年）以王意召集三族、而成三民會議、當封建諸侯、權力未衰、國王每以該會議承諾、頗得便宜、及王權確立、遂爲王所輕、且三民會議得勢之時、本不成爲立法之府、其權力不相聯絡、貴族僧侶平民、各成團體、三院各以議案、訴呈國王、故雖和合、而議論不一、會期之初、亦無集合一院之時、凡國家大政稅課、不必備諮詢、亦無自由開會之權、蓋該議會、居王國之內、有獻言政府之權、而王之采否、不可必也、雖然、三民會議之屢開也、尚有自治形體、以示國民之自由、平民中都民最爲剛毅、各地方政羣之代表也、

第二百九十節　行政發達　法王以蠶食擴張領地、行政之機、益以發達、蓋君主國既有土地、

其政治自並行進步也、

第二百九十一節　中央集權制度發達　嘉賓治世之初、以一王廳、Feudal Court 二三宮廷官吏、備中央政治機關、當時官僚第一、肯些羅、Chancellor 國王內廷顧問也、司朝廷公私紀錄、第二渣母巴林、Chamberlain 宮內尚書、監督王室內事、第三、些列斯嘉、Seneschal 代國王居王廳、行總理職、第四古列敦巴多拉、Great Butler 王室會計長、掌王室財產歲入、而第五軍隊司令、公期德布爾、Constable 卽軍務提督也、王廳以諸侯組成、裁判王領民之訴訟、而保徵收租稅行政廳職權、（參考第一百七十七節第一百八十二節）

第二百九十二節　參事院　當法蘭西爲侯國時、國王領地、（不過嘉賓直轄之地）庶政以宮廷官吏掌之、王廳無力、及法蘭西漸大、宮廷官之權日衰、王廳權力益以開展、置評議會、以主國政、中設委員會、分立各廳、各有職權、惟評議會初立、其司法行政財政職權、尙屬混同、其後路易第九世、分諸職權、然全行分別者、實千三百二年也、卽設三民會議時也、是時因腓立布王、以評議會行政權、委繼參事院 Conseil d'Etat 之議會、以司法權、託巴黎高等法院之一院、而其財政權、則以會計檢查院司之、又有租稅院、Chamber of Sobsidies 以司租稅、於是諸省局權力漸擴、宮廷諸官司、悉爲其所併吞、如王室會計長、入爲會計局長、是也、

第二百九十三節　巴黎高等法院　參事院司法部、巴黎高等法院 Parliament of Paris 也、與他政治機關、並以諸侯組織而成、後漸加以有敎育有經驗法律官、國王法律官諫議官、遂成政治機關焉、

第二百九十四節　政府諸省局　無何、會計院、巴黎高等法院、卓然並峙、共掌政治、而參事院自一千六百四十四年法令、（路易十四世幼時馬沙連攝政法令）新設六部省、第一爲內閣議一切政治、第二外務部、軍務部、第三司法卿、裁判各法案、第四最高司法部、居通常裁判所之上、第五財政部、第六內務部、

第二百九十五節　高等官制　右組織政府、皆高等官也、第一大法官、Chancellor 爲參事院司法委員長、（惟高等司法部不在此例、其在高等司法部、亦通常部員也）亦其餘司法事務局長也、司法事務局、置檢事長、Procureur-general 代理官、司通國司法權、在地方法廷、爲中央政府之代表、第二大藏尚書、卽內務尚書、第三宮內尚書、裁理特典賜與重大懲罰事務、卽監督宗教官也、第四陸軍尚書、第五、外務尚書、第六殖民兼海軍尚書、（參攷第三百二十三節）

第二百九十六節　中央集權吸收地方政治　因中央政治擴張、國王之權、益侵地方、一切政務、爲中央政府吸收、實自路易第九世爲始、路易第九世、以中央政府、束縛領地、視祖宗更甚、惟發明正義、不畏教會、而畏上帝、故不事專恣、而人民自服、創建君主國之資也、且路易扶平民、而制諸侯、諸侯屈服、因而遣使四方、問民間疾苦、以覘從違、許人民控諸侯法廷於王國、以高等法院、爲司法中心、（參攷第二百九十三節）限制諸侯法廷、禁其輕下裁判、蓋用俾黎 Baillis 布列哇 Plevats 等官吏、使司法事務、悉歸中央集權也、俾黎布列哇、屬於高等法院、

第二百九十七節　中央集權之序　然以右紀事業、爲路易所創造焉、誤已、路易制度、自其祖宗、長成已久、如俾伊一職、實中世紀各地普通之官、爲王代表、以行司法事務、指揮軍隊、處理財

務路易第九世所擴張整理者、亦不外以俾伊管轄之地、率由舊章、以俾伊為己屬官、非有所僭越也、且欲效封建諸侯自行獨立、則非俾伊所能夢想耳、厥後制度發達、俾伊官職自然分界、於是有司令事務俾伊 Bailiffs of the Robe 軍務俾伊 Bailiffs of the sword 其餘流得蘭多 Lieutenants 以補俾伊、黎布列哇服從王命、監察租稅、而併行政職權、後又於俾伊管轄地 Bailliages 各部置會計主監 Treasurers-general 收稅官 Receivers of Domains 軍務司令官、Captains-general 而舊時些列斯嘉爾職 Seneschal（參考第二百九十節）併於俾伊長官及巴黎布列哇焉、

第二百九十八節　國王親政　路易十四世　右諸制度、各地方官職、皆吸集於國王之旁矣、而至路易十四世、政畧方全、蓋以朝廷併吞法蘭西貴族、先使人循行領地、示王威德、俾知逆鱗難犯、貴族雖有廣土、不能不傾心於朝、且路易十四、凡有官位有名望之人、無不聯為一體、使君主與衆庶、毫無間隙、異日雖逢革命、不能破裂、

第二百九十九節　中央權完全　至大僧正利些留 Richelieu 為法蘭西宰相、中央集權、更覺完全、而以英坦塔為政治中心、英坦塔 Intendant 由王親任、為王代官、握大權、各地方之主治也、其下副代理官、為各郡村之主治、自設此等代理官、都府所選諸行政官、特權消滅、地方無自治機關、英坦塔及其屬官、皆非出自民選、而地方官職、不啻悉為國王所買矣、

第三百節　州　州非行政上之區、而軍事之區也、Provinces 集三十二些列拉利志而成、以英坦塔管轄之、又為宗教行政、定達阿些斯 Dioceses 各區焉、

第三百一節　英坦塔職　英坦塔、原於會計長、Masters of Accounts 會計長、以國家收入、兼牟司法職務、巡行各州、而開輪流裁判者也、後其職權、歸英坦塔、或曰英坦塔財務長官（Comptroller general of the Finances 之屬官也、財務長官、卽內務尙書、凡內政有監督權、而英坦塔、實爲諸州之行政官、至利些留時、始置司法警察事務、英坦塔（時英坦塔止司財政）奪普通裁判官民刑之權、茲錄基拔氏英坦塔完全職權說曰、英坦塔案察司法警察財政及行政一切事務、國王遣於國內地方行政官也、又曰、英坦塔依托王廳、實行職務、保國內之秩序、遣於各地之官吏也、佛耶倫 Ferron 曰、英坦塔制之始定也、地方會議、以王命會集、會期四十日、至議收入支出諸事、須經顧問院 The Council of the King 之襄贊、

第三百二節　司法中央集權　地方裁判所、其職務亦漸被奪、路易十九世、始立訴控主義、凡訴件稍關於巴黎政府利害者、必上於特別法衙、蓋當時一切細務、皆中央政府所干涉也、

第三百三節　顧問院財政長官　巴黎顧問院、定王國巨細事務、又有財政長官、凡英坦塔及其副代理官、特命裁判所、一切國務、皆須經其手、轉送顧問院、以管轄全邦、財政官所主之務、必自巴黎發訓令、蓋其政事、由中央政府監督也、由是規則愈密、全國之精神、皆注於中央政府、除有議會諸地二三都府、僅有特權外、地方政治之本、全行抹殺矣、

第三百四節　行政精神　凡地方箇人之利害、朝廷監督雖煩、其行政本意、固出於仁慈之心、而其發見厚意之時、正革命破裂之日、中央政府當第十八世紀後半、其匡正政治弊害、尤爲昭著、惟政府雖具慈心、而能力不完、故各種弊害之源、不能悉除耳、

第三百五節、革命　當革命之時政府組織不免分裂然革命黨躬行破壞、弑國王、不能改革政府也、革命黨、憎惡主權、以倡共和主義、擬設議會、舉代表、吸收權力、以治天下、而有新思想者、無新政治、卒至擾亂不已、成爲委員政治危險時代、拿破崙由是而崛起焉、

第三百六節、革命行政　革命之日、雖除法蘭西政治主義、而其行政基礎、不能破也、一千七百九十一年、立憲議會 Constituent Assembly 布告設政府六省、曰司法省、內務省、大藏省、陸軍省、海軍省、外務省、至一千七百九十四年、廢六省、以十二行政委員會代之、立於惡魔公安委員會 The Commitee of Public Safety 監督之下、然至一千七百九十五年、設執政職、Directory 復立六省、

第三百七節　拿破崙再立政府　王制時代、萬機集於中央、蓋當時法蘭西國、以國家之權力繁榮、集合而成政府也、共和政治不然、其制全在地方之發達、故欲行共和政治、必使自治之機關敏活、以擴張一切行政事務、而導革命先路者、不能實行、故其結果、生拿破崙、夫拿破崙非共和主義之人也、

第三百八節　拿破崙再建專制政府　拿破崙建專制政府、亦以昔日立憲會議爲主、而整頓中央集權而已、後拿破崙代立憲議會、握國家主權、欲以完全機關、與中央集權、故昔日立憲會議、以委員會評議會執政職等、行天下政務者、廢之、而代以一高等官、又別置評議會、以爲之助、高等官、自盡其責、兼采評議會言、而拿破崙法蘭西政治、流傳至今矣、至些列拉利志 Generalities 職官、古昔封建特權、法蘭西舊州、專制主義也、拿破崙亦廢之、分全國爲八十九縣、置布

商務印書館印行

列非克多 Prefects（即知事）沙布布列非克多 Sul-prefects（即副知事）政治機關二官、及英坦塔代理官、稍加修改使成簡易之制、此拿破崙第八年憲法所以整頓完備也、憲法精神實爲法蘭西政治基礎、至今尙存、要之革命之結果、其固確秩序有力制度、不外中央集權之制而已、

自一千八百七十年至一千八百七十一年、普法戰爭後失亞沙斯羅列茵等三洲、全國八十六縣、

第三百九節　自由制度進步　自革命以後、法國新政制度、雖時有激變、實導以代議政治、俾成共和主義也、路易十八世主張神權主義、以立法發案權歸君臣掌握、而設國會二院、以表民情、且使大臣負國會之責、後至路易腓立布神權夢醒、認人民主權、與上下二院共掌發案、雖拿破崙三世又欲復拿破崙一世舊制、而與日耳曼開戰、用失厥德、卒成今日共和政治、而復大臣之舊例矣、

第三百十節　第三次共和政體　第三次共和政體、一千八百七十年九月四日、以敢伯達倡議巴黎、立權宜政府、（以與日耳曼之戰爭未終局也）至一千八百七十一年二月八日、日耳曼和議成、始以普通選舉法、立國會、彼丟耶爾 M. Thiers 與德意志議和、救伯爾賀 Belfort 而退日耳曼兵者、即奉此國會之命也、

第三百十一節　制定憲法　普法議和之後、至千八百七十六年二月、該國會指揮國政、兼憲法會議職權、以定法國憲法、今之法國憲法、實係一千八百七十五年二月二十五日國會承認、而以一千八百七十六年二月實行也、國會之定憲法也、當日耳曼議和、巴黎黨甫定之時、幾經

兵亂改正政府秩序、故當行政官退職之期、決計自治其國、其初開設國會、選大統領、俾行國政、任期以列席大臣定之、後以選大統領之大臣、舉行政務、大統領仍由國會選舉、而無國會議事之權、惟使大臣參與議事、任期七年、所謂新憲法也、但亦由各種紛議、而後承認者耳、

初國會受國家委任、議結和約、掌握一切政權、整理國政、其權宜政府、卒能不廢絕者、規模善也、若自一千七百八十一年、選舉議員推之、甚有可怪者、蓋當時議員君主黨頗多、苟一黨同心、其勝共和黨也自易、然而彼之三黨固不相調和也、曰正統派、Legitimists 阿爾倫派、Orleanists 波納巴多派 Bonghortists 是已、正統派欲復波爾本家正統王位、阿爾倫派、係波爾本家支統、欲復阿爾倫家王位、而波納巴多派者、欲復拿破崙帝國者也、君主黨恐改選議會、（即共和黨之新議會）定新憲法、不利於己、故雖各懷意見、而共以平昔權力、圖君主政體、遂於共和方興之時、采保守憲法、以馬克馬罕為將軍、授大統領職、任期七年、且定任期內、不得以新憲法改選大統領、馬克馬罕本軍人、具愛國心、君主黨之一人也、於是各黨派贊成以克特他 Coupdetat 昇王位、而保馬克馬罕大統領之位、然其任期未滿、二院強令辭職、（一千八百七十九年一月）而選新大統領、君主黨之計、遂成畫餅矣、

第三百十二節　新憲法性質　新憲法條項甚簡、其規定者、不過政治大綱、非通常之法律也、采用成憲、以為新憲法之助、故舊憲法法律、與共和新政、不相抵觸、新憲法者、其依舊憲法基礎、而創建制度者歟、

第三百十三節　二院主權　然新憲法所以與通常法律異者、亦不過改正之法耳、且新憲法、

係權宜國會、發布制度、未嘗經人民議決實行、故其憲法、遇修改廢絕之時、必由立法府二院、與一國會共開會議、而以國會審斷法律爲第一之立法府、蓋法國判定是非權在國會與英國同也、

英國國會、凡通常立法、皆得行其職權、而法國國會、惟根本法律、（即憲法）得行其主權、故其立法、尚多限制耳、

第三百十四節　元老院　法國國會、由元老院 The Senate 代議院、The Chamber of Deputies 組織而成、然設立二院、法國憲法、初無成例、憲法所定者、元老院或依行政部之選舉、或抽籤而據法律所宜、則選舉會 Electoral College 合計各縣選元老院議員三百人、任期九年、非四十歲以上者、不得應舉、而選舉會、（參考第三百四十一節）以縣會議員郡會議員、（參考第三百四十七節）町會村會（參考第三百五十一節）諸議員中、各選代表人、組織而成元老院議員、每三年改選三分之一、

右元老院議員、每三年改選三分之一、如合衆國元老院議員、每二年改選三分之一也、而歐羅巴諸國憲法、議員任期內、其代議議員一部、亦有改選之例、

至千八百八十五年、法國元老院議員、計七十五人、爲終身議員、亦出於選舉、是年因修正憲法、終身議員出缺、亦如他議員、自各縣選補任期九年、遂廢終身議員、各縣選舉元老院議員、數各不同、據今制巴黎市選舉全議員十分之一、（三十人）

第三百十五節　代議院　法國憲法　選舉代議院議員、當依普通選舉法、以法律定七萬人、出代議士一人、成代議院、年二十五歲以上、除解散外、任期四年、是各縣固元老院代議院之本也、

雖從各縣人口定代議士之數而至少亦得出議員三人、然非通全縣而投票選舉、蓋如美國聯邦代議院代議士分各選舉區而選舉也、是法國各郡、The Arrondissements 用美人公古列西若納特斯利克、Congressional Districts 選舉區選舉法、卽法語斯克留顛達倫志曼 Scrutin d'Arrondissement 也、

一千八百八十五年、始以各縣總投票（以一縣爲一選舉區之法）法、選舉代議士、法語斯克留顛德利斯脫、Scrutin de diste 如美國各聯邦舉選舉大統領之人也、此法創於敢伯達、蓋以已黨多占其人也、然千八百八十九年後復行一千八百八十五年前之斯克留顛達倫志曼選舉法、蓋布蘭塞將軍、General Boulanger 以斯克留顛德利斯脫之選舉法有投票偏枯之虞也、

凡重要殖民地、亦得出代議院代議士、計亞基爾 Algiers 五人、哥景渣伊納、格瓦德羅布、瓜納、英度、馬老里克、留蘭些、列嘉爾、Cochin-China Guadeloupe Guyana, India, Martinique, Reunion Senegal 各一人、代議員共五百八十四人、選舉議員法律無定期、其選舉之法、惟依大統領法令以定程度、議員期滿後、大統領須於六十日以內命選舉、若遇解散、亦須二月內命選舉、其新議員須以選舉後十日內、參集議院、而下選舉命令時、與選舉期隔二十日、

第三百十六節　若解散國會不合法度、爲有妨會議、各縣會議可集於各處集會所、以保國家安甯、各縣會議選二代理人、共集於會議所、以避政府之虐、名曰非常議會、所維持國家秩序、以行政務而設獨立國會也、惟通常國會開設國內、則非常國會解散、若通常國會會集無望、則設非常議會後、一月之內、行總選舉、

商務印書館印行

第三百十七節　國民會職權　元老院代議院、與國民會、同議修正憲法、選舉大統領、兩院立法事務、常會於巴黎國民會、則會於烏耶沙路、以避大都會紛擾、而以國會爲奴隸也、凡選舉大統領修正憲法國民會以達其目的爲閉會之期、遇死亡大領統辭職滿期則行選舉、

第三百十八節　修正憲法　修正憲法、須兩院會同、當未告國民會之先、凡應修正與否、以及修正之件、其餘應加條項、各院預行審定、而選舉大統領、修正憲法、皆以議員過半之數決之、右兩院之內、一院雖占多數、而國民會公議、仍爲少數也、故其贊成國民會也難、且法國之中、不止二黨、故不能聯合兩院、以維持內閣、兩院公議、常以政略相背、而致失敗、

國民會者、最完全之主權體也、惟其會期不得越五月以外、（今法）元老院職員與國民會同、議長一人、副議長一人、書記官六人、更舉會計官四人、Quaestors　任期一年、代議院職員亦與元老院同、惟書記官較元老院多二人耳、

第三百十九節　大統領　大統領、由國民會投票選舉、爲法國行政官之長、任期七年、有黜陟文武各官全權、雖不能違法、得使兩院再議立法、一月以內、可命兩院停會、（一會期中不得兩次）兩院續開五月會無論何時可命閉會、臨會亦得命閉會、代議院雖開會、未至五日、大統領可由元老院允許、命閉會、而無代議院、元老院不能議事、則元老院亦應停止矣、代議院既經解散、命其二日以內、行總選舉、選舉畢十日以內召新議員、

國民會不得以會爲法國君主之一族、選爲大統領、

第三百二十節　以大統領職權、由元老院承諾、得於國民會開會期中、解散代議院、解散後、并

得削國民會議員三分之二、是國民會無議事之力矣、然此等舉動、雖大統領之職權、而遇有革命之件、大統領亦自行防衛而已、非法律制裁之力也、

第三百二十一節　大統領元老院勢力　大統領與元老院、實代議院上有大勢力者也、大統領能防代議院之過激、返其議案、求其再議、或停止之、蓋解散代議院而斥退選舉之人、皆憑大統領元老院意也、且元老院曾收智勇功名之士、以制代議院、而如近世大統領古列比 Grevy 嘉約 Carnot 力微勢孤、以議元老院國家之政、徒據上游、未見活潑、而代議院放縱之舉動、至於千八百八十九年四月、與共和政治源流、究無妨礙也、

第三百二十二節　內閣及大臣會議　內閣立於大統領國會之間、爲其關鍵、法國政治之中樞也、內閣 Cabinet 與大臣會議 Council 職權自別、雖本係一人、而內閣廣籌國家之政策、大臣會議、惟有行政上之職權耳、大臣也者、其兼任二顯職歟、

第三百二十三節　諸省大臣　今日法國有十一大臣、一曰司法大臣、大革命前、大法官職也、（參攷第二百九十五節）二曰大藏大臣、大革命後、會計長官 Comptroller-general 也、（參攷第二百九十五節、三百節、三百三十節）三曰陸軍大臣、馬沙林僧正所設陸軍省長官也、四曰海軍及殖民大臣、千六百四十四年所設也、五曰外務大臣、千六百四十四年新設、（參攷第二百九十四節）六曰內務大臣、即千七百九十一年、立憲會議、（參攷第三百六節）大革命前兼任會計長官宮內尙書二職者也、惟會計長官財政職權、移於大藏大臣、不移於內務大臣、七曰文部大臣、掌敎育美術諸事、八曰工部大臣、九曰農務大臣、設於一千八百十二年、後廢、自一千八百二十八年至一千八百三十年、再設、十曰商務大臣、十一曰遞信

大臣、皆以千八百四十八年、分內務省職權而設也、

第三百二十四節　內閣　內閣大臣、在國會代表政府者也、自國會議員中選任、凡赴國會議事、有特別權利、而大藏省內務省、殖民省、文部省之次官亦有此權、故此等次官、兼爲國會議員、法國通例也、

各省大臣、皆得發言於國會、雖論畢 Cloture 後亦然、一千八百八十八年、陸軍大臣、不得列席於代議院內、

第三百二十五節　大臣會議　諸大臣立行政會議、位居大統領下、以大統領、卽行政長官也、然議事於大統領前、不受大統領統理、而受大臣中議長之統理、凡大臣會統一國家政務、而監督之、遇大統領卽世、辭職、罹病、未經國民會選定、則攝行其職、平日亦爲裁判行政訴件最高裁判所、參事院之評定官、（參攷第三百五十三節）

第三百二十六節　大臣與大統領關係　大臣會議、雖不載於國法、其職與內閣相似、內閣與大臣、政治責任、不過因評議事件而集會耳、然因二名稱、大臣會與內閣自別、蓋自大臣會觀之、似係大統領所設、而自內閣觀之、則居大統領之上者也、雖大臣監督政府諸省、非依憲法與成文法、而由大統領之命、然非主務大臣副署不行、故大統領居大臣國會監督之下、且大臣選自大統領、必與國會議員意見相符、方爲合選、故大臣行主務省政、獨負國會之責、凡大統領俸給、每年由大藏大臣豫算、亦須國會協議、是內閣權力所以在大統領上也、且夫大臣、本國會之代表也、故國會以之監督政府、夫大統領黜陟官吏、既須大臣副署、則謂政府官吏、概由大臣黜陟

可也而大臣視國會從違以卜利害者豈有他哉亦要結議員以保祿位而已矣、

法國黜陟官吏、其害政治視美國聯邦制度爲甚、蓋法國職官、由大臣黜陟、其數多於大統領、故其要結國會議員亦較美大統領爲最、非以大臣之位繫於國會之順逆耶、

第三百二十七節　大臣責任　大臣負國會之責、與英國同、非由法律、而由習慣也、其任期繫國會之好惡者、非經國會協贊、不能施政畧耳、故大臣與議會不協、不能不辭職、雖大臣平日調停兩院、祇盡力於代議院、其去就也、不定於元老院、而定於代表國民之代議院、非勢使然耶、

第三百二十八節　質問　內閣大臣政畧、常受國會質問、其類不一、首曰直接質問、凡兩院議員、有向主務大臣、詢豫告後國家之政務者、大臣爲之答辦、此外詢內閣全體政畧、曰詰責質問、Interpellation 夫直接質問、尙須大臣承諾、而詰責質問、則不待承諾、逕舉內閣緊要政畧、以攻擊大臣、其鋒鋩不易當也、更有第三質問、尤覺嚴厲、因選舉調查委員而質問者是也、

第三百二十九節　如是則內閣大臣、常在國會質問之下矣、然爲國會之先導、卽不久於其位、其爲國會代表、而倡議案、固有特種之便宜也、（參攷第三百三十三節）

第三百三十節　立法　一切議案、無論倡自大臣議員、必先付特別委員、然後兩院議事、而議員所倡者、可付特別委員會否、必由月次委員會審查報告、然遇有緊急之件、可改爲政府議案、以省委員審查、蓋免議員倡議之案、爲月次委員會遷延也、

第三百三十一節　委員會　試更述國會委員會組織之梗概、每月抽籤、組織代議員十一部、Bureaux 元老院議員九部、各部又選月次委員會四部、第一請暇委員會、第二呈請委員會、第

三審查議案委員會、第四地方問題委員會、四部內又選定議案特別委員會、惟各院自選特別委員不在此例而各部各自審議其議案、

第三百三十二節　豫算委員會　凡財政必經豫算委員會審查、任期一年、代議院三十三人、元老院十八人、該委員會與他委員會同理政府之財政、卒致政府秩序失和、大臣推諉、蓋他委員會不過審議政府議案而報告之、而豫算委員會則監督政府、有時全行翻案也、

第三百三十三節　國會政治　數年以來、法國國會政治大臣之責日輕、代議院之權日長、致昔內閣有指導國務全權、國會審是非、以監督之、故國家政略、鞏固不搖、迨共和政治、歷年既久、專恣橫暴、不服大臣指導、凡國內名士不問賢否、悉被輕侮、必敗其事業、害其名譽、然後爲快、此日政治所以立於羣議政治 Government by Mass Meeting 之下、而漫無規律也、於是倡議修正憲法而復執政政治者 Dictatorship 藹然起矣、

第三百三十四節　各省　各大臣主行省務、必借助於嘉比烈脫、主務大臣所信任之局長部長也、其居各省之位、若大臣會 The Council of Ministers 之於政府焉、參考第三百二十五節 嘉比烈脫、立於各省局課之中、分掌事務、爲主務大臣之助、且倡議案於國會焉、

第三百三十五節　各省職權　嘉比烈脫者、各省之通制也、惟以各省職務有別、其組織機關亦異、如司法省、所以監督民法刑法商法一切司法事務也、惟陸軍省、海軍省、內務省、所施軍務、海上行政諸法、與司法省無涉、他如外務省、司外交一切事務、內務省、行不屬於他省管轄職權、大藏省、收支國家歲入而計算之、陸軍省、掌軍事、海軍及殖民省、除海軍軍政外、施殖民地政務、

文部省、施小學大學一切教育事務調停國家宗教爲國家收買美術工藝品物監督公立美術學校、博物館、美術展覽會、給劇場補助金監視戲曲監督保存古物會音樂學校國立些布爾鐵品及文繡製造所、工部省司道路、鐵道、公礦山監督船舶、港灣、燈臺、機械、建築學校、農務省監督林政、灌漑、牧畜事業、而補助之並定家畜衛生規則、保務農業商務省設國內商業會議所、人壽保險公司、貯蓄銀行等規則、檢查某某製造品、與以保證、監視市場、給特許商標、更行便利內地商業職務、定外國貿易、海關稅則、保護造船航海、而獎勵之、作統計表、一千八百八十六年、商務省、增設商業課、而以遞信省司郵政事務、電信事業、皆法國政府之職務也、（參考第一千二百三十四節一千二百三十五節）而其政治之區、必觀諸內務省、以其優於他省、而與地方政府、尤有關係也、

法國地方政治

第三百三十六節　地方區畫　法國今日、廢古昔宗教區畫、達阿些斯、Eccelesiastical Dioceses 軍事區畫、布羅賓斯、Provinces　行政區畫、些列拉利志、Generalities（參考第三百節）並政治上附則、地方特權、而承用一千七百八十九年十二月立憲會議所定、行政區畫、分全國爲縣、Departments　縣分爲郡、Arrondissements　郡分爲鄉、Contans　鄉分爲村町、而爲軍事司法敎育之要、且永立政治之本者縣也、若郡、若鄉、若村町、不過縣之一部、如鄉爲縣中一選舉區、而郡爲縣治之高等區是已、要之法國地方政治諸部完全、而以中央政府監督會議、該會議特權、皆有制限、

第三百三十七節　由是觀之、地方政治之制度、非以歷史爲基礎、而以吏治之新規爲基礎也、世謂今日法國、民主主義完全、其自治制度、實在巴黎勢力範圍之外、豈欺我哉、

商務印書館印行

第三百三十八節　縣知事　法國政治、爲地方之中心者、縣知事 Prefect 也、縣知事、襲古英坦塔 Intendant 職、爲行政長官、理地方財政、監督學校、以及緊要諸事、有任命屬官之權、且縣知事、監督縣會議員、併以縣會之旨、監督地方政治、故爲縣會之代理者、亦爲中央政府之代理、中央政府大臣、凡知事行爲、無不認可、蓋知事雖代大臣、司理縣治、爲大臣代表、而大臣不能外知事而徑行權力、以舉地方政務也、知事得入議會議事、惟關於其身者、不在此例、

第三百三十九節　縣知事、法律上位置、既述於右矣、然其實稍異、蓋共和政體、有擴張地方自治之勢、而縣知事、益爲縣會行政代理人矣、故至今日、遂爲政黨競爭之品、知事本內務大臣所命、爲其代表、而以他省大臣、必經知事手、舉行政務、遂與各省大臣、互相連絡、卒至因內閣迭更、而解職復官、亦往往借自其代議院議員、元老院議員、內務大臣勢力、以保職位、（參考第三百二十六節）於是知事不復如拿破崙時代、專制一縣全權、其進退之柄、操諸地方輿論矣、民主政治之常也、

第三百四十節　黜陟官吏之弊　法國政府、大小機關、皆極腐敗、以公職報私恩故也、蓋內閣欲酬政黨競爭之勞、常以官職、分授黨員、且報代議院援助、凡代議士之選舉人、亦分授以官、屢解敵黨與不熱心諸黨之職、以與己黨、而近代法國內閣迭更、此弊尤甚、

第三百四十一節　縣會　縣之立法部、卽縣會也、以各鄉選舉議員一人而成、大統領、除開國會期外、得解散縣會、其選舉縣會議員、與選舉代議院議員同、以大統領定其日期、議員任期六年、每三年、改選其半、選舉議員之人、以法律規定、若記載於名簿之選舉人、無四分之一投票、爲第一次選舉不成、第二次選舉、則但以投票多數爲中選、二人得票數同、則以年長中選、

縣會議員、數各視其鄉不同、少不下十七人、多不過六十二人、縣會雖得判決中選與否、然不爲定論、更得控訴於高等裁判所、凡中選否縣會議員知事、選舉議員人、皆得請高等裁判院審判、

第三百四十二節　縣會、每年開二次、日數以法律定之、第一期十五日、第二期一月、若縣會議員三分以上、請求大統領、得展限八日、過日期而不散會、大統領得解散之、所行越權、亦得令其停止、凡縣會議決、大統領有不裁可權、議員無故告假、怠其義務、科以定罰、然別無俸給也、

第三百四十三節　縣會第一期會議一切事務、第二期議知事之豫算、受本年會計報告、兩會期內、皆得質問縣之行政於知事及他官吏、而請其答辨、

第三百四十四節　縣會監督之力雖大、而創作之權有限、縣會得分配地方費用、不能課稅、凡縣會需用全額、及一切稅源、皆定自巴黎國會、即議決縣費、亦必經大統領認可、故曰無創作權、而縣會租屋費雜費、并知事屬官、公立學校、地方裁判所租屋費雜費、警察費、選舉名簿出版費、道路鐵道土木之事、癲狂院救貧事業、皆歸監督計算、而其尤緊要職權、即於每年國會議決後、分賦各郡之直接國稅也、

第三百四十五節　縣會常置委員　縣會閉會、更設常置委員會、以爲縣會代表、備知事諮問、而監督之、選自縣會議員者也、惟在認許特權之內、爲縣會委員會、負縣會之責、否則得以越權、而盡力於中央政府、

第三百四十六節　中央政府　法國地方制度之尤著者、地方議會、地方人民、共受中央政府

之監督、如罰金之制、由縣會議員行其職務、而中央政府、常干預之、加修改焉、縣會議員中選與否、亦以知事縣會議員議於縣會、或由選舉區呈請議於縣會、而縣會或越職權、大統領得拒止之、故人民無許縣會越權於法廷者、蓋英國美國人民、常訴縣會越權於法廷、以自保權利、政府爲之伸理、而法國則無籍乎此、且地方利害、議會雖得陳意見、而不得爲之代設政策焉、

第三百四十七節　郡　郡者、選代議院議員之選舉區也、其選議員、非合一縣一郡、由斯克留顛德利斯脫 Scrutin de List 法、而由斯克留顛達倫志曼 Scrutin d'Arrondissement 法也、參考第三百十五節郡係司法管轄區、且爲郡長 Sub-prefect 郡會緊要行政之區、郡長卽知事代理官、充書記之職、郡會 Conseil d'Arrondissement 由鄉舉議員而成、與縣會等、除分課郡賦稅外、別無職權、他惟巴黎一郡、因大官之命、得獻言於行政官吏而已、

第三百四十八節　鄉　鄉者、選縣會郡會議員之選舉區也、又爲治安裁判官管轄區、軍隊徵集區、而編製戶籍、又縣道監督之第一區也、然無自治政治、但選舉等事、因時制宜而已、

第三百四十九節　町村　町村者、行政區畫之小者也、與郡鄉異、而皆爲政治之要、所謂都府、亦村町集成、惟都府町村、比地方町村、其數稍異耳、法國全國町村凡三萬六千一百另五中央之集權也、自中央政府任諸官吏、以地方政治代表中央政府之權力、一切政治官吏、皆屬於巴黎大臣、惟町村行政長官蔑若爾 Mayor 卽町村長選自村會議員中、非大臣所命、更舉助役數名、以襄職務、

千八百七十四年、町村人多、其長命自巴黎長官、而人口少者、稍稍命自知事、蓋自一千八百三十一年至一千八百五十二年、町村長必有町村會議員中選舉、然一千八百五十二年、至

一千八百七十二年、町村長選自町村會議員之外、及一千八百七十四年至一千八百八十二年間、小村亦得選舉村長、而一千八百八十三年以後、大小村長皆出於人民選舉、

第三百五十節　町村廳職　町村長及助役、不能成行政廳、何則、助役職務、係町村長所命、非同僚也、町村長經選定、卽爲內務大臣代表、不負町村會之責、若町村長、不盡職務、知事得別選盡職之人、凡町村長助役、知事在一月內、內務大臣在三月內、得停止其職務、而開除之、村長助役罷免、以他人充町村會之職、罷免後一年、無被選權、町村長得任命其村之警察官、並選屬官、惟四萬人以上町村、選警察官須大統領認可、其餘町村、知事認可、

第三百五十一節　町村會　各町村有町村會、視其村之大小、選舉十人至三十六人、除選町村長及助役外、別如縣會政治、有町村政治、然町村會議決、不如縣會得力、蓋縣會議決無不認可者、而町村會議決、必有定期、待上官認可而後通行、且町村會知事得以停之、而大臣會議、傳大統領命以解散之、與縣會相同、更無論矣、町村長每年會議四期、第一期、議町村會町村豫算、會期六星期、其餘會期、不得過十四日、町村長雖爲町村會議長、而議及身上會計事、則爲例外、按町村會、郡會、不得裁決議員中選與否、蓋權在郡縣參事會 The Prefectural Council 也、町村會議員、至一千八百三十一年、知事據該村被選權名傳選拔之、後一千八百三十一年、至一千八百四十八年、又以制限法選舉之、至一千八百四十八年後、漸用普通選舉法、若大統領解散町村會、未經改選、先選代理人四人至七人、以行町村會要務、然除監督職權外、別無職權、

第三百五十二節　町村監督　町村雖爲縣分部、而不受縣會監督、蓋法國之地方政治、有獨立自治之權、各地方互相扶持、而權力伸也、然至今中央政府侵入縣會、雖一千八百七十年、經立法者拒止、而本無功、其事當否、姑不具論、而中央政府監督村權、究歸縣會爲公平也、

第三百五十三節　行政裁判所　參事院　法國政治機關分轄職權、行政事件、非屬司法省通常法廷裁判、而屬內務省行政裁判所裁判也、其最高者、曰參事院、The Council 以大臣及其餘高等行政官而成、參事院爲最後法廷、得獻言於國會政府焉、

第三百五十四節　府縣參事會　參事院下、有府縣參事會、The Prefectural Council 徵兵參事官、Court of Revision 教育高等參事會、Superior Council of Public Instruction 檢查會計院、Court of Audit 此等法廷、經屬於參事院者也、而府縣參事會尤爲緊要、有諸種大權、決定郡縣村會議員中選與否、管轄行政諸務、審判行政廳私權爭議、而其審判判決、較通常裁判所、更爲敏捷、訟費亦廉、惟其訴訟事件、皆得上控於參事院耳、

府縣參事會以知事爲政府代表、而不屬於知事、成府縣參事會者、係終身判事官、行政有閱歷之人也、爲各省大臣管轄訴件、第一審之判事也、其判定之件、更上控於高等行政裁判所、而知事村長某小事件、亦爲第一審判事、

司法制度

第三百五十五節　通常裁判所　法國最高法院、設於巴黎大審院、The cassation Court 更有二十六控訴院、其管轄權各院皆涉數縣、設於郡之衝要都府、以判地方裁判所申送控訴之

件、而以地方裁判所、裁判各鄉小事、判決治安裁判所 The Justice of Peace 申送之件、惟國家治安大事、大臣會、得傳大統領之法令、設特別裁判所、雖定例申送於通常裁判所者、亦得傳大統領法令撤回、凡命裁判官權、皆屬大統領、或司法大臣、而裁判官盡其職務、即可終身任職、惟治安裁判所判事不然、蓋大統領有罷免全權也、

第三百五十六節　陪審裁判所　法國通常民事法廷、不設陪審官、疑難事實、判事悉有判決權、然欲審判刑事政治出版諸犯、每年各縣地方、開陪審裁判所 Cours Darsises 四次、該所陪審官、爲判決被告人第一判事、但其刑罰、非判事所定耳、

縣之開陪審裁判所也、裁判長、即控訴院之裁判官外、設副官 Assessors 二人、即陪審裁判所、代表國家之檢事、State Attorney 及代官也、陪審裁判所、以陪審官十二人、擔任各事、選自鄉郡委員所置名簿、該簿以年三十歲、讀書習字、有公權、非犯罪赦免之法國人、編入、據簿先選陪審官三十六人、代理官四人、以爲陪審裁判所陪審官、而當審判各事、自三十六人抽籤、選十二人、蓋國家及被告人、因其人數過多、乃抽籤以十二人、爲陪審官也、

第三百五十七節　爭議權限裁判所　行政裁判所、司法裁判所之外、又有爭議權限裁判所、Tribunal of Conflicts　如某訴件、或屬司法裁判所、或屬行政裁判所、爭議權限、以該裁判所判決之、而成此權限判三所者、則裁判長之內璽官、Privy 及參事院互選評定官三人、大審院互選裁判官三人而已、

參攷書目

盧波法國共和國家法　阿哥克行政法講演集　布羅克法國行政字典　鳩古羅克行政法講義　佛耶倫比較地方制度論　敦猛比奴歐洲憲法類纂　修耶爾法國制度風俗沿革字典　斯志回法蘭西歷史講演集

第七章　德意志之政治

第三百五十八節　德意志封建制度發生　德意志封建制度、其發生情事、與法國迥異、按高盧人爲羅馬所化、本俗與羅馬相淆、而德意志人居萊因河以東、種族之習皆同、惟有蔑羅威西安家及加魯令家、佛蘭克人王制而已、蓋其初佛蘭克人、恃其强大、侵德意志、改其制度、早已養成王權之新勢力矣、其餘人民團聚於司選侯及世襲貴族之左右、各以半獨立自治羣、而成古治、初非國王以土地分給臣下、因新特權、而爲封建之貴族也、要之德意志封建、發生於賓里斯 Benefice 孔麥德孫 Commendation 之制度（參考第二百三十八節第二百四十節）者甚鮮、而以佛蘭克王國政治組織爲多耳、

第三百五十九節　佛蘭克王國官制　克拉夫　佛蘭克君主、欲擴其權、分遣官吏於諸州、代理其事、此制雖始於羅馬、佛蘭克以其適用、故採用之、設官分職、分劃國土、經界釐然、以克拉夫 Count Grafen 官分布諸州、行其權力於財政司法軍事、然權限未定、諸州境內有居乎官吏之外、擅恃權者、地方貴族也、以其保有威力、故不得不尊崇之、而佛蘭克王國之制、更宜注意者、曰大地主、可請求特別權力、自爲君主、其所有地與克拉夫行政區、不相干涉、一切行政、可以自由、觀法國當時封建各地諸侯、各有法廷特權、有所請求、豈國王所能拒絕哉、

第三百六十節　地方官與地主　右德意志封建之制也、然因有克拉夫、以爲地方官、遂與地主有別、克拉夫以官位而行政治、巴侖(即地主) Baron 以土地而行政治、其特權淵源不同、而相沿既久、二者性質自爾相淆、蓋以格拉夫爲世襲官、與以土地爲當時之成例、故地主亦以土地之故、授以格拉夫官、而地方官與地主、遂無可區別矣、

第三百六十一節　世襲酋長　德意志官制、其重大者、不僅在右二種也、更有世襲酋長、亦爲當日强侯、當未爲佛蘭克人征服之時、各君其地、其自治之權團體甚固、既征服後、乃爲佛蘭克人所統一、然猶有管轄地方之權、一切政治、自行組織、以立乎諸侯之間、

第三百六十二節　地方主權之發達　德意志封建制度、成於第十三世紀、初克拉夫、巴倫、同爲地方君長、繼而各僧侶與之競爭、遂奪其位、按法國封建政權(即地方主權)發達極盛、與德意志同時、而其原本有各異者、法國遣官代國王、以執一切政務、卒至司法行政之權、漸歸國王、諸侯力衰、遂至絕滅、(參考第二百九十六節第三百二節)而德意志當封建制度漸成、凡代理國王者、無服屬名分、擅用君主之權、作威作福、故獨立於其任地、蓋法國代官、選自國王、以代理司法權、實路易第九以來、破壞諸侯權力之勝算、而德國封建特權、且創於此時、所謂以王之代官、封建主義、益見完全者歟、

第三百六十三節　馬克格拉夫　右代官外、更有職官成德意志封建獨立之權、而與國王有特種之關係者、馬克格拉夫 Markgraaf 是也、馬克格拉夫有守境防寇之任、多選諸戰陣才能勝任、極有勢力、若遇邊警、即率兵以往、有專制權、以兵力所定之地、奉國王之名、而陰據之、當日如巴朗丁堡 Mark Brandenburg 以兵力奪取威志 Wends 種族、併有普魯士、以擴東北版圖、

商務印書館印行

查爾斯帝、築城塞以禦哈加利人、創建與多馬爾克、擴張領地、以成與地利國、（參考第三百七十四節第三百八十一節）大率類此、且其國王權力甚微、鞭長莫及、故馬克格拉夫得以執行政務、自爲君主、其異日世襲權力、不益可想見也哉、

第三百六十四節　帝國　沙爾大帝、以羅馬帝號、大國政治、遺其子孫者也、雖沙爾崩、子孫不振、而撒遜人務欲恢復故國、以爲非加魯令家不能承沙爾正統、然佛蘭克人好言獨立、遂分割邦土、各歸己領、此時法德諸邦均歸佛蘭克人管轄、異日各國分離、亦以是爲基礎焉、

第三百六十五節　撒遜阿多大帝　撒遜帝中、繼加魯林而踐帝位者、以阿多稱首、（紀元前九百三十六年至九百七十三年）沙爾帝統之絕也、國內貴族、請求選舉君主之權、垂爲定例、恐英明之主、奪其權力也、往往選暗弱君主、恣其蒙蔽、然此亦流弊方然、其初選舉法固甚善也、撒遜及沙利安王家、繼加魯令家即位、二世紀間、帝權頗大、厥後君主苟盡賢明、則近代初期、德意志與法蘭西、應早有統一之實、何至中紀始告厥成也哉、

第三百六十六節　撒遜阿多、頗有才略、不愧大帝之稱、夫固不世出之英主也、在位三十餘年、所成大業、昭然在人耳目者、厥有三焉、一壓服國內佛郎康利亞 Franconia 巴巴利 Bavari 羅撒林西亞 Lotharingia 斯革比亞 Swabia 諸國、是已、當加魯令權力衰廢、各圖獨立、分擾無已、阿多立、翕然服從焉、二禦亨額利亞人之攻擊也、當時亨額利亞人、擾亂德意志、蓋非阿多、無與敵者、三立義大利、以張德意志之權力也、當紀元九百六十二年、阿多與羅馬教主戰於義大利、大勝、復羅馬帝位、威震全歐、內則本國之諸侯、外則亨額利亞人、無不震慴、時去沙爾大帝已

遠國內元氣蹶不復振、阿多奮其神武、從而興之、亦偉矣哉、雖然、阿多之强、亦其子孫之所以弱也、自阿多以及繼世、專圖權力於義大利、而統一之、以致本國政治、不能盡善、故欲以義大利共和諸州、與德意志封建人民、統以一君、常不及之勢也、然阿多備嘗困難、究非無功、故子孫蔭襲、雖才能器略、遠出其下、猶能君臨其國、不至悉歸敗壞也、

第三百六十七節　沙利安家顯理第三　沙利安 Salian 家又有英主、爲歐洲所罕覯者、顯理第三也、（紀元一千另三十九年至一千另五十二年）當顯理之世、帝權極盛、以一人而爲四大侯國之主、四國維何、曰佛郎康利亞、巴巴利、斯烏比亞、羅撒林西亞是已、（羅撒林國常無君侯）此時法國併吞强侯、奪其權力、與德意志同、但德意志王家、無世襲主義耳、

第三百六十八節　何軒士陶弗家弗勒得力巴羅沙　顯理第三以後、沙利安王家忽衰、至一千一百三十八年、何軒士陶弗 Hohenstaufen 家登皇位、其尤著者、弗勒得力巴羅沙 Frederic Barossa 也、按弗勒得力征義大利、與龍巴德共和諸都府抗爭、終其世用力南方、（即義大利）德意志元氣實喪於此、故其崩也、國家忽焉分裂、夫以弗勒得力之雄武、其聰明才智、足以維持人心、使及身而繼前業、振武以馭諸侯、何莫非一代偉人、奈何治世之日、國內已兆瓦解、卒至其後、獨立部落、自由都府、所在勃興、如巴巴利、奧斯多馬克成奧地利侯國、而爲德意志盟主、波希美亞侯、稱王號而崛起於日耳曼諸州、頭角嶄然、非弗勒得力征義大利、有以啓其機哉、

第三百六十九節　亂離時代（附司選侯）　何軒士陶弗家末帝崩、（千二百五十四年）諸侯相爭、殆無虛日、是爲亂離時代、Suterregnum 德意志人稱拳法 Fanstrecht: First Law 時代、帝國新憲法、

所發生也、自加魯令王統既絕日耳曼帝位幾如奕棋國無定主、諸侯乘機、要求選舉皇帝之權、永著爲令、（參考第三百六十五節）蓋當時大勢全冀以選舉皇帝特權傳之子孫、卒至非大諸侯不得選舉皇帝、按當日競爭、率分二黨、甲黨舉英蘭士王之子理查卽位於亞亨 Aachen 乙黨舉弗勒得力曾孫阿豐蘇爲皇帝、兩黨相持不下、日尋干戈、內亂閱十七年、（千二百五十六年至千二百七十三年）蓋阿豐蘇雖爲弗勒得力嫡裔、賦性柔懦、不稱其位、而理查又非正統之君、故全國紛擾、幾無政府、諸侯各便私圖、遂各獨立、甚至行同刼盜、顯犯不韙、各處都府又互相連合、倡議自治、置帝位於不問、分裂之局、其勢愈烈、而日耳曼帝國遂不可收拾矣、

第三百七十節　哈弗斯堡家初期皇帝　千二百七十三年、司選侯共舉哈弗斯堡侯羅德福、Rudolf Count of Habsburg 以其爲斯威支蘭多一諸侯、而勢力不强也、蓋司選侯懼中央集權、侵奪諸侯特權、故選微弱君主、奉以虛名、亦七十年來相沿已久、且每擇最富裕者、鬻以帝位、或並選二人、善價沽之、以得厚利、當日德意志神聖皇位、可謂瀆矣、然羅德福固有爲之君也、既卽帝位、實爲哈弗斯堡家强大之基、當時與羅德福爭競者、曰波希米亞王阿多甲列 Ottocar 阿多甲列爲諸侯、窺德意志皇位已久、故怨哈弗斯堡侯爲帝、羅德福憤其不服從也、討之、戰於馬志飛多、大勝、由波希美略取奧地利土地、此哈弗斯堡家所以日隆也、及羅德福歿、子亞巴多嗣位、奧地利弗勒得力與巴巴利爾伊 Lewis 互爭帝位、哈弗斯堡家、蓄銳自守、而波希美君主乘勢稱帝焉、

第三百七十一節　哥顚堡　自千三百四十七年、至千四百三十七年、盧森堡波希美家 The

Luaemburg-Bohemian 皇帝、崛起其間、即第一世皇帝査爾斯第四也、帝布哥顛堡 Golden Bull 法、四百五十年間、爲德意志法律之本（由千三百五十六年至千八百另六年） 此法律當千三百五十六年、與貴族及都府代議士、斟酌而成、復經帝國會議 Imperial Diet 協贊發布、其宗旨在選舉皇帝之人、與選舉權、茲舉有選舉皇帝權者如左、

第一綿都 Mainz 大僧正、第二地利爾 Trier 大僧正、第三哥羅尼 Cologne 大僧正、第四波希美王、第五來因侯、第六撒遜威顛堡 The Duke of Saxon Wetenberg 公、第七巴朗丁堡也、該諸侯各膺顯職、三大僧正爲日耳曼義大利巴加顛大法官、Archchancellors 而以波希美王爲大膳官 Capbearer 來因侯爲皇帝武部官 Seneschal 撒遜侯爲近衛都督、Marshal 巴朗丁堡侯爲侍從、自觀外之似因官職而有司選特權、其實所以見重於一時者、特因其有司選特權爾、

司選侯事、定於德意志帝國初興、凡有司選侯資格者、尙非僅以右列諸人也、夫綿都地利爾、哥羅尼三僧正、所以得司選之權者、以爲帝國宗敎之最高官耳、其餘佛蘭康利亞巴巴利、撒遜尼斯烏比亞四大侯國、實有司選實權、至千三百五十六年、四侯漸衰、佛蘭康利亞斯烏比亞尤甚、於是來因侯起而執佛蘭康利亞之權、巴朗丁堡侯起而執斯烏比亞之權、而撒遜之權、分於撒遜之威顛堡及羅恩堡兩家之間、巴巴利以與巴朗丁堡侯同宗、一家不得有二選舉權、若波希美則爲新造之國、勢力强大、甲於德意志諸侯、故亦得選舉權、當日德意志國內、司選侯之優劣、亦可見矣、

試再詳哥顛堡選舉皇帝之各種規則、當日設選舉會於佛蘭克和多、以綿都大僧正、定選舉

商務印書館印行

會會長、波希美亞王、位居第一、來因侯第二、被選舉者、以投票數多寡、定去取、但司選侯雖有七人、而哥顚堡意向在同宗之二家、故二家勢漸增、若波希亞王雖以新盛、得選舉權、在選舉會中、不過畫諾而已、

第三百七十二節　直隸皇帝之都府　十三世紀、德意志政界發達、有重要之件焉、卽直隸皇帝之自由都府也、此都府之興、當兩帝爭位、帝權衰息之時、但帝國內都府、與封建主義發達、顯分二途、甲種都府、直隸於帝王治下、與帝王有直接特權、乙種都府、則屬於封建諸侯、與帝間接、故直隸都府、常得便宜、蓋封建諸侯、領土有限、所入自薄、欲圖富强、不免煩征苛歛、以充其用、且居於領地之傍、忌諸都府獨立、多所箝制、若直隸都府不然、皇帝所居與之遠隔、不知都府舉動、雖以代官爲監督、而各都府自治之權、初無妨礙、至十三世紀、都府又請於皇帝、除監督官、但以誓約服從皇帝、其實無所羈絆耳、而皇帝所以許其獨立者、尤在都府得選議員、充帝國會議、爲己代表、迄今德意志國中、如爾岳俾克、亨伯爾伊、伯來明、諸都府、猶有某種特權云、參考第四百二節第四百五節

第三百七十三節　瑞西聯邦　當哈弗斯堡家、始卽帝位、併奧地利侯國、而瑞西某某州郡、相繼離叛、瑞西獨立之始基也、時如西耶威支 Schwyz 烏利 Uri 南特瓦敦 Nenterwalden 那鏗 Lucern 諸部、形勢雖狹、團結之力强固、瑞西聯邦聞名世界者、實賴此團體、以北及些列巴湖南達西歐羅巴耳、而亞布斯山地、志烏利希 Zurich 白耳奴 Berne 巴斯里 Basle 西亞夫哈仙 Schaffhausen 諸都府、皆直隸於皇帝者也、此時烏利、西耶威支、南特瓦敦諸都府、牽求皇帝直

轄、哈弗斯堡家許之、於是各都府、以團結勢力、成聯邦之形、卒至戰爭不已、當戰爭之初起也、爾賽尼人附之、其後克納斯、Glarus 支克 Zug 白耳奴諸部相結稱高部日耳曼舊同盟 The old league of High Germany 卒獲大勝、改名瑞西聯邦、遂爲德意志分離之本矣、詳見下文、

第三百七十四節　奧地利帝國　哈弗斯堡家既取奧地利侯領土、遂不以亞布斯山地爲要區、與奧地利政治無關成敗也、千四百三十八年、奧地利侯又取加林西亞 Carinthia 志羅 Tyrol 諸地、踐皇位、子孫數傳、克保其位、惟間斷二世雖至千八百六年、拿破侖破壞帝國、而皇統無恙、夫德意志皇位世襲、與英法二國發端也同、後値加魯令家撒遜家沙利音家嗣絕、選舉皇帝之權、操諸羅馬教會、今則世襲事漸行、雖七司選侯當路、選舉皇位、以非奧地利之裔二次君臨德意志、然其後皇帝均歸奧地利家選舉、是無世襲之名、而有世襲之實矣、

第三百七十五節　馬西密鄰第一　奧地利家第一世創建皇朝、如馬西密鄰第一者、千四百九十三年至千五百五十九年不世出之主也、當日德意志皇帝實權、以其人賢愚爲消長、馬西密鄰悉占同族領地、奧地利君主勢力、實無出其右者、且以娶不爾艮侯女爲妃、女有嗣父位權、故不爾艮領地亦歸於帝、史家曰、昔所謂神聖羅馬帝國者、自馬西密鄰、遂一變而爲德意志帝國矣、夫羅馬帝國、以宗教勢選舉皇帝、自哈弗斯堡家登皇位、變爲世襲、駁雜之封建諸州、亦謀統一於帝國之下、世稱德意志帝國文學復興、Renaissance 光被全歐、與發見美洲、均起於中古破壞之時也、豈欺我哉、

第三百七十六節　馬西密鄰改革　馬西密鄰、改革德意志政治、雖無大功、而統一帝國、以固

帝權、實始於此、千七百九十五年、開會議於莫毋斯、Worms 布告諸侯、永保和平、Reichskammergericht 其目的在保德意志帝國司法統一之權、而鞏固其本、其後國會、（千五百十二年）分帝國爲十行政區、以皇帝大權、爲地方行政之本、各區設司法會議、模範略如中央會議、凡有妨害國家公安者、裁決之、然此制度、中央政府與地方政府無甚關係、故各地方非治於中央政府、而仍歸自治耳、

第三百七十七節　右之改革、雖德意志帝國制度、中央集權、未必完全、而有統一國民之勢、馬西密鄰又設常備軍、警察制度、郵政事業、始用火礮、故廢古封建軍隊、募常備軍而訓練之、要之馬西密鄰、取帝國議會之權、歸小法廷、由帝直轄、非哈弗斯堡家權力之所以鞏固乎、

第三百七十八節　哈弗斯堡家婚姻　由馬西密鄰第一、至拿破侖戰爭、德意志歷史、卽奧地利之政史也、哈弗斯堡家權力備極强大者、非以累世之婚姻乎、諺曰、奧地利 Mars 軍神、Venus 司戀愛之女神也、蓋馬西密鄰第一、娶不爾艮女蔑利、不爾艮地始歸奧地利、其子若孫、聯婚歷數傳、哈弗斯堡家、遂産英主查爾斯第五焉、查爾斯第五、奮累世之餘烈、鞭笞全歐、取西班牙、及西班牙在美領地、和蘭、奧地利、及諸國之領地、皆歸掌握、歐洲列國、望風景從、終其世、（千五百十九年至千五百五十六年）爲哈弗斯堡家强盛時代、繼而抗法國佛朗西斯第一、謀舊教同盟、開烏阿姆會議、又威逼路德、卒啓三十年戰爭、改革宗教之大亂、及查爾斯第五旣歿、土地分裂、其子腓烈布領西班牙、和蘭、匪地難多繼帝位而領奧地利、哈弗斯堡家、遂有西班牙統奧地利統之分焉、

第三百七十九節　三十年戰爭　當十六世紀、三十年戰爭、（千六百十八年至千六百四十八年）初以波希美

新教徒、抗德意志帝國宗教而起、後以歐洲列國、互伸權力而興也、如瑞典、法蘭西、布蘭顛堡、奧地利、其疆界無不改變、而德意志諸州內部相爭尤烈、然奧地利家雖經戰爭、不變曩日之位、仍爲德意志國之盟主、但與帝國無關之都府 Landeshoheit 其自治之權、微有轉移耳、千六百六十三年、設永久國會於雷庚斯堡 Regensburg 帝國之權、益以發達、其三十年戰爭最要之效、則認瑞典之獨立、和蘭之共和政體也、

第三百八十節　至千八百六年之要事　十八世紀日耳曼之大事如左、一西班牙繼嗣之戰爭、卒以耶多烈比條約、奧地利哈弗斯堡家、失西班牙王位、幷許普魯士列入王國、二奧地利繼嗣戰爭、以奧地利嗣絕、（女皇馬利剔理薩承奧地利家統）選馬利剔理薩之夫佛朗西斯爲帝、繼哈弗斯堡家統、以及普魯士弗勒得力大王、奪奧地利之細勒西、（西亞布爾平和條約）三奧地利普魯士、互爭細勒西、歷七年、（千七百五十六年至千七百六十三年）定細勒西爲普魯士地、（千七百六十三年夫白布比平和條約）四法律及宗教之改革、事起於馬利剔理薩子約瑟福第二、以自由制度、許奧地利帝國五德意志諸君主舉普魯士弗勒得力爲盟主、抗約瑟福第二而謀併吞巴巴利也、

第三百八十一節　舊帝國季年　法國革命之起也、拿破侖有囊括全歐之志、千八百六年、挾其兵力入奧地利、佛朗西斯不保其位、於是馬西密鄰所創之德意志帝國以亡、卽紀元八百年沙爾大帝之神聖羅馬帝國也、

第三百八十二節　奧地利強敵普魯士　當時崛起北方、爲奧地利強敵者、有巴朗丁堡鎭將、紀元九百三十年、顯理夫奧拉亞所設、以防北方威志 Henry, the Fowler Wends 族者也、（參考第三）

百六十三節　至此北馬克與東馬克並强大獨立、為二大帝國、相峙爭雄矣、

第三百八十三節　馬克巴朗丁堡　北馬克本耶白河沿岸之小部、河流經此、始轉東北、注入北海、耶白河為當日佛蘭克王國之東北境、加魯令家與撒遜家皇帝、雖漸闢右岸一帶領地、而為威志種族所奪、其人强武慓悍、至千一百三十四年、德意志皇帝以北馬克與昂巴多家 Anhalt 亞爾巴多、史稱為昂巴多白亞 Albert the Bear 偉人也、有膽略、善用武、不畏艱險、故自亞爾巴多崛起、威志人雖慓悍、亦匿跡遠遁、乃越耶白河、擴北馬克而成大邦、直達耶白河領土之後、與野蠻人相接、雖其繼嗣、不如亞爾巴多雄偉、然猶承餘烈、擴張領地、達阿德川、而略取蔵克林堡、更越阿德河而服波蔵納利亞、於是波羅的海南岸三分之二、屬於昂巴多焉、昂巴多家征伐事業、幾閱二百年、（千一百三十四年至千三百二十年）此時為何軒士陶家興發時代、蓋德意志國內、君無定主、故北境遠侯、無不乘機而張權力耳、

第三百八十四節　雖然、昂巴多家成就事業、非僅征服各地、實能講求殖民焉、當日以和蘭及南部條頓地衆民、移殖於新領地、創都府百、以為基礎、卒之該地悉為新殖之民、務農通商、多闢富源、昔日荒土、遂化而為膏腴之田、繁盛之市矣、其視舊馬克褊狹範圍、相去奚若哉、然巴朗丁堡者、新首府名也、舊稱巴拉帕爾、蓋卽威志城云、

第三百八十五節　馬克格拉夫獨立　昂多巴家之起、於馬克巴朗丁堡也、日闢土地、發達物產、且改革政治、以定國家之基、蓋北馬克格拉夫、本為帝國所設、以備邊境、不過代理皇帝之官、雖其職世襲、不能不屬於本國及其式廓、而成巴朗丁堡也、遂陽為臣隸、而陰據特別之權、管轄

領土儼然爲一國君、且當巴朗丁堡發達之初、惟見都府人民日盛、別無擁有廣土直轄人民者、與之頡頏、此昂巴多家所以能合耶白阿德兩河之地而成古來未有之王國也歟、

第三百八十六節　巴朗丁堡無政府　當昂巴多家大業未終、男統中絕、巴朗丁堡、遂歸皇帝治下、自千三百二十四年、至千三百七十三年、由巴巴利皇家領之、自千三百七十三年、至千四百十一年、由克仙堡家領之、此八十七年間、巴朗丁堡、紛亂潰裂、遂成無政府慘禍、溯昂巴多家格拉夫、擴張馬克政治、固足以靖內亂而禦外侮、及其隸巴巴利及克仙堡二家版圖、則昂巴多爲附屬之地、未嘗爲之整飭、故馬克猝歸荒廢、夫巴朗丁堡、未陷於無政府以前、德意志全國、紛紛擾亂、幾無法律、所謂亂離時代也、今巴朗丁堡人顛覆政府、亦效此耳、於是藩屬强盛者、擅自獨立、貴族則恣行刦奪、鄰境騷動、各處都府、乘亂而脫正統政府之管轄、且與巴朗丁堡接近之諸侯、亦起思染指、合强弱諸部、恣意奪略、無所顧忌、昂巴多家至此、有不全歸廢滅者哉、

第三百八十七節　好軒索爾連　當巴朗丁堡陷於無政府時、有王者崛起、卽以該地之興衰、爲一己之得失、收已衰權力而獨操之、好軒索爾連 The Hohenzollern 是已、此家係威比索爾連之一派、曾於千一百九十二年、授爲羅白希 Nurnberg 太守 Burggrafship 太守之權、如北馬克格拉夫、屬於皇帝、後與馬克格拉夫同爲世襲官、有半獨立之狀、(參考第三百六十節)數傳而至好軒索爾連世、獨立之權日益强大、蠶食羅波的海近地及昂斯巴 Ansbach 白利斯 Bayrenth 諸地、好軒索爾連家、遂居德意志强侯之列矣、至千四百十年、盧森堡思祺斯門、選立爲帝、當爭帝位之時、頗得好軒索爾連家弗勒得力之助、姑不具論、而思祺斯門、卽位之後、千四百十一年、舉

弗勒得力爲巴朗丁堡鎭將、則無可疑也、越十七年、思祺斯門崩、弗勒得力欲嗣皇位、而哈弗斯堡家之祖、亞伯多適中選爲皇帝、事遂寢、蓋此時哈弗斯堡家與好軒索爾連家尙未可以競爭、則巴朗丁堡之馬克格拉夫亦養精蓄銳以待大成而已矣、

第三百八十八節　亞基利斯嗣續法　巴朗丁堡擴張北德意志權力、以新領土傳之子孫、實有良法焉、按好軒索爾連創建政府、恢復領地、不惟鎭壓貴族、以防土地分裂、且其支族之中亦不許分轄領土、蓋鎭將亞基利斯布發嚴律、凡昂斯巴白利斯巴朗丁堡諸地、永不分割、（已經分割之區不許再分）所謂亞基利斯嗣續法 Oispoitio 也、好軒索爾連家所以强大者、其在斯乎、由是巴朗丁堡新君主、以長子嗣位主義、保其權力、遂爲德意志諸州先聲、其餘諸州、沿封建舊制、以支族分領土地、卒致崩裂、惟好軒索爾連家自定制以來、雖有一二代不遵規則、然權出一尊、控馭自易、此其後新得之地所以入團結之體、而愈形鞏固者也、

第三百八十九節　雅亞比姆第二　好軒索爾連歷數傳後、有能人出焉、改革法律、所謂雅亞比姆第一 Ioachim 也、（千四百九十九年至千五百三十五年）雅亞比姆設最高法院於伯林、且以統一司法權、採用羅馬法、編爲規則、斠若劃一、至雅亞比姆第二、（千五百三十五年至千五百七十一年）巴朗丁堡之局、爲之一變、時司選侯貴族都府人民、勢力鼎峙、互相牽制、旣而貴族及都府人民、漸即衰微、一切權利、司選侯獨操縱之、貴族都府人民、有不能監察之勢、而雅亞比姆第二尤注意改革宗教、於是好軒索爾連家新教主義、以起異日爲各國盟主、以與舊教輿地利抗者、實基於此、千五百六十九年、普魯士侯無嗣、共欲以普魯士、併於巴朗丁堡、至千六百十八年、好軒索爾連家思祺斯門、遂繼起

而兼普魯士侯、

第三百九十節　普魯士　普魯士地居波羅的海東南、介於威斯志納 Vistula 蔑蔑爾 Memel 兩河之間、德意志之大州也、本爲利西亞尼亞民所居、千二百三十年、及千二百八十三年間、爲條頓土人所奪、蓋條頓土人於巴列斯底那十字軍戰爭後、未得職業、又向歐羅巴異教徒、起十字軍、煽亂不已、當時土人係昂巴多家子孫、移殖於巴朗丁堡者所得侵地、皆設殖民政策、頒行制度、久之遂有獨立之勢、歷百餘年、保其地勿失、至千四百六十七年、屬於波蘭、後千五百十一年、阿爾達太守佛倫哥利亞、好軒索爾連家亞巴爾多、雖起於東普魯士侯國、亦未解脫波蘭羈絆、至千六百十八年、思祺斯門爲普魯士侯、尙爲波蘭附庸、而普魯士與巴朗丁堡之間、自波蔑蘭利亞至比斯志納河、爲西普魯士大州、即條頓土人奪由歐羅巴異教之地也、今轉而爲波蘭之地矣、

第三百九十一節　大司選侯　千六百四十年、好軒索爾連家、有弗勒得力維廉者、德意志政府疆域、因之變動後稱爲大司選侯、The great Elector 當代之偉人也、（千六百四十年至千六百八十八年）因威斯多夫利亞平和條約、遂得馬格德堡 Magdeburg 及波蔑蘭利亞大部、其地曾爲瑞典所吞併、千六百五十七年、瑞典與波蘭搆釁、維廉左右其間、坐伺兩國、遂奪波蘭封建之權、而爲自由侯國、雖其死後失領地三分之一、當維廉在位、固能撫有諸土也、且創專利主義於其領土、蓋時巴朗丁堡諸府、勢已衰弱、貴族又以土地所入委司選侯、而棄監督、故大司選侯得以權術行各種專制政策也、而何論其於普魯士之本國哉、

第三百九十二節　普魯士王國　大司選侯卒、其子弗勒得力、承父遺業、以行陰謀、請於德意志帝、由普魯士侯進爲國王、案新建王國、固德意志皇帝所不樂、而以普魯士本不在帝國之內、且勢力强大、弗勒得力自請爲王、不能不許也、普魯士侯既得許爲王、爰於坎利斯白 Konigsberg 府行即位禮、仍兼巴朗丁堡司選侯、夫普魯士王獨立之君主也、而巴朗丁堡司選侯實德意志帝之臣屬、故弗勒得力既居司選侯名、又請加王號、以自雄於天下、未幾且棄司選侯名、以普魯士王尊稱天下焉、

第三百九十三節　弗勒得力大王　弗勒得力、爲創建普魯士王國之祖、自千六百八十八年、至千七百十三年、晏然稱治、及其子弗勒得力維廉第一、（千七百十三年至千七百四十年）整治波蔑蘭利亞之巴朗丁堡領地、理財練軍、惟日不足、及威廉之子弗勒得力大王、恃其庫富兵强、成普魯士强國、（千七百四十年至千七百八十六年）已見上文、按弗勒得力大王初取奧地利之西列西亞（參考第三百八十節）及千七百七十二年、列國分割波蘭、遂取西普魯士及烈志 Netze 地疆宇、達於巴朗丁堡、及東普魯士之間、千七百九十三年、及千七百九十五年間、波蘭再三分割、王又取南普魯士東普魯士地、於是普魯士欲爲德意志盟主、與奧地利競爭、乃拿破侖戰爭、大風忽起、噫是役也、其掃蕩德意志舊政、而以養成國粹者歟、

第三百九十四節　拿破侖來因同盟　拿破侖與奧地利普魯士開戰、其第一策、在使德志意諸小邦、離普奧獨立、當時德意志諸小邦、紛雜殊甚、不解阻諸州同盟、拿破侖除伯侖士威克黑支些外、凡巴巴利王國、烏德姆堡王國、巴頓大侯國等、皆使結爲來因同盟、而以己保護之、許其

自立、使不掣肘、此盟自千八百六年至千八百十三年不敗、夫拿破侖之征服德意志、固能離閒德意志諸州、以逞其志、不知適以鼓德意志聯邦國民精神、以驅除法人耳、至千八百十三年、德意志奮興、來因同盟忽爾敗裂、拿破侖昔時之計畫、悉成畫餅矣、故曰拿破崙之征德意志、非惟無以損之、且以增長德意志人愛國心也、

第三百九十五節　德意志聯邦（自千八百十五年至千八百六十六年）　當拿破侖之戰爭也、歐洲各國疆界、半爲淆亂、及其敗也、列國會議於維也納、以正疆界、拿破侖事業、於是全隳、然昔之德意志帝國、不能復興也、而亦不終於分裂、至千八百十五年、德意志聯邦崛起、雖未結合完全、而其鞏固之形、實爲從來所未有、同盟者凡三十有九州、以奧地利爲盟主、各遣公使於議會、以聯邦利害爲宗旨、共練常備軍三萬人、諸大國在議會、皆有大代表權、所以奧地利統率諸州、凡大小各州、皆有自治之權、訂自由同盟、隨時布告戰爭、惟不得有害同盟利益、自此同盟德意志國家思想、漸以發達、經各種變亂、（千八百三十年及千八百四十八年）而啓自由制度、諸州之結合、所以日密也、

第三百九十六節　改正憲法　千八百四十八年、德意志諸州、除普魯士外、皆以憲法政治、許其人民、是年新開德意志國會於夫蘭克阿多、（開聯邦會議之處）以普魯士爲盟主、更謀完全條約、然其時尚未至、卒未果行、先是千八百三十三年、普魯士與同盟諸州、訂關稅同盟、Customs Union Zollverein　遂爲德意志協議自由貿易之基、千八百五十年、普魯士王又創國會制度、得自由政治之規、在普王初意、固不過藉順民情、爲彌縫一時之策、而異日普魯士國自由制度、夫固以此爲濫觴也、

第三百九十七節　北德意志聯邦（自千八百六十六年至千八百七十一年）　千八百六十六年、普奧齟齬、昔日平和之局、至此破壞、戰爭閱六星期、奧地利大敗、權利盡失、於是千八百十五年所設德意志聯邦、卒歸分裂、普魯士收北德意志新教諸州、而組織北德意志聯邦、惟巴巴利烏德克白巴頓諸州中立、奧地利遂由德意志政治屏黜於外矣、

第三百九十八節　奧地利分立　奧地利既失德意志權利、乃經營東西歐羅巴諸州、別成奧地利國、昔時德意志國之風、至是全變矣、奧地利既退處於德意志國外、普魯士乃代握德意志聯邦霸權、爲諸州領袖、是時普魯士國日益強大、其新得領地、較諸舊域增五分之一、蓋一則以千八百十五年維也納會議、得瑞典之波蔑蘭利亞 Swedish Pommerania 撒遜北部之半、一則千八百六十六年之戰、得西列斯威波斯他音 Schlesvig Holstein 哈喏威爾 Hanover 黑支些加支些爾 Hesse-Cassel 黑支些納支沙烏 Hesse Vassau 夫蘭克夫阿多 Frankfort 諸地也、

第三百九十九節　德意志帝國　千八百七十年、普法搆釁、法軍敗績、普之威名、震於海內、德意志國民之思想、大爲感動、曩者中立諸州、幡然變計、與北部諸州連合德意志帝國、至是始成矣、

德意志帝國政治

第四百節　奧地利與德意志　德意志帝國性質　千八百六年、佛朗西斯第一、雖失神聖羅馬帝國之權、（參考第三百八十一節）而仍居奧地利皇位、按佛朗西斯得奧國皇位在千八百四年、由是稱奧地利帝國、名實相符、千八百七十一年、奧地利傍新建德意志帝國、即普魯士之德意志聯邦

也、而二國性質迥異、蓋奧地利國、雖由奧地利匈牙利、成聯合國、Dual Monarchy 其實哈弗斯堡家世襲之領土也、德意志帝國不然、合四王國 Four Kingdoms 七大公國 Seven Grand Duchies 四公國 Four Duchies 七州 Seven Principalities 三自由都府 Three Free Cities 及亞沙斯羅音 Alsace-Lorraine 而成、普魯士王世爲首領、以公法而組織爲大聯邦、故其皇帝、初非君主 Monarch 有與合衆國之大統領 President 相彷彿者、

右四王國曰普魯士、巴巴利、威頓堡、撒遜、七大侯國曰巴頓、蔑克林堡西烏耶利、Mecklenburg-Schewerin, 黑支些 Hesse 阿頓堡 Oldenburg 布蘭斯威克 Brunswick 撒遜亞伊馬、Sakee Weimar 蔑克林堡斯多烈、Mecklenburg-Strelitz 四侯國曰撒遜馬伊林庚、Sake-Meiningen 昂巴多 Anhalt 撒遜哥堡、Sakee-Coburg 撒遜亞頓堡、Sakee-Altenburg 七州、曰莫德克、Waldeck 利白 Lippe 西莫堡爾達斯他多、Schwarzburg-Rudolstadt 西莫堡松德哈仙 Schwarzburg-Sondershausen 羅伊西納伊、Reuss-Schleiz 西亞烏母白利白、Schaumburg-Lippe 羅伊克納伊、Reuss-Greiz 三自由都府曰亨白、Hamburg 流比、Lubeck 布林蔑、Bremen

第四百一節　中部德意志諸州及德意志帝國　德意志之初聯合也、普魯士權力、僅及於北德意志、若中部諸州、尙屬中立、千八百七十年、拿破崙第三見普國日強、欲征略中部德意志諸州、乃結合巴頓巴華利亞、威頓堡三邦、復設來因同盟、以扼北德意志聯邦之咽喉、而孤普魯士之勢、不意法軍大敗於普、巴黎被圍、不得已爲城下之盟、所遺中部德意志三邦使節、乃改集於

威沙伊、即普王維廉駐蹕處也、於是中部德意志諸州、與北部諸州相合、德意志聯邦、僅以北部爲限者、至是爲全部德意志聯邦、而以普王維廉爲聯邦大統領、未幾德意志同盟諸州由巴華利亞王建議、進普王尊號曰皇帝、聯邦附和之、乃改稱德意志聯邦爲帝國焉、

第四百二節　德意志建國法　德意志帝國、即德意志聯邦、其國之憲法、非由一國 Unitary State 而發生也、實由聯邦各國 Federal State 而成、其皇位世襲、與前不同、不過一世襲之長官而已、此德意志主權、所以不在皇帝、而在聯邦王侯及三自由都府也歟、

第四百三節　德意志皇帝　雖然德意志皇帝憲法特權甚大、故與他大統領迥別、不受人責、蓋德意志皇位、由普魯士王世襲、永著爲令、萬世臣民、不得廢之、皇帝例得下詔集聯邦參議院、Bundesrath 及代議院、Reichstag 令其開會停會閉會、或本聯邦參議院之議決、以解散代議院、且得黜陟大宰相、Imperial Chancellor 爲帝國政府中樞聯邦參議院議長 而以大宰相副署、黜陟政府官吏、凡外國事務、陸海軍人、皇帝執掌而統督之、然陸海軍權、須參議院協贊、若聯邦諸州、有故意自怠義務者、皇帝得以兵力討之、要之德意志皇帝爲立憲國之元首、掌代表職權、及行政權、雖有一定限制、而其以德意志世襲大統領、爲聯邦之長、非今日歐洲最尊之君主哉、參考第三百十九節三百二十一節三百二十六節五百九十五節六百四節六百十一節六百二十五節六百三十七節六百四十四節六百七十八節七百六節一千一百二節一千一百四十八節一千一百四十九節

第四百四節　帝國立法權　德意志帝國之立法權、一以示聯邦諸州結合之完全、一以見諸州聯合、非通常同盟所可比、今試擧其立法權之略、凡修正憲法、非由聯邦允許、不得變更帝國與聯邦諸州之權、不得徑奪帝國之立法部聯邦諸州所享各權、故聯邦諸州、由帝國許可、得保

其所施政略、然當憲法之修正也、不以其事、付聯邦政府、與其人民、亦不如法國憲法、由特種方法議決、（參考第三百十一節及三百十八節）蓋其修正憲法、與一切法律、皆以發案議決、但有限制二種、一當修正憲法、苟爲聯邦參議院詰責、投票在十四以上、不得修正、一各州不允、雖自行修正、不得奪前憲法保證之權利、故帝國立法部國家主權、雖似甚大、而不能離聯邦之範圍也、讀者研究及此、亦可知聯邦參議院之性質矣、

第四百五節　聯邦參議院　德意志聯邦之參議院、實聯邦諸州、使節之集合體也、各州遣官吏駐議院、爲各州政府之代表、故皇帝保護議員、與保護外國公使相同、而諸州之王侯、及三自由都府之元老、Senate 其精神皆注於此者、以爲帝國主權所在也、故聯邦參議院爲聯邦代表、在帝國之主權、凡議院一切行政、普魯士王掌之、而以普魯士議員施行、夫聯邦參議員、不過爲各州政府之代表、承各州政府之訓令、以行職權、故事經參議院協議者、須定時報告本州、然亦有未據本州政府訓令、以各議員投票便宜行事者、但有背本州政府之行、則該議員亦不能無咎、

凡遇大事、各州議員必須請本州政府訓令、而亦有某種情事、全不遵訓令者、

第四百六節　參議院各州代表　各州政府遣議員於院中、以參議一切行政、所謂各州政府之代表也、其員數多寡、以州之方域大小爲準、計普魯士十有七人、巴巴利六人、撒遜、威頓堡、各四人、巴頓、黑支些、各三人、蔑克林堡西烏耶利、布蘭斯威克、各二人、其餘十七州、各派一人、以議決行政、凡州能出議員一人者、與他州議員投票、皆屬一體、故各州參議院議員、其現列席者、皆

商務印書館印行

有完全之權力焉、

遇修正憲法案、若參議院投票有十四人反抗、則撤消、蓋小州議員、意皆不合、得阻修正之案、普魯士議員亦然、而以普魯士議員投票十七人、與諸小州投票十七人、爲平均之數、

第四百七節　參議院職權　德意志參議院制度、有與羅馬元老院相似者、（參考第一百四十九節）按德意志聯邦參議院依憲法性質、無論何等職權、歸其管理、以他政治樞所遺職權、無不畢具也、故參議院既與行政府相似、而亦有立法府司法部規模、蓋一院而兼有立法行政司法三特權焉、

第四百八節　參議院立法權　參議院立法權、實爲帝國立法部之上院、凡政府由參議院發議、而後送代議院、國內法律、非經院中承認、不得施行、政府苟欲變更憲法、改訂條約、必待參議院之協贊、（參考第四百九節）凡上議案於代議院、得向代議院各抒意見、其衆議員意見不同、亦屬無妨、

第四百九節　參議院行政權　參議院行政權可一言以蔽之、曰監督權是已、凡帝國行政事務若有缺憾、參議院可按察而匡濟之、且會計檢查院、帝國高等法院、監查院、各院吏員、皆由其指名選舉、而帝國恩俸官吏、帝國銀行監督官、以至領事、諸州關稅雜稅諸官、參議院亦有指名任命之權、德意志皇帝若欲布告開戰、須得參議院協贊、（但遇外寇侵入皇帝可自行布告開戰）凡國會開會中、解散代議院、亦須參議院意同、他如政府各種行爲、若關係重大者、無不視參議院可否、以爲衡焉、

第四百十節　參議院司法權　其司法權、半由帝國行政評議會而生、蓋以參議會、爲行政評議會、其所議決、即高等行政控訴院之判決也、然參議院非僅有裁判所法權、其行政外、又得審議各種事件、若參議院以帝國某州爲不盡義務、得命其發執行義務之令、或各州法律不

完裁判不當、則以參議院爲最高法廷、而命各州補其缺憾、保護人民、或以各州公法、互起爭議、亦以參議院爲控訴院、惟私法上爭議、則例以通常裁判所審判、參議院不與焉、

遇右諸件、若參議院之評議不一、則以立法權制定爭議法律、據此法律、以判斷爭議、若遇某事參議院以爲不能受理、可使他法廷代理、或託法家代行裁判、如千八百七十七年、普魯士與撒遜、因柏林多烈斯頓鐵道、而啓爭議、其成例也、

第四百十一節　參議院官制　以帝國大宰相爲參議院議長、歸普魯士王親任、而爲普魯士議員十七名之一、議長兼議員之任、德意志憲法家所謂重要職也、參議院中、如各議員投票、可否之數相等、則以議長決定、要之普魯士議員之投票、處於必勝、以宰相投票、亦普魯士投票、十七分中之一也、

宰相若有故不在參議院中、則指定某甲、以爲代理議長、但不得在普魯士巴巴利議員之外、若指定某事、使之攝己、亦不得以議院議員之外人充之、

第四百十二節　參議院委員會　參議院、常遵他立法樞舊例、置特別委員會、以行各種事務、而別設常任委員會三種、亞沙斯羅林委員會、憲法委員會、整理事務委員會、是也、有八種重要委員會、舊稱爲康美特、Committee 然不如稱爲康美息翁 Commission 之爲合、何也、該委員會性質、與美國舊聯邦國會 Congress 行政委員會相似、參考第八百六十七節 雖參議院閉會、亦行事務、其中陸軍礮臺委員會、海軍委員會、皆由皇帝指名選任、稅務委員會、商務委員會、遞信兼鐵道委員會、司法委員會、會計委員會、每年由參議院自行選舉、而八種之內、尤以外務委員會爲重、

以巴巴利、撒遜、威顛堡、所選議員、幷參議院議員、所互選之二人充之、以上各委員會、爲德意志五州之代表、普魯士即在五州之中、而無外務委員會、蓋德意志帝、即普魯士王、凡外交一切事務皆依之而行、故不設外務委員會以爲代表也、且設外務委員會、以專察外交形勢、報告諸州、非以報告於參議院、而得與決議、故外務委員會與他委員會不同、蓋他委員會多有參議院職而不徒報告之已也、

威顛堡、巴巴利、撒遜之外務委員會、與其餘常任委員會、皆有代表權、但此種委員、惟皇帝可指名委任之、凡常任委員會、皆以普魯士議員爲長、若外務委員會、則以巴巴利議員爲長、各州之常任委員會、皆有投票權、其議事以多數決之、

第四百十三節　代議院性質職權　德意志以聯邦參議院、與代議院、爲立法部上下兩院、然視美國元老院 Senate 之與代議院 House of Representatives 亦不同、蓋德意志參議院、所以代表聯邦諸州、及三自由都府、有立法權、然謂其行立法之事、不若謂其承認代議院之法律案也、故參議院祇以監督行政、執行司法之權、惟代議院則爲人民代表、以監督政府耳、其監督權奈何、曰德意志代議院、不第參與國家立法之事、以行其監督、即如憲法、法令、外國條約、代議院亦得以意見不合、嚴詰婉導、拒絕政府、自千八百七十三年以來、帝國立法權、幾以私法而揜民法刑法之全局、然其私法上立法之大部分、仍以聯邦各州自任也、

第四百十四節　代議院組織　代議院、非分代各州人民、實以代表德意志帝國全體之人民、凡人口十萬、出代議士一人、由選舉區選之、每區舉代議士一名、一選舉區、不得跨二州、若州中

人口不及十萬亦爲一選舉區得舉代議士一名

千八百八十六年德意志代議院中代議士三百九十七名、內二百三十六人、由普魯士選出、

第四百十五節　代議院議員任期五年、其選舉也皆用普通法無記名投票之例凡選舉人年須二十五歲以上、被選舉者如之、

北部諸州之選舉區、據北德意志聯邦之法、南部諸州選舉法、則以巴巴利之立法府定之、南部諸州以參議院定之各選舉區內之選舉小區以各州政府便宜定之、

代議院議員中選須得投票過半之數、若無過半之數、則政府所命選舉官吏、俟公報選舉畢後十四日以得多數投票候補員二人再行選舉若投票數同以掣籤定之、

第四百十六節　選舉代議院議員、法律初無定期、與法國同、率以政府之令定選舉日期、（參考第三百十五節）無他代議院議員任期未滿皇帝得以參議院之協贊而解散之也、

當代議院解散二十日以內、命新選議員、新議員以解散後九十日以內聚集、

皇帝經代議院承諾、得於三十日內命代議員停會、但一會期中不得兩次停會、

第四百十七節　代議院開會　代議院議員、由皇帝召集開會、每年必須一次、若遇要務、得召集一次以上、而當其開會也、又須召集參議院、代議院議員雖得開祕密會、然依法律、不過視爲私會、與公務無涉也、

代議院議員得爲帝國政府各州政府有俸職官、若再陞爲高貴之職、則辭議員之任、不得再應選舉、（參考第六百八十三節）

第四百十八節　代議院官制　代議院中有議長副議長、（二人）書記官、以職務分議員爲七部、各部數同、各議員各量其才選舉爲七部特別委員會無常任委員也、該委員會須以其分擔事務報告於議院其所報告止須有關大體者、各部委員皆有定數、

第四百十九節　代議院立法　代議院必得議員之半赴會、始得議事、凡決議、須得列席議員、過半投票、始可施行、凡議院議案、必分三次、第一討論所議之事、或委任特別委員會、或徑由議院議結、第二討論議案之條項與修正案、第三就第二節所議之案、而討議其全體、（修正案非議員三十名贊成不成）以議案之條項及其修正案逐次投票、然後就議案全體以決投票之可否、而終局焉、

第四百二十節　代議院選舉役員　新議員既集於代議院、列於年長議員之下、然後復選議長副議長二人、書紀官數人、所謂代議院役員也、議長副議長任期四星期、任滿更選、以終會期之任、德意志役員不若英美、以立法期限（五年）爲任期、每一會期、輒改選、其以四星期改選者、惟新議會第一會期則然、

第四百二十一節　帝國政府　德意志帝國、其立法行政、雖區域判然、而行政司法之權、不甚分析、司法部實爲行政府之一部、帝國政府、除立法部外、夫固無所不包也、按德意志帝國憲法本旨、帝國有立法主權、聯邦諸侯、第有自治之權、Autonomy 然至今日帝國不過依憲法以掌昔日權力之一小部、而行監督、若施行法律、大半任諸各州、

如除帝國高等法院外、凡裁判所判事、稅關吏、港吏、地方軍吏、皆各州任之、亦其例也、

第四百二十二節　大宰相　雖然、帝國設諸種政治樞、常行重大政務、以監督諸州者也、其居

政治中樞爲政府之長者非大宰相 Imperial Chancellor 乎、按大宰相位望、有似德意志帝故學者往往以德帝爲不受責之帝、而以大宰相爲受責之帝、蓋大宰相雖受帝命、代理國事、以德帝之好惡爲進退、而其居位之時、實爲德意志首領、立於皇帝代議院之閒、而爲疑謗之的也、然亦非如英法二國所謂責任大臣 Responsible Minister 也、（參考第三百二十七節六百八十六七節）德意志制、不以大宰相負國會之責、故其代議院之位、與英法內閣不同、雖當報告政府之事於代議院、而代議院反抗、不能使大宰相去職、蓋大宰相、非爲代議院之代表、惟法律之責、爲不能免耳、

大宰相兼皇帝內閣諸大臣之任、依帝國憲法、惟宰相一人、足爲行政長官耳、其代表職權極大、凡法律所未定者、胥歸掌握、是以未設公使之時、外國會議、皆以大宰相行之、而參議院與代議院之交涉、亦以之周旋焉、至每年以帝國政府之豫算案申送議院、亦其責也、

第四百二十三節　大宰相、政府諸省之本也、以諸省局爲分支、德意志大法家釋帝國公法曰、大宰相、身爲政府首領 Class 者也、按政府官吏、一大宰相、二各行政官、三獨立財務官、四司法官、而以大宰相統率百官、

第四百二十四節　大宰相、又有監督各州、執行帝國法律之權、凡政府以帝國法律、頒行各州、示以次序、使之遵行、卽以大宰相爲監督、各州政府行政官吏、自克盡職、若大宰相與各州政府、或起爭議、則以聯邦參議院裁決之、

各州遵行帝國法律、一切費用、皆自行支辦、不得仰給國庫、則各州於帝國政府、各種應盡之義務、亦可見矣、各州遵行帝國法令、須以其利弊、報告帝國政府、

第四百二十五節　以大宰相爲參議院議長、僅爲普魯士之官吏、非帝國政府之官吏也、其在參議院也、實非代表德意志皇帝而代表普魯士之王、亦以德意志皇帝參議院中、本無位置耳、

第四百二十六節　副宰相　按帝國法律、大宰相選代理官、設有二例、略具上文、（參考第四百十一節）凡大宰相得依參議院議長之職、選代理官、但代理官所行、責歸大宰相一人、據千八百七十八年三月十七日法律、以選副宰相之權、歸於皇帝、其選副宰相也、必由大宰相發議、若大宰相以爲政務過繁、得倡言選副宰相、委以職務一部或全部、亦得隨時收回職權、蓋以副宰相爲權設之官而已、

第四百二十七節　外交事務　帝國憲法、外交事務、雖全掌諸帝國政府、而聯邦各州、遇無關帝國全體利害之事、仍可與外國交通、凡各州遞解罪人、奬勵美術學藝、各朝廷私交、或一人利害之事、各州可獨立而自行調停、故各州與外國交涉、得遣公使、與帝國政府公使、並駐外國、各爲代表、其州不遣公使者、則由帝國公使代理其事、帝國司外交事務者、曰外務省、

第四百二十八節　內政事務　德意志政治通例、國政多委於各州政府、帝國政府、不過監督大綱、以統其成而已、然帝國政府、其立法權範圍、較諸聯邦各政府爲大、何則、諸州所行法律、皆以帝國之成文法爲準、故其所被日廣、惟結婚離婚條例、非由帝國政府發布、他如移住法、貧民法、保險法、家畜衞生規則、皆由帝國政府頒定、各州遵行、且帝國政府監督諸州執行法律方法、亦秩然有序也、

第四百二十九節　度量衡　帝國政府監督之法、觀各州之度量衡、亦可知矣、凡度量衡、由帝

國立法部、制爲標準、頒之各州政府、以示官吏而使遵行、以柏林政府爲之監督、且柏林有度量衡局、製造式樣、常與各州度量衡官署交涉、而頒訓令、

第四百三十節　貨幣　帝國政府監督貨幣制度、尤爲簡捷、試言其略、凡各州發行紙幣、鑄造貨幣、必依帝國法律、但各州鑄造貨幣、實爲帝國政府代行辦理、其鑄造所金屬、須自中央政府、鑄造之額、亦以中央政府定之、一切費用、由國庫支取、故各州雖鑄貨幣、實則受制於帝國政府也、造幣所員役、不列於帝國政府、但爲各州政府之官吏、蓋各州未設造幣所時、帝國政府已設立國造幣所也、

第四百三十一節　鐵道　德意志鐵道、尙未十分發達、惟據帝國憲法、凡鐵道大權、授諸帝國政府、而未嘗實行、蓋帝國政府、其監督鐵道、不過監視告誡之權、故帝國鐵道局主要職務在保鐵道線路安全、使該業主備具材料、凡德意志鐵道、多屬聯邦諸州所有、依憲法、各州鐵道、須互相聯絡、不得孤立、然帝國政府、亦不能强諸州鐵道事業、使之服從憲法、而束縛於法律也、蓋由諸州公共勉力、以臻妥善、惟以聯邦參議院議決、以成鐵道政策耳、若但以憲法論聯邦參議院無鐵道行政之權、

巴巴利鐵道、與聯邦諸州不同、何則、當巴巴利入聯邦同盟、其軍事鐵道郵便電信諸事、皆有獨立權也、

帝國政府、若有軍事、則國內鐵道、可以自由運用、帝國鐵道局、監視鐵道結構、及其材料、首爲軍備、帝國立法府、若遇軍事重要之際、以法律論、雖巴巴利鐵道、亦可監督使用、若諸州鐵道、則以參議院議決、而監督使用、

德意志有公共鐵道一部、須令各州鐵道運送之便、互與連絡、若遇凶歉及急變之事、皇帝可由參議院議命各鐵道、低減運費、以輸緊要物品、

第四百三十二節　郵政電信　德意志帝國郵政電信制度、未免稍有紛歧、緣巴巴利威顛堡、各有制度也、該二州郵政電信有半獨立姿、與巴巴利鐵道事業相同、但各州郵電事業、必互相聯絡、須守中央政之規則、至於他州郵電、則中央政府經行管束、如撒遜亞頓堡蔑克林堡之白斯威克巴頓各郵電事業、中央政府與各州政府公行之、要之德意志之郵電制度、取統一之制、以中央政府爲總理也、

第四百三十三節　特許　右行政事務外、帝國政府、又有諸種特許狀、如船長、機器手、船工、領港、與以准許文憑、及檢查諸船、堪航海否等是已、

第四百三十四節　海陸軍　攷德意志兵制之強、在海軍而不在陸軍、初德意志之立國也、聯邦中有海軍者、惟普魯士一州、後普魯士以海軍全權、一任帝國政府管掌、帝國之有海軍也、其源蓋出於此、至於陸軍則與海軍異、凡陸軍由聯邦諸州、各自徵集編伍、訓練其將校、除最上官外、皆歸各州任命、此德意志軍制之憲法也、然其實際有不然者、聯邦諸州中、其能行此等軍制、維持特權者、惟巴巴利撒遜威頓堡白斯威克四州、其餘諸州、皆無軍政特權、進退聚散、悉聽命於普魯士、白斯威克編制其軍、無一不師法普魯士、而服屬普軍、若巴巴利軍政特權、雖較諸州爲大、得以自選州軍司令官、然以德意志皇帝爲軍政大元帥、凡州軍高等將校、歸其任命、各州編制軍隊、升降將校士官、皆遵帝國規則、該規則甚屬精密、聯邦軍政、莫敢越其範圍、帝國憲法

條項曰、德意志皇帝、統率國內之海陸軍、無論常變、皆得指揮、以及增兵定費、而諸州亦有指揮州軍、自治軍政府之特權、

第四百三十五節　財政　德意志帝國經費、分歲入爲二半、以帝國之收入償之、半以聯邦諸州納金充之、帝國歲入之宗、如關稅國產稅印紙稅及郵政電信帝國鐵道帝國銀行之利益是也、若帝國政府之經費、時或不足、則各州應以人口之多寡、納輔助金、故各州關稅官吏、皆受中央政府之監督、凡帝國財政局與他政府諸省、皆直隸於大宰相、

第四百三十六節　司法事務　帝國政府國內之司法事務、權限與他政務相同、不過行其監督規定全體而已、各州裁判所、州立裁判所以帝國法律、定其規模、及裁判之制、而設帝國高等法院、Reichsgericht 於來白底希、Leipzig 爲諸裁判所之最上廳、蓋帝國高等法院、千八百七十七年設之、以爲最高上控法廷也、各州政府、得選任裁判所之判事、亦定裁判管轄區、而來白底希高等法院之判斷、又爲全國法律之所宗也、

第四百三十七節　公民權　聯邦各州之公民、卽德意志帝國之公民、無論何地、皆有公民及特許權、然公民權、非得自帝國、而得自各州也、蓋德意志帝國無歸化法、各州皆以己之法律、與公民以權也、亦可知德意志非聯邦之一國、Bundesstaat 而爲諸州之同盟體、Staatenbund、矣、參考第九百十五節第九百二十節要之雖帝國公民權、實由各州之公民權而成、可稱曰間接公民權、而各公民之義務、其奉戴帝國政府、與服從本州政府、初無所異也、

普魯士之政治

第四百三十八節　普國政治特質　普魯士之政治、與世所論德意志政治制度、有二要件焉、一以普魯士王爲德意志帝、故普國爲聯邦諸州領袖、其行政諸省局、卽爲帝國政府代理之省、二普魯士行政制度、其地方自治最爲完全、足爲聯邦標準、且凌駕歐洲諸國也、

第四百三十九節　行政制度發達　當普魯士未與列强並駕之先、不過馬克巴朗丁堡一小土也、中古時代行政制度未免粗略、至大司選侯出、後嗣多賢、乃翻然更新行政制度、遠軼前代、然亦第成一軍制國、Military State 未能百廢具舉、至拿破崙戰爭後、歐洲政界爲之大變、普魯士革故鼎新、集權於中央政府、而成完善之政治矣、

第四百四十節　地方政治之源　欲究普魯士地方政治、不得不據歷史、上溯紛雜諸邦、沿革之迹、誠以普魯士至今非但指巴朗丁堡而言、實包括波蔑納利亞、西列西亞、哈喏白及其他諸邦（此等邦土今雖結合、然當中古固各君其國政治不同）也、然欲得其簡便之法、則以巴朗丁堡爲研究之標準、蓋巴朗丁堡在普魯士、爲諸邦領袖、諸邦奉爲正鵠、凡國王政府一切勢力、皆由此發生、雖以地方變化、尚無統一之實、而其根本固已確乎不拔矣、

第四百四十一節　馬克巴朗丁堡之初　征服馬克巴朗丁堡、及殖民之事、已述於前矣、（參考第三百八十三節）當時德意志人用借地法、殖民於巴朗丁堡、遂建都府於各處、與領主預結契約、授以特權、此時馬克克拉夫、（鎭將卽領主）與設立都府者、得徑行交涉、不受封建制度之壓制矣、按當日殖民征服二事、巴朗丁堡有都府三種、一舊都府、在德意志人未至之先、業已建立、及德意志人至、一變而爲德意志都府、授舊都府人以某某特權、組織新政、以爲立足之地、二自德意志人新殖之

民、環城市而居、始成城邑、繼而漸失昔時軍備、變而爲通常都府、時趨平和、戰爭之局、漸移於北方也、三十分完成之都邑、此三新都府、漸化於封建制度之下、成爲封建政治之一部、所謂采邑 Manorial Boroughs 是也、惟某某都府爾後數代、尚存半獨立之狀云、

第四百四十二節　初期地方官　馬克格拉夫、鎭將既經營巴朗丁堡、與貴族及大地主、各得位置、更設村邑知事、Schulzen 都府知事 Burggurafen 以約束都府、及地方村邑人民、使之服從、兩官權位、與法國巴伊 Baillis 布列波 Prevots 相等、參考第二百九十七節 村邑知事、即村邑之官吏、位居農民與君主地主之閒、徵收借地金及一切租稅、且有警察責任、遇涉訟者、知事卽爲裁判官、至於都府知事、亦職與名相稱、爲鎭將代官、以節制都府文武官焉、

第四百四十三節　都府政治發達　未幾、廢都府知事官、都府評議會、起而代之、居政治上游、掌都府之政務、但司法事務、以都府尹 City Schulze 掌之、鎭將之權、以鎭將代官 Vogt 操之、評議會不能侵其職也、代官雖爲中央政府之文職、然其權所及、凡都府官吏、無不受其管轄焉、

第四百四十四節　都府既廢知事、設評議會代之、不特掌自治權、且有代表地方評議會 Provincial Diets 之權、若鎭將以非分徵收歲入、則評議會得以監督貢稅、而匡救之、

第四百四十五節　地方政治基礎　普魯士地方政治發達之基、在都府王領地采邑村邑之閒、後世君主、建設地方政體、卽以此制爲師、

第四百四十六節　中央集權之序　大司選侯、經營巴朗丁堡、俾人民服從、略陳如右、參考第三百九十一節 而收地方政務於中央、以爲集權之始者、亦大司選侯也、按實行中央集權、大司選侯行權

於地方官吏、視道路通塞爲衡、當日道路早通、故代大司選侯之某武官、得管理都府、警察人民親族等事、而裁定之、且司選侯、得徑發法令、以裁定租稅、及一切財政、增減都府特權、都府長官、惟侯命是聽、凡其政治、皆受節制焉、

第四百四十七節　中央集權政畧、欲施諸都府固易、而施諸地方則難、觀大司選侯崛起、歷世數傳、幾經征服之功、固非如昔日僅有馬克巴朗丁堡之邦土、然其境內有若干鄉邑、皆行古特權、以與中央集權抗敵、夫該鄉邑實地方政治、奉行君主命令之要津、乃各保獨立、自行選舉要官、則司選侯累世經營、使地方代表官吏性質一變、奉承王命、豈一朝一夕之故哉、

第四百四十八節　中央集權初期　中央集權制度、以中央政府監督地方政治、實起於中古、所謂接木制度也、曷謂接木制度、譬之以新枝接古木、其結果紛雜不一耳、按當時王領地內、有巴伊利福 Bailiffs 官、掌司法警察等事、如采邑之有西志音官、以掌司法警察、其大村邑內、由貴族舉其儕輩、以國王命、爲倫德奈司官 Landrath 掌徵兵收稅、維持公安等事、都府之中、即設此兩等官吏、其一歸都府選舉、但不免受中央官吏之干涉、權力甚狹、又有國王任命、以理稅務者、曰主稅官、掌徵稅警察等事、其權較大、而右地方官之上、別有一監督樞、曰軍務領土局、如倫德奈司、及都府主稅官、皆受其監督、各地方 Province 皆設有一所云、

軍務領土局、設局長副局長評議員、其評議員額、視其地方大小、人口多寡貧富、局長視察管內、定時巡行、與倫德奈司相同、軍務領土局、以評議員分區掌之、而以該局監督全體、受評議員報告、

第四百四十九節　司法財政　普魯士司法財政制度、概以中央集權爲主、其司法之事、一以中央政府委員掌之、一以諸裁判所掌之、故普魯士政府漸有聯合諸省以行政務之勢、而其財政、亦與司法之事、全以中央集權整頓、當拿破崙戰爭未起、普魯士爲尙武之國、中央政府所日夜經營者在養成兵力、政府歲入、概由王領地收入、以供戰爭之用、於是政府特設兵部廳、General War Commissariat 財政廳、General Finance Directory 以兵部廳掌軍務、以財政廳掌王領地之歲入、又設地方兵部廳、地方財政廳、爲中央廳支部、以掌地方之軍務財政、但其與中央廳、不相連合、輒有干涉軋轢之事、

第四百五十節　兵部廳財政廳合併　普魯士之兵部財政、未能統一、實大司選侯弗勒得力一世 Great Flector 之制度也、至維廉第一、始合兵部廳財政廳爲一省、曰軍務領土總理院、廢地方兵部廳財政廳、更設軍務領土局、以地方之軍務財政等職、委諸軍事評議員、該評議員除軍政職外、更司徵稅警察等事、且行曩時都府國王代官職權、而以地方倫德奈司輔軍務財政局焉、

第四百五十一節　中央政廳分歧　普魯士中央政樞、曰軍務領土總理院、不久分歧、以總理院爲委員會數種、由該委員會漸成諸省、Ministries 而其事務半由地方分配、如以國內某州 Provinces 則置某中央廳、又於地方區之外、爲某國務、置某中央廳、而弗勒得力大王、又別設顧問院、由是官制益繁、然王實能結合各樞要而操縱之也、

第四百五十二節　蘇旦及巴句伯改革　普魯士官制既定後、得男爵蘇旦 Baron von Stein

商務印書館印行

伯爵巴甸伯 Count Hardenberg 之力整理制度此二人者弗勒得力維廉第三賢明之大臣也、迄今考普魯士中央政府制度聲稱弗替焉蓋普魯士中央政治及地方政治實係蘇旦手定而其地方政治不但取蘇旦之說且以其新制定都府法令爲基礎焉

第四百五十三節　學者功效　今普魯士之政治其大部分皆由學者之功 Student-made 也、蓋昔日羅馬皇帝尊崇法學招致四方法家以掌法律故法學發達於此濫觴及普魯士崛起更任法家以謀政治之發達蘇旦者亦其一人也迄今教授克納伊斯多 Professor Gneist 在普魯士行政上有大勢力者豈偶然哉惟其信任學者故國內法學益興該學者持論多保守性質由其熟諳歷史故也然其發政事案權在有平民院之國較難於無平民院之國亦以得一君信任、非五百人平民議院比耳、

第四百五十四節　千八百七十二年改革地方制度　千八百七十二年十二月十三日、普魯士國內頒發地方制度、Kreisordnung 曰地方大憲章凡異日改革地方制度胥不外此茲舉蘇旦改革與千八百七十二年制定法律如左分布羅賓州 Province 爲德斯多利郡 Government Districts 分德斯多利爲梭克爾縣 Circles or Counties 而以德斯多利行政廳爲地方行政要樞別於布羅賓設行政廳以監督一切行政蓋以布羅賓爲中央政廳之耳目其長官之位與州知事 A Superior President 相埒也而此等政樞之外又有舊地方政樞、（千八百五十三年復興）以代表舊臺階級稍有參議職權至於梭爾克、（又加烏志）則由往時地主中選舉倫德奈司其下有地方各族及代議人評議會此評議會係千八百五十三年復興者也若蘇旦改革之都府其行政官吏歸人

民評議會選舉、組織政廳、以行都府政事、又有某種協議會、凡行政事務與人民協議而行、而以該會議長爲市長、Burgomaster 故其市長爲行政官有議長性質焉、

第四百五十五節　村落采邑　其外又有村邑、Landgemeinde 當時尚守封建之習、與近鄰采邑 Mainors 聯絡、以西志耶二人或二人以上村判事、Schoffen 任其政治、選舉西志耶者、雖歸采邑之主、其自由之村落、則歸自由地主選舉、村落別有評議會、皆歸德司多利廳監督、許以各村法律及特權、至采邑內一切警察救貧道路等事、其權皆屬地主、Proprietor 以當時采邑之地方政治、皆地主之政治也、

第四百五十六節　千八百七十二年改革　普魯士千八百七十二年、所定法制、以刪除古制爲首務、按此法制在廢采邑及西志耶世襲統權、改封建制度、Feudal Status 而立四民平等之制、變布羅賓棱爾克評議會、設代議士會、雖有疇昔倫德奈司官、而嚴定權限、別設行政會、以輔之倫德奈司、不過爲行政會會長而已、且承昔時波爾德主義、設行政委員會、以指揮監督行政事務、連絡大波爾德小波爾德、Board 使行政區相通、地方稅則亦因之改良、皆今日普魯士地方政治制度之本也、（參考第四百七十一節至第四百九十三節）

第四百五十七節　中央行政諸省　初蘇旦設五省於中央政府、以爲中央行政發達之計、諸省各以事務分立、非如昔時以地方分省、故不至若總理局之附屬委員會事務紛雜也、五省者何、曰外務省、內務省、司法省、財務省、軍務省是已、然其初內務省職權紛雜、至千八百十七年、分爲教育宗教衛生事務省、至千八百四十八年、再分爲商業貿易工務省、農務省、至財務省、本以

商務印書館印行

管理領地、當時尙有舊權、故省中置王領山林局、至千八百七十八年、歸併於內務省、而商業貿易工務省、亦分爲二省、曰商務省、曰工務省、

今日普國行政省共分爲九、一曰外務省、千八百八年蘇旦所設、二曰內務省、亦立於千八百八年、三曰教育宗教衞生事務省、卽文部省、立於千八百十七年、四曰商務業省、五曰農務省、並立於千八百四十八年、六曰工務省、立於千八百七十八年、七曰司法省、八曰財務省、皆立於千八百八年、

第四百五十八節　國政評議會　右諸省、設於普魯士國會未興之時、其行政部、監督立法政樞實難成立、蘇旦欲行其職權、故謀復古國政評議會 Staatsrath 焉、國政評議會者、千六百九十六年、弗利德利希 Joachim Friedrich 所創設也、其初藉以監督政府庶政、後其權漸衰、竟歸消滅、且按國政評議會、略與英國樞密院（參考第六百七十二節）相似、其議員率係王族職官、特別召集之州吏、故足爲各貴級代表、以監督政府、蘇旦此舉、所以監督諸省大臣、俾各盡其責、而以該評議會爲統一政務之具也、然卒不能實行、該評議會雖至今尙存、究難規復已失之勢力耳、

第四百五十九節　自千八百十七年至千八百四十八年、國政評議會行各種大權、以審議法律案及一切布令、凡行政省局權限之爭、上控大臣裁斷者、亦歸查審、又有諮詢會議之任、由千八百四十八年至千八百五十二年、該評議會集會甚鮮、其開會與否、視國王之旨、以會中職權、移於委員會、（由國王選拔該評議會議員而成）與英國樞密院權力、還於內閣相似、（參考第六百七十四節）千八百五十二年以後、尙存一部、然國政評議會本體已消滅矣、

第四百六十節　大臣會　厥後伯爵巴句伯、不從蘇旦計畫、別立政策、而設大臣會Staatsministerium、其於普國政府、與法國大臣會相似、（參考第三百二十五節）而與法國參事院、亦有相類者、該會政策、每一星期集各省長官開會、其職務大略如左、一評議諸省局事件、二討議法律案、修正憲法案、三調停諸省之紛議、四聽各大臣主務省政略之報告、五監督地方政廳、六凡緊急事件、議決處分、要之大臣會之旨、不外統一政治、而使之鞏固也、

第四百六十一節　檢查會計院　會計檢查院千七百十四年、弗勒得力維廉第一所創設也、其旨與財政會議相同、院中議員、有判事之職、其院長及檢查官、由大臣會指名、國王敕命、而以大臣會議長副署、該院非隸屬於大臣會、直接國王、儼若政府之某獨立廳、凡政府諸省局會計出入、國債及國家所得財產、均歸檢查校訂、要之普魯士之財政事務、無論鉅細、皆歸檢查會計院以法監視也、

第四百六十二節　財政會議　凡商務工務農務三省、財政上法律案及布令、皆以請王裁可之前、歸財政會議評議、其廢止也亦然、若參議院以右列財政各件、當取普魯士議員如何趨嚮、如何投票、財政會議、亦有評議之權、但其職權、以評議為限、該會議議員、由國王敕任、凡七十五人、任期五年、其四十五人、由商業會議所、貿易局、農業局、奏聞國王敕任之、

第四百六十三節　軍務省外務省　軍務省及外務省、其名雖屬於普魯士、實則德意志帝國之政府也、（參考第四百二十七節）

第四百六十四節　立法部大臣　國王以立法部大臣、為代表大臣、赴立法部、評議國事、別無

議員、

第四百六十五節　立法部貴族院　普魯士立法部、Landtag 分二院、貴族院 Herenhous 代議院 Abgeordnetenhaus 是已貴族院亦稱階級院、House of Classes 蓋有血統權利者、以世襲議員爲代表、有土地財產者、與諸大學校、以終身議員爲代表、官吏、以官吏議員爲代表、各代表議員咸集其中也、其代議士、卽議員皆係國王敕選、如王族議員、則選自好軒索爾倫黑淸庚 Hohenzollern Hechingen 及好軒索爾倫西格馬林庚、Hohenzollern-Sigmaringen 二王家之長、以及普魯士所併吞十八君家之長、貴族議員、則選自普魯士州四大官、The Supreme Burggraf the High Marshal the Grand Master of the Tentonic Order and the Chancellor 伯爵會、Colleges of Counts 大地主會、九大學、以及有豫選議員權之四十三市、國王又得以適當之人、特選爲貴族院議員、該議員雖素無定額、而非年三十以上者、不得選爲議員、

第四百六十六節　代議院　代議院雖以代表年二十五歲普魯士有選舉權者、然其議員、非直接選舉、亦非平等選舉、蓋其間接選舉、而行投票、實以財產稅爲準、分普國爲各選舉區、以財產稅分投票權爲三級、各級自爲代表、特舉選舉人、使之選舉代議院議員、

第四百六十七節　選舉法　凡有人口二百五十名、則擇一人爲選舉人、選舉人之選舉代議士也、公行投票、而不匿名、代議士中、以投票數過半爲定、代議院議員、凡四百三十二名、任期五年、以普魯士人年三十以上有公權者、爲被選資格、

第四百六十八節　選舉區內選舉人、以納稅多寡、分爲三級、故富者握選舉之勢力、蓋選舉之

數、各級不同、富人數少、得代表選舉區內三分之一、中等人民雖多、其代表權、亦不過與富者相等、而下級人民無論矣、按區內分級之法、納稅最多者爲第一級、次者爲第二級、納稅最少者爲第三級也、

第四百六十九節　兩院平權　凡法律案、必兩院之意同、始可施行、兩院提出法律案、有平等權、但屬財政之案、必以代議院發案、若豫算案、由代議院提出、貴族院可就代議院移交之案議其大體、故貴族院凡遇豫算案、不得就其一部、而加修正、惟就其全部、以定可否耳、

第四百七十節　國王停會散會權　國王雖無代議院承諾、可命一會期中停會三十日以內、亦可命其解散、但既解散、須於十六日內、命其再行選舉、其新議員須九十日內召集、（參考第三百三十五節）

第四百七十一節　地方政治　普魯士地方政治、以歷史與人事而成、不免複雜、蓋半由歷史而興、半由蘇旦所創也、夫中央諸省制度、蘇旦之力固多、而地方之制度、蘇旦之力亦不少、按當日擘畫、較法蘭西立憲會議及拿破崙尤以保守爲宗旨、Province 凡昔日布羅賓境界、悉仍舊貫、所頒新制、惟以監督權與十二布羅賓、使各占國家地位、此地方制度、所以必本於歷史乎、蘇旦除布羅賓外、又分全國爲德斯多利、District 其性質與法蘭西德巴吞門 Department 相似、而以德斯多利屬於布羅賓、使監督之、按普魯士地方制度、第一州曰布羅賓、第二縣曰德斯多利、District 第三郡曰沙克爾 Circle 第四村曰陶息白、Township 又有町曰陶音、Town 町與村各不相屬、權力相同、餘詳下文、

第四百七十二節　普魯士地方、其普通政樞、第一代議院、監督地方財政、第二行政廳、監督地

方公務、第三代議院、及行政廳吏員、設地方通常政務委員會、第四行政監督官之下、各地方行政區是也、

第四百七十三節　布羅賓　布羅賓有二政治樞、一以代表國家監督權、一以代表其州自治權也、試先舉其代表國家監督權者

第一　國家以州知事、Superior President 及州評議會、Provinzralrath 居各州、爲其代表也、蘇旦所以設此政樞而維持地方制度者、亦以監督州境、推擴行政意見、免地方偏僻之習耳、蓋州知事、與州評議會、視伯林政府大臣、其於地方行政、較爲切近、而亦不至似諸縣官局於地方細務、故一州之內、苟關帝國全體利害、與縣官權外、凡公立團體、（如大學校與教育會等）及保險公司道路諸種事業、以州知事、與州評議會掌之、然祗各總其成、若其實務、則以縣廳之吏員任之、而管掌縣廳行政事務、州租稅以及地主與租客交涉等吏員、亦歸州知事監督、若遇非常之事、亦有代表中央政府之權、且縣廳與縣廳、及不屬縣廳之官吏、或有爭議、州知事有先審判權、若值戰爭之事、其得於州內秉行政全權、更無論矣、然其平時監督縣廳行政、惟有參議職權、無行政實權也、伯林諸省、以州知事爲耳目、凡諸省措置事件、皆效其忠告、蓋如法蘭西縣知事、Prefect 爲中央諸省之屬官也、而與內務省關係、爲尤切焉、

第四百七十四節　右普魯士布羅賓制、亦未免缺憾、教授克納伊斯多曰、布羅賓制度、徒增地方政治複雜、初無實效、亦謂其有參議之責、而不能實行耳、

第四百七十五節　州評議會　州評議會、除州知事及其代理官外、有高等行政官、歸內務大

臣選任、評議會五人、歸州行政會 Provincial Committee 選舉、評議員任期六年、

第四百七十六節　州立法院　代表州之自治權者、州立法院 Provincial Randtag 州行政會州長 Landeshaupt Mann or Landesderektor 也、按普魯士地方政治法律曰、州行自治之權、係團體性質、其立法院由郡 Circles or Counties 內郡會 The Daiets of the Circles 所選舉之代議士而成、故州之自治、非聚縣而爲團體、合郡而爲團體也、若郡不過代理中央政府而已、凡分課郡內租稅、審議地方豫算案、管理州之公產、選舉某某官吏等、皆爲州立法院職權、

州立法院或以州法律案、或以柏林政府諮詢之事、須述其意見於柏林政府、

第四百七十七節　州長　州立法院、選舉州行政會州長、以爲州中自治樞、而州長之於州行政會、亦猶州知事之於州評議會、蓋州長爲地方自治行政樞、州行政會、卽其會議處耳、

第四百七十八節　右普魯士代表國家樞、（州知事州評議會）與代表地方自治樞、（州長州立法院）其職權區域甚嚴、州長州立法院、凡行政事務之全體、初無職權、其有此職權者、惟州知事及州評議會、然無地方自治職權、蓋普魯士地方自治範圍雖狹、而其免中央政府之干涉、則較勝於法蘭西矣、（參考第三百四十六節）

第四百七十九節　普魯士國中、又有某某州者、以獨立之鄉、代表昔時習俗、各有立法部財產特權、成爲某局、Corporation 其聯合村落、定爲局規、亦行地方行政事務、然多爲當日特別之法、漸歸廢止、德意志語曰、Kommunal-Standische Verbande 英語則曰 Unions of Communalestates 鄉黨局也、

第四百八十節　德斯多利　德斯多利、與布羅賓異、非自治政樞也、按縣爲國家行政之一部、其諸官司、皆中央政府之代理官、凡歸內務財務商務工務農務軍務文部各省管轄、一切地方事務、皆委之縣官、若有特別事務、由中央政府派遣官吏、非常例也、要之縣中諸官除司法省外、皆奉中央政府之命、而供職者也、

第四百八十一節　縣中諸官司總稱曰縣廳、其一切事務、公共奉行、蓋合議體也、惟歸內務省管轄者、則以縣知事一人行之、至其餘事務、雖屬公行、而各局課不能獨立、爲縣廳分體、故某某普通監督事務、以縣廳爲一委員會處辦事務、如各局則歸課長監督、凡縣廳官員皆由中央政府任命、而中央政府置專門技師於各局課中、如學校技師、藥學師、道路技師、教習山林學之山林官是也、

右縣所已於前節、以代軍務領土局者論之矣、按軍務領土局、其初亦與縣廳、代理政府諸省、依合議制、奉行事務、而屬於內務省管轄之事、胥操諸縣知事者、蓋自千八百八十三年始也、

第四百八十二節　各局課長及各納多 Bath 稅務官、Assessor 調查當稅財產 每年巡行縣境、自爲日記、所記皆人民生計及需用情形也、

第四百八十三節　縣知事　縣知事爲地方政務最要之職、有監督縣廳權、凡縣廳及局課、決議事件、與已見不合、皆得斥責、若局課吏員、躭誤事務、釀成弊端、得加處分、且遇急切之事、局課會議、倉猝不能議決、縣知事亦可臨時獨斷、縣知事也者、豈非地方行政之長官歟、

第四百八十四節　縣參事會　其無自治之體、而州行政會選之、以代縣下人民監督縣治者、

縣參事會是已、其議員六人、內二人由國王敕選、（一名有判事資格、一名有高等行政官資格）任期終身、其餘四人歸州行政會選舉、（參考第四百七十七節）任期六年、凡縣治事務或合議而行、或分掌而行、皆以縣參事會監督之、爲一縣耳目、以近日行國家之行政事務則更有重要職、蓋自千八百八十三年、縣參事會得兼縣行政裁判所、不啻有司法之權矣、（參考第五百節）

第四百八十五節　沙克爾（即郡）　郡與州皆有國家行政事務、與自治職權、但自治職務、較諸國家職務、範圍稍狹、夫沙克爾事務、雖以右二者爲主、而其供職官司、則爲一類、初不以郡之自治、與國家行政而分官也、凡郡行政部設郡長 Landrath 郡參事會評議部監督部、有郡會 Kreistag 並行右二職務、是郡之官制、有與州不同者爾、

第四百八十六節　郡長及郡參事會　郡長曰蘭達拉多、其職司所由來、古有明徵、按昔日郡長爲巴朗丁堡諸郡村中等地主之代表、凡選舉郡長權、皆操諸中等地主、今則其權皆爲國家所奪、故郡長雖爲地方郡村之代表、實則屬於縣廳及柏林政府諸省、全爲國家代官、且郡長爲郡內警察官、亦有監督公務權、以郡參事會輔之、該會議員六人、歸郡長郡會選舉、而郡參事會、亦爲郡行政裁判所焉、（參考第五百節）

第四百八十七節　郡會　郡會非郡內人民之代表、乃代表其團體之利益者也、凡郡會基礎、在人民之交際、及其財政、各郡郡會人口至二萬五千者、編入於其管內、以郡會代表權、分郡會與地方部、而地方部、又分村局與大地主焉、凡郡會選舉郡會議員、或以單一法、或以團結法、單一選舉係行政官與評議會共行之、團結選舉則集各選舉人行之、而以郡長爲之監督、每年納

商務印書館印行

地租或房稅七十五元以上者、則有大地之資格、得爲選舉人、若村部局選舉郡會議員、則依團結選舉法、由選舉人行之、郡會議員任期六年、凡都會有人口二萬五千以上者、別成一郡、依市制、合村部局與郡、而行都會政治焉、

第四百八十八節　聯合行政區　村部、部分爲五千六百六十八聯合行政區、該區一切事務、皆由區長監督、區長歸郡會及聯合區合選、其聯合區會者、係村部局長與古獨立區地主、該聯合行政區、皆國家行政及地方自治之本也、

第四百八十九節　村部局　村部局 The Rural Commune Landgemeinde 規模、各州不同、或沿地方舊習、或依地方法律、其財政等體制歧出、且其所以不同者、頗不易明、可分爲二大部分、蓋猶是監督政樞、而甲局曰人民總會、乙局曰代議會、其行政官、或稱美畨爾 Mayor 或稱頭領 President 或稱村判事 Willage Judge 各設助役一員或二員、其選舉法、亦各局不同、要之普魯士村部局、地方政務、與年俱進、惟其統一制度、尚未行於各局耳、

第四百九十節　町部局　町部局 The City Communes: Stadtgemeinde 規模、亦各不同、但不若村部局之甚耳、自蘇日改革普國制度以後、各處之大都會、亦漸歸統一、按某都會、設一町長、Burgomaster 而以某委員會輔之、某都會、則町長職、與委員相等、某都會則設行政官數人、自行合議、然皆以評議會、而爲人民之代表也、該都會財政警察軍務、專由柏林政府監督、與州縣無異、故都會政治樞一、一以代理柏林政府、一以代表局之人民、其曰代理中央政府者、殆以一切行政、不能辭中央政府之責耳、至町部局公民權 Citizenship 各町部亦不一、或以有土地得之、

或以納稅之額得之、故普國地方制度、較諸法國頗不統一、按法國村部局與町部局、不許異制、惟巴黎及里昂大都府、異於他所、普國不然、豈非沿歷史之舊、不敢廢棄歟、

第四百九十一節　普國都府政治通則　普國都府政治、各處規模不一、而基礎則同、其自治良法、亦足以自表於天下矣、以都府市長、爲行政部監督、知事之外、有長老會 A Board of Aldermen 其長老大半由都府人民選舉、爲名譽職員、而以其餘供行政事務特別之職、受俸給、爲終身官、實都府行政廳之中樞也、其職權無所掣肘、在市會代表都府人民、監督歲計、而其都民、亦有與長老、指揮都府行政者、且長老會之舉行都府政治、依委員會之制、而行評議會之代理人、與評議會所選都民、亦得參與委員會、以佐長老、行都府政治、凡大都會某區 Wards 長老會、拔其民之俊秀者、使設委員會、以贊助事務、蓋以生長其地、詳悉地方利弊也、如恤貧保嬰、及教育課稅諸事、常以選拔之都民、與官吏相助爲理、要之都府利益之事、其責在人羣、若都民已經選拔、而欲辭任務、則罰增稅額焉、

第四百九十二節　柏林府中等階級之富豪、在萬人以上、使行自治之制、其被選人民、或助區之事務、或與中央委員會（由長老與市會議員而成）合議、凡商賈、醫師、律師、製造家、公立學校長、及其餘代表人、皆可入選也、

第四百九十三節　第四百六十六節、及第四百六十八節所紀三級選舉法、爲普國通例、凡監督都府事務、其勢力視納稅之多寡爲差、故分長老及市會議員爲三級、曰富者、曰中等羣、曰下等羣、各爲其代表焉、

商務印書館印行

第四百九十四節　司法之事　普魯士司法事務、諸種裁判所、在德意志諸州者、其設立規模、管轄事項、皆以帝國法律定之、參考第四百三十六節 若普國內裁判所、雖爲普國之裁判所、而行帝國裁判所事務、其裁判官及管轄區域、以普國法律定之、諸裁判所上設帝國高等法院 Reichsgericht 凡普國裁判所、帝國諸州裁判所、歸其管轄焉、普國裁判所之種數、則以高等地方裁判所 Superior District Court: Oberlandesgericht 爲主、而地方裁判所 District Court: Langericht 次之、高等地方裁判所、每州各置其一、地方裁判所、每縣各置其一、而各聯合行政區、又置區裁判所、Amtsgericht

第四百九十五節　凡民事小訟、先由區裁判所審判、其裁判人員、視訟事多寡定額、凡裁判所設數判事者、則各判事、或分地方、或分事類、各掌其事、初不協議焉、

第四百九十六節　地方裁判所及高等地方裁判所、由衆判事而成、每年兩裁判所判事、各開總會議於裁判所、以分別事務、從其訟事種類、各定擔任之部、或爲民事部、或爲刑事部、或爲商事部、各有部長、以成獨立之形、

第四百九十七節　凡小刑事、以聯合行政區、Magistrial Districts 西耶利夫裁判所、Sheriff's Courts 審判之、若事稍重大者、則以地方裁判所刑事部審判、至於重罪、則以特別陪審庭審判、該陪審庭、以地方裁判所三名判事監督之、凡西耶利夫裁判所之判決、可上控於地方裁判所、而地方裁判所刑事部之判決、則不得上控、但其裁判官顯違法律、則得請於高等地方裁判所、正其判決、卽以地方裁判所刑事部之事件、移於高等地方裁判所也、或據他法律、而移於帝國

裁判所、

第四百九十八節　判事歸國王任命、任期終身、有獨立之位置、惟司法大臣、得監督其刑名事務、凡有刑名條件、必待檢事請求而後行之、檢事係政府代表、非若判事爲終身官、由司法大臣黜陟之、裁判之公正者、皆依面質之制、普國近代其裁判所、皆以公文行裁判事務、凡有訴訟、原告以紙狀申訴、被告亦以紙狀辯答、今則法廷槪命兩造面質、而行公開、（許人民旁聽）

第四百九十九節　按普國裁判制度、國家可任意行用法權、Voluntary Jurisdiction　其中如遺囑公證及後見（受託孤之人）等事、（遺囑公證之事、區裁判所職權之一也）他國亦然、惟監督封建利益之權、頗覺新奇、以及官命調停人、Arbitrators　商業判事 Trade Judges　等、皆普國裁判所之特點也、

第五百節　行政裁判所　考法國制度、既知行政裁判所與通常裁判所有別矣、今觀普國、何獨不然、（參考第三百五十三節）蘇志耶曰、國家行用主權、肇於行政裁判所之權力、此蘇旦改革制度入手處也、蘇旦曰、凡爲國家主權而起之訴件、與起於箇人之訴件、當分別管轄、而以特別裁判所審判、如行政官有害箇人、或官吏違法處分、皆以特別裁判所審判也、

第五百一節　行政裁判所種類　行政裁判所種類頗多、一郡參事會、（參考第四百八十六節）以郡長監督之、其與郡同位之市、設市參事會、以市長爲會長、更有委員四人、其人皆有司法官、或高等行政官資格、任期六年、歸市廳選任、二縣參事會、（參考第四百八十四節）開會時、國王由會員中選一人、爲行政裁判所之長、以代表縣知事而監督之、三柏林高等行政裁判所、其評議員由國王及大臣會公同敕選、任期終身、位與高等法院相埒、其半須有高等裁判官資格、其半須有高等行政官資

格、高等行政裁判所、與他裁判所、其分部與課、各司其事、無須公議、

第五百二節　爭議權限裁判所　司法裁判所、（即通常裁判所）與行政裁判所之間、普法兩國、皆設爭議權限裁判所、該裁判所終身判事、（非終其身於判事不任他職實以他職而終身兼判事耳）判事十一名、其六人係柏林高等地方裁判所之判事、其餘皆須有高等司法官、及高等行政官之資格者、

第五百三節　裁判所憲法問題　普魯士裁判所、與美利堅裁判所不同、無審斷法律違憲與否之權、故其所審斷者、獨在某法律、果經正式發布與否、或行政訴訟、果合某某布告某某命令與否已耳、

第五百四節　以參與政務之權、與嚴格自治之學校、益以養成人民政治之感念、而保護公法範圍之權利、亦確實施行、及其範圍益擴、故不特軍事之發達、據自由制度、以盡國家之職、且施其強大之力、以爲君民共治基礎、其政治財政、亦莫不稱雄於宇內也、何其盛歟、（蕭律之語）

參考書目

納巴頓德意志國法　林烈德意志國法　克納伊斯普魯士德意志國憲法行政法論　馬伊耶德意志國家法序論　多摩列比奴歐洲憲法數纂　蘇志耶德意志國法基礎普國家法　蘇志耶普魯士王國法　林烈普魯士王國法　西利蘇旦傳　摩利耶地方政治租稅論

第八章　瑞西政治

第五百五節　瑞西封建主義　第十四世紀初、瑞西國都會村落、悉約束於封建制度之下、而

法德諸國臣服制度、猶未侵入於亞卑斯山之谿谷、瑞西其偏僻村落、耕作相安、凡大山脈中、幾不知他國封建之責、然貴族寺院領有山地、今日瑞西諸郡、如康登 Canton 者、皆當時封建小區之一也、

第五百六節　諸郡獨立之始　瑞西之運動、以一千三百九年爲始、是年路特耶侖附近、休威特烏利、溫的瓦爾典三郡、由皇帝顯理第七世許帝國主權之外、脫他主權、其同盟組織、已立今日基礎矣、該聯邦有特質二種、第一古無傳聞、故行中古共和制度、第二其言語人種制度各異、故成特別之聯合國也、

第五百七節　聯邦成長　聯邦成長、其歷史如左、曰、諸郡地方自由、早脫封建之羈絆、蓋封建制度、勢將分離、其獨立有勇居民、自此發生、故諸郡利害、與周圍封建權力相反、彼此聯合、益思鞏固、雖以德意志法國意大利諸人相聚成國、而尊人即以自尊、相容相救、率成古今自由聯合之國、而卓立於世、雖由貴族都府與民主村落而成、而發達成長、爲瑞西聯邦、固費數百年歲月也、驕矜都府如比林、Bern 貴族都府如遮列瓦、Geneva 至知利害相共、以與休威特烏利溫的瓦典聯邦、彼此聯結、豈能一蹴而幾哉、其運智慮而戒紛糾也、亦良可感已、

第五百八節　法國干涉　瑞西聯邦紀元一千五百十三年、始列於歐洲諸強國之位、是年有法國革命、遂爲同盟中部、而德意志十三郡、最後諸郡、亦與瑞西同盟、其憲法至一千八百四十八年、基礎未立、一千八百七十四年、形體未完、初因三十年戰爭、瑞西政治方有定向、一千六百四十八年、威斯多哈烈條約、歐洲列國認瑞西獨立、參考三百七十九節 時十三郡、遮列瓦、東併於法國大

都府、南合於意大利都會、其餘或爲同盟郡、或爲屬郡、後法蘭西革命、法人遣兵瑞士以助、自昔獨立諸郡、設希比特共和國、Helvetic Republic 蓋法國建共和制度、使瑞西效之也、千七百九十八年至千八百二年至拿破崙干涉瑞西、自千八百三年至千八百十四年則務解其結合、破其共和、使之服從己國、及千八百十五年、法國權力之衰也、瑞西諸郡、久屈於法者、遂實行主權在郡主義、是較千七百九十八年、諸郡聯合之際、更爲激烈、其禍與美國組織聯邦政府相似、夫美國當日困難、萬國共知也、茲不贅焉、

第五百九節　遜德本多戰爭　瑞西因分裂諸郡、釀成爭亂之端、非政治之異同、而宗教之齟齬也、初拿破崙之敗也、歐洲諸國會維也納議、復拿破崙擾亂之疆界政體、請以遮列瓦威亞里斯 Valais 尼志亞德 New Chatel 及其餘附屬諸地爲聯邦、且合二十二郡、結新盟約、即一千八百十五年盟約也、此約有保證諸郡羅馬教寺院特權、足爲諸黨派平和之基、不幸背盟、自一千八百三十年至一千八百四十八年、瑞西擾亂之餘、新舊教黨、風波乂起、中古教會基礎、多所破壞、周里希 Zurich 亞爾加烏 Aargau 各地先後騷動、周里希急激黨既叛舊教、而亞爾加烏新教徒修正憲法、亦借衆民勢力、在郡內議廢八寺、舊教併力禦之、於是開同盟會、舊教徒以違一千八百十五年盟約爲辭、議令酌乎兩黨之中、卒廢四寺、時一千八百四十三年八月也、九月休威特烏利温的瓦爾典呼里布格奥里斯路特耶侖都克諸郡、舊教七郡、別設同盟 Sonderbund　然其代議士不欲顯違同盟會議、同盟會議亦不樂與七郡戰爭、爾後四年、紛擾之中、尚得維持大局、至一千八百四十七年、卒起戰爭、十八日中、七郡全敗、遂屈服焉、

第五百十節　新定憲法　七郡既敗、於是修正憲法、廢一千八百十五年盟約、故憲法進步、敵黨不能抵抗、乃以一千八百四十八年新定憲法、以昔日紛雜同盟 Staatenbund 織成聯邦、Bunderstaat 一千八百七十四年復行修改、卽瑞西現行憲法也、

第五百十一節　憲法性質　瑞西聯邦政府、與美國制度相似、千八百七十四年、設聯邦高等法院、爲瑞士最高法廷、千八百四十八年、置立法部、與美國同分二院、其一爲人民之代表、曰國民議會、Nationalrath 其一爲聯邦諸州之代表、曰聯邦議會、Standerath

瑞西制度、與美國制度相似者、由於瑞西人模倣美國、然一千八百四十八年、及一千八百七十四年之改革、其政府與美國宗旨不同、故瑞士舊風、猶有存者、

第五百十二節　國家主權各郡主權　瑞西聯邦制度、多與美國相似、美國南北戰爭之後、聯邦條約不行、故其憲法以造合衆國爲本、瑞西不然、按瑞西憲法、因聯邦合一、統一國民、權力名譽進步、定此憲法、則瑞西憲法、雖以同盟爲本、而不置國民之語、於憲法上、正與美國南北爭戰後憲法等也、然其主權分割、明記於憲法之中、不若美國、已廢此義、於一千八百六十一年之後、瑞西憲法曰、郡之主權、依聯邦憲法、而不受制限、凡不屬於聯邦主權之權利、皆得行之、蓋謂該憲法國、非分郡爲行政區、而結合爲國、Einheit Staat 實自成國家、以限制之下、而行獨立之主權也、雖然觀其現行憲法、由贊成統一之人民、與其敵黨相讓、而成、亦可知權力不盡在國民矣、

第五百十三節　瑞西聯邦憲法權利　瑞士憲法、聯邦國權、與各郡之權、境界不明、較美國聯邦政府、（卽中央政府）與各州政府權限、易啓爭端、美國有權力以制諸州、故合衆國會權力與諸州不

同、說極明瞭、參考第八百八十九節至八百九十二節瑞西之憲法、權利模糊、聯邦立法部所有之權、第一命瑞西聯邦、依聯邦憲法、決定國務法律、第二監督諸郡外交事務、第三保護諸郡憲法及領土、第四保持國內安甯、議定要務、第五執行聯邦憲法、如保護郡之憲法、或定聯邦義務等事、第六修正聯邦之憲法是也、其立法府權能、所以模糊、實以聯邦憲法、無實理也、夫瑞西國家之念、頗覺強盛、中央政府、似有權力、而以各郡心懷嫉妬、卒使中央政府權力不完、無能專制耳、

第五百十四節　各郡憲法權能　瑞西聯邦憲法、使郡各有憲法權利明確、非由倣美國憲法、聯邦諸州、設共和政體乎、各郡之權能奈何、曰以代議制度、定各郡人民自由及法律憲法權利、若郡內公民過半之數要求、則修正郡憲法也、

郡政治

第五百十五節　郡憲法聯邦憲法　欲研究瑞西聯邦政治之制度、必先講明諸郡之制度、蓋瑞西聯邦、襲郡制成例甚多也、其聯邦由諸郡合成、故其政治制度、類似諸郡、如美國聯邦憲法、折衷於殖民地之習慣閱歷而來、而美國與瑞西、其參用外國成例者、利益亦大、然瑞西憲法、與美國憲法比較、或以爲瑞西多含保守分子、進步較少、無怪其然也、組織瑞西聯邦之羣、視組織美國中央政府之羣、遭際既異、障礙自多、加以言語宗教人種不齊、而欲以聯邦政府、發達特權、宜頑固黨之反抗歟、憲法既由諸黨相讓而成、勉强之迹、卒不可掩、其統一國家之性質、固不完全、卽所謂聯邦國家、亦不免欠缺、故研究瑞士政治、必先諸郡之制度者、亦以諸郡制度、甚爲重要、非組織聯邦者、所能膜視乎、

第五百十六節　立法權位置　瑞西諸郡政治制度之發達、非以學校政治之理論爲據、而以民主政治爲本也、凡立法行政司法三權鼎立之說、皆瑞西人所不顧、其遵奉主義曰國家大小政務、必以國民或代議士監督、故瑞西人以各郡立法部參與國家行政法律、而郡立法部、遂爲郡政之中樞矣、

第五百十七節　一院制度　各郡組織政治、視其歷史、度制不一、其相同者、立法部由一議院而成也、聯邦立法部、雖分兩院、均以外國制度爲準、烏利溫的瓦爾典格剌古斯 Glavus 亞賓依爾、Appenzell 四郡、其立法部爲郡內投票人民自由評議會、Landesgemeinde 其餘諸郡、法代議之制、以代議院爲立法部、代議士由諸郡選舉而投票概用匿名、

選舉期限、各郡由一年至六年不同、而三年或四年爲多、代議士數因各郡人口多寡而定、約以九百九十四名取一名、

Greater 諸郡多稱立法部、曰大評議會、Council 行政部、曰小評議會、Lesser Council 或稱郡內立法部曰郡評議會、Cantonal Council 曰郡會 Landrath 其名不一、

第五百十八節　郡立法部職權　諸郡立法部職權極廣、此瑞西民主之特性也、諸郡立法部、其立法權、由人民委任、得選任郡行政官、而檢察之政務巨細、悉歸監督、凡郡行政部歸代議士委員會、（即立法議會委員會）爲瑞西常例、其行政權、不任之一人、而委之一局或一課、（即委員會）故如新英州 New England 都府之選拔吏員 Selectmen 受府會之責、瑞西郡行政部受立法部之責、（參考第一千三節一千四節）

第五百十九節　人民分掌立法權　强行呈請　瑞西行民主政治主義、凡制定法律、人民莫不干與、謂其郡立法議會、止能編法律案而通行之、則在人民以呈請之權發法律案與他平民政治國相同而法律案建議、人民有議會之責、詳細審議、凡人民强行呈請發案、Imperative Initiative 有若干署名（以五六千人爲定數）、得以某事請議會評議、議會受之、舉行投票、復示人民、若議會不准、亦須以全體人民投票決之、

第五百二十節　人民不認可權　瑞西小郡、其人民有不認可權者、郡之立法議會、公布法案後、定期內（一月）若有人民五十名呈請、得就公布法案迫行投票、以決該法案之存廢焉、（右署名人民數郡內各異不必定須五十人也）

第五百二十一節　列福林達　右人民不認可權變而爲列福林達、The Referendum　案今日瑞士諸郡、除弗里布爾 Freiburg 郡外、人民有棄取法律案權、以定法律、而古者參與政治、維持政體諸小郡、其立法權、尤視爲固然、該郡常設人民議會、（即全體人民評議會）故立法議會立法職權、不啻爲人民評議、豫備編法律案、如雅典豫審參議院、Pro-bouleutic Senate　爲國民評議會人民票決豫備編纂、（參考第七十六節）而已、每年定期以重要法律案、俾人民投票、如烏利、溫的瓦爾典諸小郡、行於人民議會、其餘民主政治之郡、無人民議會、以普通投票法行之、即列福林達也、然而有代議機關之部、則不稱列福林達、其法律案、不以人民投票、或稱爲人民監督立法、實以立法議會議決、而後詢可否於人民也、

第五百二十二節　列福林達歷史　列福林達一語、第十六世紀已行、今就瑞西聯邦、格剌烏

本登 Gnaubundan 古亞里斯之初期、回想第十六世紀之頃、二郡不得列於瑞西聯邦、惟以某事連盟、故以其孤立町村、結薄弱聯邦、（格刺烏本登三町村古亞里斯十二町村）該町村代議人赴聯邦議會、遇有重要事情、每以其投票是非、告選舉人而受其訓示、是當日列福林達也、至一千八百四十八年、定今日制度、此法為聯邦憲法之一端、聯邦中央議會議員、各依郡之訓令、以行其職、若議訓令外之問題、本郡政廳須別行指示、然至今郡之列福林達、亦僅存其名而已、

第五百二十三節　行政權　郡行政權、操自委員會、非數人所得行也、故其政權、允稱公溥、行政委員會、諸郡命名不同、或曰蘭達們因加溫西爾、Landamman and Council 或曰斯丹德宮美遜、Standekommission 或曰小議會、The Stualler Council 通稱曰行政會、Regierungsrath 行政評議員、任期由一年至六年、諸郡年限亦異、其實未見屢選議員、使之任期短縮、而更迭頻繁也、至山地諸郡、行政評議官、係人民舉之、其餘諸郡、則選自郡立法議會、（此行政評議會所以稱為小評議會也）今日諸郡、皆以人民選舉為常、然行政會實為立法議會一委員會、以其須受立法議會之責、且編成立法案、而審議者也、行政會至今廢一課之制、別設類似中央政府諸省數局、以分擔事務、但此數局、祇得謂行政會之委員會、若行政評議會、當不失其一體之制耳、

行政會長官、通例曰郡長、Landamman 又曰行政會長、Regierungs Prasident

第五百二十四節　地方政治　區　按郡之政治、其行政區劃曰區、District 曰邑、Commune 區者、所以表國家行政之區邑者、所以示地方自治之區也、區行政職權、監督警察、及施行郡之法律、以官吏一人 Bezirksammann or Regienengs Statthalter 秉之、其委員、（即區長）選諸區內人

民、或選之郡立法部、行政會、或置區會於某郡 District Council 區長之旁、其議員選諸區內人民、

第五百二十五節　邑　瑞西之邑、Gemeinde or Commune 與歐洲諸國、自治機關不同、其邑爲獨立局、有公地、掌邑內警察救貧學校諸事、以邑會監督邑內行政事務、而指示之、與新英州町會相似、（參考第一千三節）故此邑爲地方自治機關、其職分之外、更以區之小區畫爲國家行政機關、其邑屬區長管轄、

瑞西人民公民權、與邑有密接關係、邑爲公民直接之政治廳、而公民爲國家公務、最重要自治機關也、譬之邑爲中央政治之家族、公民其受責最早者耳、

第五百二十六節　邑與郡同有委員會（邑評議會）行行政權、而其立法權、除意大利風之郡外、皆歸其郡人民之總會、意大利風之郡、其立法權、由選舉法、以大委員會任之、（總評議會）郡中邑之行政部、選自民人與其代表、其行政部長官、或離行政評議會而行某職務、然以公共爲常、以國家行政區爲邑選舉區、如列福林達投票區是也、

聯邦政治

第五百二十七節　聯邦行政部　瑞西聯邦政治、模擬郡制之最顯者、行政部之公共性質也、蓋聯邦行政權、與郡行政權、均歸委員會數人、凡君主國統領國、（置大統領之國）政不操自一人、且瑞西人不樂政權集於一處、雖委員公同行政、更以立法部、掌修正之權、於是聯邦政府、公共之體、非他國比矣、雖立法部之行政事務、在郡制之下、範圍較小、而於聯邦政府、頗有權力、故聯邦行政

部、至今獨立者、豈不以中央集權黨、幾經紛爭而得耶、

第五百二十八節　瑞西聯邦行政委員會、（即行政部）曰聯邦參議院、Bundesrath 評議員七人、任期三年、合立法部兩院爲一會、Bundesversammlung 以選舉之、以評議員代表聯邦二十二郡之七郡、依憲法、一郡不得出評議員二人、

聯邦參議院、設統領（參議院議長）副統領、（參議院副議長）任期各一年、聯邦總會、自評議員之中選之、瑞西憲法、以民立主義、選統領副統領、其滿期後、不得復舉爲副統領、但副統領期滿、升爲統領、法律許之、

瑞西國民、聯邦立法部兩院、有被選舉之資格者、聯邦總會、皆得選爲參議院議員、聯邦總會、又得選兩議院議員、爲參議院議員、但當選者、不可不辭兩院議員之職、

第五百二十九節　聯邦總會之於行政員也、不喜更張、故評議員卓異者、得再選、而至繼任十五六年、一千八百四十八年以來、評議員不見改選、然繼任者、亦不過二次而已、

第五百三十節　參議院評議員出缺、以聯邦總會充之、

第五百三十一節　參議院評議員任期三年、與立法部之平民院任期同、平民院任期之初、兩院合爲聯邦總會、以選聯邦參議院議員、

第五百三十二節　統領、（參議院議長）之名、貴於他議員、其權實相同、但接外國使節、代表本院、受閣下 His Excellency 之尊稱、俸給較他議員稍豐、

第五百三十三節　行政部與立法部之關係　參議院議員、雖並得爲立法部兩院之議員、而

遇兩院之開會、無獨倡議題、定奪投票之權、故瑞西參議院評議員、與英法兩國內閣大臣相似、然英法內閣大臣、有國會之責、凡贊成議案、國會不從則辭職、而瑞西大臣、（參議院評議員）惟依定期居職、不以立法部之勝敗、爲進退也、

瑞西參議院評議員、其與立法部意見齟齬、因而辭職者、一千八百四十八年、創立參議院以來、二次而已、

第五百三十四節　行政諸省　聯邦參議院、居大臣之職、按憲法、凡行政事務、一體由參議院舉行、後以其理不明、分行政事務於七省、七省之設也、以參議院各議員監督之、與他國內閣通常以大臣監督主務省略似、但其連合各省監督次官事務、較爲密切、而重要決議、仍一體由參議院行之、採公共行政之主義也、

一千八百八十八年、正月一日、實施法律、組織七省、一外務省、二司法警察事務者、三內務省、四軍務省、五財務省、六農商務省、七郵政鐵道事務省、七省之中、惟外務省、初隸參議院議長、今始分立、與諸省永保政略焉、（參議院議長任期一年、其屬外務省政略亦因而變更）

瑞西與法德異、凡整理各省行政事務、以行政之令而合衆國、則以立法之律、

第五百三十五節　右瑞西行政部、或取公共組織、（以諸省爲一體處置重要決議）或取分掌組織、（分轄諸省行政事務）勢難兼顧、實大缺憾也、且瑞西制度、參議院評議員、實爲諸省之長、故行政之常例細務、專門技能、皆須究心統一、而調和之、既爲專門之官吏、而又指導各省之政略、事實至難、瑞西公法家常曰、宜七省各置長官、而以大臣（參議院）監督全體、旨哉斯言乎、夫全體政略、與行政職務、性質既異、方

法自殊、豈可使一人而兼兩事哉、

第五百三十六節　行政部複雜職權　瑞西法律、行政立法司法三權區別不明、故人民嫉行政權之過大也、蓋以郡制度聯邦制度使行政職權分掌立法部之全部或一部、且使立法部行政部、掌裁判所職權、行政職權與司法職權、不免混雜、故欲定中央行政部參議院職權也難、試詳諸左、

第五百三十七節　聯邦參議院、因參與立法事務、與立法部、有密接之關係焉、凡參議院、議立法部兩院之案、得就兩院或諸郡中送參議院之議、論其可否、幷得每年請兩院報告行政事務、聯邦全體之狀、而議定改革、且兩院提議聯邦之豫算、而討議法律案、皆以參議院指示、參議院也者、非立法部之從官、而兼爲其先導歟、

第五百三十八節　參議院爲重要職務、司法機關、以審查諸郡間契約、若諸郡與外國結約、亦斷其合聯邦憲法與否、而郡之法律、亦以參議院從違爲準、其審問聯邦法律之訴願、亦有法權幾部、但其區域甚狹小耳、

茲舉參議院兼管之權如左、如郡學校事務、商賈貿易、凡貿易關稅、與列國所結契約、特許專賣、免除兵役、自由通行等、其初柄之權也、後復及遷徙信教、郡選舉投票當否、國民兵自由應徵諸件等、

第五百三十九節　立法司法權之外、參議院尚有最要職權、行政權是也、凡法律未定之官吏、皆得選任、監督聯邦政府之官吏、及其財務、以察聯邦利害、而理其外交事務、而其特別職權、則

以聯邦保證諸憲法、爲聯邦憲法機關并行判決於聯邦法院、調和諸郡紛議、而執其契約、且參議院得以不時之變徵集郡兵、但以立法部兩院閉會爲限、兵數不得過二千人、歷三星期、若數逾二千、時越三星期、須召國會、求其允諾、蓋應變徵軍之權、本爲參議院維持聯邦安甯之權也、（此中兼有警察職務）

第五百四十節　陸軍　瑞西聯邦無常備軍、諸郡得置軍隊、惟無聯邦允諾、不得過三百人、

第五百四十一節　維持平安　凡維持平安、無論內憂外患、皆屬聯邦政府之責、故遇郡騷動、不能鎮壓、必請聯邦官吏盡力干涉、若其郡危急勢不能待、亦可假鄰郡之助、若鄰近郡吏無暇爲援、則先告以布置之方、要之郡無興兵之責、如遇危急、必以鄰郡相輔而後舉兵耳、

第五百四十二節　遞解罪人　諸郡閒條約、聯邦官吏有强行之權、遞解罪人 Extradition 是也、但瑞西及德意志（德意志師瑞西之例）之政治犯、出版犯、無遞解條例、

第五百四十三節　控訴司法事例　自行政部屬於立法部、行政權與立法權混淆、此郡憲法也、一千八百四十八年、聯邦憲法效之、凡事得由聯邦參議院控告於兩院聯合會、

千八百四十八年、制定憲法、國內恐中央行政部過於强大、故立法者定中央行政部之權、較郡之成例爲小焉、

後千八百七十四年、修正憲法、以張聯邦司法部權限、遂移聯邦總會受理上控之權、於聯邦法院、而上控範圍、初無限制、昔之行政部職權與立法部混淆者、此時轉與司法部混淆矣、且因此修正、雖立法部不棄司法之權、上控聯邦參議院之件、以聯邦法院理之、而某種行政訴件、尚由

特別立法委聯邦總會審斷、於是宗教訴件、歸於聯邦總會管轄、蓋宗教訴件與行政性質、相離遠也、

第五百四十四節　千八百七十四年、修正憲法之人、其識見稍高者、皆欲聯邦法院之職權、與美國高等法院相若、惜其無成、祇能成就一部耳、夫美國高等法院所最重者、解釋憲法權也、瑞西必不以法律任之聯邦法院、故凡憲法款義、不由聯邦立法部裁定、而不容置喙也、此聯邦法院管轄之憲法、其官吏權利、所由常起紛爭歟、

第五百四十五節　聯邦尙書　聯邦尙書者 Federal Chancellor 在瑞西聯邦未完全時、爲結合諸郡之機關、其職至今不廢、以聯邦總會舉之、選舉之時、與聯邦參議院議員同、任期三年、聯邦尙書亦爲代議院 Nationalrath 書記官、掌聯邦記錄、與外交成例、行半行政職權、其副尙書、Vice-Chancellor 爲元老院 Standerath 書記、

第五百四十六節　聯邦立法部　瑞西聯邦立法權、在聯邦總會、然由二院而成、即代議院元老院也、二院立法事務、獨立而行、惟各種選舉權及司法權、合爲一院、凡立法之事、兩院權同、會期之初、以兩院議長協議、分各期事務、以各定擔荷、其會期所定憲法每年各開會一次、然實不能以一次限也、故兩院每年開會一次以上、然嚮例長會期二次、一六月初、一十二月初、其餘臨時會隨時定之、或聯邦參議院議決、或五部請求、或代議院議員四分一請求、則開會兩院議事、須以議員過半之數赴會、

第五百四十七節　組織兩院代議院　代議院議士、一百五十五人、就二萬人中出一名、選自

商務印書館印行

四十九聯邦選舉區、Wahl-Kreise 各區不得跨二郡、故定諸郡代議士、以算定各部人口、為二萬數、因郡內人口歲有變更、故依每十年統計人口增減、定代議士數、若其郡人口不滿二萬、亦得出代議士一名、

人不滿二萬、而出代議士一名者、曰半郡、Half-conton 如阿布瓦典、Obwalden 尼多瓦典、Nidwalden 內外亞邊爾 Inners Appenzell 之三郡是已、其餘諸郡中、凡出代議士一名、人口二萬三千七百四十四名者、為烏利郡、出代議士一名、人口二萬二千八百二十九名者、為都克都、至以人口繁多出代議士者、第一俾命、人口五十三萬零四百十一人、出代議士二十七名、第二特烏里希、人口三十一萬六千零七十四人、代議士十六名、其次則瓦德 Vaud 代議士十二名、先多如林、及格魯本典二郡、各代議士十名、

第五百四十八節　出代議士一名以上之選舉區、如俾命之選舉區出代議士二十七名 其代議士之候補者、依全體投票、而被選舉、其投票者、則依選舉區代議士總數投票、參考第三百十五節

第五百四十九節　瑞西國民年二十歲、若非僧侶、據郡法律有投票權、以選舉代議院議員、議員任期三年、選舉以十月星期行之、全國皆同、

第五百五十節　選舉聯邦參議院、在新代議院參集之時、參考第五百二十八節第五百三十一節 其三年任期、由新代議院首期、以至次回代議院首期、

第五百五十一節　代議院自選職員、而選舉議長副議長、與聯邦參議院職員之制相似、凡為議長一期者、次期不得為議長副議長、副議長亦不得連任兩期、代議院職員、如美國代議院英

國庶民院、不得連任、而每會期改選、則如歐洲諸國立法院職員、

第五百五十二節　二元老院、瑞西元老院 Standerath 議員四十四名、二十二郡、各郡出二名、與美國元老院略似、頗有代表聯邦之狀、然其選舉議員法、資格任期年俸、及其選舉者之關係、悉係諸郡所規定、任期或一年或二年三年而行列福林達制之郡、則以投票選舉、有代表機關之郡、則由郡之立法院選舉、故元老院惟以各郡出同數議員、與代議院異、不可稱爲聯邦議院、亦不得稱爲立法部第二院、要之元老院之位置、既無定例、且變化較速、此與美國聯邦元老院、所以不同、而實不足代表聯邦歟、

第五百五十三節　元老院自選議長副議長、但有限制、凡已出議長之郡、次會期不得出議長與副議長、出副議長之郡、次會期不得出副議長、

第五百五十四節　瑞西全數二十五郡、二十二郡之外、其三郡爲半郡、阿布瓦爾典、俾些爾亞邊特爾是也、半郡各於元老院、出議員一名、茲舉瑞西全郡如左、

志烏里希　俾侖　路特侖　烏利　休威特　阿布瓦爾典　尼多瓦爾典　格剌爾斯
都克　呼里布格　梭羅特侖　俾些爾斯　沙弗哈烏遜　外亞邊特爾　內亞邊特爾
先多加林　格魯本典　亞爾加烏　特爾加烏　志志羅　巴烏多　古亞里斯　羅伊渣
德爾　些列巴　巴塞爾倫多

Lurich, Berne, Lagern, Uri, Schwyz, Obwalden, Nidw alden, Glarus, Zug, Freiburg, Solothurn, Baselstadt, Basselland, Schaffhausen, Outer Appenzell, Inner Appenzell, St. Gallen, Granbunden, Arrgan, Thurgan, Ticino, Vand, Valais, Newchatel

Geneva.

第五百五十五節　兩院職權　立法部、爲瑞西聯邦、最高監督機關、故兩院職權、不能分明、蓋其職權、皆在國政範圍內也、然若分類如左、則得稍明

第一　對外國行聯邦主權、監督與外國同盟結約、決定宣戰搆和、發聯邦軍法令、拒外國而保平和、且定守局外中立之義、

第二　維持聯邦政權、以保國內安甯、議定諸郡憲法、踐行保證聯邦要法、裁定聯邦參議院之上控、諸郡間契約、及郡與外國條約、

第三　施行聯邦憲法、以盡任務、立必要之法制、以行聯邦之立法權、

第四　審議聯邦豫算案、而監督其財政、

第五　設省局及官職、幷規定聯邦文武百官之任令俸給、以成聯邦政府、

第六　監督聯邦之行政司法、就行政諍議、而審理上控聯邦參議院之裁決、

第七　修正國民協贊之聯邦憲法、

第五百五十六節　修正憲法　兩院公議修正憲法、可由通常辦法、但兩院議決後、例須問諸列福達林、若一院方議修正、而一院意異、或五萬人有投票權者呈請修正、亦須以衆人民投票、決其可否、至人民多以爲可、則兩院從事修正、必使衆民投票、待郡民樂從者多、然後行之、此時郡與半郡投票、各有常數、

第五百五十七節　聯邦列福林達　聯邦法律、及於國內全體、其定例愼重者、凡遇瑞西公民

三萬人、或八郡請求、則使人民投票、詢其可否、此聯邦憲法第八十九條、實爲聯邦定列福林達之制也。參考第五百二十一節

列福林達細則、以聯邦法律定之、其略曰、凡人民請求投票者、須在投票法律發布後、九十日以內、其投票之法律謄本、以郡有司公示各邑、邑者人民之首也、請求投票、須以請願書呈聯邦參議院、各署其名、邑之長吏、爲之證明署名權利、

凡郡請求投票、由郡立法評議會行之、但以定例、其人民有拒絕之權、

凡有投票權者三萬、或八郡請求投票、則由聯邦參議院定其投票其時日、以四星期前公示、

第五百五十八節　兩院聯合會職權　以聯合會 The Federal Assembly 行一院選舉司法之權、而立法不與焉、第一選任聯邦參議院議員、聯邦判事、聯邦尙書、聯邦軍官、第二行赦免權、第三裁決聯邦諸省局閒之權限、以行普國法國爭議權限裁判所職權、參考第三百五十七節第五百零二節代議院議長監督聯邦總會開會、而聯邦總會議事規則、概以代議院爲準、

第五百五十九節　司法事務　郡裁判所　郡許依聯邦憲法、設裁判所、蓋瑞西憲法、與德意志相同、其裁判制度、無統一之例、參考第四百三十六節故除以成文法特例之外、郡裁判所、免聯邦法院管轄、而自行裁判、然瑞西略有統一之制者、則以各郡有二裁判所、如地方裁判所、Bezirks-gerichte 及高等裁判所、Obergerichte 是也、地方裁判所曰初審法廷、高等裁判所、曰終審法廷、某郡又有治安裁判官、Justices of the Peace 以審判警察小事、得以地方裁判所裁判、上控於高等裁判所、凡民事訴件亦然、其審判刑事訴件、由陪審之制、行於高等裁判所監督之下、或

不依陪審制、而在特別刑事裁判所審判、

第五百六十節　些列巴、志烏里希、先多加林、三大郡、高等裁判所之上、置控訴裁判所、志烏里希些列巴二郡置商事裁判所 Handelsgerichte

第五百六十一節　諸郡高等裁判所、行某種半行政權、代司法省、而監督下級裁判所、及檢事等司法官、

第五百六十二節　諸郡高等裁判所、每年須報告於立法議會、凡司法事務之評論、制度之得失、及改良之批評、皆司法事務統計之本也、

第五百六十三節　郡裁判所判事、期任常以三年四年或六年爲限、地方裁判所判事、歸人民選舉、高等裁判所判事、以立法議會選之、

第五百六十四節　俾崙郡立法議會、以地方裁判所長舉之、然非諸郡之通例也、

第五百六十五節　選爲判事者、除投票權外、別無法律、故有投票權者、皆得應選、其舉爲高等裁判所判事者、概係有學識閱歷法家、且一人累蒙選舉、永任厥職、故法文上判事任期雖短、實無輕率進退之弊、

第五百六十六節　監督些列巴下級裁判所、及其職員之權、不在高等裁判所、而在檢事、不若他國皆屬之司法省也、其餘諸郡檢事、亦有他國所無之特權、

第五百六十七節　聯邦法院　一千八百四十八年、以憲法設置、初裁判諸郡閒紛議者、惟調和之而已、一千八百四十八年、雖以憲法創聯邦法院、而無十分之權、以聯邦議會、實掌大權、須

受其監督也、後一千八百七十四年、修正憲法、始有權力威嚴、但依法律某種事件、聯邦法院、未能審斷者、猶屬於聯邦國會權內、然聯邦法院之權限、明以憲法定之、要之聯邦法院、與元老院、均須變革而後成獨立位置耳、

第五百六十八節　聯邦法院、判事九名、歸聯邦總會選任、（選任判事之際、須用瑞西官語、卽德意志、法蘭西、意大利三國語）聯邦總會每二年、由九名判事中、選爲院長及副院長、聯邦法院、不置於瑞西立法首府俾侖 Berne 而設於魯遜烈、Lausanne

聯邦總會、選舉判事九名、代理官九名、判事有他事故、以代理官攝之、計日受俸、判事不得就他官職、兼他職務、且不得爲公司人員、

聯邦法院、選書記官二名、一傳德意志語、一傳法蘭西語、而其中一名、須兼知意大利語、

聯邦法院、以七名判事赴院、爲開院定數、至訴件之席、則加院長一人、

第五百六十九節　聯邦法院刑事裁判權　聯邦法院、依輪流裁判、而行刑事裁判權、故瑞西分輪流裁判區、Assisenbzirke 爲五區、第一區、法蘭西部瑞西、French Switzerland 第二區、俾侖及周圍諸郡、第三區、志利特及其鄰郡、第四區、中部瑞西及東瑞西之一部、第五區、意大利部瑞西、Italian Switzerland

聯邦法院、辦理刑事、分爲三局、刑事局、檢事局、控訴局、是也、刑事局、開輪流裁判、於輪流裁判區、臨事選定其地、裁判廷之費、以該處町村供給、輪流裁判職員、以該郡之警察官及裁判官充之、

聯邦法院、每六年、選任豫審判事二名、以準備裁判事件、任期六年、以檢事代表聯邦參議院、遇裁判事件、赴裁判所、

第五百七十節　公法事件　瑞西成文律、定聯邦法院之法權、範圍頗廣、玆舉公法訴件之法權如左、

第一　公法訴件　聯邦法院、管轄之公法訴件、凡諸郡間契約紛議、管轄境界、遞解罪人、以及諸郡與外國之條約、諸郡公民、憲法上權利訴件、由郡憲法所生訴件、是也、

第五百七十一節　防聯邦官司郡官司、暴用權力而衛人民、爲聯邦法院正當之權、然其範圍不明、漸至膨脹、亦自然之理也、蓋由暴用權力而起訴件者、其初不過國法上侵害人民住居自由出版自由、繼而法院職權益擴、凡郡裁判官不認權利、故意妨民、誤用法律、人民皆得上控而受理焉、

第五百七十二節　聯邦法院、審判諸郡邑、Communes 與邑公民權之訴件、瑞西公民權、由邑而起、故邑爲公民權之本、郡公民權、由邑公民權而保者也、

第五百七十三節　第二私法訴件　起於聯邦法律、箇人訴訟事件、皆以郡裁判所審判、則郡裁判所有似聯邦裁判所、然起於聯邦法律之訴件、凡金額三千佛郎克以上、或金額不勝計之訴件、得由郡之終審裁判所、上控於聯邦法院、其餘私法訴件、雖不屬於聯邦法律、亦得由其理由徑訴於聯邦法院、所謂某種理由者有四、一曰郡與一私人或公司之訴件、二曰瑞西聯邦被告之訴件、三曰郡與郡之訴件、四曰瑞西聯邦與一郡或數郡之訴件是也、

右四種中、其第一第二訴件、惟金額至三千佛郎克、可徑訴於聯邦法院、餘則訴於郡裁判所、而受裁判焉、

凡訴訟事件依聯邦法律性質、最重者、原被兩造、得協議而請聯邦法院之審判、

第五百七十四節　聯邦法院有鐵道特別裁判權、故凡軌道訴件、或聯邦與鐵道公司私法訴件、皆歸其裁判、

第五百七十五節　第三刑事　聯邦法院、管轄刑事權、範圍頗廣、凡叛逆、干犯聯邦政府、違背外交、待聯邦政府之干涉者、皆歸管轄、又以參議院及其他官司之意見、得審判他事、即通常郡裁判所審判聯邦官吏敗職事件、由參議院與聯邦總會議決、亦歸聯邦法院管轄者也、且由郡之憲法法律、可以各種事件、託聯邦法院、但須聯邦總會之承認耳、

聯邦法院控訴局、依聯邦財務警察銀行等法、遇有上控郡裁判所者、得受理之、

第五百七十六節　聯邦參議院　第四行政訴件　聯邦行政訴訟管轄之權、不歸聯邦法院、而以聯邦參議院、The Federal Council 管轄各種行政訴件、如徵集諸郡義兵、管理諸郡公立學校制度、商賈占有土地遷徙自由、消費稅、輸入稅、信教自由、郡之選舉及投票、與外國貿易上之契約權利、特許證明、免除兵役、通行自由等訴件是也、然參議院之判決、可控告之於聯邦立法部、

第五百七十七節　諸郡司法禮儀　瑞西憲法、凡郡裁判所判決、通國信之、以此憲法、實倣自北美合衆國也、

參考書目

布命條理之第一永久同盟至今瑞西同盟聯邦法史　布麥爾瑞西國法論　達布斯瑞西同盟國公法　德摩毋賓歐洲各國憲法　阿列利瑞西同盟國家法　斯列爾瑞西國家法論　美耶爾瑞西聯邦國法歷史　馬達木斯康林格木合著瑞西聯邦　莫些士瑞西聯邦政治

政治汎論卷二終

政學叢書

政治泛論

卷下

政治汎論卷三

第九章　兩聯合國

奧地利亞　匈牙利　瑞典　那威

第五百七十八節　兩聯合國　其國在英統王國、德意志聯邦之間者、奧地利亞、匈牙利、瑞典那威、以一君主聯合兩國 The Dual Monarchies 是已、然其制度、不能强同、奧地利亞有奧地利亞之制度、而匈牙利、有匈牙利制度也、瑞典那威亦然、惟以兩國戴一君、其政治樞、爲公共耳、然奧地利匈牙利之聯合也、較瑞典那威爲固、瑞典那威無公共立法樞、行政諸省、而奧地利匈牙利有之、亦可以知其梗概矣、

奧地利亞　匈牙利

第五百七十九節　奧地利亞之位　奧地利亞史、論德意志帝國政治發達之際、大略已具、（參考第三百七十四節三百八十一節三百九十九節）至現世紀半期、奧地利亞立於德意志聯合政治之位、而執牛耳、當一千八百六十六年、猶爲德意志諸州盟主、及德意志分離、始建今之君主國焉、

第五百八十節　倂吞匈牙利波希美　按哈弗斯堡家君主、位於斯拉夫條頓人種之間、拓地於東南者、非以奧地利亞爲德意志帝國盟主哉、而能於帝國之內、肆其威力、倂取近鄰諸州、至一千五百二十六年、波希美匈牙利、卒隸版圖、則奧地利亞歷史、以匪地難多一世爲始也、誰曰不宜、

第五百八十一節　波希美　波希美、斯拉夫人領地也、數侵德意志周圍、與敵國接境、時動干

戈、迄無甯歲、後德意志取之、以爲屬國、自魯森堡家統絶、波希美無王、哈弗斯堡家君主代之、至一千五百二十六年、波希美全境服從、及一千五百四十七年、竟爲世襲領土焉、

第五百八十二節　摩拉比亞　摩拉比亞者、亦斯拉夫人地也、初斯拉夫人逐摩拉比亞之條頓人而奪其地、欲與東南斯拉夫人合設斯拉夫王國、畏馬格亞人 The Magyars 不果、馬格亞人者第十世紀時進斯拉夫中央、逐摩拉比亞之斯拉夫人、削其地爲小州、後以匈牙利波蘭波希美三國交爭、併於波希美（一千二十九年至一千五百二十六年）、與波希美共歸奧地利亞焉、

第五百八十三節　匈牙利　匈牙利者、馬格亞人地也、馬格亞係匈奴人種、至今介居歐洲人中、尚保東洋固有之風、不受變化、當羅馬帝國之亡也、衆野蠻人蹂躪諸國、逞其略奪、紀元八百八十九年、匈牙利遂爲馬格亞人亞爾巴德侯 Duke Arpad 略取、九百九十七年、古埃克侯 The Duke Vaik 繼侯位、及紀元一千年、因羅馬教王西爾俾斯達二世 Pope Sylvester II. 受匈牙利聖王 Apostolic King of Hungary 尊號、自稱斯德芬王、是一千三百零一年、君臨匈牙利王統之始也、由一千三百零一年至一千五百二十六年二百餘年、諸種王統、互昇王位、此時匈牙利復爲土耳其所侵、一千四百五十三年以後、土耳其實掌君士坦丁霸權、一千五百二十六年、八月二十九日、莫哈克斯之戰、匈牙利兵全爲土耳其之曼大帝 Soliman the Magnificent 所破、國王路易戰歿、路易之崩也無子、皇后馬里亞奧大利王匪地難多一世同胞也、貴族憑馬利亞勢、選哈弗斯堡家使昇王位、匈牙利內附於奧大利、後由一千六百六十五年、至一千六百七十一年、匈牙利內亂、哈弗斯克家變選舉之制爲世襲王位焉、

第五百八十四節　多蘭西爾哇納斯拉哇納及克羅沙　多蘭西爾哇納、斯拉哇納、克羅沙、Transylvania, Slavonia, Croatia, 前後侵匈牙利、而卒歸哈弗斯堡家者也按除一千八百四十八年、至一千八百六十七年、（此時匈牙利釀成九年叛亂）之外、以上諸州、皆屬匈牙利、但克羅沙、位置稍異、常有代表人居匈牙利政府由一千八百四十八年至一千八百六十七年三州皆爲奧地利亞王領土、

第五百八十五節　加利沙達爾馬沙　加利沙、Galicia 嘗爲諸國所爭、屬於波蘭至一千七百七十二年、波蘭第一次分略、遂歸奧地利亞、達爾馬沙者、Dalmatia 嘗屬於古之伊利利亞、Illyria 後歸威利斯分領爲諸國所爭克羅沙及匈牙利亦嘗領之、一千七百九十七年、依康不阿美亞條約、遂爲奧地利亞領土、

第五百八十六節　波斯納及黑爾些哥比拿　一千八百七十八年、伯林之令、議結俄人勝土、定諸國之境界、以波斯納黑爾些哥比拿、Bosnia and Herzegovina 歸奧地利亞保護該二州爲些爾比亞人所久居而屬於土領者也

第五百八十七節　奧地利亞匈牙利聯合　奧地利亞匈牙利、現行憲法、其君主由二國承認、若波希美之特異國性獨立歷史皆歿於奧地利亞之中哈弗斯堡家領內諸人種中、惟匈牙利之馬格亞人、不失其立足之地、與奧地利亞、位置相等、聯合奧匈而成君主國焉、

第五百八十八節　人種之別　奧匈自成君主國以來、其統治國家最困難者、國內人種之不同也、其顯著者爲德意志斯拉夫馬克亞諸人、而斯拉夫人中、又以言語宗教歷史人種各別、且

三種外、復有意大利猶太人散布各處、毫不團聚、因而人種愈形駁雜、故其大州之中、人口蕃衍者、惟些克斯人 The Czechs 耳、些克斯人口幾占波希美摩拉比亞州大半、若匈牙利之馬格亞人、雖較他人種爲多、然計州內總數、不及其半、奥地利亞之德意志人種、在中部諸州（奥地利亞本部）地方、雖占多數、而亦不及奥地利亞全體三分之一也、

第五百八十九節　波希美及匈牙利自治內政　右諸人種中、常欲得獨立權者、波希美亞之些克斯人也、雖歷年久遠、幾經失敗、而雄心未已、每思增歷史之光、故既輕其鄰德意志人種、又向奥地利亞政府、感憤不已、務求與匈牙利同得自治之權、

第五百九十節　雖然波希美雖欲如匈牙利得自治權、然亦思匈牙利、果如何國哉、按匈牙利、較波希美面積爲大、而馬格亞蔓延其中、尤爲勢所聚、雖斯拉夫人政治能力、亦難與頡頏、蓋其初與敵戰、雖因衆寡不敵敗績、而當奥匈建君主國時、奥地利亞許其占特別之利益也、且匈牙利、雖惟貴族有公民權、而其政治自由、久與英國比肩、紀元一千二百二十二年、國內貴族、由奥王昂多列士二世 Andreas II 賜與哥典堡 Golden Bull. 憲章、實匈牙利貴族之大憲章也、該憲章限制國人從軍、規定租稅、各貴族之權利、以貴族會裁判、整頓一切司法制度、且遇國王暴政、有執兵抗拒之權、貴族得集國會、以抗奥地利亞王之專抑、其後匪地難多一世認匈牙利人民憲法、始卽王位、而奥地利亞家世襲王位、已費百餘年之經營矣、且執干戈以抗暴政、至一千六百八十七年、法律上猶不失其權也、

第五百九十一節　當拿破崙戰爭維也納會議結局、其時又起變故焉、時歐洲諸國帝王、競施

專制之政、而以奧匈君主國、奸相梅特涅政治爲尤甚、一千八百四十八年、匈牙利叛、勢焰猛烈、歐洲諸國皆震、奧大利借援俄國平之、是役也匈牙利實出死力、終歸於敗、爲奧地利亞屈服、此後雖有雄心計無所施矣、

第五百九十二節　一千八百六十七年憲法　雖然奧地利亞、雖平匈牙利之亂、而專制之政、難望平和、國中、除總意志聯邦外內憂外患迄無甯歲、於是始悟養成外交之力、須與人民自由、昔之束縛人民實爲非計、一千八百六十一年二月十八日、承認憲法以國家爲奧地利亞匈牙利連合國、定今日較自由之政治焉、

第五百九十三節　奧匈君主國性質　奧匈君主國、固由於歷史之發達、然其地理法律、不能强同、而以憲法政治、爲一國也、以視北方瑞典那威、其聯合較遜、蓋瑞典那威聯合七十餘年、參考第六百二十五節六百二十八節　雖以二國立於一王之下、但以外交爲公共體、其餘則否、而奧匈君主國、三百五十餘年間、共戴一王、軍事財政、靡不畫一、歷史制度、亦合同而化矣、其保全自由也、不亦鮮哉、

第五百九十四節　根本法律　奧地利亞侯初爲德意志之封建諸侯、領有封土、依當日憲章、諸侯世保統治之權、至哈弗斯堡家爲帝、奧地利亞侯封、無所變更、凡封內人民權利、仍歷史之舊、其法律要件、皆定自諸侯、是奧匈君主國國法根本、諸侯人民之特權、參考第千百三十九節及千百四十節實賜自皇帝者也、茲分現今建國之法爲三種、甲聯合之諸法律、乙奧地利亞法律、丙匈牙利法律也、夫聯合諸法律、除各種繼承王位規則外、包含一千七百十三年繼承王位令、Pragmatic Sanction 參考第三百八十節　及奧匈公共法律、而繼承王位令、匈牙利部諸州之代表、已經承諾、惟奧匈

公共法律、則係一千八百六十七年十二月所制、以定奧匈二國之關係、而施公共政務法制也、若奧地利亞法律、自國會 The National Reichsrath 及地方議會 The Provincial Landtags 議員、定其權限等事由法令規則而成、其重要者、一千八百六十七年十二月之五法律是也、該法律與同年聯合新憲法、皆以改造奧匈聯合國政府者、而匈牙利法律、則以左之法律憲章爲本、即千二百二十二年昂多利亞二世錫貴族之憲章 The Golden Bull of Andreas II. 參考第五百九十節 一千七百九十年及九十一年、匈牙利獨立及其立法行政權之法律、一千八百四十七年及四十八年、大臣責任、及每年開國會法律、并一千八百六十八年克羅沙斯拉波納受匈牙利之干涉、俾亨各種特權之法律一千八百七十三年修正也、而皆爲奧大利之古法律、蓋哈弗斯堡家君主、雖能束縛奧地利亞而匈牙利、不能全屈、凡各階級公共權利、地方町村自治自由都府特權、卒能自衞、至今不滅焉、

第五百九十五節　奧帝兼匈王　奧地利亞帝、兼波希美王匈牙利王尊號、參考第五百八十三節 故帝王、爲全政府之長、統治國家、制定法律、其國會及地方議會、不過協贊而已、曰奧地利、曰匈牙利、皆以憲法定帝王之權、然至近世、思想進步、革命運動、帝王特權、不能不有所退讓、故帝王不認可權、變憲法權、與匈法家雖無異議、而帝王獨斷、無論在憲法與他法律、總須廢止也、

帝王之權、似無限制、而人民之性質氣象、及當時之氣運、足以戒飭帝王、則限制帝王者、豈有名無實哉、

第五百九十六節　嗣位攝政　繼承奧地利亞、匈牙利帝位之法律、就皇族詳紀其序、帝位自

定其攝政之職、由王族中選特別之人、以法律定之、王者以十六歲爲成年、

第五百九十七節　公共政廳　帝王省者依三省及檢查會計院、Imperial Court of Audit 以統攬奧匈二國公共政務、三省者何、一曰外務兼帝室事務省、掌外交事務、兼督外國貿易及航海事業、二曰軍務省、掌奧匈二國常備軍事務、而維持軍制、則以兩國之立法院發案、如軍備大小、兵役資格、及增加軍兵法規、均由二國立法部采定、以編公共法律、

帝王爲大元帥、有訓練兵士、黜陟武官、編成軍隊之權、而以陸軍大臣佐之、其餘軍政、亦須陸軍大臣副署、

二國兵役不同、各保軍備、但臨戰時、兩國國民軍、共爲常備軍之助、

三曰財務省、財務大臣、立帝王之下、編成公共豫算案、以定兩國分擔之額、而監其徵收、以豫算條項、分配進款、處理公共國債、財務省又任波斯利亞耶爾些哥比納之政務、

第五百九十八節　右波斯利亞耶爾些哥比納二州、其名雖屬於土耳其、其實自千八百七十八年之伯林條約、已歸於奧地利亞、以財務省代表本國行政諸省、行二州事務、

第五百九十九節　奧地利匈牙利進款之主、在關稅及兩國國庫、而以關稅各部、供公共財政、不足、則由兩國照派、奧大利出七分、匈牙利出三分、

第六百節　奧匈財政　奧匈財政、凡商業要件、貨幣制度、兩國鐵道、關稅制度、產業之稅、每十年以條約定之、兩國立法部公議法律、以實施條約、且兩國雖各於其國監督關稅、然視作一國之關稅商業區域、亦然、其徵收關稅法律、二國必同、

維也納、有奧匈合資銀行、其度量衡、二國相同、鑄造貨幣、雖二國分業、而式樣一律、

第六百一節　特許及郵政電信　凡特許及版權規則、郵政電信事業、二國亦同、

第六百二節　代議樞　奧地利亞、公共政治中、最有特殊之象者、其代議樞 Delegation 乎、代議樞者、所以成二國公共立法部、而分爲兩部者也、一屬奧地利亞、一屬匈牙利、各有本國立法部委員會、每部議員六十名、其三分之一、歸本國上院選舉、三分之二、下院選舉、然稱此二部爲立法樞、不如稱爲本國之代議樞、蓋二部無彼此服從之責、以獨立體、各行其事耳、且其會場異、職務殊、亦難謂之一評議會、但其職權則同、二部公斷豫算案、審議公債、監督政務、而駁詰政府大臣之報告、（參考第三百二十八節）且有彈劾權、發法律案、此等職權、必須二部同心、以政府命令不容歧也、故二部互議、經三次而意見不合、則開協議會、而命投票、由過半之數、以決可否、

兩部議員任期皆一年、帝王每年召集兩部議員、於維也納及俾達比特、Buda-pest 更開會議、

選舉二部議員、奧地利亞王領地、（昔爲獨立地方）及克羅沙斯拉波納、Croatia-Slavonia 皆有出代議員權、

開二部協議會、各部列席議員、須其數相同、否則以匿名投票、

第六百三節　公民權　奧匈二國、甲國之公民、不得爲乙國之公民、然普通事務、奧國公民、可爲匈國公民、

第六百四節　奧地利亞政府　行政部　奧地利亞、以統治權、歸於皇帝、然往昔馬利亞、得列

沙、及志若蘇二世、皆行之未果、故至今中央集權、皇帝不得專制、奧國憲法、凡政治上之責、以政府大臣分掌、而國會有其特權、皇帝則指揮國家行政、敕選上院議員、監督立法、其行政之事、任諸大臣、立法之事委諸國會、凡敕令必須大臣副署、決定立法事務、須國會承諾、其司法權、歸皇帝者、惟赦免權而已、然則皇帝權能、非依協贊而有所限制乎、

第六百五節　內閣　內閣由內閣議長及七省大臣而成、所謂皇帝評議會是也、雖然、內閣議政會、行政諸件、非決自衆議、以各省大臣、各行其職、各省大臣有重任三、爲皇帝顧問員一也、行皇帝命令二也、施行國家各種公務三也、而大臣又代皇帝倡法律案於國會、且辯護政府之政略、至遇兩院議員之質問、則必赴兩院而答之焉、

奧地利亞政府七省、卽內務省、國務省、宗教及教育事務省、商務省、農務省、財務省、司法省也、內閣議長、別有主務、

第六百六節　立法部　凡立法、事無大小、皆須國民代議士協贊、其權非獨在國會Reichsrath也、事務重大者、則以法律、歸諸國會、而其餘一切事務、及法律明文、非委任諸國會者、皆屬地方議會之權、

第六百七節　國會　奧地利亞國會、貴族院與代議院也、貴族院以成年以上皇族、大僧正、及某僧正、得爲世襲議員者、有功國家之教會、或有功於學術技藝、皇帝選爲終身議員者而成、代議院以大地主、都府市町、商法會議所、郡村、各代議士而成、代議院議員任期六年、

代議院議員現數三百五十三名、以奧地利亞各領 The Austrian Domain 地分配、在達爾

馬沙、雖非大地主、而納巨額稅者、亦有選舉權、若大地主、雖婦女亦得投票權、其總選舉權、則依財產多寡定之、或直接或間接選舉之法不定、

兩院之承諾、非特制定法律也、卽諸種條約、或涉國內商業、國家財政、或涉國家法制、擴張領地、及賣買等、皆須承諾、

國會言行、須兩院相同、若擴張財政與軍備、兩院意見不合、則采其費額少者、

皇帝敕選貴族院議員、議長副議長、召集國會、而命開會閉會停會解會、

第六百八節　國會閉會、遇有緊急之件、皇帝得由政府大臣議發法律、但涉財政、或有害國家之法律、則不可發、且緊急法律、須於次期開國會四星期內、議於兩院、（先議於代議院）受其承諾、若不得兩院承諾、則將來不行、

第六百九節　地方議會　奧地利亞之諸州、各有立法議會、Landtags　其權頗大、皇帝敕選議長代議官、而命開會閉會停會解會、凡行於州內之法律、必經地方議會承諾、議會特權在國民代議士之立法權中甚重、諸大州有自治之權、

第六百十節　地方自治　地方議會、爲地方自治之樞、自成一院、合出代議士、四種選舉人、及官吏、而代表之、州行政樞、如法國之州行政委員會、（參考第三百四十五節）諸州中之稱財政區者曰郡、Circles 通全國而論、其地方自治狹小之區曰町村、依普通法律、以町村會町村長行自治權、以町村會選舉之、

町村雖爲州之行政樞、而町村長、則行國家行政之事、

第六百十一節　匈牙利政府　行政部　匈牙利王（奧地利亞皇帝）國內、其諸種政治樞、恰如奧地利亞皇帝國、以王為元首、而行政事務委諸大臣、立法權任諸國會、其締結條約之權、有限制者、與奧地利亞無異、（參考第六百七節）

匈牙利內閣、由內閣議長及八省大臣而成、八省大臣、卽宮內大臣、內務大臣、大藏大臣、工部大臣、農商務大臣、司法大臣、宗教教育事務大臣、陸軍大臣也、又別有克羅沙斯拉波納州務大臣、

各省大臣赴兩院、與奧地利亞大臣國會職務相同、（參考第六百五節）

第六百十二節　國會　匈牙利國會、Reichstag 由貴族院代議院成、國民代議樞、貴族院者、各種貴族、卽世襲貴族、每年納地租三千佛羅林者、羅馬舊教會、希臘教會高僧、新教會之代表、敕選終身議員五十名、官吏議員、克羅沙斯拉波納議員一名、匈牙利有土地成年王族等也、代議院由人民徑選議員四百五十三名、任期五年、

選舉議員權、凡納少額地租及所得稅者（凡人民所得進資年逾三百元者）皆有之、而無財產資格、有一定學術技藝者、亦有此權、

上院之議長副議長、國王敕選、

匈牙利國王、與奧地利亞相等、能命國會開閉停解、

第六百十三節　地方政治　匈牙利地方政治、分國為郡、Shires 自治都府、町村、三大區、制度相同、除町村外、其餘區皆有代表中央政府之長官、代表地方行政之助役、又有評議會為半代

若無其承諾、不能奪之、又有行政部、以負立法議會之責、其爲匈牙利之一部也、不言而喻矣、

第六百十四節　克羅沙斯拉波納　匈牙利州、不如奥地利亞、（參考第六百九節六百十節）其有地方議會 Landtag 者、惟克羅沙斯拉波納 Croatia-Slavonia 而已、然克羅沙斯拉波納、有諸種法律權利、表、謂其納租稅巨額、不待代表、而自有設會之權也、

瑞典　那威

第六百十五節　典人及北狄　丹馬瑞典那威三國、自古爲條頓人所居、以保勢力中心、存其特別制度、而侵入法蘭西俄羅斯西西里諸國之北狄、亦起於其北、又有典人、亦由此興、至英蘭逞其權力、此等蠻人軀幹長大、孔武有力、或爲海賊、或爲寇兵、出沒無定、以侵掠人國、實幾百年、世界人民所震慄者也、

第六百十六節　瑞典那威古代制度　此等北方人族制度、即通常德意志制度也、瑞典那威、自昔以德意志人種、成同盟州、而無完全之國家、統一之權力、然世運進步、幾經變化、遂以紛雜小州、結成瑞典那威二國、推勢力富强之家、爲主權者、而陞王位、蓋古德意志種國中、以此二國舉王爲始、繼而選舉之制徒行、其中選者、惟富强家族而已、王家權力、鞏固專以結合一國爲務、是其與他德意志邦國、所以同也、

第六百十七節　丹馬瑞典那威聯合　瑞典那威二國、屢以婚媾、或策略、聯合於一君之下、而丹馬勢力、僅被於斯康德納俾亞半島、取其政權、至一千三百九十七年、三國使節、開會議於加爾麥 Kalmar 結加爾麥同盟、實由瑞典那威王哈耿六世 Hakon VI. 與丹馬哈羅德 Vardemar

之女馬加拉達結婚而起者也、該約款曰、一三國當共戴一君、二王家無嗣、三國以適當方法選舉公共君主、三無論君主世襲選舉、三國皆有維持己國固有法律制度之權、

第六百十八節　瑞典獨立　瑞典既取那威、與丹馬聯合、歷年永久、至一千八百十四年、猶不分裂、然少約束之力、或統督之、或放失之、變動無常、且國利民福、惟歸瑞典、而丹馬無之、遂於一千五百二十三年背盟、當時救濟瑞典者、曰額斯達耶力克遜 Gustaf Erikksson 史家稱爲額斯達奧斯奧沙 Gustavus Vasa 有將略、長於用兵、先逐國內之典人、卽王位、異日三十年戰爭、飛揚於歐洲中原、以定王統者、卽其人也、自額斯達耶力克遜御宇三十七年、(由一千五百二十三年至一千五百六十年)爲瑞典國家歷史之始、厥後王統相繼、至一千八百四十八年、王與議會之權、互相消長、瑞典之憲法、由此漸長、然而王權之興廢、亦由其國王何如耳、

第六百十九節　瑞典憲法發達　瑞典憲法、以貴族議會、國民議會、輔弼國王、國民議會議員、選自貴族、僧侶、都人、農民四級、然瑞典二百年間、憲法史不過王與貴族議會、國民議會Riksdag之權、遞相盛衰而已、後額斯達亞多爾布(一千六百十一年至一千六百三十二年)出、以煩雜之制、分國民議會代議士爲四級、各行其職、於是代議士意見各別、相沿至今、其後甲列十一世 Karl XI.(一千六百七十二年至一千六百九十七年)以强硬政略治世、權力日熾、議會之權、微不可見、至大軍人甲列十二世、過用國力、元氣消耗、一千七百二十年、制定新憲法、以監督國務之權、與貴族議會、及百人委員會、一千七百三十四年、別編新憲法、百人委員會、選自國民議會上三級、(貴族僧侶都人)至額斯達三世、(一千七百七十一年至一千七百九十二年)再削貴族議會權、而國民議會、則除戰爭有投票權之外、別無權力、經此變遷、瑞典

憲法、垂於現世紀矣、

第六百二十節　俾納德多那威合并　據千八百十四年、基耶路和約、及維也納會議、奪丹馬之那威、以與瑞典也、瑞典之局一變、此實今日制度第一原因也、時瑞典甲列三世（一千八百另九年至一千八百十八年）無子、瑞典人迎拿破崙一世之意、一千八百十年、推伯那鐸多將軍爲王、王起身卒伍、拿破崙麾下名將也、

伯那鐸多稱甲列十四世、一千八百十八年卽位、先是甲列十三世病、伯那鐸多、遂於一千八百十一年、握王實權、

伯那鐸多之卽位也、不事拿破崙、而以瑞典入歐洲同盟、抗法國、故維也納會議、以那威與瑞典而報之、

第六百二十一節　那威獨立　新憲法　脫丹馬之羈絆、固爲那威所願、而恥其不制於丹馬者、轉制於瑞典、故不服千八百十四年維也納會議、立於外國之治下、乃叛瑞典、制自由憲法、以講維持之策、伯那鐸多雖令那威與瑞典聯合、不能使捨其初定之制、而從瑞典矣、

第六百二十二節　初那威丹馬聯合於加爾麥也、其公共君主、得專制那威、君主先與平民議員戮力而破貴族、繼而悉滅憲法自由權利、且那威王位、嚮係世襲、非如丹馬瑞典國王、出自選舉、那威貴族早衰、亦非如丹馬瑞典有大勢力、故其君主專制較易、至一千八百十四年、那威人定新法、甚背君主專制之權、然其民主主義、不免淺薄而無本也、蓋當時那威、素無自由權利、惟引英美各國制度風尚、以爲憲法之資、而不合實用、然其政治之旨、進於自由、實有益於那威、未

能實行於今日者、或可屬望於將來、此則一千八百十四年之憲法也已、

第六百二十三節　瑞典與那威憲法之異　那威既經革命、而瑞典仍未改也、故自一千八百十四年、二國制度相去不啻天淵、至一千八百六十六年、瑞典尙保國民議會四級、而存王權強大、諸種之憲法、然一千八百六十六年、國民議會改正之際、那威簡明自由之憲法、實爲瑞典之範模、而其憲法之本民政主義、尤爲開發瑞典政制之媒、皆吾人所深許也、厥後二國、漸以渾化、其制度發達、亦足以觀矣、

第六百二十四節　根本法律　今日瑞典那威、根本法律有三種焉、甲、瑞典憲法之法律、乙、那威憲法之法律、丙、千八百十五年八月之條約也、所謂丙者、卽連合二國於一君主之下、由瑞典視之、不過以一條約、爲瑞典國會憲法之法律、而由那威觀之、則爲其國憲法之一部、蓋那威國會議定而爲憲法也、而甲爲瑞典根本之法律、亦非一成文憲法之體、其爲各種法律如左、一由一千八百零九年至十年、王朝變更時期、定王位繼承法、二、一千八百十年二月、發布大法令之一部、卽整頓瑞典國會四級代議制、且立法事務之秩序法也、三、一千八百六十八年法律、卽全廢國會四級、設二平民議院者也、四、一千八百十年五月、及一千八百十二年七月、兩次發布保證出版自由法律也、此等法律、本瑞典憲法、例由瑞典政治家編成、以爲根本法律之一體者、而觀一千八百十年大法令之細則、整頓國會立法事務之秩序、則其特異之質、不煩言而解矣、蓋當瑞典國會、由四級之制、分國會爲四院、其整理規則、必謹且密也、而此細則、證諸一千八百十年之法律、亦足見瑞典憲法發達之難矣、一、那威憲法之法律、其制定事實、頗覺簡明、一爲一千

商務印書館印行

八百十四年基爾地方瑞典丹馬和約、卽瑞典棄丹馬那威之權利也、二爲那威抗列國之羈絆、一千八百十四年制定之憲法、三爲一千八百十五年八月之條約、至今瑞典尙視爲一條約、而那威以爲議定憲法之一部者也、右三條、皆以成那威憲法之法律者、

第六百二十五節　公共政治　王　瑞典那威、結連之鍵、王之大權也、而其權之及於瑞典那威也各異、雖二國皆限君主之權、以立憲法、而瑞典國中、財政法律、如商賈貿易工業鑛山山林等事、其行政之權、既屬君主、而定警察令、監督、匪類、建築、衛生、保火險諸法、亦爲君主大權、此外法律、則須國會協贊頒布、其不認可權、亦專屬君主、

右財政立法事務、國會雖得參議、而無實力、惟君主所定財政法令、耗費過度、必須拒絕者、國會得監督之、

第六百二十六節　而君主之於那威也、除國會閉會之外、君主無立法權、其不認可權、不過暫行停止之權而已、那威君主、雖得發一部之警察規則、及各產業數種法令、然以國會閉會時爲限、至其通行、必待次期國會之開會、其不認可權、亦歸消滅、（三會期中須同法案）然欲行君主不認可權之法案、事實甚難也、按當時事體、國會必欲達其目的、須以末次定論、所謂調和策也、而亦須以君主之意見行之、但一千八百二十一年、廢止貴族案、一千八百八十四年、國會大臣代議法案、以憲法滅君主不認可權、則國會固執己見歷三會期、亦得通行、

第六百二十七節　王位　王以十八歲爲成年、女子不得繼王位、且須以路德教徒爲之、卽位之先、誓守憲法法律、若有病或在國外、失統治權、惟在戰場不歸此例、王崩無嗣、以兩國國會選

王、國會意見不合、開公委員會於加爾斯他德 Carlstad 而選王、該委員會、議員七十二名、兩國國會各出其半、就候補王二人以祕密投票選舉一人、國王未成年、新王未定、兩國暫以公共參議會行政治、該參議會瑞典特派員十名、那威十名、第五百九十六節 若新王未定或未成年至一年以上、須特召國民代議士、處置適宜、若王有病及不在、嗣王已成年、則攝政焉、

第六百二十八節　外交事務公共事務　公共政務不須二國意同、以國王行其主權者、外交事務也、凡宣戰媾和結盟解盟、軍艦兵隊、遣派公使、兩國之權、皆歸國王、然其外交關係、不能悉同、如瑞典須別爲國族存固有之局、那威亦然、故至今王得專爲一國而結條約、但和戰之事、兩國相同耳、

第六百二十九節　當國王行右等之權、若無兼任兩國外務大臣、惟以瑞典外務大臣輔之、以那威別無外務大臣也、當瑞典外務大臣中奏國王、其餘國務大臣、得以陪席、且外交事務、切於那威者、則以那威國務大臣一名陪席、外交事務、那威乏干涉之力、故至今兩國憲法、那威人常有反抗之事焉、

第六百三十節　開戰　遇與外國開戰、國王須諮於兩國公參議會、參考第六百三十四節 然以法律而論、國王無服從參議會之義、故決意開戰、國王獨任其責、

第六百三十一節　瑞典陸軍、王得自由徵集、而那威軍隊、非得該國會承諾、不得召集、且不得以那威義勇兵用於境外、而其國會可以本軍之費、增發義勇兵、至今此制尚存、

第六百三十二節　監督外交事務　據國法範圍、國王與外國結約、不得牴觸兩國憲法、以出

貲財而行條約、且必須立法部協力順從、今日代議制國、通常之列也、

第六百三十三節　兩國立法　凡涉兩國利害而事出王權之外者、以兩國會議定、依公共法律而處分之、

右兩國立法公例、如貨幣制度、及拉布蘭德人之法律是也、

第六百三十四節　公共參議會　事涉兩國利害者、以內閣輔弼國王、瑞典制也、至於那威、則用公共參議會之制、蓋凡瑞典參議院所議之事、有關那威者、那威亦得以公使及參議員二名、列其會議、以陳那威政府之意見、而那威參議院所議事件、有關瑞典者、瑞典亦可派大臣三名、列其會議、此瑞那君主國、與公共參議會界限也、故兩國公法家、欲就兩參議會事件分類而得其指歸、以參議會權勢消長、定王之意見也、

右兩參議會權限、頗覺擴張、凡和戰事件、外交官費用、及其監督境界事件、兩國會計權衡、協議事務、莫不得行、

第六百三十五節　公民權　瑞那公民權、兩國不相通也、凡瑞典之有公民權者、無那威公民權、但以那威法律、瑞典人居那威者、亦可得那威公民權、且兩國人民、互有利便、如甲國人民在乙國、得有土地、乙國人民在甲國、亦得有土地、獎勵兩國間貿易、以及兩國人民共有船舶便利是也、

其被甲國放逐之人、乙國以放逐罪待之、亦瑞那二國之所同也、

第六百三十六節　瑞典政治　瑞那二國、立法行政、各行其事、凡財庫銀行貨幣制度海陸軍、

及其餘行政立法、皆不同也、

第六百三十七節　瑞典行政部　王及參議院　瑞典憲法、其理論之發達、後於實際之運用、以憲法分國家政權、爲行政權立法權、而以司法權、屬之國王、理論上似與行政權無別、然以實際而論、國王雖有任命裁判官權、而裁判官頗能獨立、瑞典憲法於是進步矣、

第六百三十八節　瑞典行政部位置、有一種異質、其國王監督政治之大體細務、職任廣大、國務大臣雖有參議之務、而不得監督政府、爲諸省之長、國務大臣赴議會、參與討議、以國王之名、行發案權、故與立法部關係自切、若大臣與國會之一院、或兩院意見不同、往往有辭職者、然據憲法大臣不受國會之責、蓋瑞典立法部兩院職權相同、而國王權力又屹立於一方、故國務大臣不能專負責任於上下兩院、可謂進步之害、吾以爲瑞典行政部、實介立於英法德之間、以英法大臣負立法部一院之責、而德意志大臣負皇帝之責也、

第六百三十九節　行政諸省　瑞典行政七省、曰外務省、司法省、陸軍省、海軍省、內務省、大藏省、宗教事務省、是已、參議院長、爲總理大臣、無特別之職務、至分政務於諸省之中、權在國王、而王所發敕令、須以主務省大臣副署、

第六百四十節　國會　瑞典國會 Riksdag 與他國同、由上下兩院而成、上院議員、一百四十三名、任期九年、上院議員、郡則歸選舉會、大都府則歸市會選舉之、而先以人民之有財產、或家長有選舉資格者、選自都府郡村、爲選舉人、下院議員二百二十二名、任期三年、該議院以直接或間接選舉法、使都府郡村選舉之、其非都府郡村、凡人民四萬、出代議士一名、若在都府、有人

商務印書館印行

口一萬、出代議士一名、較之郡村、有特權焉、

都府雖有特權、而不占院內議員多數、都府選舉之議員、凡七十六名、其一百四十六名、仍選自地方郡村也、

至於今日、選舉區、概由直接選舉法、選代議士、從選舉人所好也、

上院議員、通都府郡村計之、凡人口三萬、出一名、故地方議員、上院比下院尤多、蓋諸都府、無不出議員於上院、其郡會中（地方代議會）不出議員之都府、惟斯多克合侖 Stocpholm 哥特波爾格 Goteborg 馬爾莫 Malmo 羅爾哥賓格 Norrkoping 諸處、

上院議員、自成一體、其任期九年、就議員所掌各職計算、故期滿之後、仍有議員之資格、上院議員可謂有永久之性矣、

第六百四十一節　兩院合議財政　瑞典憲法、以兩院合議者、不為常例、蓋立法事務、皆在兩院協議委員會監督下也、然遇財政事件、兩院意見不合、則兩院開合議會以決之、

第六百四十二節　地方政治　瑞典地方政治、逮溯古德意志自治之制度、其町村有自然區域、承用遺制、開自治會議、以全行地方政治、至於其郡、以後人區劃、不能如町村完全、然國王命官監督政治、而人民代議樞頗行監視職權焉、

第六百四十三節　變更憲法　瑞典變更憲法、頗覺易易、凡前國會發議、後國會（下院選舉後之國會）採用之、則經王裁可、修正之案、遂為憲法之一部、

第六百四十四節　挪威政治　行政部　挪威參議院、內閣與瑞典參議院、裁定大權、皆王掌

之、凡瑞典那威政治、必問諸國務大臣、若王居瑞典、非那威內閣員三名相隨、不得裁斷那威之政務、且重要政策、非迫不及待者、必須合那威全內閣員之意、而後舉行、因王之不常居那威也、那威參議院頗重、非如瑞典參議院初無勢力、凡王統治權之大部、其不認可與申斥參議院之權、皆有嚴限、那威參議院以總理大臣監督之、且那威參議院之於國會、亦與瑞典大臣於國會迥異、蓋那威大臣之赴國會、參與討議、有發案之權、與國會不合憲法上亦無辭職之義、但不決國會之投票是非耳、（參考第六百三十八節）

第六百四十五節　那威參議院二部、甲國務大臣一名、評議員二名、皆王之侍從也、乙政府本部總理大臣、及其餘大臣共七人、若總理大臣別有主務、則以六大臣充之、其行政諸省、與瑞典同、曰宗敎事務省、司法省、內務省、大藏省、陸軍省、（自一千八百八十五年以陸軍省包海軍省）工部省、會計檢查院、凡七省、而分諸省之職務、則王之大權也、

第六百四十六節　國會　那威國會 Storthing 性質殊異、國會雖爲一院、而立法事務、則自分爲上下兩院 Lagthing, Odelsthing 也、國會議員總數一百十四人、其三分之一、由諸都府選舉、三分之二、由地方選舉區選舉、任期三年、

都府及地方選舉區所選議員、其數以法律定之、非依憲法、不得改變、

依財產資格、定選舉權、取間接選舉之制、以都府之第二選舉人、（即直接選舉議員）五十名選議員一名、以地方選舉人百名選議員一名、

第六百四十七節　國會之新集也、互選議員四分之一、爲上院議員、以四分之三、爲下院議員、

商務印書館印行

而發法律案之權、則屬下院、上院惟設修正會、以爲國會之委員耳、然國會分此二院、止以行通常立法事務、若議憲法、或議財産、則合二院爲一院矣、

下院議案若經上院二次不決、則開兩院合議會、依三分二之投票、以決可否、

第六百四十八節　地方政治　那威與瑞典異者、其地方政治、古無確定之基礎也、那威地方政治所定法律始於一千八百三十七年、諸法律分全國爲郡 District 町村 Commune 凡政治皆以人民行代議權、由中央政府選任官吏以監督之、那威地方政治、略見一斑矣、

第六百四十九節　修正憲法　修正憲法、那威與瑞典、亦多不同、其修正案、率於選舉畢、國會第一會期建議、而議決之、以列席議員三分二之投票爲通行、至於王之不認可權、與他法律案同、（參考第六百二十六節）

第六百五十節　瑞典那威二國關係　瑞典那威、立君主國、經七十餘年、（由一千八百十四年至一千八百八十九年）瑞典之於那威、雖不免以强役弱、而亦有容忍之處、故二國各開市場、交易物産、共戒紛爭、雖然、二國公共之政、瑞典自占勢力、凡二國外交事務、瑞典獨見威重、（參考第六百二十八節）且由那威觀之、瑞典政略、專重瑞典、或間接或直接、無非增長瑞典主權、以制那威、故那威政治家、雖不敢顯更憲法、而無不圖增那威內治之權、以求獨立也、厥後兩國政治、或密接更固、或別求聯合之策、實其盛衰存亡之機、吾人今日、雖不能豫決、而不能不以此事質諸當世政治家已、

參考書目

奧匈二國之部

男爵俄爾木斯與匈帝國　巴特爾遜馬格亞人邦國制度　亞爾俾與匈國家法（在馬克亞多沁氏公法論中）　德莫木賓歐洲憲法類纂　德爾威與地利匈牙利制度

瑞那二國之部

丹哈木丹馬瑞典那威史　啓格爾瑞典國史　亞西罕瑞那合衆王國法　多猛賓歐洲憲法類編

第十章　英倫政治

其一　中央政治

第六百五十一節　條頓憲法之源　英倫政史與德意志、同以條頓人種、初期政治爲始、按第五世紀、條頓人之遷徙也、佛蘭克人代羅馬人而占高盧、不列顚之地、則盎格爾撒遜人代羅馬人居之、其移住於不列顚時、已不見羅馬人之跡、以羅馬人時有戒心、嚴備本國之寇、故四十年之先、悉由不列顚而退也、（紀元四百十年）羅馬文明遺物、宏大莊嚴、遺於不列顚者多、當時徙自威布威遜爾兩河近地之條頓人、庶親見之、觀英倫創設之基礎、其政體制度、並不襲羅馬之舊、蓋條頓人居來因河旁、其政治之體、已足爲羅馬勁敵、故遷之不列顚、益以發生耳、

第六百五十二節　條頓人初制　條頓人制度、初非後世之國家性質也、其時地方政治、較中央政治爲先、當未遷於不列顚時、一國人民、受治於主權者、始成家族、繼成小羣、卒倣德意志制、以大村落爲政治之中心、其組織爲國家、則全迫於戰爭之故、非人民所預料也、故當時王者、不過名譽之位、初非眞王、平時各小羣自由人民、全以村會、行自主政治、且遇戰爭、其掠獲物品、衆

人均分、主將不得自恣、（參考第一百六十二節至第一百六十五節）要之當時民主之風、行於野蠻之間、至第五世紀、破北海之浪侵入不列顛、建新王國於各地、慓悍人民、最爲熾盛、不讓他條頓人也、

第六百五十三節　制度變化　盎格爾撒遜人第五世紀建設國王、其結合種族以成同盟、非慢然也、因征服之功、而成結合之運、實與佛蘭克人（參考第二百三十四節至第二百三十五節）同定眞王、以爲國家之基礎、其戰陣主將、遂永奉爲王、然其衆建王國、初皆壤地褊小、錯立於英倫小島、而諸種族內部雖新立國王、不變其俗、其町村結合鞏固、依公共制度、以置土地田宅、凡主要牧場及井河水、皆供公用、耕作之土、爲人民私產、且人民依町村監督、凡裁判行政之事、仍由自由人民町村會施行、

第六百五十四節　百家團會人民總會　右英國地方政治、較古德意志人種、更爲廣大矣、時有百家團 Hundred 者、撒遜王政第一期、衆小王國、皆其所結合也、後世英倫全土、統於一君之下、始改小王國爲洲、The Shires 當時百家團町村、同有會議、Hundred Moot 列席者僧侶邑宰、The Reeve 百家團議員四名、以裁判事務、爲重要職務、故百家團爲司法區、百家團會之上、別有人民總會、Folkmoot 行種族當行之職務、史家達斯達稱一世紀德意志相同會議、即此也、

第六百五十五節　英倫王國及州　初英倫尚未統一、衆王國犬牙相錯、各有人民總會、以王監督之、總會以政務一切利害、申奏於王、常具議決之力、後征服日耳曼、成一統王國、昔日獨立政治諸小王國、皆列於州下、變人民總會爲國民議會、則不過州裁判所 County Court 而已、以

州宰 The Sheriff 代國王、僧正代本部教會長老、The Ealdorman 代國民而監督之、而以洲之地主、邑宰、僧侶、各市議員四名、百家團代議士十名、及總官吏、爲其議員、

第六百五十六節　賢人會議　以右王國人民總會降而爲洲會、則其國家職權、果何歸乎、亦歸於賢人會議 The Witenagemot 而已、賢人會議、大率以人民總會爲模範、既變人民總會爲洲裁判所、其一切議政之權、遂以賢人會議爲國民代表、雖國內自由民、亦得赴該會議、參與政權、其實爲議員者、以洲內主要之人、及王室重臣爲限、如洲宰長老僧正 Bishops 及王室高官 Chief Officers and thegns about the king's Person 是也、

第六百五十七節　賢人會議職權　凡賢人會議、職權頗大、得以舉廢國王、若王以公地給民、須視其從違、而民刑訴件、亦以賢人會議爲國最高法院、且得與王共定法律、任命官吏、而參議賦稅、惟其後國王威力日增、該議會司法立法之權日削、有名無實、不過每二三年、開議會一次而已、

第六百五十八節　日耳曼封建制度　日耳曼人之征服英國也、大變政治制度、使各洲大吏、隸屬國王、宗教官司、離政府而獨立、人民之長老、亦全失行政職權、考維廉征服英國、怒英人不服、歿收其土地、以與日耳曼人及英人從順者、封爲諸侯、俾居人民之上、以掌法權、而君主之下、有王臣、有倍臣、各戴其君、封建制度、遂發達於英國、且以各邑裁判所、爲諸侯裁判所、百家團會、失其勢力、而司法權、不歸諸侯、而歸王州宰監督（代表國王）之裁判所、維廉王能駕馭諸侯、不使妨害大權、故當日諸侯、不免王之監督也、

第六百五十九節　日耳曼王朝大會議　撒遜制度國民議會、賢人議會維廉又改正而維持之、蓋維廉嫌以征略之功、而得王位、謀以自然權法、繼承大統、故務求繼承權、以遵昔日憲法、及既選爲王、乃依成憲而施政治、改正昔時賢人會議、遇有背叛王政者、排除之、其組織國家也、可謂得日耳曼封建性質矣、然當日賢人會議、已非古比、變而爲貴族士人大會議、直隸於王、The great Council magnum or Commune Concilium of the King's tenants-in-chief 其初列席者、爲貴族有封土者、The Earls, the Barons, and the Knights 及大僧正僧正、其餘僧侶、the abbost 後大僧正僧正等議員、非受封土而爲貴族、不得列席、夫各地主、皆本有赴大會議之權、誠以會議本職、代表民族、固國民議會也、今惟大諸侯及僧侶列席、故議員權利、遂爲國王所制、按日耳曼朝該大會議之發達、實爲英古憲法要部、今之國會內閣及諸法院、皆由此進化耳、

第六百六十節　英倫封建制度　英倫封建制度、非由日耳曼人始也、其初起於撒遜條頓人之間、實與大陸之佛蘭克人哥斯人相若、故日耳曼人未來之先、英倫之羣、已分爲貴族自由民奴隸三級、有君臣之分、主從之義、地主之制、以約束上下人民、及日耳曼人至、不過因其固有封建、示以進步耳、且因英倫封建制度、不如近時大陸之雜亂、故維廉征略英島、固其權力、務使貴族地主、永服王權之下、且不畏强禦、以削諸侯權、故衆諸侯、非互相連合、不能抵抗王權、而又每年集大會議三次、以國內大諸侯列席、參與重要政務、使陳意見、以平其抗王之念焉、凡大會議、諸侯有選舉國王之權、協贊法律、布之宇內、

第六百六十一節　英國制度發達　英國之制度、始終發達、由古迄今、無間斷、無阻滯、以底於

、成實其憲法之特質也、按英國歷史、其立法、行政、不識不知、徐徐進化、數布新猷、無非以舊章爲本、試觀一二百年間、甲世紀與乙世紀之制、固有異同、而欲知其變化果起於何年、經幾何星霜、得幾何發達、有必不能詳確者、無他、其時日久、形象雜也、苟審乎此、則論今之國會內閣及諸裁判所、必當由日耳曼王朝大會議、而究其發生之概矣、

第六百六十二節　發達之序　欲知英國政樞發達之序、試述其事如左、按以日耳曼王朝大會議、爲國會、凡昔日政府官吏、法廷重官、爲國會議員者、悉爲王之常任顧問院、至於近代、遂設樞密院、又設內閣、且常任顧問院議員、掌財政及司法事務者、離顧問院而行職權、其分掌事務、遂成數部、曰耶基特加爾法廷、The Court of Exchequer 衡平法廷、The Court of Chancery 及普通法法廷、The Courts of Common law 是也、

第六百六十三節　常任顧問院　國王置常任顧問院 The Permanents Council 官吏於左右、其官吏、皆曾爲大會議之議員者也、夫大會議、每年開三次、變遷不定、議員年年易人、而常任議員、供王諮問、位置有恆、選自大會議之中、於是常任顧問院、平日既備國王諮問、協議答王、而復與大議會相關、故國王倚以爲重要之常任顧問院、與國民議會、(即大會議)權力相埒、而久於其位、則較大會議爲優、故能知國家政務之內部也、

第六百六十四節　常任顧問院職官　日耳曼王朝、常任顧問院議員、由左諸人而成、曰二大僧正、(康達倬利約爾克之二大僧正)渣斯特沙爾、The Justiciar (主宰)多里蘇烈、The Tresurer (財政官)展些羅、The Chancellor (初爲記錄官後爲大法官)斯徒哇德 The Steward (宮內宰領)馬西亞、The Marshal (將官)展俾亞林、

The Chamberlain 侍從長 巴多烈、The Butler 大膳職 是已、此外又加沙根特 The king's Sergeant 守衛長 及王所命僧正貴族等、然顧問院議員、以何人爲限、究無定例、各貴族爲大會議議員者、可列席顧問院、遇大會議閉會、以顧問院代理之、要之以某人入顧問院、其權操自國王也

第六百六十五節　常任顧問院之權　常任顧問院、其權甚大、以代理國王行政司法立法、故權限廣闊、與國王同、蓋顧問院本非普通法衙、卽裁判所 當國王行權、以輔翼國王、故國王依衆貴族、以施政務也、但此等貴族不能不納租稅、顧問院在昔一體以行職權、至於後世、方設各部委員會、而獨立焉

第六百六十六節　諸裁判所　後世常任顧問院、無大會議之名、國王遂以平民入顧問院、其習法律之人、得爲顧問院議員、委以財政及司法職權、參考第二百九十三節 於是以昔日檢查會計耶基斯特加爾法廷議員、爲常任判事、而審判有關國王之訴件、其餘判事、則委之普通法廷 Court of Common Pheas 裁判民事訴件、至於高等法院、王室裁判所 昔受君主監督者、今以監督地方裁判事務、且法律上、不歸他裁判所管轄訴件、亦有審判之權、若王不在國、常任顧問院、以司法權、審判訴件、其爲裁判長之大法官者、居衡平法院、有衡平法職權、衡平法職權者何、曰初王以補救普通法、無定訴件、遂以監督諸裁判所權、與大法官也、右常任顧問院諸種裁判所發達之事、肇端於十二世紀之初、而告成於第十五世紀之中、

第六百六十七節　國會　常任顧問院、及諸種法衙、漸由於國民議會 卽大議會 發生、而大會議形體大變、夫日耳曼人、征服英倫、一世之後、大會議之所以變革者、因一千二百十五年大憲章、及

繼世之緊要憲章中、有紛爭也、於是代議主義、始入國會、平民貴族、並得列席於國會、而大僧正僧正、嚮列於國會者、則由貴族、以特別法召之、其嚮由普通之例、州宰召集之小貴族、未便與以特權、則不得列於國會、以他代議士代之、至於國王命州宰而行選舉、召集下級僧侶代議士、其最重者、則各州之代議士 Knights 各都府之代議士 Burgesses 也、故一千二百九十五年、義德華一世、召集國會 parliament 包括諸種議員、後世英國國會、以之爲模範焉、

第六百六十八節　按大憲章第十四條、查姆王曾約以特別狀召集大僧正僧正僧都、（位在僧正下）侯伯州宰、更以普通狀召集小貴族、而普通召集之事、當時不能達其目的也、

第六百六十九節　由都府召集代議士、以一千二百六十五年猛都阿爾德之西猛伯 Earl Simon of Montfort 爲始、當時西猛伯擅權與顯理第三世王爭、欲借平民之助、故有此舉、後一千二百九十五年、義德華王一世、援猛都阿爾德成例、召都府代議士、然其意非眞欲立代議院也、實冀議會承諾、以便徵收租稅耳、當日財政困難、亦可見矣、

第六百七十節　州代議士（即士人）Knights 一千二百六十五年、召集數次、蓋其國民、依次而入國會、以爲國民代表、第一以普通召集小貴族、得入國會、但出會者、不得復入、既而依選舉以諸州士人入國會、自此以後、雖都府市民、亦莫不依選舉而入此矣、

第六百七十一節　貴族庶民兩院　然義德華一世召集之國會、團體龐大、分子雜駁、不能久處也、於是分國會爲二院、當時下級僧徒、議國會代表之權利、紛爭不止、又欲分國會爲三院、然而僧侶無俗國會之計、不過爲政教之故、別設宗教國會、所謂君阿克遜 Convocation 是也、僧侶

以俗界政務、委之僧貴族、The Spiritual Lords 及其餘代議士、所謂僧貴族者、卽纍列於俗國會之敎會高僧也、代議士者、卽選自下院、得與僧侶同選之普通代議士也、而以宗敎國會專議敎政、其國會中二元素、卽貴族庶民也、自貴族與庶民、既分爲二、貴族乃依故例、與大僧正僧正僧都相合、曰貴族院、而以選自都府庶民、代議士與士人相合者、曰庶民院、此等變革、實告成於第十四紀之中、國會外形、與今日無異也、

第六百七十二節　樞密院　國王選拔常任顧問若干人、以爲樞密院、王之大權、由茲以行、凡大會議及繼起之國會、無不妬之、而謀以常任顧問院之實權、移於樞密院、The Privy Council 彼欲限制王及大臣之諸人、尤不快意、且樞密院之於常任顧問院、較之常任顧問院之於最初大會議、尤爲內部之委員會也、而其制實始於顯理六世、（自一千四百二十二年至一千四百六十一年）先是常任顧問院、與國王關係甚切、繼以議員過多、機密易洩、故國王由常任顧問院中、選拔若干人、成樞密院、使之祕密盡忠、自有樞密院、而常任顧問院、遂失實權、樞密院爲政治要樞矣、

第六百七十三節　樞密院司法權　初常任顧問院、每求大會議（國會）各種司法權、卒以其權、歸顧問院內部之諸種裁判所、（參考第六百六十六節）至於後世、樞密院亦如顧問院、得掌司法之權、由是遂生北院 The Council of the North 星院（當年怨府）The Star Chamber 高等法院 The High Commission Court [illegible] 等、至一千六百四十一年之亂、永絕專制、以開國會完全之權、而諸院得以不廢矣、

第六百七十四節　內閣之源　當國會紛爭未酣、常任顧問院及樞密院、發生不已、遂至設有

內閣、The Cabinet 即樞密院內閣委員會 內閣由顧問員中選拔、信任獨專、其見王也、不於樞密院會議室、而於一小室、內閣 較樞密院尤祕密焉、凡非王所信任而諮詢者、任以樞密院議員名譽職、至重大之事、專與數大臣贊畫謀議、此事得失、倍根早經論定、時王政復古 The Restoration 之後也、凡守舊政治家、久以該內閣為不合憲法、嘖有煩言、無如內閣勢力與年俱增、幾時代間、實為英國政治之樞、其可怪者、至於今日猶為國法所不認、內閣大臣之名、不以公式布告公衆、凡其議決之條、毫無記錄、而國會亦無認其成立之法律耳、

第六百七十五節　內閣發達　內閣發達、實始於查爾斯二世、王之御宇也、以內閣為國家最高之行政部、迄今為英國憲法之樞、多列爾氏嘗著英國中央政治論、自內閣發達、以至今日、詳晰明備、茲約舉其序、以供學者參考焉、第一期內閣係小會議、國王選自樞密院中、以備諮詢、其數奏於王也、不以公式、若無樞密院承諾、不得舉行政事、裁決國事、亦無內閣之名、是查爾斯一世末御宇時、內閣之狀也、至第二期、雖稱內閣、位置未定也、蓋時以樞密院為第一諮詢會、依法律永無更變、查爾斯一世二世時也、後查爾斯二世、以內閣行政、晚年、復設樞密院焉、第三期維廉三世始設內閣、以代表有力政黨、其初亦以內閣代表二三政黨、至此而見近代內閣之狀矣、雖憲法不認其實、為國內最高議政會、行政之樞、但在當時、不免為他行政樞所嫉妬耳、至以內閣大臣列之國會、以充大臣之任、蓋由積漸使然、非朝一夕之故也、第四期第十六世紀之末、凡組織內閣之說、憲法論定、至今無變、試舉如左、一、內閣必以國會議員組織、二、欲制衆政黨、必由庶民院同心選拔閣員、三、閣員當施行會議政略、四、兼行政之責、若遇國會詰難、則當辭職、五、推

一人爲總理大臣、其下官吏、靡不服從、

第六百七十六節　國會與大臣關係　多列爾氏曰、觀右後四項、可知今日內閣、與主務大臣之關係矣、如上文（參考第六百七十二節）國民議會、既嫉數顧問員參與王權、而求有以監督之、後以爲國王非必作惡、違背法律諸事、皆大臣輔弼失計、不能不任其咎、故十二世紀末期、里查一世王、大法官威廉命克征布擅逞權力、William Longchamp 不免落職、第十四紀國會亦黜陟大臣判事數次、而助義德華二世王爲非者、大藏尙書處死刑、大法官科禁錮、十四世紀末期、亦彈劾里查二世大臣美克羅多、Michael de la Pole 至第十七世紀、彈劾大臣之律益明、以奉君之惡、爲大臣巨罪、而受國會之嚴判焉、

第六百七十七節　彈劾消滅　王法繼承法 The Act of Settlement 與維廉馬利政略、足使國會權力極盛、以國會好惡、進退國務大臣、國會投票、代彈劾之權、後且以庶民投票、令大臣辭職、國會得行其政務之意見焉、

第六百七十八節　行政部　英之行政部、實以君王與內閣大臣而成、實權雖在內閣、而內閣諸大臣、不過依法律、以參議於君國家政治、皆奉君主之名而行也、英國君主、可謂一有譽有力、世襲大臣、以其膺尊號而知國家之重務也、夫以法律而論、固不以王爲大臣、其實一常任之大臣耳、其與他大臣異者、惟不任國會之咎、故其實權亦稍輕云、

第六百七十九節　若耳治一世王、以不通英語、不臨內閣、爾後援以爲例、凡君主皆不列於內閣之議、然不獨英國爲然、如美國華盛頓及約翰阿丹士二大統領、皆親臨國會、以演說政務、及

至第三期、大統領遮費遜、不長舌辯、以教書臨國會、後凡爲大統領者、皆倣其例、遂成憲法成例云、

第六百八十節　內閣位置　內閣以國務大臣、負國會之責、故至今位置較尊、蓋觀英國憲法史、知其國會欲掌國家政治最高之權也、而此一爭也、前世紀時、勝歸國會、至現世紀、庶民院遂收國會之權、初國會以國民之名、監督國家政務、而指導之、基礎頗固、及改設庶民院、以爲國民之代表、而代表國民之貴族院、遂降第二位、立於庶民院下矣、

第六百八十一節　選任內閣大臣　內閣大臣負國會之責、所以有權力也、蓋大臣既負國會責、以代理國會、故能分掌主權之一部、凡君主以某人爲大臣、必詢諸庶民院、而後補用、按命大臣之法、君主敕庶民院、制政黨首領、以組織內閣、其黨於首領者、以爲勝內閣之任、乃奉敕命、退而與黨員商議、製諸省大臣人名簿、以呈於國王、國王卽以其人爲大臣焉、大臣常自上下兩院議員中選定、凡大臣能議於兩院、克奏膚功、居人上而無愧者、其勳勞材力、自表章於國會之中、蓋其入內閣而爲大臣也、遇國會立法論事、常指導議員、而以國家重要事務、通知國會、由國會布之通國、凡庶民院協贊之政、皆其責爾、

第六百八十二節　組織內閣　內閣員數、沿革不同、然其不可缺者、有十一官焉、一曰大藏長官、The first Lord of the Treasury 二曰大法官、Lord Chancellor 三曰樞密院議長、The President of the Council 四曰內璽官、Lord Privy Seal 五曰主稅尙書、Chancellor of the Exchequer 六曰內務大臣、The Secretaries of State for Home Affairs 七曰外務大臣、For

Foreign Affair 八曰殖民大臣、For the Colonies 九曰印度事務大臣、for India 十曰陸軍大臣、For War 十一曰海軍長官、First Lord of the Admiralty 是已、此外尚有商務局總裁、愛爾蘭事務尙書、Secretary for Ireland 地方政務總裁 President of the Local Government Board 等官、列於內閣、凡列於內閣之官、無論愛爾蘭事務地方政務官、共以庶民院重大之件、盡忠而協議焉、

第六百八十三節　庶民院議員、非經選舉人承諾、不得就職、一旦受大臣之任、則辭議員職、須求再選爲代議士、而兼大臣、然此虛文也、若既中選、其反對黨無敢爭者、

第六百八十四節　君主選首席大臣一名、以組織內閣、與君主不列內閣會議、皆始於若耳治一世、蓋若耳治一世、不知當以英國政治家選爲大臣、而以華波爾充之焉、

第六百八十五節　右組織內閣法、其欲國務大臣負國會之責也明矣、大臣組織內閣、既以國會衆議員收爲己黨、且說明兩院政略之責、故能兼國會議員之權利、於是國會與大臣調和、會於一堂、以議政治、立法行政兩府、何至捍格不通哉、

第六百八十六節　大臣責任　內閣大臣、若於庶民院議、重要法案不合、或經庶民院彈劾、則辭職、成例然也、而遇別設內閣與庶民院意同、大臣亦須辭職、蓋以政府之行爲、爲大臣之責、實良法也、而國會之庶民院彈劾行政部、或政府所議法案不決、則其指斥之省、與貽害之省、大臣辭職、其他無恙、庶民院不能實行其監督耳、若內閣以爲庶民院非本國民輿論、而故爲反抗、則得奏君主而解散之、經君主裁可、設新議院、而後內閣之進退、由之而決、

第六百八十七節　右大臣以秉責辭職之外、猶有餘例焉凡大臣不與同僚協議、不告同僚而受庶民院之謗、其責任所歸以該大臣一人辭職、此例於一千八百五十一年、俾麥斯頓辭職見之按俾麥斯頓爲外務大臣不與同僚君主協議、以獨斷行政、且贊助法國路易拿破崙克的達亞 Coup,detat 之言遂見斥於內閣、

第六百八十八節　法律上內閣位置　法律上內閣之位、性質特異、以其非法律所新認也、參考第六百七十四節　其立內閣也與諸政治樞本於常例者相同然內閣大臣輔弼君主有國內第一行政之權、其所以然者非係樞密院議員之故乎、蓋大臣就職、爲君主信任之僕故曰樞密院議員然近二百年來已併爲一院、無甚關於政治其議員以國務大臣十二名或十五名充之、凡有謀議、樞密院不任其責、亦無監督之權也、

第六百八十九節　內閣發案立法權　內閣本有發案立法之權、凡兩院立法事務、須內閣準備而指導之、故國會審議內閣編成提議之案、不敢輕忽、然則國會議事其指導而利其運行者、皆內閣大臣之責歟、

第六百九十節　總理大臣　總理大臣、設立內閣、以統一政略、常秉大藏卿職、然其有勢力於內閣也、非因大藏卿職實以其爲政黨首領也、初君主命政黨首領設立內閣居內閣首位例得爲大藏卿、故大藏卿、不過名譽官職、而總理大臣、實以政黨首領、爲重要之職焉

第六百九十一節　行政諸省　內閣之於君主國會既如所述矣若英國行政部、內閣之權能、則內閣大臣、固爲諸省長官與他國政府大臣無異然英國中央政府諸省、有非他國所得同日

語者、蓋他國政府諸省、或以該省成憲而成、或以專制君主之法而成、至英國則自政樞特質、徐徐進化、紛繁之緒、悉伏其中、雖欲以一二語括之、豈可得哉、

第六百九十二節　五大省　今試就中央政府諸省、姑舉大略、而別詳大藏省於下文、參考第六百一十六節中央政府分五大省、一曰內務省、掌保安事務、監督地方官、及監獄、遇赦免之典、則奏君王、且限制勞役、二曰外務省、三曰殖民省、四曰陸軍省、五曰印度事務省、數者之職、辨名可知、不煩言而解矣、

第六百九十三節　右五大省、稽諸歷史、由國務尚書 The Kings Principal Secretary of State 而生、自英國憲法發達、國務尚書、久爲君主信任大臣、其始奉行密旨、繼而定爲一官、以握重要職權、以事煩、置尚書官二名、同守一官、後復置尚書五名、迫於時用也、迄今國務尚書五名、位望相埒、分省守官、曰內務大臣、外務大臣、殖民大臣、陸軍大臣、印度事務大臣是已、非英國憲法進化特殊之事耶、

第六百九十四節　海軍省　商務局　地方政務局　海軍省者、管掌海軍事務、以海軍會議員監督之、卽海軍長官、及五名海軍次長 Junior Lor(d)s 也、商務局似樞密院某委員會、新君卽位、依樞密院命、設議長一名、其官吏委員、包括大藏臣長官、主稅尚書、國務大臣、庶民院議長、康達比利大僧正等、然商務局、與樞密院、久無關係、故不成委員會之形、而其議長、商務局總裁亦非樞密院委員會議長矣、而其職務特權、固甚重也、蓋商務局以商業事務、協贊他省局、且爲統計局、凡監督鐵道、檢查船舶、船長、機器師、而掌港灣燈臺領港之法、定度量衡、督造貨幣、監視郵政局、皆

其責也、至於地方政務局、亦如樞密院支部委員會、其實獨立而成一局、雖有樞密院議長、五大省大臣內璽官主稅尙書爲其名譽委員、而無與於本局實務、此政務局所以與內務省等也、凡地方廳衛生救貧及地方政治施行法律、該局有監督職任、故較他省局更爲重要、且監察地方私利害議案、掌其報告焉、

第六百九十五節　驛遞局　英國以驛遞局爲商務局支部、其長官曰驛遞總監 A Postmaster General 其郵政局、除通常郵務之外、監督政府電信及貯金銀行匯劃制度、

第六百九十六節　大藏省　大藏省歷史、爲諸省發達之典型、昔稱財務大臣、曰大藏總裁、輔以主稅尙書、迨若耳治一世、大藏總裁職、永歸委員會分掌、當時號曰大藏總裁委員會、以大藏長官主稅尙書大藏次長三名 Junior Lords 充之、然爲諸省局進化之力所侵、該委員會權力以減、其職權歸主稅尙書、而大藏長官、自一千七百六十二年、照例兼任總理大臣、專掌主任事務、然虛擁財務委員會議長（即大藏長官）之名、實無關係、（參考第六百九十節）大藏次長、亦不過對國會而行職務已矣、

第六百九十七節　主稅尙書　右主稅尙書、爲大藏省實務之長、因得政府重大職務、監督國家出納、每年編成豫算案、以歲出入之計、議於國會、因國費奢儉、以增減租額焉、

第六百九十八節　豫算　諸省各有豫算、而總豫算、須經主稅尙書檢查、有修正之權、至於增加各省吏員、分事於屬局、增經費等事、則須大藏尙書承諾、

格蘭斯頓氏爲總理大臣、曾兼大藏長官主稅尙書兩職二次、此時大藏長官、與主務省、（大藏省）

關係頗密、

第六百九十九節　樞密院行政諸部　樞密院、備君主顧問、以代內閣、後諸省獨立、樞密院失監督行政之權、然尙有一二重要部局、第一教務部 The Education Department 雖戴樞密院議長爲長官、其實以副議長爲部長、部員之中、包括主稅尙書、內務大臣、以掌國家之敎育制度、第二農務部 The Agricultural Department 自一千八百七十八年、至一千八百八十六年、掌勒令豫防畜類傳染病規則、且有他種職權、皆樞密院之支部也、凡其職權、有協議性質、其餘樞密院司法職權、詳見下文、參考第七百三十六節

第七百節　餘行政官　有名隸於大藏省、而實爲獨立官者、工部局 The Office of Public Works and Buildings 是也、工部局、掌王家宮殿公園國家建築之物、依法律、他省局不能管轄、且工部局雖以局長 A First Comissioner 及諸省大臣商務局長而成、其監督實務者、惟局長及其屬官也、故局長於國會、爲其局代表焉、

第七百一節　內璽官　內璽官 The Lord Privy Seal 掌玉璽之官也、凡證明公式公文、則用璽、餘無要務、其列於內閣也、與他內閣官異、以其職務簡易也、凡爲內璽官者、率係政治家耆碩、故曰養老官云、

第七百二節　蘭加斯多爾　蘭加斯多爾公領總裁、The Chancellor of the duchy of Lancaster 以法律言之、全係地方職務也、古皆以此職委內閣次長、A Vice-Chancellor 凡名政治家、因進嘉謨於內閣、往往得任此官、

第七百三節　政務次官　諸省大臣下、常設置政務次官、Political Under Secretaries　雖不列於內閣、而在庶民院、視其黨勝敗、以定進退、凡外務大臣或閣員、身爲貴族院議員、其主務省事過繁、則以次官赴庶民院代辦諸件、

第七百四節　蘇格蘭及愛爾蘭行政　蘇格蘭政務、以蘇格蘭代辦事務員　A Lord Advocate for Scotland 及蘇格蘭事務尚書　A Secretary for Scotland　掌之、代辦事務員、以蘇國事務呈請政府、而事務尚書、係蘇國所選國會議員、兼爲內閣之中使、且遇蘇國事務、在庶民院、以代大臣、但其官職、隸屬內務大臣、而受統轄、至愛爾蘭行政、委諸愛爾蘭太守、A Lord Lieutenant 及其樞密院、雖似由英國行政部分立、實則由愛爾蘭事務尚書、以監督內閣、且愛爾蘭事務尚書、素兼庶民院議員、若遇愛國大事、亦列於內閣、雖位在太守下、而權力過於太守、以有關於內部及國會也、

第七百五節　大法官　大法官、列於內閣之中、有司法立法職權、詳見下文、參考第七百三十七節

第七百六節　內閣行政部　內閣雖由庶民院、信任而立、不過一委員會、而實爲國行政樞、有獨立之大權、蓋國務大臣、承君主之特權、凡國家政務、負國會之責、必賴內閣也、故重要立法之事、悉待內閣發案而行、上下兩院議事、亦賴內閣之力居多、且內閣職權所包者廣、凡與外國結約、規畫殖民、印度政治、運用海陸軍、國家大事、皆得斷行、不與國會協議、國會雖能責內閣、而不能遏之於未然也、

第七百七節　巴力門庶民院初期　第十九世紀、號巴力門者、Parliament　庶民院也、關係重

大凡大臣與國會女王、解散國會、而選新國會、皆指此而言、英國政治進化之狀也、然溯厥由來、已歷五百歲矣、蓋當國會草創之時、庶民院議員、服從貴族議員、凡重大憲法、悉屬國王貴族掌中、故國會庶民議員、祇能代表都市、以議租稅、外此不得與聞、及第十四紀中期、庶民院獨立、分子駁雜、未能一致、（參考第六百七十一節）其入庶民院者、爲州士人及都市民、而士人列席於貴族院、市民不然、蓋當時士人、爲州內巨族、與市民異、其相同者、各以選舉得赴國會、不以世襲之財產爵位耳、然久之利害相共、畛域悉化、蓋在國會得行議權、皆以租稅爲主矣、

第七百八節　州代議士與都市代議士

初國王以庶民院爲國民代表、欲使國民全體、同心戮力助政府而行政治、不失爲下院代表樞、故諸州士人、Knight 在州法衙、人民選之爲代議士、都市市民、Burgesses 亦依自由民選之爲代議士、雖都市之制、其選舉人有限、而其良民、悉有選舉之權、至於後世、都市衰頹、選舉權狹、庶民院因之腐敗、至現世紀初、數十年間、庶民院遂失國家代表之實、但供驅使而已、美州殖民地之叛也、非以該庶民院爲鑒耶、按十五世紀顯理六世、州選舉權、以每年有四十西爾林格（今四十磅）價額地主爲限、中等以上人也、此制至今不變、然國民加富、貨幣之價自減、選舉權之數、蔑不增矣、至於都市選舉權、與州選舉權相反、歷年沉淪、靡所底止者、豈無故哉、蓋出代議士於國會之都府、或因衰微而失都府之實、或因人口加增、新都會與住民分處、與昔不同、有不能代表都府部 Urban England 之狀、彼新都府、雖例得出代議士、而當其富庶之先、實權早已廢止、故其初庶民院出議員之都市、係南部諸州、爲都會中心、今則移於中部及西部、里巴堡曼特斯達巴們格木等諸都會、於是南部都市、勢力大減、有因衰

頹而鄰保收歿財產者有屈於鄰近豪富者皆失選舉權而庶民院議員卒歸貴族院掌中矣一千八百一年庶民院議員六百五十八名內四百二十五名歸二百五十二名大族推薦英倫及威兒斯議員五百十三名其三百九名亦歸大藏長官或一百六十二名巨族推薦

第七百九節　都市與州之關係　都市人民不能選舉州議員也凡國會代表之州須除去都市田舍之地觀狄爾比州可知

第七百十節　改革議院　現世紀改革議院 Parliamentary Reform 所以匡正右列諸弊也依此制庶民院始爲眞代議樞有勢力於政治當一千八百三十二年通計全國分配議員而定選舉權奪其衰頹都市議員代表之權與新都府諸州選舉權不以本處地主爲限凡寓客置地租地以及每年出租價五十鎊者皆有選舉權都市每年有屋值十鎊以上者亦得選舉權故出代議士於國會之權歸於中等社會至一千八百六十七年不變且一千八百六十七年分配議席蘇格蘭議員由五十四名增爲六十名復擴選舉權都市之中凡有屋宇者及每年有屋價十鎊而寓居者皆與以選舉權初州中每年有地價四十鎊之本處地主有選舉權今則每年有五鎊地價之寓客幷出十二鎊地租有屋宇者亦有選舉權越十年間制亦未改至一千八百八十四年現今選舉權之基礎始定其州之選舉資格與一千八百六十七年法律所定市選舉資格同因之新增有選舉者二百五十萬有奇而置屋租屋者有選舉之權不似前之狹隘矣

第七百十一節　英國之有土地屋宇者 Occupier 其寓居之 Lodger 人亦一律相待故合選舉資格者每年須有地與屋價値十鎊而爲官職與他公務置有屋宇而出地稅者其選舉權亦

與通常業主相同、但其價値須在常人之上、方爲合格、

第七百十二節　一千八百八十五年、別布分配議席法、Redistribution Act 計英倫十一、蘇格蘭二、愛爾蘭二十二都市、代表之便、編入州中、又以英倫十四、蘇格蘭三、愛爾蘭二都市、各增議員若干、全國新增三十三都會選舉區、於是都府需出一名以上議員者、分爲一區一名小選舉區、州中亦施此制、庶民院遂增議員十二名、總計一千八百三十二年及六十七年改正議員之數共六百五十八名、今則六百七十名也、

第七百十三節　今揭一千八百八十七年庶民院議員數如左、英倫諸州二百五十三名、都市三百三十七名、大學五名、蘇格蘭州三十九名、都市三十一名、大學二名、愛爾蘭諸州八十五名、都市十六名、大學二名、

統計州議員三百七十七名、都市議員二百八十四名、大學議員九名、（合計六百七十名）

第七百十四節　千八百八十四年及千八百八十五年改正法、不特合於英倫及威兒斯、而亦合於蘇格蘭愛爾蘭、蓋昔日之法、止合於英倫威兒斯、而愛爾蘭及蘇格蘭之選舉權、國會代表、以特別法定之、故如愛爾蘭、自此以後、始以代表人民之議員、列席庶民院焉、

第七百十五節　千八百八十五年、分大都府爲一區一名議員選舉區、廢三角選舉區之制、三角選舉區者、一千八百六十七年、如選舉區當出代議士四名、選舉人記三名於票、而缺其一名、以他法選之、然行之有弊、故廢之、

第七百十六節　庶民院選舉及任期　庶民院議員、以祕密投票選之、任期七年、凡具公民資

格者皆有被選舉權、但英倫教會蘇格蘭教會僧侶州宰、與其餘選舉官無被選資格、而英倫蘇格蘭貴族亦不能被選、而爲庶民院議員惟愛爾蘭貴族得爲庶民院議員、故愛爾蘭貴族爲庶民院議員者甚多、（如巴麥斯侯以愛爾蘭貴族入庶民院）

第七百十七節　庶民院任期雖限七年、而能滿任者絕少、蓋依法律若未期滿之先、國民以爲不合則解散之、故一國會之期平均不過四年以下、至現世紀、其任期最長者莫如一千八百二十年改選之國會、厥後則定期六年一月或六年九月、

第七百十八節　祕密投票法初無成規、雖一千八百七十二年定有規則、近年亦屢次改變、

第七百十九節　昔庶民院議員以財產爲限、今無此制、然議員無俸、亦不仰給於選舉區民、亦可知有財產之限矣、蓋國會之初選舉區民尚有供議員費用者、至於近代此制已廢也、

第七百二十節　召集國會　選舉令　停會　國會選舉之期初不豫定、應君主之令而會集、（召集令與各種敕令實發自內閣大臣、）選舉議員期日、嚮以選舉命令書降於州宰、（參考第六百六十七節）　若君主命國會停會（君主命內閣）後、非以特別召集、不能再集、

第七百二十一節　召集新國會令發自三十五日前、其命停會也十四日前、當發特別召集令、今每年集國會一次、其會期皆由二月中旬至八月中旬、

第七百二十二節　國會開會中議員出缺、由議院建議、發選舉命令、若閉會期中、則由議員奏請而發命令、

第七百二十三節　一千六百九十五年前、凡君主崩、國會因之解散、至一千八百六十七年、則

無解散之例、按是年發布條例曰、凡國會遇君主崩、暫散六月、若新君主命解散、不在此例、依令例、凡君主崩、雖經閉會、亦須會集、若君主崩在國會解散後、新國會召集前、舊國會得再集六月、

第七百二十四節　庶民院組織　庶民院、自行選舉議長職員、其大委員會、日內閣指導而行事務、參考第六百八十九節每星期以若干日、審議議員議案、而以會期之大部、討議政府議案、衆黨員例須從其領袖內閣大臣指揮、凡會期中大議、皆以院內少黨與政府、衆黨決其勝敗而已、

第七百二十五節　庶民院議事堂與中設一高位、爲議長席、下爲書記官席、傍設一桌、置各官之笏、The Sergent's Mace 及各種文書、兩旁上下、置兩議員席、右列衆黨議員凭之、以內閣大臣部領袖爲首、曰大藏省議員席、The Treasury Bench 大藏者、內閣之主職也、左列少黨議員、以其領袖爲首、內閣大臣與敵黨領袖、稱爲敵黨者以其數少而抗政府之案也相離不過一席地而已、

第七百二十六節　貴族院　依一千八百八十八年會期、貴族議員如左、曰英倫世襲貴族四百七十六名、公侯伯子男 Dukes, Marquises, Earls, Viscounts, Barons 大僧正二名、僧正二十四名、此兼大僧正職而爲議員者蘇格蘭代理貴族十六名、選自蘇格蘭貴族八十五名中任期七年與國會相同愛爾蘭代理貴族二十八名、選自愛爾蘭貴族一百七十七名中爲終身議員法務貴族、Lord of Appeal in Ordinary 判事員三名、終身議員且得列於上院者參考第七百二十八節第七百三十五節第七百三十六節是也、

英倫世襲貴族、不限定數、而以君主之意、實依內閣之意作新貴族者、實有常例、現在貴族中三分之二、皆由現世紀新敍、觀一千八百八十六年、已有新貴族十三名、而蘇格蘭愛爾蘭貴族、限有成法、且貴族院庶民院召集之時同也、

第七百二十七節　貴族立法職權　由立法言之、貴族院庶民院、權力相等、其實貴族院、不及庶民院、（參考第六百七十七節第六百八十六節第七百七節）凡立法事若庶民院議案已成、貴族院雖欲與之抗、勢必不能、故貴族院之於立法、但有修正之權、惟遇庶民院實與國民意見不合、則貴族院方得決與之抗耳、

第七百二十八節　高等法院貴族院職權　貴族院、固國之高等法院也、其全體司法權、在昔已廢、（右司法權始日耳曼王朝大會議）有司法權者、惟貴族院議長大法官、及法務貴族三名耳、法務貴族精於法學、得為判事終身、以他貴族或熟悉法律之貴族輔之、

第七百二十九節　總論　右立法之事、歸庶民院掌握、而以解釋法律、歸貴族院司法議員、（指大法官及法務貴族）貴族雖與庶民院、共定法律、然遇明正之輿論、皆不能奪其權利、惟君主有不准國會立法權、而君主實在內閣大臣掌中、內閣大臣又在庶民院掌中、故國會得以立法也、

第七百三十節　英國憲法由法律慣例而成、其制度之本則在大憲章寶典、然大憲章、不過一種勅令、其政治中心則在權利法典、The Bill of Rights 而權利法典亦不過國會議定之法案而已、蓋英國初無成憲、國會似得改編憲法、及其主義、其實則國會不能違輿論而為所欲為、英國輿論、與他國不同、專以保守性質、而無急烈之變也、

亞列士耿嘗稱英國人民、富於保守性質、能不失國法焉、

第七百三十一節　諸種法衙　英國施行公義、（裁判事務）古有中央集權之勢、其屬於國王裁判所之判事、每開輪流裁判廷於各內地、以免訴訟人常至倫敦、然輪流判事、來自倫敦、受政府監督、

事畢、仍歸倫敦、當時中央法衙遣輪流判事者、不過三種、如耿格斯賓底法衙、哥們布利斯法衙、耶格特加爾法衙是也、合稱曰振些利大法院 The Court of Chancery 廣收管轄裁判之權、天下訟者皆不能脫其範圍、其所欠缺者惟裁判之不歸統一、與管轄諸裁判所之無法、一千八百七十三年、發布裁判所構成法 Judicature Act 所以救此弊也、（由一千八百七十五年十一月一日始行）後一千八百七十五年、依補足規則、諸裁判所悉歸統一、此諸裁判所皆生自日耳曼及布蘭達列德王朝、常任顧問院已詳於前、茲不贅焉、（參考第六百六十六節）

第七百三十二節　裁判所制度統一之先、一千八百四十六年、已行地方分權之制、故設州裁判所、County Courts 以地方裁判所、領輪流裁判所事務、而輔助之、非廢巡迴裁判所也、今之司法制度大略如左、統全國裁判所者、曰最高等法院、Supreme Court of Judicature 分之爲高等法廷、The High Court of Justice 控訴院、The Court of Appeal 而以貴族院爲終審裁判所、高等法廷、分爲三部、曰振些利部、肯斯邊特部、亞德美拉特部、以此三部爲通常裁判所、凡上控三部者以控訴廷理之、上控控訴院者以貴族院理之、而州裁判所受中央管轄、與巡迴裁判所無異、

第七百三十三節　高等法廷、振些利部、置部長大法官判事五名、肯斯邊特部、判事十五名、其一名爲羅德底佛渣特斯 The Lord Chief Justice 部長、亞德美拉特部判事二名、內一名爲部長、此高等法廷、分爲數部者、其管轄權區域不明、若須變更判事、須由總部會議決之、故曩日耶格特加爾哥們布利斯二部、以一千八百八十年十二月、由總部會議廢止、各部判事、不必會同、

可獨判事務、高等法廷實有二十三數、蓋合三部判事二十三名也、惟審理上控下級裁判所、或非通常訴件、則須判事二名或二名以上、會同從事焉、

第七百三十四節　控訴院有裁判法律及事實淆混之權、設判事長一名、The Master of The Rolls 判官五名、Lords Justice 並高等法廷之三部長、以判事長判官五名、爲控訴院常任判事、三部長爲臨時判事、凡開法廷、必須三名判事列席、其實以常任判事六名、分爲二部、各掌事務也、

第七百三十五節　貴族院法廷、雖國會閉會或解散、亦得開會、此貴族院法廷開會、除辦理事務外、無立法體、蓋事關立法、必須以庶民院爲從違也、貴族院法廷、設大法官法務貴族二名、（參考第七百二十六節）有時復加法務貴族、退職大法官、高等法廷判事、退職判事各一名、而貴族一名或二名不等、其餘議員、不得列席、卽暫列席、亦不得參議、

第七百三十六節　樞密院裁判委員廷　所謂樞密院裁判委員廷、A Judicial Committee of the Privy Council 者、必以大法官一人爲委員、至今以列於貴族院法廷之法務貴族充之、以作印度諸殖民地及振列爾愛蘭德 The Channel Islands 及愛爾阿曼 The Isle of man 諸島、終審裁判所焉、

第七百三十七節　大法官、爲司法制度要官、兼貴族院議長、控訴院長、高等法廷長、高等法廷之振些利的俾遜部長、樞密院裁判委員數職、除高等法廷之外、實列席於以上諸院、而赴貴族院及樞密院時尤多、赴控訴院次之、其最重者、以大法官爲政務官、列於內閣、與閣員同爲政黨

一員由庶民院從違、以決進退、其在職之間、則行司法大臣之權、

第七百三十八節　民事訴件　裁判民事訴件者、一爲倫敦高等法廷判事、一爲千八百四十六年所設州法廷、其高等法廷判事、除在倫敦行裁判外、且開輪流裁判廷於各州、以裁判民事訴件、各州皆置輪流裁判區、而州法廷、以一千八百四十六年新設、其職務與舊時州法廷異、蓋舊法廷、已無司法職權也、按新州法廷官、非昔之州宰、及州自由公民、而以判事一名及輔助判事屬官數名充之、若判事無失、永保厥職、其管轄非普及一州、以狹小裁判區爲限、但因往時尊重之名、遂仍稱爲加温的哥特 County Court 耳、

第七百三十九節　州法廷受理之訴件、卽借貸金額、五十鎊內訴件、損害賠償訴件、五百鎊內衡平法（酌法律之平）訴件也、但誹謗通姦婚姻契約等訴訟、不在此內、近代州法廷事務甚多、此其大略而已、麥多蘭德氏曰、現今英國訴訟事件、多在金額五十鎊以內、以此觀之、可以知州法廷之事矣、

第七百四十節　高等法廷判事、依訴訟者請求、其金額百鎊內契約訴訟、可委諸州法廷、若金額雖少而法理不明者、州判事不能徑決、可移於高等法廷、而高等法廷判事、以爲必要提究者、亦當移於高等法廷、但其金額在二十鎊以內訴訟、槪不許州法廷推諉也、

第七百四十一節　州法廷分全國爲五十六輪流裁判區、該區除二三區外、皆包括數小區、其數小區、幾及五百、各有區裁判所、及其職員、其判事一區一名、大法官每七年選狀師一人充之、

第七百四十二節　陪審官　英國民事訴訟漸廢陪審官、除高等法廷振些利部審判訴件外、

凡振些利部與古之振些利哥德法廷、皆不用陪審官、其餘重要訴訟、雖依訴訟者請求、使陪審官列席審判、而至於今日、訴訟人多不請求陪審官、故州法廷諸訴訟、判事專行審判、初州法廷之法、遇金額二十鎊以上訴訟、得召用陪審官五名、其實不用陪審官、而以已裁判耳、

第七百四十三節　刑事訴訟　裁判刑事訴訟、一曰州治安判事、The County Justice of the peace 其官吏歸州知事 The Lord Lieutenant of the County 推薦大法官命之、二曰都市治安判事、The Borough Justice of the peace 官吏有俸、三曰高等法廷輪流判事、其治安判事除重罪（死刑）懲役、以及僞造文書賄賂誹譏罪外、有審判之權、判事不限定數、一州常設多員治安判事、每年開法廷四次、行重要職務、高等刑事輪流裁判廷、每年亦開四次、凡刑事訴訟、除違警小罪外、以陪審官列席判審、

麥多蘭德氏曰、英國之刑事訴訟、半歸州治安判事審判、四分之一、歸都市治安判事審判、其餘則歸輪流裁判廷、或中央刑事法廷、（卽倫敦刑事大法廷）審判之、

第七百四十四節　四期法院及小法廷　治安判事、遇重要職務、開四期法廷、Quarter Sessions 每年會合四期、然更有細小職務、無須二人以上判事者、則於州之各地開小法廷、Petty Session 遇州開四期法廷、則分衆小區爲法廷區域、凡上控小法廷所判決者、皆向四期法廷、故小法廷、雖得行特許職權、而有人上控、則以治安判事合議法廷（卽四期法廷）判之、（參考第七百七十一節）

第七百四十五節　治安判事　一千八百八十八年、地方制度改正之先、治安判事、職權重要、卽州行政官也、（參考第七百五十四節至第七百五十七節）然觀前節、則治安判事、通常以知名士充之、不受俸給、爲

商務印書館印行

終身官、按治安判事、起於第十四世紀、而其職權、有專制性質、惟公正明允、始終不怠、故能收實效、

節七百四十六節　以美國而論、其治安判事職務、非如英國四期法廷之判事會（以四期法廷成治安判事）也、其獨立之治安判事、以公式或不以公式、均可辦事、但遇四期法廷判事會開合議裁判、其刑事裁判管轄之權固甚廣也、獨立治安判事若豫審刑事被告人確爲犯罪、可下公判、且得令警察官搜索罪犯、

第七百四十七節　警察　警察官、英語稱保安官、Constabulary 受倫敦內務省監視、以內務省定警察官訓練支給規則、用監察官、而以大藏省監督之、其警察補助費雖支自國庫、而施行警察制度者、實爲地方政樞、凡諸州以四期法廷州會、The County Council 合議委員會、選定警部長、The Chief Counstable 警部長有黜罰之權、以任用部下警察官、而指揮之、但警部長職務須受合議委員會監督、而諸都府警察與州警察異、都府以政樞選舉警察長、The Head Counstable 市之警察委員會、A Watch Committee of the Town Council 監督警察全體、倫敦市居全國警察官三分之一、有特別制度、市內警察官以警視長一名、或警視次長二名指揮之、其警視長警視次長、由內務大臣委任統轄、

全國警察官訓練與軍人相若、以期完全、其警部長、以退職之武官補之、

其二　地方政治

第七百四十八節　英國地方政治　英國地方政治、極其複雜、學者綜論各國、有獨覺其困難

者、蓋英之地方制度、不如他制度、秩序整然、生自成典法律、譬以斷帛製衣、雜絲編物、衽袂不齊、采色各別、雖欲窮其原委、有不迷罔失措哉、

近有刊行册子、論英國地方制度曰、我立法府、若由行政之新職務、定新舉民新行政區、以新選舉法、舉新資格、使任新會議、課各新稅、以供新官吏俸給、及新建築費用不少云、

第七百四十九節　昔英國立法者、設政治樞、不採成法、擴張完備、往往喜創新法、其新舊結合與否、多不暇顧、如一千八百八十八年、地方政治條例、其始以一千八百八十二年之市制 The Municipal Corporations Act 爲本、繼而以合於市制之地方政樞、爲特別之例、而以錯雜之制、爲地方條例、故欲究英國地方制度者、必先明其舊區劃及舊政樞、然後以近代之制、究其改造之迹、其亦理所當然歟、

第七百五十節　夫上古之世、邈不可稽矣、縱覽英史、大抵以州 Shire or County 及都市、Borough 爲地方政治之本、而古來小州、如巴里斯 Parish 者、嘗爲地方政治中心、迨時勢變遷、爲封建權力所併、巴里斯所掌、惟救貧一事而已、按古州都市及巴里斯地方組織如左、一曰巴里斯之聯合、巴里斯不分州境、惟以其結合者、行古濟貧衞生事務、監督學校、以及諸種職務、二曰保管道路、定新區劃、三曰立都市行政、半都市行政之別、然其分行政區及職務、惟有地方行政都市行政之別而已、至一千八百八十八年條例、大半消滅、則地方行政、比都市行政更廣大矣、

第七百五十一節　州史之本　州 County 也者、有治安判事行政職務、不失英國地方政治之中樞也、本爲英倫最古王國、前節所紀州政治之性、區域所分、實古撒遜七王國焉、（參考第六百五十五）

節　故其初統於一君之下也、久奉王爲州長老、其維持州總會也、以長老及僧正監督之、未幾、州宰亦爲州會監督、而依古成例、則此州會由各邑 Township 選僧侶 Priest 邑長 Reeve 及議員四名、幷代理百家團議員、皆列席焉、至於今日、州無古昔政體、然以古政制度爲今政制度、非一朝一夕之故矣、故觀今日地方政樞、而謂由撤遜制度進化而來、豈誣也哉、

第七百五十二節　州政治進化初期　日耳曼時代、長老之職、爲州宰所侵、權力衰微、其宗教法廷、與通常法廷分離、僧正不得干與地方政務、以州法廷爲州宰署、其訴訟人、以州內之業主爲限、凡選舉收稅官、以及軍事行政、皆以州宰行其職權、不失公義之主、未幾、州法廷衰頹、其裁判職權、爲王之輪流判事所奪、輪流判事開輪流判廷於州法廷內、以裁判重要訴訟、即王之訴訟 Pleas of the Crown 也、惟財政職權、漸歸州宰、州裁判所不過爲州宰及王之輪流判事處而已、當時州宰强大、貴族亦有世襲者、且往往兼出納官、以監察會計、又未免中飽矣、

第七百五十三節　州宰權力衰退　州宰權力非常强大、因之生變、遂成今日之州制度焉、蓋州宰權力過大、有礙州法廷及州內人民利益、羣起而排斥州宰、一千一百七十年、由顯理二世、遣輪流判事、審問州宰瀆職、雖以州宰勢力得保無罪、而以出納官代之、在王直轄之下、以行職務、繼至一千一百九十四年、定制選監督訴訟官 Custodians of pleas of the Crown 於州、更奪州宰裁判權、一千二百五十年、發布大憲章、州宰不能干與司法行政、至今州宰、遂居州義勇兵之位、其司法行政、不過奉行命令而已、且減任期爲一年、而舊制度告終、新制度發生矣、

第七百五十四節　治安判事　於是選定治安判事、Justice of the peace 以施新制、先是以

代州宰、定州裁判所、選舉監督訴訟官 Custodes Placitorum Corouve 法、不能奏效、乃以大憲章、禁監督官裁判王之訴訟、改監督官爲檢屍官 Coroners' 其職務以檢橫死之人爲主、於是新設治安判事、頗見實效、其始祇爲一保安官、至一千三百六十年、義德華三世、發布成法、以治安判事爲裁判官、有管轄刑事訴訟權、州宰裁判權、盡爲所奪矣、蓋當時州宰在輪流小法廷、尙得裁判警察小罪、至是悉奪之云、

第七百五十五節 地方政治、於是簡明、立法者惟以要務、委治安判事、故治安判事特權日增、其固有職權外、更掌不由倫敦之司法行政職權、爲地方政治最重官司、後一千八百八十八年、發布地方政治條例、治安判事專掌司法職權、其財政行政職權、移諸新設州會矣、

第七百五十六年 改革以前治安判事職權 在古制度、治安判事、可稱爲國家總職、 The State's man of all work 以其事務煩劇也、按治安判事一在樞密院衛生部下、施行家畜傳染病規則、二在內務省下、監督州警察、指揮瘋癲病院、巡視監獄、三在商務局下、監督度量衡、以及架設修繕橋梁工程委員、四在地方政務局下、選任巴里斯救貧委員、遇申訴救貧稅事、得查修之干與衛生規則、且治安判事、徵收州政費稅、凡販賣火酒(特許火酒販賣今尙行之)貯藏火藥煤油等、皆掌其特許、又掌分州爲國道區、編成戶籍區、檢屍官職務區、依法律移救貧定處諸權、其職務可不謂大耶、但今此等職務、多移於州會、而刑事裁判、及各種兼管權尙存、故治安判事、仍爲重要職耳、

麥多蘭德氏、識千八百八十八年之發布條例、治安判事職務太多曰、治安判事職務之序、法

學久無紀錄、茲就治安二字分其職務、則鐵道 Railroads 强姦、Rape 州稅、Rates 證認、Recognizances 記錄、Records 游戲園 Recreation grounds 僞造文書、Perjury 煤油、Petroleum 海賊、Piracy 劇場 Play Houses 窩家、Disordely Houses 非國教徒、Dissonters 犬狗 Dogs 溝渠 Drainage 等事、皆其職也、

第七百五十七節　治安判事性質與望　治安判事、當議院改革之前、如國會代表諸州人民、故選州內知名之士、使行裁判、以籌地方之利害也、至現世紀中、英國雖擴張選舉、改正代議制度、而治安判事之權、並無變革、亦以其爲人民尊重耳、但此時之所急者、以統系之秩序、與地方政治地方小區、代議主義、尤當推廣於州內、以合近代之改革、政治凡治安判事州中之行政財務職權、不得不移於州會焉、

第七百五十八節　州知事　及美黎女王、設知州事 The Lord Lieutenant 官、使居州中、代表國王、爲州義勇兵長、所以代州宰也、後復爲州之記錄官、Custos Rotulovum 自此改革州宰、遂爲一行政官、除裁判所判決、監督選舉國會議員外、別無重職、而一千八百七十一年、指揮義勇兵權、屬知州事者、是歲又改歸國王、屬中央政府焉、

治安判事、由各州州知事指名、仍以大法官命之、（參考第七百四十三節）

第七百五十九節　一千八百八十八年改革　一千八百八十八年春、沙理俾利侯、Lord Salsibury 內閣、地方制度改正案、欲使地方制度秩序調和、以達其程度也、而尤欲臻於簡易、俾首尾相應、蓋當時地方制度、甚苦紛雜、如分英國爲州 County 市 Borogh 市部衛生區、Urban

Sanitary District 村部衛生區、Rural Sanitary District 救貧區、Poor-law Parish 救貧聯合區、Poor-law Union 國道區 High Way Parish 學校區 School District 等、其區別不明、而地理與行政、亦無相濟之區劃矣、試舉其宜改正者如左、甲地方行政區之重複也、其大區之制無別、而小區與小區、又混淆抵觸、宜改正者一、乙因甲理由、地方政治樞上下失序、不相調和、有冗費而鮮實效、宜改正者二、丙其選地方官吏時期方法、不能一定、宜改正者三、丁救貧修路州費地方租稅、制度錯雜、其徵收官廳期限、亦不一定、因之多生冗費、且納稅者多有未便、宜改正者四、哥西顯氏、Goschon 論此事曰、地方制度、衆所望改正者、首在整頓諸稅、稅票一律、而有一定收稅官、至今未能見諸行事、亦可怪哉、試以余所實驗者述之、總計余家每年稅額一千一百鎊、稅票八十七葉、而一巴里斯額稅四鎊十二先令、得稅票八種、然則中央政府財政、雖曰錯雜、而以較地方財務制度、不尙簡易哉、

第七百六十節 沙理俾利內閣發議、除大都府以外、收地方行政事務於州 County 及區、District 以匡正地方制度紛雜、今按其改正案、雖不能通巴里斯及伊林、(參考第七百八十節第七百八十一節第七百八十七節第七百八十八節)而改正救貧法、然以州及區、爲監督地方政治樞、開統一之端、且改正州區境界、其小區之制、皆與州分別、以整大小區之序、雖當時地方財政錯雜、制度未立改正之案、然州區各設代議樞、以掌稅課全權、而以選擧代議樞之權、歸諸國會、簡明均一、且其設代議樞法、亦與設市會及亞爾崩的斯多利克會議 The Borough and Urban District Councils 法相同、以收統一諸部之利、改正地方制度之案、不可見哉、

第七百六十一節　然此改正案國會允爲法律者、惟其一部而已、本案雖名爲地方之行政法、Local Government Bill　其實當國會未允之前、已爲州行政法、A County Government Bill 故州之章程、不始於此、惟以此時編成耳、至與州相若之市、與以加温志特權、小市則與改正案之州政府關係亦密、其倫敦市、卽編成爲州、若夫更小之區、與州之新制度合爲一致、姑俟諸異日焉、

第七百六十二節　州及加温志波羅　據一千八百八十八年改正法、其稱爲州與稱爲加温志波羅者、位置相同、蓋當時法律、凡有五萬以上人口之市、及前與州治彷彿之市、皆編爲加温志波羅、使與州同其權位、然此等之市、本有與州異者、則州之規模、轉須略倣市制、故市曰加温志波羅、州曰波羅加温志、依改正法、較爲允當、則一千八百八十八年改正法、修補於一千八百八十二年都市局條例、以合加温志波羅之政治、亦可知矣、但一千八百八十二年、都市局條例、實源於一千八百八十二年也、參考第七百九十四節

第七百六十三節　一千八百八十八年條例、其所載之州、曰行政州、Abministrative Counties 以其非昔之加温志也、蓋加温志因便於行政、多分爲數部、如約克沙亞東西北部、各爲行政州、沙特阿克沙些特克、亦各有東西部、州而陵哥侖又分爲三州、是已

人口五萬以下、不與州列之市、多附編於州中、若市都衞生區地涉兩州、以一千八百八十一年戶籍簿、屬於區內人口衆多之州、

第七百六十四節　成州會議法　欲使州市規模、歸於一律、設監督代議會議於州、其議員、以

通常議員、Councillors 與長老議員 Aldermen 充之、而以議長一名、爲之監督、議長權位、與波羅市長埒、以其秉有治安判事行政職權也、然該會議所以與美國市異者、英國無通常會議 Council 長老會議 Board of Aldermen 二局、惟置加温志會議一局耳、其長老議員通常議員、職權無異、惟其員數任期選舉方法、不同而已、通常議員以加温志內有選舉權者以直接選舉之、任期三年、長老議員由通常議員或其他有選舉權者選舉之、任期六年、員數視通常議員三分之一、每三年依次改選半數、州議會議長以會議投票選舉、任期一年、而會議以適當之額酬報議長、議長在職、監督通常議長、但無行政權能、而得與治安判事、共行治安職權、

第七百六十五節　凡州中有選舉會議議員之資格者、皆可爲議員、而州中置有財產、得選舉國會議員者、亦有被選舉權、除市之外、凡該州有財產之貴族、某某僧官、亦得爲州會議議員、但涉此事、州之憲法、亦模倣市憲法也、

第七百六十六節　州會議通常議員長老議員之數、初以地方政務局 The Local Government 布令定之、然其議員衆多者、如蘭加沙亞州會議之議員、一百四十名、約克沙亞之威斯多里典、The West Riding of Yorkshire 議員一百二十一名、丁捧 Devon 則議員一百四名、其加温志會議議員最少者、拉多蘭頓 Rutland 會議議員二十八名、通計諸州會議、其議員平均七十五名內外云、

第七百六十七節　因選舉加温志會議議員、凡非加温志波羅之市、皆分爲小選舉區、數與議員相合、卽一區出一議員制也、選舉區數先以地方政務局布令定之、其編成區域以四期法廷

定之、且其選舉區使市會議 The Borough Council 編成區域、務欲都會村部之間、其代表之數、人民之數、斟酌合宜焉、

第七百六十八節　若欲更變加温志會議員數、選舉區境界、則自市州會議發議、而地方政務局布令焉、

第七百六十九節　凡州會議議員、歸州之納稅住居者 The Resident Ralepayers 選舉、蓋住州內或近州七里以內、置有己屋、納地方稅、苟非外國人或失資格者、皆記入於州選舉名簿、但住居未及十二月者、無選舉州會議議員權、

住居州內、或近州七里以內、每年置有十鎊價格地、住居已滿六月者、亦有選舉州會議議員權、

凡非獨立之婦女、而納稅住居、既有某種資格者、亦有選舉州會議議員權、

第七百七十節　州會議權能　各州評議會其已成爲局體者、在某州、卽稱爲某州會議、該州會議、有公印公產、得定各種規則、但須受國務大臣承認、（卽受內務大臣承認）而本會亦得決議而廢之、茲記州會議權能如左、

其一　凡保管州財產、供州之用、得租買土地屋宇、

其二　保管州之貧民癲狂院、凡遇緊要之件、得擴張之、且得設立正俗學校、（教游蕩之人）產業學校、而保管之、

其三　管理州之橋梁、及非官廳管理之公道、（如國道縣道等）若見公道爲適當之道路、則先設立地方

公道委員、參考第七百八十六節以修繕道路、而爲公道布告、

其十　凡動物傳染病害蟲、保存魚種、以及權衡度量等規則、皆歸掌管、

其十一　凡州出納官、檢屍官、測量官、分析官化學官等、以州之諸稅、支給薪俸、及其黜陟、皆歸管理、州之衞生官、凡其事務、雖不報告於州會議、而於地方政務局、州會議只得報告謄本　然州會議、得建議强行衞生規則於地方政務局、而衞生官黜陟給俸、則無其權、其治安法廷書記、治安判事書記、亦非州會議所黜陟也、

其六　定州檢屍官之俸、且分檢屍官管轄區、而監督之、

其七　行國會選舉分投票區、定投票之地、以稽查投票人名簿、

其八　稽查禮拜場、研究學校會規則、及登記慈惠物、

右州會議權能駁雜、頗難分析、要以前治安判事行政權能、爲大部分也、

第七百七十一節　准許權　准許者、係半司法之權、故多以治安判事任之、然州會議、亦少有此權、如音樂舞技場、劇場、置爆發物場等、一切准許、州會議權也、所可怪者、一千八百八十八年條例款項、又以州會議准許劇場爆發物等權、委諸治安判事、行此等權於小法廷、Petty Sessions 而州會議家畜傳染病之權、亦委諸治安判事、

第七百七十二節　州會議財政權　州會議財政權頗大、如決定州稅 The County Rate 警察稅 The Police Rate 罕多烈特稅、The Hundred Rate 既徵集賦課而支發之、復豫定州稅而修正之、皆繼治安判事之職權、但州議會豫定州稅、可上控於治安判事、四期法廷、州會議、又得

整理州之負債、購入財產、或圖永久之業、與地方政務局合謀、可以州產 The County Fund 作抵、而糾公債、以地方政務局調查地方實狀、定償還公債期限、其期限不得過三年、豫以法律定之、

州會議之糾公債也、若州之舊債、已及州稅財產年稅額一分以上、或欲新募公債額、至州稅年額一分以上、則地方政務局暫發命令而承認之、其命令經國會之承認而定也、

州與地方政務局意同、可發某種有限證券、

第七百七十三節　州會議附加權　千八百八十八年條例、更定事項如左、曰以特別法律所委諸地方官廳職權、其與州會議職權相等者、可由地方政務局暫發命令、移於州會議、且州內屬於樞密院國務大臣、商務局、地方政務局、及其餘諸省局行使權力、亦可同由地方政務局暫發命令、委之州會議、但須經主務省局之承諾、

第七百七十四節　州之豫算　每年地方會計之初、（四月一日）豫算州之歲出入、於州會議、州會議算費額、以定諸稅、分爲二期、以六箇月爲一期、由第一期實驗增減收入全額、復以第二期修正焉、

第七百七十五節　右會計歲出入實額、從地方政務局命、作計算表、以報告該局、而撮其要項、名曰報告提要、每年議於國會、地方政務局選檢查官、更就州之會計、定時經行檢查、

州出納官之會計、會議亦檢查之、

第七百七十六節　地方稅本以不動產（屋宇田地）爲專課、然千八百八十八年前、地方行政法未行、

國會議定以國庫某項之金、助地方稅、遂廣徵動產財帛之類諸稅、以助地方政費幾分至一千八百八十八年法律、更改其制、以某種准許金總額、包括酒類奴僕准許金等及遺產稅一半、充地方教育、貧民院癲狂院等費、以地方政務局監督、由國庫而分給諸州、

第七百七十七節　警察權　警察權、昔屬治安判事、今則歸四期法廷、與州會議之合議會、該合議會、以治安判事州會議、各出議員若干、其議長由合議會選舉、投票數同、則以抽籤定之、合議會係獨立體、非代理樞、其議員任期、以選舉之時定之、

第七百七十八節　州會議、除財政權外、行其餘之權、可組織委員會、且有時得與地方官廳、設常置合議會、如四期法廷與州會議合議云、

第七百七十九節　一千八百八十八年條例、以變更州市境界、合二市爲一市、且以變更州市境內地方政治區諸權、與地方政務局、俾其整理諸區、但此等命令、必待州會議市會議而後發之、且其暫發命令、亦須國會之承諾、

州會議或變更無市之州及巴里斯境界、或聯合巴里斯與區、或變村落區 Rural District 爲市部區 Urban District 變市部區爲地方區、得自定爲例、定例之先、欲使州之選舉人、得陳異議、故展限三月、凡異議陳諸地方政務局、若合異議者之數、具有正當條件、則政務局調查、以撤消州會議定例、若無異議、則確認之、而垂爲通行之例、

第七百八十節　巴里斯　巴里斯 The Parish 者、由基督教會創設於英國、然今之地方政治、最著名者、與古巴里斯迥殊、惟襲用名稱而已、夫基督教之初起也、以最小區坦溫西布 The

Township 即村區 爲教會巴里斯、後教會僧侶、與坦溫西布議員四名村長爲伍、列席百家團政廳、州政廳、雖巴里斯區較坦溫西布稠密之地爲小、蕭條之處爲短、而絕長補短、使大小若一、亦頗便利、按英史公民與基督教徒資格、自昔至今、初無分別、故當時選舉寺宰、The Church Wardens 以管理地方教會所入、爲基督教徒評議會、稱威多里、The Vestry 其不議事務時、仍稱坦溫西布會議衆評議會、則威多利者、卽謂宗教之町村會可也、洎後世、封建制起、坦溫西布諸種特權、盡爲諸侯所領地主倂吞、乃廢坦溫西布政廳、政府評議會 代以諸侯政廳 Manorial Court 獨教會威多利、得以不墜、至於今日耳、

第七百八十一節　救貧巴里斯　時勢變遷、遭遇事故、坦溫西布遂在宗教之外、但存巴里斯之名、其政治巴里斯、The civil Parish 與宗教巴里斯 The Ecclesiastical Parish 竟至迥別、而威多利者、除選舉寺宰之外、復得選道路官 Way Wardens 稅務官、Assessors 至第十六世紀 一千五百三十五年顯理八世王 更以寺宰掌救貧事、至稱救貧區曰布亞羅巴里斯、今日英國地方政治、所當詳者也、蓋現世紀立法事務甚繁、爲救貧法便於施行計、故以法律改爲巴里斯新區、與古政治巴里斯異、而亦與宗教巴里斯不同、但古巴里斯救貧事業、不至消滅、至今救貧區、亦以威多利選舉官吏、其寺宰仍司故職、監視救貧、且巴里斯吏員、指寺宰等 實爲行政官、而權力更大、夫巴里斯固爲救貧稅區、新制則徵課救貧稅、不以寺宰而以治安判事 The County Justices 新舉之監督官、惟以寺宰爲監督官屬而已、其救貧實務、則委諸救貧聯合區 The Union 官司、由此觀之、政治歷史、以巴利斯坦溫西布爲州之本、及後世政區變更、方見治安判事之謀畫也、

第七百八十二節　救貧巴里斯、都府與地方各設定區、有在都府內者、有在都府外者、有半在都府內者、故徵收救貧稅、不區爲都府人民、村里人民、

第七百八十三節　通常監督官無俸、惟巴里斯威多利會議選舉一名或數名有俸監督、以助之、(以治安判事鈐印命之)有俸監督業經選舉、一切事務自當任其責矣、

第七百八十四節　現今威多利職務、其重要者、管理巴里斯公產、維持公圖書館、以及施行特別警務、點燈諸規則、

威多利有二種、一爲普通威多利、以納稅衆人而成、曰巴里斯普通總會、一爲特別威多利、由納稅人中舉代議士而成也、

第七百八十五節　巴里斯爲租稅區、亦爲選舉區、陪審區、故救貧監督官、徵救貧稅、必製陪審名簿、The Jury List 國會選舉議員人名簿、州會選舉人名簿、市會選舉人名簿、

第七百八十六節　國道巴里斯　村部巴里斯　Rural Parish　數種、其中有與布亞羅巴利斯同區者、有與之全別者、而皆有維持國道行政職分、然以四期法廷治安判事、設國道大區 Highway District　往往有成爲聯合區者、其道路官由各巴里斯選舉、市部亦各置道路官焉、

第七百八十七節　救貧聯合區　救貧聯合區 The Union 以擴張救貧法爲主、聯合衆巴里斯而編成之、及歲月已久、遂委以各種職務、致與他行政區無異、實英國地方政治常例也、按一千八百三十四年、以國會決議定救貧法改正規則、The Poor Law Amendment Act 監督一切之救貧法、設中央委員會、誠欲利於監督救貧、委以聯合國內巴里斯權也、後以救貧事務局代

商務印書館印行

之、復以現今地方政務局、代救貧局、監督救貧聯合區、凡變更廢止分割之事、歸其斷行、而黜陟該區官吏、用特別檢查官、檢查會計、亦在其權中、

第七百八十八節　救貧聯合區之行政廳、卽監督會 A Board of Guardians 也、中設貧民監督、Guardians、治安判事、而治安判事、不過行其本職、兼爲監督而已、貧民監督、概歸聯合區各巴里斯選舉、凡巴里斯人口三百、出監督一名、則實行監督會職務者、非治安判事、而爲所選之貧民矣、

第七百八十九節　村部衛生區　其後更立法制、凡市部境外、救貧聯合區、衛生事務、悉委之監督、於是各聯合區村部、遂成村部衛生區 The Rural Sanitary District

第七百九十節　救貧聯合區監督會之監督、除救貧衛生外、凡人民死生、名籍、路燈、種痘規則、皆歸施行、

第七百九十一節　地方政務局、雖以財產、定監督資格、然其稅額、不得過四十鎊、其選舉監督者、係巴里斯之地主、及納稅人、該選舉人、若納稅五十鎊、有投六票之權、地主而兼納稅者、最高資格、有投十二票權、

第七百九十二節　救貧聯合區、大小不一、若變更境界、而使與他區地理合宜、則屬地方政務局職權、但編成而後、卒鮮變更、救貧聯合區、與州之境界、毫無關係、故於一千八百八十二年、編聯合區六百七十區、其一百七十六區、則跨二州或二州以上、二十九區跨三州、四區跨四州、且廣狹不同、甲區人口、有當乙區一百二十倍者、然平均計之、則各區得四萬五千人云、

第七百九十三節　市府　欲知英國市府政治、必觀法律所謂美尼西巴爾哥烈遜市局（即市府）Municipal Corporation 與市部衛生區也、雖市部衛生區爲未盛之市局、以衛生事務爲主、而兼有各種職務、是市部衛生區亦爲市府政治之一部矣、

第七百九十四節　美尼西巴爾哥烈遜　英國十分發達諸市府制度、以一千八百三十五年市府條例、The Municipal Coporations Act 及其諸種所改正案（即一千八百八十二年附於市府條例之成典）法律爲本者也、而一千八百八十二年市府條例、則改自一千八百八十年之地方政治條例、若欲由右法律編爲一市、則其都會與其餘住民須呈請於樞密院、當呈請前須先告該地州會議、及地方政務局樞密院、樞密院受呈後、設審查委員、以審查其件、就該地輿論、決其是非、而州會議、或地方政務局所建之議、亦歸審查委員調查之、

無論何地、凡遇此事、常有反抗之人、蓋以地方官吏、恐因而失職、其人民、懼加派公費也、樞密院既許可、則以編該地爲市之旨發認可狀、以廢從來官廳、定新市境界、限市會議員之數、且定劃新市爲區 Wards 之法、

第七百九十五節　都會之地、得許可而編成爲市、則據成案、以完其功、按市府條例、稱市曰波羅、設市長、長老通常議員、Mayor Alderman and Councillor　凡通常議員任期三年、每年輪換三分之一、而長老員數則通常議員三分之一也、任期六年、歸通常議員選舉、每三年、輪換其半、至於市長、則歸長老通常議員市會選舉、任期一年、與通常議員長老異、受定俸、又凡居市七里內、置有住宅倉庫店肆餘建築物等、而納稅者、則記於市民名簿、有選舉通常議員權、

第七百九十六節　市之司法　一切權能不能與新編之市、仍歸舊政樞掌握、蓋英國地方政治、猶減算法、凡地方政治新政樞之權能皆減自舊政樞而得也、故新區雖有妨舊區每分其管轄之權、而舊政區尚有餘權、聯合區雖包括市及市部衛生區、而不能成爲救貧區、故市府條例、以市爲特別編成、初無司法權力、仍存其權於治安判事、若無特別之例、則凡司法權仍以市爲州之一部、然遇市有呈請、亦得特設治安委員、An Additional Commission of the Peace 獨立四期法廷、其條例如左、甲司法上事以得治安判事管轄權爲限、乙得特置治安委員、（即市治安判事）但市治安判事、若係治安判事委員會會員、不得設特別四期法廷、丙否則可別設獨立四期法廷、然此時政府常詔專門法律家、授以列哥達 Recorder 職、與以二名治安判事之合議權、以開四期法廷、故列哥達官職與治安判事等級同也、

置特別治安委員會之市、曰市府之州、The County of Town 開設獨立四期法廷之市、曰四期法廷市、The Quarter Sessions Boroughs 市長以其職權、得爲治安判事、且市長滿任期後一年、可繼爲治安判事、其管下之市不在治安委員會中亦無妨矣、

第七百九十七節　加溫志波羅　各市以市長長老通常議員爲一體、設州會議、曰加溫志波羅、自一千八百八十八年、制定地方政治條例、不得不以市之種類、區別其權力、故加溫志波羅地方政治與其所在之州迥異、儼如二州、各行政治、除警察權外、市之政務與州之政務不能調和、蓋加溫志波羅會議、其市區內權能頗大、除司法外、凡州之治安判事權如市部衛生官廳、及地學方政、多歸掌握、惟在救貧聯合區無其職權耳、要之凡州之權能、加溫志波羅無不有也、

凡人口達於五萬以上之市、欲編成加溫志波羅會議、建議於地方政務局也、地方政務局、就該地調查、而給與州之資格、但其所發之命令、亦權宜之計、不能視爲定例耳、

第七百九十八節　其餘之市　其與州同位、尚不能與以加溫志波羅自治特權者、則與所在之州相關、政治分爲三種、其一各有四期法廷人口一萬或一萬以上之市、其一切地方政治、爲州之一部、市內之公道、歸州廳管轄、但一千八百八十八年條例實施十二月以內、（布告以某路爲公路十二月以內）市部官廳特管之權、則爲例外、而設輪流裁判及其他裁判於其境內、則須納費金於州庫、而出議員於州會議、然此等代議人、若遇與市之巴里斯費用無涉之事、不得投票於州會議、除右二三節外、此第一種之市、其編成權能與加溫志波羅無異矣、其二各有四期法廷、人口在一萬以下之市、依一千八百八十八年條例、凡保管貧民院癲狂院正俗產業諸學校監督檢屍官、選定分析官保護魚種、幷爆發物道路鐵道諸規則、凡屬於該市會及治安判事之權能、皆任之所在之州會議、

此種之市、其權雖減、然得呈請國王、以開四期法廷、

其三無四期法廷、人口在一萬以下之市、其警察之事、屬所在州之一部、自一千八百八十八年條例實施以後、其權悉委於州會議、蓋除地方自治二三事、此市沒入於州中、與他部相等、而以州會議爲代表耳、

第七百九十九節　各市書記役、出納役、歸市會選任、此外又置市舉吏員、市會吏員、其有四期法廷者、置治安書記、檢屍官、爲法廷屬官

第八百節　市會財政權、凡遇糾債之時、嚴爲限制、如市糾公債、必請於監督官廳監督官、實行調査而許之、爲之定償債期限是已、

第八百一節　地方各部、凡其會計、皆以地方政務局檢査、惟市則以市檢査役三名行之、其中二名、歸市民選擧、曰市選檢査役、一名歸市長選任、曰市長選任檢査役、

第八百二節　市部衛生區救貧聯合區境、卽村部衛生區之境、而救貧聯合區監督、亦村部衛生役也、凡市部衛生區自村落衛生區編成、故視村部衛生區、較爲發達、位居市府之次、考其編成方法、甚爲簡易、若地方政務局以公衆衛生及施政之便、欲編某村部區爲一地方政治區A Local Government District　或該區有土地者納税者期望編成、則以地方政務局之令編爲市部衛生區、樞密院爲之分劃境界、定區會議員數、其餘依一千八百七十五年之公衆衛生規則、該規則以一千八百四十八年及其後修正之法律爲成典也、以市部衛生區之政務委之區會、其區會市評議員、歸有土地者納税者選擧、參考第七百九十五節　而選擧人投票、視追加納税財產法、與選擧救貧區監督官無異、參考第七百九十一節　區會權能、雖以衛生爲要務、而亦有他種之權、遂以區會爲小市會矣、

第八百三節　市與市部衛生區、不以區域之大小區別、如市之人口五十萬、市部衛生區、人口十數萬、不分其爲市與市部衛生區也、惟以法律選擇地方之便、別爲二區、且當一千八百八十八年條例未布之前、以樞密院准許、定市境界、其遇變更、必須國會議決、而自該條例之發布、則政務局亦得暫發命令、而變更之、故諸市府請變更境界於地方政務局也易於是、編成市都府

之都會地區域漸大、其附加部分別編爲獨立市部衛生區、一千八百八十二年、某學者曰、今由英國之東西端觀之、可謂包容市府之一大市矣、其自治者惟諸典克亨而已、

第八百四節　右一千八百八十八年地方條例、凡定市境界、得由市會申請、以地方政務局、暫發命令而變更之、（參考第七百七十九節）然發此命令後、須國會之承諾、前須就該地而調查、故其變更市境界、比處置市部衛生區爲難、蓋在往時、其變更市境、不待政府之特別議案、今則必須政府議定、若地方政務局之暫發命令、不過贊成議案者也、

觀班斯氏 Mr. Burns 計算一千八百八十一年戶籍、英倫威爾斯二處、人口二千五百九十八萬、六千二百八十六人、其中一千七百二十二萬五千零二十六人在市部之下、八百六十八萬三千二百六十人在村部之下、

第八百五節　市部之中央監督　完全之諸市府、某部受地方政務局（如衛生事務）監督、某部受內務省（如保安事務）監督、某部受商務局（以商務局爲中樞者、港地市府也）監督、獨市部衛生區、祇有一監督樞地方政務局是也、

第八百六節　改良規則施行區　市部衛生區之外、別有五十區、時以所發布之改良地方規則、Improvement Acts 設會議、權與市部衛生區會議相埓、稱改良委員委 Improvement Commissioners 焉、

第八百七節　倫敦　一千八百八十八年條例、未布之先、首府倫敦、地方政治、實有不可解者、今世咸稱倫敦爲殷盛之區、地跨美多爾些格 Middlesex 沙烈 Surrey Kent 耿特三州、而以

商務印書館印行

倫敦市 The City of London 爲中心周圍以古巴里斯、及新衛生區合成、按倫敦市以一小局、居大都中、其境界雖難判別、而依中古遺制、保有特權、至其周圍之巴里斯衛生區等、皆由近時發生、尚未編爲部分、故區域多隨時而定、此等諸區自一千八百五十五年以後、皆居首府工部局 A Metropolitan Board of works 監督之下、工部局除倫敦市外、權行於各區、

第八百八節　一千八百八十八年地方政治條例、不以首府倫敦爲加温志波羅、而以之爲州、曰倫敦加温志 Administrative County of London 是已有州知事、州宰治安委員、州議會、因而首府內巴里斯及的斯多利克等政樞、得保諸種權能、且倫敦市又爲一種四期法延之波羅市、A Quarter Sessions Borough 無州之特權、而占特立之位置（稍有限制）焉、

第八百九節　倫敦州會議、通常議員一千八百八十八年條例發布、以首府所選國會代議士二倍爲定數、故通常議員定額一百十八名、至於長老議員、與其餘州會議、其制稍異、以通常委員六分一爲定數、故倫敦州會議總議員一百三十七名云、

第八百十節　學校區　英國重要之區、右所未論者、學校區 School Districts 也、試述如左、據一千八百七十年教育會、及一千八百七十六年、一千八百八十年補則、因教育行政、分學校區、受樞密院之教務部監視、學校區與他地方區異、其設立也、不因他區之境界、而惟與巴里斯區、市局、州會議、各境界相合、但定境界、須教務部判斷、故設學校區之地、則置學務會 School Board、從教育會而有勒令就學權、亦依教務部指揮、有設學校方法權、其學務會議員、歸納稅者選舉、至於此外之區、管理學務者、係某種參事會、不過嚮爲該區內政樞之支部者耳、其職務由列席

委員會 An Attendance Committee 行之、（參事會在市則市會之支部也）

第八百十一節　英國公衆教育、以助私立學校爲主、如某區私立學校林立、政府不過監督而輔助之至其地私立學校不足則政府設公學校置學務會以監理焉

第八百十二節　中央政府監督　中央政府之監督、英國與他國不同、無法國之縣知事、（參考第三百三十八節三百三十九節三百四十六節）與普國之廳堂、（參考第四百八十節至四百八十三節）以爲中央政府代表也夫現世紀近半期、凡地方重要之件、幾在倫敦諸省局監督之下、而一千八百七十一年以來、內務省樞密院、管轄諸權、已歸地方政務局掌中、中央集權無進步也明矣蓋地方官廳雖常聽中央政府之言、凡有設計、待其承諾、而中央政府於地方事務、初無發案職權、且地方政務局實行權力其吏員、必由納稅者選舉、如監督聯合救貧區、其選舉監督者係巴里斯人民、或公衆衛生規則、The Public Health Acts 行强迫命令、其地方衛生吏亦選自地方人民也、且地方衛生局縱得詆斥衛生區會議之諸則、撤消州會議之諸規、而實行者甚少、凡地方諸政樞糾儹須受地方政務局羈束、地方政務局因其申請、得調查駁詰之、然其制度亦不得謂之中央集權、若夫救貧之事務、戒偏頗、地方債負爲國家財政之一部、固宜地方與中央協議調和、然中央政府不能監督地方政治、地方無代表中央之官、是以財務諸事、中央政府但能爲地方之參議耳、

英殖民地政治

第八百十三節　英殖民地　近代史中、最要之事、即英吉利民族、蔓延世界、制度遠播、貿易廣興是也、當時土耳其人閉東洋門戶、故歐羅巴人由地中海轉航大西洋、至英國自大陸諸國之

後而突進也、世界政治爲之一變、於是壓抑荷蘭西班牙葡萄牙諸强、更思展足、不問地球何國、莫不有囊括之心、且新略陸土、悉施殖民政策、以本國制度移之其地、至今環球英人、皆具自由典型焉、

第八百十四節　英國殖民政略　英之攻略殖民地也、非一朝一夕之故矣、初英視殖民屬地、與羅馬相同、逞其私欲、俾服耕作之役、至喪亞美利加後、始悔前非、悉反所爲、故雖失最良屬地、而不至覆國、至於他日別獲領地、以償亞美利加之失焉、

第八百十五節　英國今日殖民之政、頗覺寬厚、然其所以改良者、不特懲亞美利加覆轍也、蓋當時宗教復興、凡監獄慈惠事業、（育嬰養老之類）選舉諸法、輿論亟於改良、英人感之、故以殖民地人民、爲英國人、給以完全權利耳、

第八百十六節　加拿大達爾亨卿　一千八百三十七年、叛亂起於下加拿大、Lower Canada 英國殖民之政、方有轉機、初下加拿大、係法國殖民地、法人居之、與加拿大以南諸洲、均以君主勅選設行政會、立法會、以人民選舉設立法議會、然其太守及行政會、與人民不協、專恣橫暴、凡殖民地司法官俸給等、人民立法會不能置喙、殆與英國虐待美人相似、人民揭竿爲亂、以求改正憲法、雖未幾鎮定、而不復如一千七百七十六年、抑壓其民、蓋政府悔悟、以救民困、已由本國敕任委員、以撫其民矣、委員維何、曰達爾亨、達爾亨立意雖善、而行爲專恣、有負使命、復爲政府召還、然其在加拿大、以政策報告政府、實爲異日英國改殖民地政之本也、蓋達爾亨治加拿大、本國據其報告、許其以自治政體、有益於本國外、一切不相干涉、後一千八百四十七年、加拿大

設自治政府、而英領諸殖民地、有自治力者、蔑不設立政府矣、

第八百十七節　自治諸殖民地　英國殖民地、可分爲二種、所謂自治殖民地 Self-Governing Colonies 王領殖民地 Crown Clonies 也、自治殖民地九、曰加拿大、Canada Colonies 曰新芬多蘭、New foundland 曰克布哥德合布、Cape of Good Hope （好望角殖民地） 曰肯斯蘭德、Queensland 曰新沙士阿爾斯、New South Wales 曰比多利亞、Victoria 曰沙士奧達利亞 South Australia Tasmania （此爲奧地利亞東南部四殖民地） 曰達斯馬利亞、New Zealand 曰新支蘭、與本國利害不甚相關、立法上有獨立權、其政府大臣、出自庶民院之衆黨、有人民代議士之責、而好望角及達斯馬利亞、比多利亞、沙士奧地利亞、四殖民地、有立法部、上下兩院、歸民選舉、其餘五殖民地、除加拿大外、通稱立法會議 Legislative Council 之立法部一院、（即上院） 以行政部所指議員充之、然無大臣之責、亦無害殖民地之自治也、

第八百十八節　加拿大政治　一千八百四十年、英國國會、據達爾亨報告、議決聯合上下加拿大、（下加拿大即溫達利格俾克地） 然其一爲英殖民地、一爲法殖民地、法律自相矛盾、徒有聯合之名而已、後一千八百五十四年、以法律略倣本國（即英國） 政體、立聯合殖民地、而不足爲自治政體之本也、至一千八百六十七年、定英領北美例條、The British North America Act 以聯邦之制、分二州、未幾再合爲一、始見實效、以成今日英領加拿大憲法、爾按該憲法、加拿大七州、如溫達利 Ontario 格俾克、Quebec 羅巴斯哥特、Nova Scotia 新布蘭斯威克、New Brunswick 麥利多白、Manitobia 英領哥倫比亞、British Columbia 布林耶多瓦蘭 Prince Edward Island 等、各有議會政

府、以知事 A Lieutenant Governer 統治各州、且各置內閣、其政略負國會之責、而各州政務、實有自治權焉、

第八百十九節　英領北美條例、加拿大稿案采之、初無變更、其宗旨以加拿大政府、與各州政府分掌權力、與美國憲法殊異、何則、美國憲法、以特定權力、與合衆國政府、中央政府而以其餘權力、委諸各州、英領北美條例、則以特定權力與各州、而以其餘權力委加拿大政府、卽中央政府也如定刑事上法律之權、卽爲中央政府權力之一、至於溫達利英領哥倫比亞麥利多白三洲、其立法部成自一院、

第八百二十節　英領加拿大政體、與本國政體最肖、其代表君主者、厥惟太守、The Governer-General　太守任大臣、以行該地之政、猶君主之任內閣、以行本國之政、而立法上、乏不認可權、太守之內閣曰女皇樞密院、The Queen's Privy Council　閣員十五名、以代表立法部庶民院之衆、而指導之、其職權以本國內閣爲准、至立法部、以元老院 The Senate 及庶民院而成、元老院議員七十八名、任期終身、歸太守選定而奏任之、法與本國新敘貴族相同、庶民院議員二百十五名、任期五年、凡人口五萬之地、出議員一名、由各州選舉、但格俾克州定例出議員六十五名、

第八百二十一節　太守除不認可權外、凡君主敕裁、英國內閣大臣裁定實行議案、有展限權、而各州立法部所議決者、亦得拒之、

第八百二十二節　加拿大政府、十五內閣大臣如左、一總理大臣、兼內閣議長、二工部大臣、三

鐵道運河大臣、四稅務大臣、五軍務大臣、六農務大臣、七內地收入事務大臣、八國務尙書、九司法大臣、十財務大臣、十一海軍漁業大臣、十二內務大臣、十三驛遞總監及無主務大臣二名、

第八百二十三節　加拿大國會庶民院議員溫達利九十二名、格俾克六十五名、斯哥志二十一名、新布蘭斯威克十六名、麥利多白五名、英領哥倫比亞六名、布林耶多瓦蘭六名、西北部諸州四名、西北部諸州未全列布羅賓士者也而選舉此種議員權、則須稍有財產資格、

第八百二十四節　加拿大國會若遇控訴選舉人、或將控訴時、則由大臣奏請太守解散之、而命改選、與本國制同、

第八百二十五節　奧達利亞　奧達利亞諸殖民地、政治主義、與加拿大同、而規模稍異、蓋諸殖民地、全係獨立、無聯邦之體、除本國政府外、無節制之權、克溫蘭德、新沙士威爾斯、皆有指名立法會、選舉立法會一院、而克溫蘭德下院議員選舉人、須有財產資格、惟新沙士威爾斯、無此限制、沙士奧達利亞威克多納其立法部兩院、皆出自選舉、其選舉上院議員之人、皆有財產資格、而威克多納許以學術資格代之、各殖民地知事、行立憲君主之職、蓋以大臣輔弼之、負平民院之責、而施政治也、

第八百二十六節　殖民地法廷權　殖民地法廷、憲法職權、有與美國法廷相肖者、蓋其政治、皆行於憲法之下也、但美國憲法、由會議起稿、以人民投票采用、而殖民地憲法、則係英國國會議定之、惟殖民地法廷、解釋憲法權、與美國相埒、常視爲殖民地法廷、特有權利、但人民得上控該法廷於英國樞密院司法委員、The Judicial Committee of the Privy Council 然則諸殖民地、

豈不以樞密院司法委員會、爲高等法院哉、（參考第七百三十六節第八百六十九節）

凡加拿大國會議定之法律、先以加拿大法廷審斷之、有上控該法廷者、則移於英國樞密院、

第八百二十七節　王領殖民地　英領殖民地之中、其無自治政體者、曰王領殖民地、受倫敦殖民省之管轄者也、其政治無定、如耶列納 St. Helena 志布納達爾、全係軍政、而多林達特、Gibraltor Trinidad 及海峽殖民地、The Straits Settelements 爲指名行政會立法會、渣美加 Jumaica 西奧達利亞、亦係指名行政會、而半爲選舉立法院、巴麥俾達謨殖民地、The Bahamas and Bermuda 則立法行政會、皆出自選舉、無內閣、王領殖民地政治大略如是、不能悉數也、

第八百二十八節　殖民地太守權力　英領殖民地之太守、其守立憲君主之職、與專制太守、別無大臣爲之輔者、善惡不同、足見加拿大太守之位置、視渣美加太守、恩威較著、論曰、加拿大太守、有輔弼大臣、非如他殖民地太守、得以一意孤行、而其政策、轉覺裕如者、措施斟酌盡善、被治者心悅誠服、故其勢力不期大而自大也、觀乎此、上下一德之旨、不益明哉、

第八百二十九節　印度　印度政治、與英國諸部全異、印度太守、及行政會、直轄於英國內閣、（卽印度事務大臣）印度事務大臣十五名、以評議會贊助、行其職權、評議會議員十五名、其人或居印度、或奉職於印度、以君主敕選事務大臣、及評議會、下有印度太守、The Governor-General of India 而以印度行政會、助之、該行政會、本爲行政評議會、印度太守、別選議員六名至十二名輔之、有立法議會職權、

印度行政會、事分五課、外務、內務、軍務、土木是已、卽爲印度行政會之委員會、別無內閣、議員

六名以一員爲軍務提督、故加一名、共七名、皆以君主敕選、若行政會、得輔助議員、而開立法會議則行公開、（人民旁聽）

第八百三十節　印度全部、非皆受英政府之管轄、其有獨立實權之土甚多、但以英國爲君主、全體受其統督耳、其由英國官廳徑行管轄者、有十州、重要者曰曼陀羅、曰本貝、該地知事、由英君敕任、與印度太守、皆以行政立法兩會協贊之、若朋額爾及西北部諸州知事、由印度太守選任、而以行政評議會助之、其餘諸州知事、皆印度太守選任、不置評議會也、

第八百三十一節　克列達不列顛　今之克列達不列顛、Greater Britain（即英領殖民地）比古之克列達不列顛、Greater Greece（即黑拉士）情形實異、蓋古黑拉士、不完整之制度也、夫希臘殖民於各地、必有制度、而觀其所至各地、規模參差、故曰希臘殖民、人種不完、國家無統、惟英人不然、其殖民也、以制度之均一、人種之整齊爲主、故能使世界四分之地、歸其勢力之下、馴至今日、全歐諸國、改革政治、莫不效之、而英殖民地、則不事模倣、徑圖擴張、此所以歷久彌新、達於完全之域也歟、

參考書目

斯達布士英國憲法史　哈納木英國憲法史　麥意英國憲法史　達蘇耶爾蘭格美德英國憲法史　格里斯德英國憲法史　巴志合德英國憲法史　多列爾英國中央政治論　渣爾麥斯英國地方政治論　哇爾波選舉區與立法部　佛哇兒貧民救濟法　希昂英國政體論　的斯樞密會議　合衆地方政治租稅論（哥布典會出版）　納多木俾爾孟的克合著地方行政論　特德英國國會政治　非爾典英憲法略史　倍卡地方行政法註釋　霍爾哇斯

地方行政法註釋

第十一章　合衆國政治

第八百三十二節　英人占領亞美利加　亞美利加政治制度、其主要之點、不出英倫政治制度範圍、何者、英倫之政治制度、二世紀之先、早流露於亞美利加也、初英人新得此地、移植本國人種、故一切政治制度、皆仿自英、迨其地爲合衆國所占有、始爲更新產出新異之形狀、變爲合衆國政治制度、現今合衆國民族、雖與諸外國人種相混、而大半皆出自英人、是以新英倫及南部之地、英國人外、決不容他種人托足、初北部地方、（即今加拿大）爲法國人殖民地、南部佛羅里達、爲西班牙人殖民地、密士失必河口、亦法國人所殖民者、荷蘭人、殖民地則在哈得孫河之上、河口有大港橫焉、瑞典人則殖民於得拉維亞河、自能樹立、當時沿海濱西部、歐羅巴諸國民、互相爭競、冀領此新大陸、然其中侵略之手段最巧、卒得擴充範圍、占海岸之大地者、厥維英人、新英倫佛西尼亞及加來拿之地、英與各國爭之甚烈、卒歸英有、其間外國人、擯除殆盡、以是英人權力、有確乎不拔之勢、普及大陸之上、殖民地境域、日益擴張、法國之權力、破於北部、西班牙之權力、抑於南部、獨英之殖民、自由發達、精神氣力、遠出各國之上、其所由來者、固已漸矣、

第八百三十三節　採用英制　英國權力之發達於亞美利加也、既如斯、則英國地方制度、布於美國、自不言而喻、蓋英國制度、實合於亞美利加、各殖民地之新政、故採用之、不失英國本質、成爲亞美利加之制度也、

第八百三十四節　英國殖民於亞美利加、其初不稱爲諸州也、當殖民之始、壤地僻小、逐漸推

擴、然後擁有諸州、按英殖民地至有其序、始由地方以成一州、繼由一州以成國家、然該地中最初制度、其形狀不一、何則、諸殖民地位置境遇各有所殊、雖取舍折衷、不出英國範圍、而亦未嘗强同、如新英倫則取甲種制度、佛西尼亞則取乙種制度、牛治爾西及朋爾巴尼亞則兼此二者、採用丙種制度焉

第八百三十五節　新英倫殖民地　新英倫政治之中心點、常集於坦溫 Town 都會、此都會者、教會及學校也、周圍頗多村落、故新英倫以此爲都會、而爲政治之中心點焉、按新英倫殖民、初據海岸咫尺之地、土壤淺瘠、備極勞苦、成效猶遲、且冬期最久、海風凛烈、氣候大寒、英人見此情形、懼民之無以聊生、故以商業勸令棄農而買棄置荒地、而專習航海之術、以廣生計焉、

第八百三十六節　新英倫殖民、概屬宗教上逃亡之人、彼等冀免宗教之壓抑、得信教之自由、去舊世界來新大陸、故於新大陸中結成團體、建設教會、其生活直通於宗教政治社會之上、雖氣候陰惡、土地磽确、冀無不達其社會之目的、而以教會爲聯合社會之心髓、故教會之僧官、爲社會中主宰、在殖民地中教徒權與公民權、皆平等相視、而兩無所挾也、

第八百三十七節　獨立都會　凡依新英倫海岸之地、全爲獨立殖民團體、其間殖民處甚多、如布利穆斯 Plymouth 有布利穆斯殖民地、沙列馬及志亞列斯頓 Salem & Charlestown 有馬沙諸些特灣殖民地、諸地之南、有羅多亞伊蘭 Rhode Island 地者、因與馬沙諸些特政府相衝突、分地建設都會、爲帕知穆斯牛帕多布羅比頓斯 Portsmouth Newport Providence 諸殖民地、其拱烈克加多河 Connecticut River 之上、別由馬沙諸些特 Massachusetts 來者、建設都會、

商務印書館印行

爲哈羅呼爾多、武英多沙爾維寨斯、非爾得 Hartford Windsor Wetherfield 諸殖民地、拱烈克加多河上、徑由英國殖民、爲喜布爾克 Saybrook 殖民地、拱列克加多河之西、侖克亞蘭遜特 Long Island Sound 之海岸、亦徑由英國殖民、爲牛哈芬 New Haven 殖民地、然此諸殖民地、歷年相續、而成都會、實自坦溫都會之樹立始、因都會生都會、遂至有無數之都會、此等都會、初皆密接於一都會、或呈附屬之狀、或遙立於曠野中、全爲獨立之生存、參考第百十五六及第百十八節

第八百三十八節　都會聯合　以上列記諸殖民都會、互相聯合、卽世所謂亞美利加殖民地、而組成合衆國者也、今且觀其聯合之狀、布利穆斯、合於馬沙諸些特、及帕知穆斯、牛帕多布羅比頓斯、爲亞伊蘭之一部分、牛哈芬合於拱列克加多、爲一部分、雖然、此等大殖民地、最初聯合不過爲同盟體、都會組織各異、其理處地方政務、全恃獨立、惟亞伊蘭於都會之聯合、瞻循顧慮、恐失本來之自治、尤不能決其他新英倫殖民地、亦能保其勢力、不惜羣力以維持之要之當時都會制度、流行各處、其性質實爲地方分權政體、故殖民地政治、各地方不同、政治樞機結合於諸都會者、實不在共同政府、而在各都會之自治體也、

第八百三十九節　都會政治　當時新英倫都會之政治、必合英人性質、自然建設、故三都會吏員名稱、概用本國市吏員名稱、限其職務事情、與本國相等、此蓋有深意存焉、按新英倫都會、其特異之點、實欲復古制度、以成大公之治也、故當時都會無階級特權、不似十七世紀英國都府政治之狹隘、凡都會人民集會於評議會、選舉都會吏員、此等吏員對於選舉之人、既負責任、且爲該評議會報告事務、通例稱該吏員爲些列克多門 Selectman 卽選拔人之義、其評議及

責任之點、與都會評議會、關係最切、誠以其執行社會要務、爲評議會所選舉也、其初選舉權、惟馬沙諸些特及牛哈芬教會教徒得而有之、人民不能參與政治、然當日都會、實能自治、保其精神氣力、不失其自由、降及後世、大市府迭起、由簡陋之制、變而爲殖民地全體、昔日都會、不過爲其分子、初無政治之力、然其基礎固未亡也、觀現今都會其爲新英倫地方政治之本也、亦可見矣、

第八百四十節　組織殖民　合都會而爲大殖民地、則政治區、自然生焉、於是以司法行政、結合都會而成加溫志郡、County 且以各種方法約束諸郡、而更設州政樞、蓋殖民地人民、以中央立法會代表人民、其代議人、皆出自諸都會之內、後各殖民地生長、立法會權勢益强、故各都會之聯合、得以永固者、由此等立法會、公共管轄之故也、

馬沙諸些之加溫志璽拉富、(郡宰)以知事命之後、郡治發達、又設治安判事、該判事、以四期法廷、開合議裁判、實倣本國之治安判事、加溫志吏員也、未幾四期法廷、改稱爲普通法廷、

第八百四十一節　南部殖民地　新英倫殖民地、政治制度上之狀態、固已詳述之矣、今試論南部殖民地、夫南部殖民地、其政羣之組織、與新英倫殖民地相反、佛西尼亞殖民、非宗教逃亡之人、故來此殖民、不能以宗教而成獨立事業、惟以其政羣冒險獨立、所居之地、氣候溫暖、河流深遠、四時產物不絕、物土之豐、莫過於此、按該地殖民、實由國王許可、爲其國之殖民公司所遣、當時有佛西尼亞公司之稱、公司所命總董、其民悉聽管轄、絕無他想、於是去準斯吞河口數百里之地、建設準斯吞都會、然與新英倫之諸都會懸殊、其所以然者、蓋其土地肥潤、便民業農、川

河縱橫、有天然之孔道、故其人口逐日加增、不以一都會一市府之地爲限也、

第八百四十二節　擴張不分　南部殖民地與新英倫殖民擴張之情形雖異、然無分離之思想也、此等大殖民地之起、各自獨立、河上各設埠頭、其船艦或往來於本國、或貿易於北部、或航行於殖民地之外、而其政治、斷不分離、蓋此等農業殖民、雖以廣大之土地、各自生存、而不能分爲二殖民地也、其第一期殖民、皆服從於殖民公司之下、後公司失特許狀及所有權、遂服從於國王所命之官吏、要之殖民地之分子結合雖不甚固決無分離散落之狀蓋其規模在於擴張、不在乎分離也、

第八百四十三節　南部殖民地羣　以殖民之思想、成人羣之癖、固彰彰明矣、而殖民之地、且以輸入奴隸爲發達之助、其地主與勞力者、遂成一大溝、尊卑劃然、凡奴隸所在之處、皆以工作爲奴隸之業、以立貴族政治基礎、故當時南部殖民地人民、等級懸殊、管轄之權、悉歸擁有財產之人、至於近代、產業勃興、然豈新英倫殖民地之所知歟、

第八百四十四節　佛西尼亞殖民地政治　佛西尼亞殖民地政治、與英國地方政治、性質相同者多、惟規模不若英人之廣、試詳論之、其組織也、不取聯合教會之法、而設加溫志政樞統之、加溫志之上、置利得能多知事一名、Lieutenant 其職權與英國羅多利得能多 The Lord Lieutenant 州知事略同、其加溫志中、次於利得能多、爲重要行政官者、曰西耶利呼（州宰）The Sheriff 亦與英國相同、利得能多係太守 The Governor 所命、加溫志義勇軍之長也、且其職在太守之下、爲評議會議員、故得行加溫志內某種司法職權、若西路利呼、則以加溫志治安判事 The

Justices of the County 之指名、而太守命之、其職權範圍、視英國西路利呼、較爲確實、此等行政官、無異英之治安委員會 A Commission of the Peace 也、除重大事件外、凡審理尋常訴件、得開加温志裁判廷、爲治安判事之合議體、而徵收諸稅、任命道路測量官、以及分劃布列星克多小區 Precincts 或不歸他政樞管轄者、一切職權、皆歸加温志之行政樞焉、佛西尼亞又有由比戈和巴查志 The Episcopal Church 者、英國教會以宗教會議 The Vestry 協贊地方政治、與英國相同、且有亨得列知德 The Hundred 譯名百家團 地方區劃、則佛西尼亞制度、與英倫制度相類、亦可見矣、然佛西尼亞全體、與本國制度、均非民主也、隱克爾氏 Mr Ingle 有言、佛西尼亞管轄殖民之地、實由太守、人民權力、未由上騰、其治安判事、與加温志之他官吏、均須由太守任命、任期亦以太守定之、要之佛西尼亞殖民地全體、皆濫觴於中央集權之制、然人民之自由、依然蓋地方强盛之知識、與西夫任俠之心、皆足以掣官吏之肘、故英國自治政治之精神、佛西尼亞亦非無生機耳、

第八百四十五節　佛西尼亞殖民地議會　佛西尼亞殖民地、其政治中樞、在代議會、當創建殖民地、一千六百十七年 十二年後、一千六百十九年、仍以佛西尼亞公司、管轄殖民、由公司總董、召集代表議會、於是殖民地諸部、以獨立之團體、代議政事、其後代議會、以代表都會亨得列知德、及耕地諸部爲基礎、頗能發達、佛西尼亞公司、失其特權、至以敕任太守、代公司總董、稱代議會曰哈與巴爾開撒 House of Burgesses 市民議院之義、按代議會、創自一千六百十九年、其管轄殖民地者、即太守與太守以下之評議會、合議之制、後代議會、更形發達、別開獨立議會、廢太守及評

議會、合議制度、此佛西尼亞所以有眞實之政治團體、而永久不墜也歟、

第八百四十六節　其餘南部殖民地　其餘南部殖民地、規模與佛西尼亞無異、各有加温志、立中央代議會代表之制、其敕任太守及評議會議員、亦入於代議會、但滅利蘭殖民地、Maryland 則在例外、蓋以波巴來多地主 Proprietor 代君主之任、其政權得王允許也、

第八百四十七節　中部殖民地　中部殖民地中種類不一、大都合諸人種以成之、若牛約克爲新荷蘭、得羅亞 Delaware 初爲瑞典殖民、繼爲荷蘭人略取、迨其後英人遠來、恃其兵力、遂倂牛約克、升細路爾伊、得羅亞、朋西佛尼亞諸地、然不能盡排外國人種、惟以勢力管轄之、此等殖民地、皆得各保特異之制、故英國之民、不能自成制度以屹立其間、且中部殖民地、土地豐饒、河流極廣、利於貿易、其天時不似新英倫之嚴寒、亦不如南部地方之温暖、故其人民、得如新英倫人民、成都會以行貿易、亦如佛西尼亞人民、服田力穡、廣爲殖民、於是既設都會、亦設加温志、其爲民主之人民者、皆農業之人民也、要之地理位置在南部北部之中、故其產業政治之制度、亦在南部北部之間而已、

第八百四十八節　殖民地准許狀馬沙諸些特准許狀　右殖民地發達之時代也、各地歷史不同、故其與本國政治關係、亦不能同、新英倫之馬沙諸些、特羅多亞伊蘭、拱烈克加多三地、得英國王之准許狀 Charters 者也、依此准許狀、殖民地不受本國政府干涉、有舉行政治之權、如亞美利加海岸、許佛西尼亞公司、開拓北美之地、本國但監督其大體、而公司得行政治之權、是已、若馬沙諸些特灣之殖民地、亦以此制、許其殖民公司、得有殖民政治特別權利、由英國送其

殖民、以創建沙列馬 Salem 及查爾斯敦、雖然、該公司歷史、與佛西尼亞公司頗異、蓋佛西尼亞公司在倫敦遙理殖民地事務其社員皆倡自由主義、不助朝廷、不久與政府爭議致奪其准許狀及殖民地而馬沙諸些特殖民公司、其在美國倫敦政府、無所干涉恰如建一獨立國家、於新大陸、且其得准許狀也在一千六百二十九年及一千六百三十年、其總董監督役以及他社員、遂偕衆民、移之美國、建帕斯頓及墾布烈底、效本國而自設政樞、故以新英倫殖民權利、與該公司實使之離本國別於新大陸地創建半獨立國此英國官吏所以不平乎、雖然隔萬里波濤、區區殖民之事、固不足以擾倫敦政治家之懷、故聽其自立制度、而不之廢也、然馬沙諸些特公司、其總董專橫、久與本國政府衝突、凡該殖民地之法律、多爲英王所不喜、其不容異種宗教、尤非英王之意、歷年不改、至一千六百八十四年、英王大怒、馬沙諸些特公司之准許狀、遂行撤銷、以圖改正殖民地制度、會查爾斯二世崩、不果、惹姆斯二世時、國家多難、不暇外顧、殖民地人民、復得復其初權利、洎一千六百八十九年、後維廉及馬黎御宇、政官始迫令殖民地改革制度、於是殖民地人民、概奉英王敕任太守爲主、該地司法官、均由太守黜陟、且以太守監督兵馬、爾時人民雖尚保其代議會、以選舉太守之評議會、The Governor's Council 而前日准許狀之特權、固不能復矣、

第八百四十九節　拱烈克加多准許狀　羅多亞伊蘭及拱烈克加多、較馬沙諸些特殖民地、地狹而多幸福、按拱烈克加多河口生堡 Saybrook 都會、英國初許貴族二名、由英國送殖民於其地、然其發達頗遲、且時有失敗者、其成功可稽者、在河之上流哈多呼爾 Hartford 之地、係馬

沙諸些特人、來此創建此等人、無准許狀、與法律上之權利、惟棲息其地、以成殖民之業、遂自制成文憲法、若拱烈克加多河之西牛哈芬殖民地、亦爲英民所建、無准許狀而自施其殖民政治者也、然拱烈克加多河之上流殖民三十餘年後、其首領等亟欲得准許狀焉、蓋該殖民地已成諸都會、故遣其總董温斯洛布 Winthrop 於英國、以求准許狀、後果得以該殖民地、爲拱烈克加多之一部、而生堡都會、已先該地而編入於拱烈克加多矣、且以此准許狀、該殖民、仍得享其自制憲法、自治之權利、詳言之、則許其與馬沙諸些特之殖民、同享自治之權利也、然拱烈克加多、所以異於馬沙諸些特者、不特由殖民時代至獨立時代、保持此准許狀、且獨立之時、卽以此爲州之憲法、至一千八百十八年、依然無恙、亦以拱烈克加多地境地適宜、其人民明敏謙讓、能審時勢、以順本國政府、自免於危難耳、

第八百五十節　羅多亞伊蘭准許狀　羅多亞伊蘭、亦與拱烈克加多、同其幸福、能以明敏、自行保護、其殖民首領羅查維廉 Roger Williams 一千六百四十四年、得英國國會准許狀、以一千六百五十四年確定、一千六百六十三年、又得查爾斯二世王准許狀、時拱烈克加多殖民地、温斯洛布得請地方特權之翌年也、於是以温斯洛布得准許狀、牛哈芬與拱烈克加多合併、以羅查維廉得准許狀、羅多亞伊蘭諸都會、亦相合併、而羅多亞伊蘭及布羅比頓殖民地、由是著名矣、Rhode Island and Providence Plantations 迄今該地之名不改、蓋一千六百六十三年准許狀、保持勿失、其歲月遠過於拱烈克加多、至一千八百四十二年、其根本猶未變更云、

第八百五十一節　地主政治　除右所述外、其餘諸殖民地、其初概以地主、行其政治、如滅利

蘭、朋西佛尼亞、得羅亞、至大革命之時、尚保地主政治、其滅利蘭爲加爾佛多家(即哈爾底摩亞家)之地、The Calverts, Lords Daltimore 朋西佛尼亞及得羅亞、爲維廉賓氏 William Penn 之地、而牛約克、先爲約克公惹姆斯之地、後惹姆斯昇王位爲惹姆斯二世、遂爲王室直轄之地、至牛哈爾西、原爲牛約克之一部、初約克公以與哈克里 Lord John Berkeley 及加爾他列多 Sir John Cartaret 二氏、後因分賣、遂歸王室、(一千七百二年)若夫南北加拉納、及治革若諸地、初係人民所有、未幾亦歸朝廷、牛亨布西亞 New Hampshire 者、屢欲與馬沙諸些特合併、後以無准許狀、及地主之制度、遂徑爲王室所占領矣、

第八百五十二節　以右地主、選舉太守及評議會、而行政治、故人民有監督政官之權、按私地主、與公地主、(即國王)以准許狀與殖民地、如維廉賓之與朋西佛尼亞者、最自由之制也、此朋西佛尼亞殖民政治、所由稱美一時乎、

第八百五十三節　王室直轄政治　除羅多亞伊蘭、拱烈克加多、滅利蘭、朋西佛尼亞、得羅亞外、其餘殖民地、皆王室直轄政治也、其太守及評議會、由國王選任、而馬沙諸些特、選舉評議會、則不循此例、凡王室直轄地、其施法事及行政樞、均由王意、然初非抑壓人民自治實權也、常以人民代議會、爲立法人、得以財政之權、監督政府、而監督權、以租稅爲始、然則其固有特權成爲習慣者、豈特本國之英人然哉、卽在美英人、亦有固守弗失者矣、

第八百五十四節　殖民地代議會發達　殖民地代議會權力、歷久益强、自然之勢也、故英國國會、以放任主義、俾殖民地立憲政體發達、實爲善策、其後又欲干涉之徒僨事耳、觀殖民地獨

商務印書館印行

立之狀如何、其屬某人種也、不尤不辨自明哉、

昔巴克氏 Burke 嘗曰、殖民地以朝廷之訓令與免許狀、組織代議會、其職極似國會、故其權力必與國會相均、然該代議會初旨、不過欲在其島內設美尼利巴爾哥帕留休市 The Municipal Corporations 初無高遠之見、而事物進步、不能安於舊習、故殖民地人口日增、土地日廣、其代議會代表大國民威權、自益尊重、於是擴其規則、制定一切法律、凡町村之費用、政費全體、悉由其議徵收、而議會性質、遂與通常國會等矣、且當日英國若非以此權利與殖民地、殊有棄地之勢、其立法部雖有二處、英國立法部與殖民地立法部而不覺不便、誠以此二立法部、冥冥之中相習而成也、而以是防政治制度之變更、其功效亦有卓著者、故以立法部同營一事、亦無衝突之弊、及殖民地益臻強大、制度彌備、則英國國會雖欲以其權徵文武政費、於該殖民地、豈可得哉、

第八百五十五節　右殖民地所求國會自治之權、其著先鞭者、應在得准許狀諸地、而不必然也、蓋馬沙諸些特地、常具熱心、以保護自由、而佛西尼亞王領殖民地、亦未嘗讓步、其代議會、視得准許狀之殖民地、不分優劣、以英國人種地方主權之思想、習與性成也、然其地方主權、與勤王之主義、並行不悖、故如航海條例 Navigation Acts 外交政治商業位置、皆容本國干涉、惟其地內部之事、則絕不受本國政府指揮監督焉、然地主政治之殖民地、亦與之無異也、試觀減利蘭與佛西尼亞、固同享特權、即英人荷蘭人瑞典人雜居於朋西佛尼亞者、不亦卓然獨立、具自治之精神耶、

第八百五十六節　殖民地憲法發達　當時諸殖民地、憲法自由之發達、其原委同也、按殖民新國漸次發達、故代議會得擴立法職權、而新造某國建某殖民地、其社交必生新狀、至日邁月征、以該地人民利害最切者、參與殖民地之事務、此民主制度發生平等法律、所以使全羣人心、知政治之美惡也、而各殖民地、知與他殖民地、及英國有權力者各有獨立政治之限、乃益明已、

第八百五十七節　殖民地同心政治　諸殖民地制度發達之實、諸殖民地連合同盟、以抗英國、其明證也、當時諸殖民地、雖社會利害各異、而同心戮力、共相運動、有不期然而然者、其變亂之源、潛伏已非一日也、按此釁隙、實起於英國與馬沙諸些特之間、當日英政治家、以爲諸殖民地、可各以利害啗之分離、如馬沙諸些特與佛西尼亞、財政迥異、英政府欲操縱之、使互相掣肘是已、試思英政府曾以帕斯頓港條例爲餌、以帕斯頓之貿易權、給與撒林 Salem 而撒林拒之、亦防其有後患耳、蓋撒林爲帕斯頓商業之巨敵、若依該條例、則帕斯頓港、幾爲閉鎖矣、至當時事之最著者、佛西尼亞、爲馬沙諸些特而倡亂是也、佛西尼亞、以爲英國與馬沙諸些特啓釁、非爭財政、而爭政治、以爲永久之計、是馬沙諸些特之所爭、亦佛西尼亞所必爭也、故建議聯合殖民諸地與英國抗、其地方紛爭、變而爲大陸紛爭也、豈不宜哉、

第八百五十八節　英美憲法比較發達　亞美利加自治政治之發達、有與英國極相似者、其相反之處、亦可考焉、溯二國制度發達、其初皆係自治之小社會、惟其根底鞏固、由地方制度漸變爲國民制度、遂合各小社會、以成中央團體、而強大永久也、

先是英國惟有條頓人民村落及司法百家團 Judicial Hundreds 而已、後及撒遜七王國 The

Saxeon Heptarchy時代相合而成一小王國、更擴充而成加溫志、最後乃爲日耳曼王朝所統一、國會與國民之分限益以發達、若合衆國則以大西洋海岸小殖民地爲基、其後相合成殖民州、遂肇造國家耳、

第八百五十九節　英美發達一由聯邦一由統一　二國結合之方法、性質全不相同、以美國之結合、在盟約聯邦、而英國係兼併之政也、按美國聯邦、非始於南部殖民地、該地之初殖民、以人人戮力而得永存、當佛西尼亞變亂之際、亦不過擴張其準斯呑都會而已、蓋尙無聯盟之舉、以農業發達而成之殖民地、不似以都市發達者易於渙散也、若新英倫固早有聯邦之計者、惟羅多亞伊蘭諸都市、不樂與他處合併、故欲以羅多亞伊蘭與布羅比頓准許狀而謀合併、諸都市殊形齟齬、然至同盟既成、聯合之形、亦日以固、合爲一殖民地之新團體、即最初盟約之聯邦也、其聯合體由交讓而成、亦由契約而結、故不失其自由、若撒遜七王國、則非以自由團體而統一者也、其與殖民州之聯合異也宜矣、

第八百六十節　美國制度發達有意　試更舉美國殖民地發達、與英國發達如左、蓋殖民地編纂制度熟慮而成者也、夫王領殖民地、准許狀殖民地、地主殖民地、均由英王以成文法許可、而行自治之權、故政治大體、據成文法以定憲法、早爲該地人民通常之慣例、一朝脫英國羈絆、而爲獨立之政治也、其自制憲法、亦不過舉殖民時代之憲法、略爲鎔鑄而已、如羅多亞伊蘭拱烈克加多諸地、不必改准許狀上之條項、即以之爲憲法也、而選舉太守及他官吏之權、亦於此始、其餘諸殖民地之變革、亦祇以人民權力代英王權力、而所謂以准許狀爲成文憲法者依然、

惟新制度發自人民、舊制度頒自英王、爲不同耳、其舊制度樞密院權、以人民會議代之、亦可知當日人民、其維持憲法不外從來之習慣矣、

第八百六十一節　英國法律成例　然此殖民地之制度、憲法、不啻英國故物也、凡殖民地、英王以成文法許其特權、故其人民思想習慣與英人同、當日加拿大奧達利亞諸地、其取則本國、實與異時美國法律相同、（參考第八百二十六節）蓋殖民時代及革命時代殖民地之憲法大都襲用英之法律成例也、夫英之普通法爲全世界所共、英人殖民於美洲、不過英國之一部分耳、故英國所行私法、亦行於殖民地、雖至民變而獨立爲共和團體、其定憲法、亦以采用英之普通法爲首務也、縱階級特權、都會特權、不合於新世界民者、莫不改鑄、而英之法律成例、究何嘗視如弁髦哉、

第八百六十二節　殖民地公法并獨立以後公法、襲用英國之慣例、自然之勢也、其太守之於立法部、與英王之於國會相同、但規模較狹耳、而該殖民之於政府、立法部除代表行政部而設立內閣外、大都規倣英國、蓋行政部所以抑制英王之權力也、至其裁判所規模、審判之式、亦與英國同、夫亞美利加之英人、與在英之英人、均爲政治上人民、故常以新世界文明、而廢其本來之制、如亞美利加離英制而自成政治之特質、其著明者也、雖然其發達之方、全似英國、順序漸進、則謂合衆國制度、與條頓人制度、均以古法爲本也、誰曰不宜、

第八百六十三節　殖民地聯合之資　欲知殖民地政治習慣、能自發達與否、亦觀其大革命後聯合之資而已、蓋殖民地本無同盟憲法、至一千七百七十七年、草聯邦條規 Articles of Confederation 而連合之義不明、惟以外交之法、調停彼此之交涉、故雖足爲將來之權、其情事

有茫然者、按千六百四十三年後四十年間、新英倫諸地懼印度土人侵襲、互相聯合、而未鞏固、千七百五十四年、六國代議人會於亞爾巴尼、演說聯合之案、事亦未成、至一千七百六十五年、凡殖民地代議員會於紐克、議抗英國國會課稅、實革命之先聲也、後千七百七十四年、開大陸議會、Continental Congress 亞美利加聯邦始興、然其成功也、則在編纂新法典之後、豈偶然哉、

第八百六十四節　殖民地諸政府分立　欲知殖民地聯合之方法、尤當究其政府分立之事實、諸殖民地雖對英國義務相同、初無公共政府以羈絆之、凡殖民地、各有行政官立法部裁判所、甲地政樞與乙地兩不相涉、惟共防危難、往往協力、然皆係暫時之聯合、而其內部法律、不以爲之爲基礎、若以人種言語政治思想之同、或遇法人印度人奪其身命、或遇英國國會侵其權利、則諸殖民地莫不痛痒相關、故其居住新邦、政治之公利害、甲地與乙地自同、而各地獨立之政體、則無日或忘也、且夫人民之自由、以有無獨立政府爲衡屈服於中央政府、幾經悲憤、而後悟各地之宜協者、豈一朝一夕之故哉、其探究變亂之淵源、怵惕分離之危險、夫固精且詳爾、

第八百六十五節　聯邦　亞美利加聯合、其得成文法律之基礎、在千七百八十一年、而編成爲聯合法律、則千七百八十九年也、按千七百七十七年、獨立議會發議聯邦條規、千七百八十一年、始行采用、但以該條規結合殖民諸州、實未鞏固、亦以其無約束之力耳、且該條規雖認聯邦會議、爲正大會議、以其委員代理行政法司、而無行政之權、蓋其職祗司協議、而不發命令、凡其實權全屬諸州、由是觀之、聯邦條規、非一外交之會議案而已哉、

第八百六十六節　聯邦條規初以聯邦職權、委諸某議會、後以諸州代議人、議權平均、卽爲聯

邦會議、按該會議規制、每州非出代議人二名、無投票權、而代議人、亦不得出七名以上、其出代議人二名與七名者、各州均於會議得投一票、其投票也、本州代議人皆須同意、當時稱爲合衆國聯邦會議 The United States in Congress Assembled 爲該政府代議會、職權甚覺完全、蓋外交上通信及條約、督聯邦海陸諸軍、借貸金額以充公費、監視聯邦財政、定貨幣價格度量衡標準、調停諸州紛議、皆其責也、亦可謂諸州之第一政樞矣、

第八百六十七節　聯邦政府之弱　雖然合衆國會議政府、無行政權、有不免卑弱者焉、凡聯邦政府、非得九州承諾、不得決行重要事件、且以與英國戰畢、凡大利害、諸州益難强同、各地常以代議人居聯邦會議、按聯邦政府爲主要之行政樞、由諸州代議人而成、爲委員會、當時稱諸州委員會 The Committee of States 委員十三名、遇重大政治、須以議員九名以上意同、方能許可也、若聯邦政府、或徵金錢、或調兵馬、或糾公債、或與外國結約、雖有其權、皆須與諸州婉商、而不能相强、由是觀之、聯邦政府也者、豈非合衆國之咨問院歟、

第八百六十八節　完全聯合　聯邦政府、權能微弱、不足以爲國政、故終須成一完全之政府、蓋殖民地與英國戰爭未艾之時、聯邦會議、能結合諸殖民地、雖有二三州、稍怠義務、而戰爭之中、無不運動人盡力於同盟、洎夫戰局消弭、諸殖民地衰敝、蔑視信義、不顧盟誓、嫉妒之心、遂至日熾、其濱海諸州、如牛約克與牛治爾西、佛西尼亞與滅利蘭、啓關稅之爭、而馬沙諸些特、因與英戰、人民困乏、推休伊士 Deniel Shays 爲首、紛起抗償州政府、權力不足以鎮之、是欲保各州秩序平安、不能不設中央政府者勢也、觀聯邦條規施行未及十年、而新聯邦以成、亦可知合衆

國之肇造矣、

第八百六十九節　憲法與殖民地成例　然則今之憲法與政府、果何如哉、曰現今憲法、以命令爲法律有獨立權能聯邦國之憲章也、國家最上之法律也、按會議定新憲法、以千七百八十七年五月開會於飛拉得爾比亞、折衷於英國及殖民地成例、編成合衆國制度、故觀當時之議、足知英國成例、久已化爲亞美利加之慣例、蓋當年名士、設此會議、博稽諸殖民地及革命時諸州之經驗、以整理合衆國制、而成諸州通行之例也、其立法部、設上下二院、惟美國無充貴族院之人、故二院之制、與英國異、爰以拱烈克加多州之立法部爲成例、而分合衆國上下兩院、夫拱烈克加多州、以上院代表州內都市、以下院代表衆民、其時聯邦會議分二黨、甲黨欲以聯邦國會代表諸州、乙黨則欲視諸州人口而出代議士、議格不行、幸拱烈克加多成例、足以調和二黨、爰置元老院及代議院、以元老院代表諸州、以代議院視諸州之人口選代議士、蓋二院之名、當時已行於諸州、非聯邦之立法部始採用之也、其行政部之主、則倣州知事而設大統領、號曰伯理璽天德、大統領不認可權、時已定於牛約克憲法、其彈劾方法、則定自六州之憲法、諸州中又有佛伊士伯理璽天德、即副統領也、至當時聯邦會議、政府之性質、則曰司法部、曰大統領、曰兩院、鼎足而立、位望相埒、且司法部有審斷法律違憲與否特權、其與此同制者、爲諸州解釋憲法之職權、如殖民地准許狀及憲法、亙古不朽、當殖民地得定限權力之時、即有此權、然成文憲法、究在立法部所定法律之上、故裁判所據成文憲法、以審斷法律之違憲與否、如殖民地裁判所、本此原則、以審查殖民地法律之通行與否是也、若夫合衆國之最上裁判所、則 The Supreme

Court 以英國樞密院司法委員會 The Judicial Committee of the Privy Council 爲其典型、該司法委員會得審理殖民地上控之件、凡法律有與准許狀（殖民地之憲法）相牴觸者、亦有撤銷之權、（參考第七百三十六節八百二十六節）

第八百七十節　當聯邦會議以權力給新國會也、限制頗嚴、凡新立法部之政柄、以十八條限之、蓋聯邦議會專望不失舊聯邦之成效也、惟其設大統領選舉樞、則不顧從來之經驗、及英國之成例、毫不適用、未幾卽歸廢止、

第八百七十一節　右聯邦會議事業之梗概也、而試更舉其詳、按聯邦會議之事業、非由創造、不過選擇成法、以圖成功而已、誠以創造之事業、不免危險、而選擇之事業、則智識易周、其功得以不朽也、

第八百七十二節　新制度性質　以政治上之慣習、建設新制度、爲移居美國英人之特質、誠以其人爲法理所束縛、故其解釋法律、不外當時通行之理解耳、且彼等非必欲推究法理之極、惟以法律爲政治之一部、依解釋之法、以求適合於實在之公論及社會之狀態而已、

第八百七十三節　制度性質隨時論而變　欲知美國制度之性質、當博觀歷史之智識、試思一千七百八十七年制定憲法、至一千七百八十九年、遂立國民政府、以爲合衆國諸州之關鍵、然當時英國人種、法律之念、祇知實事、而不明處理、其狃於慣習、尙無國民政府之思想也、蓋衆人欲於舊聯邦之下、更圖完全之規模、明知宜聯合而不宜分離、然恐有損諸州幸福、故思減其聯合之度、以防中央政府之强大、而一千八百八十七年會議制定之憲法、卒爲人民所採用者、

非由其所聯合者、無傷於諸州之箇人而不害自治之本體哉、

第八百七十四節　聯合初念　吾觀新政府、不啻救合衆國之主也、而其初人民、或漠視之、或與之相抗、間有助新政府者亦且疑其無用、不能持久、故求其熱心以維持該政府者、除哈美爾敦政治家哲學思想之外、殊無其人、率以爲人民之膏血財產、徒爲諸州所剝蝕耳、其與獨立戰爭者、固非欲於諸殖民地上新設中央政府、亦祗求馬沙諸些特佛西尼亞各州等、得其自由、是愛國之心、不爲聯邦之全體而起也明矣、其聯合諸州之政制、豈眞視爲一成而不可變歟、

第八百七十五節　初期之分離　現今憲法其第一期之時、人心趨向、在殖民地之分離、不可不原其故也、蓋當殖民地之聯合、勢力薄弱、各州自愛之心、牢不可破、以爲諸州固相聯合、必難完全獨立、故一州倡之、諸州響應、殊有分離之勢、然自聯合既成、多歷年所、功效漸顯、遂爲衆所尊敬、迨其後威力益增、聯邦政府、卒爲國家感念大黨派之中心、於是諸州雖有妬嫉之念、亦不能阻人民愛敬之心、然則新政府者、殆以國家之感念與歷史發達而成也歟、

第八百七十六節　國家思想發達　欲知聯邦成立之初、人民意向、盍觀聯合黨 The Federalist Party 之運命乎、所謂聯合黨者、卽憲法黨、組織新政府之人也、該黨以新設中央政府爲己任、當危急存亡之秋、創建政府、以財政之信、外交之威、俾成爲雄偉政樞、其功效巨矣、然其後與贊成新憲法之衆、意見不合、至政策不爲人民所許、則以聯邦政府專制之權過大、憲法之旨、無非以諸州利益、爲聯邦政府之犧牲也、由是變起、有號民主共和黨者 Democratic-Republican 出而代之、倡議聯邦政府須嚴限權力、此固聯合黨所取之禍也、其權勢蓋不可復矣、

第八百七十七節　雖然聯合黨既敗、而當日政治實有宜行該黨之意見者、共和黨思聯邦政府之成、知當以寬廣之權與該政府、故捐其成見、卒與聯合黨政策互相彷彿、然共和黨固隨輿論爲變遷也、亦可知人民之有國家感念矣、

第八百七十八節　聯邦擴張　以鐵道與戰爭助國家思想　當諸州人民、互相割據、不顧他州之人民、故其情感之異、見識之偏、常置國家於度外、惟圖以本州之權、凌駕他州、洎鐵道布設、擴張於各地、諸州之人民共去本州而殖民於西部、交通貿易、互換知識、制度慣習、卒至相同、故一則因古殖民地本無保守之傳說、至西部新州、加入同盟、範圍自廣、一則以與英國再戰、及墨西哥紛爭、試驗聯邦政府而助其愛國之心、諸州人民始悟聯合黨政策之不謬、而不敢輕視聯邦政府焉、

第八百七十九節　奴隸制度害國家統一　最害國家感念者、爲奴隸制度、而南部與北部啓釁是也、時南部諸州工作、皆係奴隸、而北部諸州、則係自由民、故政羣之上、南北兩部意見不同、無公共之念、誠以南部之所謂國家、非北部所謂國家也、故南北兩部不能存於一政治之下、互相牴牾、而諸州之間分離之論、於是起焉、及以分離之故、而啓南北戰爭、猛烈之劇、天地沸騰、卒至二者制度、平其差異、而後已焉、

第八百八十節　南北戰爭完成聯邦　南北戰爭、所以生大變化者也、凡防遏分離、維持聯合、永廢奴隸制度、皆其近效、而其餘之功、亦有足變聯邦之本質者、然至政府之形狀、則無所變也、按南北戰爭、重大結果、在鑄南北兩部、而爲同體之國家、其戰爭之畢也、南部諸州與北部諸州、

商務印書館印行

性質感念、永久不異、遂合而成一大國民、聯邦政府、較前頓覺改觀、而舊時州權之問題、人民之念、遂凜然爲之一變焉、

第八百八十一節　現時聯邦性質　合衆國聯邦、雖以靈敏意義、成一國民、而或以爲昔日規模、盡沒於新國家之中、誤矣、今日聯邦政府、實爲民生之要樞、永作代表、然諸州特權、依然爲制度之本、吾祖若父、雖視合衆國政府與州政府、顯分爲二、試以今日政治爲之解剖、則聯邦政府與州政府、不啻二而一者也、且觀今之制度、我祖父所採定聯邦政府與州政府分掌之權、初不失墜、故南北戰爭之後、雖多增定憲章、而不歸聯邦政府管轄之權、州政府皆得掌握、且夫合衆國名實、立於諸州之上、究非謂合衆國重於諸州也、惟使其有利諸州、以維持共和主義耳、要之國民政府、爲支持聯邦諸州之主、諸州藉此而永存者也、

第八百八十二節　聯邦政府現時性質　近今合衆國政府、與諸州政府、絕不牴牾、可謂重複政府矣、雖聯邦政府、與州政府、其名各別、而不得顯分爲二、宜概稱曰合衆國政府、凡州制度及聯邦制度、已調和於公法之下、故運用之效、管轄之權、圓轉自如、無所爭競也、蓋兩部政樞、其宗旨無不同爾、

第八百八十三節　右合聯邦政府、與州政府、爲一政治樞、而州之法律、實依聯邦法律、而失其制裁之力、蓋以聯邦憲法、及該憲法所發之法律條約、爲合衆國最高法律也、然州之權力範圍、恢宏、固未嘗侵蝕而廢棄、故觀美國制度、雖以州政府屬聯邦政府之下、而實與聯邦政府比肩、並不受其命令耳、

第八百八十四節　諸州爲聯邦政府之本非行政區　夫依通例、中央政府、與地方政府、固有區別也、而不可以例聯邦政府之與州政府、蓋州內以都市郡村爲行政區、中設代理政樞、其憲法運用之方、皆歸州政府定之、故都市郡村有地方政府、而以州爲中央政府、而聯邦政府之與諸州、則初無此例、此諸州所以爲聯邦政府之本而非行政區也、蓋諸州與聯邦並立、凡管轄之範圍、全不服屬於聯邦、其爲聯邦憲法所禁者、不過特種之職權、至諸州重大之職權、不能以聯邦憲法奪之、然則地方政府與中央政府之名、所以分州政府及郡政府者、夫豈州政府與聯邦政府之謂耶、

聯邦諸州政樞職掌

第八百八十五節　聯邦諸州　欲知合衆國政治、當先論諸州之事、第一聯邦政府、自諸州典例而成、第二合衆國政務之大部、屬於諸州政治樞所執行、蓋諸州任合衆國職權之大部、凡設公義、法律權利、以定社會及法律之關係、其與人民最爲切近、故是欲考合衆國政治不得不自諸州始也、且美國諸州、如瑞西之康頓 Cantons 常以本州憲法典型示聯邦政府、(參考第五百十五節)然美國諸州、不受聯邦政府之干涉、凡管轄州內人民之權、較優於瑞士之康頓、故諸州爲制定主要法律之地、美政府之經緯、以是爲基焉、蓋國民之幸福、盡歸各州所掌、聯邦政府、惟司全體之利害、此非以各部之性質、屬於諸州、而以全體之性質、屬於聯邦政府也乎、

第八百八十六節　諸州法律性質　聯邦各州法律、由二大部而成、甲合衆國憲法、法律條約、乙各州之憲法法律也、合衆國之憲法法律條約、雖爲國內最高法律、而以公法之原則論之、實

與諸州之法律同體、不能駕乎其上、雖諸州之中、或明言合衆國憲法、爲其州根本法之一部、亦不過法式上原則而已、故由政治與法律觀之、合衆國之制度、與諸州之制度、其體用絕無所異也、且合衆國法衙與各州法廷、均有執行聯邦法律之職也、然觀諸州限制聯邦、則聯邦法律、固不爲諸州法律之所重、而依聯邦憲法之權力、凡聯邦國會議定法律、聯邦政府與州政府官吏、皆當守其命令、則該法律亦非諸州所得輕者也

第八百八十七節　聯邦法律、與諸州法律、體用相同、然諸州法衙、於本州法律、與聯邦憲法、關係不同、蓋本州法律、諸州法衙得加確解、而聯邦法律、不得爲之確解、有聯邦法衙以督其吏也、

第八百八十八節　觀諸州裁判所、解釋聯邦法律之職權、則美國制度可概見矣、凡州裁判所之訴件、若疑州法律與聯邦憲法牴觸、州裁判所得自由判斷、及有申明其判斷違憲者、方能辨其是非、若其判斷果與聯邦憲法相符、則修正州法律、須付聯邦法衙審議、是聯邦法律、非與諸州法律、全相分離、除聯邦法衙之外、不得執行者、故諸州成法律之一部、分州裁判所、得宣言其法律原則而施行之、惟州裁判所判事、確背聯邦法律、而回護本州法律、則聯邦法衙得斥其偏見而謹守聯邦法律、故欲統一法律、以維持特權、必以聯邦法衙爲定判也、

第八百八十九節　州法律範圍　夫美國制度、諸州管掌政權之廣大、不煩深思而得也、竊觀聯邦政府管掌之職、本質之權能、旣大、憲法之條目亦宏、返而究夫諸州政權、似較聯邦爲輕、然誠潛思而詳攷之、其包含之廣、自有不容蔑視者、欲知其權力分配之故、苟舉若者屬於聯邦、若者屬於諸州、分析而列舉焉、其獲益非淺尠矣、

第八百九十節　聯邦立法權　合衆國憲法、首以其權與聯邦國會者如左、凡爲維持聯邦政府償還公債、防衞國家而徵收租稅進出口稅國產稅與糾集公債等是已、而課稅及糾公債之權諸州亦有之、但進出口稅及課國稅專屬聯邦政府之權、爲諸州所無、然區別聯邦政府及州政府之權能者尙不在此、而在下文數種、如監督合衆國貨幣制度維持郵政局及郵政線路許可專賣權版權、處分海洋罪犯違背外交法罪犯、訂外交約監督合衆國兵馬宣戰定外國及諸州間之貿易等權、皆是此外聯邦政府尙有定歸化法破產法權、然不專屬聯邦、若聯邦國會不能不精心規定諸州得自用相宜法律、要之聯邦政府凡關合衆國全體利害、不能以一州一邦之權、而調和統一者、始有其權、其餘權能統歸諸州也、

第八百九十一節　禁諸州權　聯邦政府專掌權能以外、又有以合衆國憲法、禁止諸州者、則爲發布同姓爲婚案、制定破棄契約之法律、授貴族爵位諸權、此外諸州非與聯邦國會意同、不得課進出口稅平時不得置軍隊軍艦、不得與外國或諸州結約非迫於危難不得開戰、合衆國憲法所禁諸州權能如此、然諸州所占之政權範圍、初不受其損害也、

第八百九十二節　諸州權　右以聯邦憲法禁諸州之權能也、而以諸州立法部廣大特權、與之比較、則所禁止者、亦甚狹矣、今按諸州立法部、凡人民之政治上宗教上權利、一依諸州法律而定、而教育事務人民選舉權、結婚條例、親子及夫婦之法律、家主之家僕權利、諸社會長與代理人法律、局規借貸規保險法、亦歸州立法部掌管而議定、若除聯邦政府所掌財政與其餘職權外、其都市局或私局之規模、及監督使用財產而爲商買契約諸權、亦屬州立法部、且除外交

商務印書館印行

罪犯海上罪犯及國事罪犯外編制其餘刑事法律、亦屬州立法部之權、則州立法權、豈不廣大矣哉、

第八百九十三節　美國制度、管轄諸州法律之大權如左、曰據現世紀人心所嚮十二大立法事、考其權之歸聯邦政府者、南北戰爭以前之憲法、惟一件、南北戰爭以後修正之憲法、則二件、按英國十八大立法事、第一解禁梭歷克教徒、第二改革國會、第三廢止奴隸、第四改正貧民法、第五改正市制、第六廢止穀物條例、第七猶太人得選爲國會議員、第八廢止愛爾蘭教會、第九改正愛爾蘭土地條例、第十設定國家教育、第十一採定匿名投票法、第十二改正刑法諸件也、右除廢止穀物條例、及廢止奴隸制度外、其餘十件、既移於合衆國、全歸立法部權內、而奴隸制度、南北戰爭以前、全屬州權、其歸於聯邦政府也、實由戰爭後修正憲法、由是觀之、美國制度、立法部權能之大、不可大驚耶、

第八百九十四節　州憲法之非憲法　合衆國之諸州法律、其最可異者、在憲法與通常法律相淆、蓋憲法爲建造政府之法、以定政府職掌、而私法則係人民之法律、不在憲法範圍以內、守此原則、則聯邦憲法自得强固、奈諸州新編憲法、初不準此、而以通常法律之所定者、載於憲法之中、如運河道路、凡州有財產、處分州之公債、或因私債叩留財產之額、及其種類諸例、以及嚴禁人民消費物法律、發賣酒精之類、本爲通常立法部所定、而諸州憲法、何掠奪其事、習以爲常哉、

第八百九十五節　立法不信　美國憲法、所以侵通常立法之範圍者、誠以諸州人民、以通常

立法爲不足信、常有廢止之慮、故欲以某種法律、加入憲法之中、以圖永久耳、按以通常憲法、加入憲法之中、人民有投票權、與瑞西列福林達票決法相似、（參考第五百二十一節第五百十七節）夫以人民投票、規定憲法、固合衆國之慣例也、而通常法律亦行此例、則爾後更變亦須票決、自與憲法本體無異、此發布重要法律、所以必待人民之參與乎、

第八百九十六節　觀合衆國憲法條章、其政府大體、雖永久不變、而諸州之憲法、則隨社會情事時有變遷、故失憲法之面目、致與通常法律相淆、而不能鞏固、蓋其所草定者、多與政府之職掌無涉、惟以私人之利害通常之事物、立爲憲法、故異日屢須更改、與通常法律無異、其弊害所至、豈不使立法事務紛糾無當也哉、

第八百九十七節　聯邦中數州有與瑞西列福林達制相類者、但非必有意摹擬瑞西耳、如維斯拱星州 Wisconsin 之憲法、其諸銀行、以州法律創立、其疑慮者、須人民票決、美尼沙達州 Minnesota 憲法、以人民投票定鐵道規則及改良內地本金、是已、列福林達、所以不爲善制者、以人民少政略智識也、且以人民而票決政略、則立法者之責轉輕矣、

第八百九十八節　修正憲法　諸州憲法、與聯邦憲法、當修正之時、均宜愼重辨理、以憲法之力、視通常法律、較爲高大也、且美國憲法、以人民制定、凡諸國之政廳官司、及人民之身、皆爲之羈束、則其變更憲法、豈不當熟議而審處乎、

第八百九十九節　英國修正憲法、與通常立法、初無區別、（參考第七百三節）蓋遇國民、皆望變更、則國

商務印書館印行

會當以通常之法律案、變更憲法之原則、夫諸國憲法、其大部悉由成例而成、若其國憲法、由國會法案與敕令而成、則廢棄成例也既易、其變更憲法自爾不難、雖英屬此種之國、而其變更憲法實不易易、殆其人優於保守而不廢舊習歟、至於法國、其修正憲法亦與通常立法無別、凡議定有關憲法之法律、合上下兩院爲一院、開國民議會於維爾塞 National Assembly 以議定之、（參考第三百十八節）若德意志修正憲法、其聯邦參議院修正案所須投票之數、與通常法律案異、蓋參議院若有十四投票反抗、則撤銷該案、（參考第四百四節第四百六節）而合衆國與右諸國均異也、凡修正憲法固與通常立法不同、而其權力辦法、悉由人民投票決之、

第九百節　豫備修正憲法　諸州立法部、不得獨行修正憲法、凡州立法部、欲修正憲法、須召集人民會議、而其宜召集與否、亦須人民票決、若人民許其召集、則以普通選舉而舉會議議員、及立會議而行修正、亦以其所議決者、使人民票決、以維持昔日憲法、今諸州發議、以召集人民會議、必待州立法部兩院議員三分二贊成、始使人民投票、定爲常例、

第九百一節　發議修正憲法　雖然諸州立法部其發議修正憲法、亦有不待人民會議者、如某州以議會多數之投票、而爲修正之資、大都以兩院選出議員三分之二、或定數五分之三、投票爲准、然無論何州、當修正之條件、編入於憲法之先、必須人民之決票、又諸州立法部發議修正憲法、除人民決票外、須待立法部二期會議、詳定可否、或經一期會議、卽行決定、使人民投票、至第二期會議、再行決定、而修正憲法、

第九百二節　右修正憲法之辦法、諸州細則各異、如威爾猛多州、Vermont 惟上院有修正發

議權、十年間不得修正二次、拱烈克加多州、惟下院有發議權、一會期中發議修正之憲法、其條項數目多有限制、而某年限中使人民票決修正之次數、與以修正之議、使人民票決之方法、亦有限制、要之凡變更憲法、必以人民投票之多數而定也、

第九百三節　右修正憲法紛雜難行、其實不必然也、蓋諸州無眞憲法、故以屢須變更之法律規則、爲州憲法、常使人民更正、是修改憲法、亦易易矣、故牛巴布西亞 New Hampshire 州之憲法例以七年使人民投票以決憲法當修正與否、而亞伊瓦州 Iowa 十年、美西干州 Michigan 十六年、牛約克、阿哈瓦、佛西尼亞、滅利蘭 New York, Ohio, Virginia, Maryland 諸州、以二十年行之、

第九百四節　諸州法律牴觸　從人事之關係、以定生產之營業、其爲日用之利害也大矣、若以近代政羣發達、遠過古時保守之力、因而法律全部、任各州制定施行、其弊豈淺鮮哉、夫當聯邦憲法布發之初、諸州隔不相通、行旅商賈、不能往來、以限於地理、故法律互異、尙可相安、洎近世鐵道電線、推而彌廣、旅人商店、徧乎僻壤、諸州疆域、亦可謂鎔合而無閒矣、然商賈產業雖相聯合、而法律各殊、諸州之中、能不交相軋轢乎、

第九百五節　諸州法律牴觸之弊　諸州法律、駁雜不同、爲我國民之禍害、民生久大之利益、莫不因之喪失、其閒被害、尤以婚姻爲最深、如甲州婚制廢弛、丙丁二州、雖守古代嚴密之規、而制度淆雜、勢必漫無紀律、況諸州法律各異、離婚結婚、必至苟且、其流弊可勝道哉、

按當時離婚、夫婦各遊一方、若原告於所遊之地、呈請離婚、不待被告面質、訟亦得直、是被告

商務印書館印行

未經答辨、而其訟已敗也、故有不知其事、忽爲離婚之身者、於是男游數州、常蓄多妻、女游數州、亦嫁多夫矣、

第九百六節　租稅一端、諸州之法律亦異、故財政之發達、害亦甚深、如甲州課特種之稅、驅除某種產業、乙州轉免稅而獎勵之、且諸州或有肆行苛且稅則、以害某種產業、妨資本運用者、總之諸州之間、合羣之法則既異、商賈貿易之上、遂來紛雜之弊、蓋某州監督較寬於他州、則其人民得營他州所禁之業、以害他州人民也、

第九百七節　若夫刑事法律、諸州亦異、故其罪犯、羣聚於法律寬縱之州、監督罪人之法、幾無可施、其負債之法律、甲州與乙州、寬嚴繁簡、亦不同度、故人多無信、夫商業所以繁盛者、實在立信、制度之不善、何足以言國計哉、

第九百八節　破產法　今合衆國一千八百八十八年法律弊竇、最爲國人所慮者、破產法是也、自千八百七十八年、廢止千八百六十七年之破產法、沿至今日、聯邦國會未嘗制定、故債主與負債人紛亂無歸、第此非制度之弊、實由聯邦國會怠慢之所致耳、

第九百九節　發議改革　然合衆國欲保統一之權、必於法律定簡明之制、若州與州異、駁雜破碎、卒難統一、熱心改革黨、由是起焉、該黨欲以修正憲法、制定法律之權、委之聯邦國會、而增進利益、故其倡議、皆擴張聯邦政府之權也、

第九百十節　論弊過激　然論諸州法律之牴觸、事務之紛雜、往往有過激者、亦不可不察也、蓋法律之混淆、不在於原理、而在於形式與辦法、故知其不便而惡其紛雜者、惟法律家爲最甚、

試綜諸州法律而觀之、其統一之點、究視相違之點爲多、故諸州遵英國普通法、以制法律、雖新附諸州、不無少異、要皆準據舊州法律、以制法律者也、試觀諸州裁判所、皆引用他州法廷之判決、互相參考、遵守成例、其於英國法廷之判決也亦然、如財產法、諸州惟以一法理爲基礎、其古法積弊、早一掃而空也、至土地法、遺囑法、無遺囑嗣續法、寡婦受產法、叩留財產、及其餘請求規則、夫妻財產利益之區別、及非封建主義之借地法等、諸州皆同、其餘諸種契約、公共運輸、賣買、讓與、證書等法律規則、諸州法理基礎亦同、而吾人日慮其牴觸者、亦遇紛擾之處、始覺其困難耳、然其法律之雜駁者、適以啓改正之機、而道德之念、與損益之習、由此而成、蓋國家政羣既盛、則結合之力、公共之心自增、其齟齬之患、有消滅於無形者矣、

第九百十一節　諸州中惟爾查亞奈及 Louisiana 墨西哥 New Mexico 其法律獨與他州異、以羅馬派之法蘭西西班牙民法而制定者也、然至今亦與各州法律相近、異日統一、不可預卜哉、

第九百十二節　諸州法律　貿易　合衆國結合、久而彌固、其國民之念、利害之源益明、故前日之狹隘範圍、漸以廣大、地方產業、自然發達、遂合諸州而成至大之權力、以設通行之例、於是以定諸州貿易之例、任諸聯邦國會、實以憲法議會之權與聯邦會議也、卽當時諸州紛爭一大原因也、沿及於今、合衆國鐵道電線、統歸聯邦政府監督者、悉由於此、按聯邦法律惟貿易限於一州者、諸州得自行定例、其餘聯邦國會管轄之權、不容諸州干涉、聯邦國會以聯邦法律定諸州貿易河海之制、監督陸路橋梁等事、無論諸州、何種法律、苟有關於交通與貿易、而定稅法及

商務印書館印行

特許規則、皆得以聯邦法律、排斥之、不使通行、

第九百十三節　郵政電信　助聯邦國會掌諸州貿易權力者、設郵政局及郵政線路也、該國會、得以合宜方法、謀路州電線之利、若遇有妨便利之時、則得以一州之權力、破棄他州特權、而別爲處置、此以聯邦政府爲監督諸州之交通樞、必須之權力也、

第九百十四節　右聯邦國會合衆國貿易之權、以貿易擴張而益大者也、至今國內電信、盡歸聯邦、而監督鐵道權、亦以日盛、一千八百八十七年、設立諸州會議委員會 Inter-State Commerce Commission　凡旅客貨物、鐵道運費漲跌不當、留意防遏、該委員會今爲緊要司法樞之一、監督聯邦政府之良法也、（參考第一千一百二十一節）

第九百十五節　公民權　合衆國公民權、有重複之性焉、凡有公民權者、合衆國公民、卽所屬州公民、非某爲合衆國公民、而某爲所屬州公民也、故美國公民權、初不分爲二部、若違州法律而加刑罰、與違聯邦法律無異、其服從政府之義務亦然、

第九百十六節　合衆國人民、比諸外國人民、其久居一處者少、由此遷彼、相習成風、亦其公民權、由某州移於他州、法頗易耳、如甲州人民、徙居乙州、不過數閱月、卽得該乙州公民權、而合衆國之公民權、毫無變動、可無論矣、至得選舉權、其住居之限期、或三月、或二年、六月、然以一年爲常例、

第九百十七節　合衆國公民權一事、頗有混雜之處、不可不知者也、蓋美國諸州法律、多以置財產權與外國人、且外國人聲明入籍、亦與以選舉權、（參考第九百三十七節）故不惜以公民權廣與外國

人、則本國人民、與外國人民、最難區別也、若入籍未確之人、甲州與以公民特權、徙之乙州、而乙州拒之不得以曾得甲州公民權援以爲例、按合衆國憲法、雖各州得定公民特權、及准許、而正式公民權、必以聯邦法律定之、凡有此正式公民權者、無論移住何州、常得公民特權及准許、惟選舉權、任各州之章程許與人民、然決不致與民主政治相牴觸也、

第九百十八節　入籍　入籍者、外國人得有公民權之謂也、其定入籍之法、則以聯邦憲法、任聯邦國會行之、諸州無其權也、蓋與外國人以公民特權、事體綦重、故諸州不得任意以其權與外人、（參考第九百三十七節）按合衆國入籍法、凡外國人欲爲合衆國公民者、須呈請於所居之州或裁判所、給以公民證書、該證書所以示其爲法律上正式之公民也、當得證書、須先立誓爲忠實公民、若係貴族、併棄其貴族權利、且得公民證書者、須住居合衆國經五年以上、其給證書裁判所地、或其屬地、住居一年以上、而二年之前、須預在裁判所誓爲歸化公民、

若外國人未成丁三年前來合衆國者、欲爲入籍公民、不須誓言、或外國人已依正式、誓爲入籍公民、未得證書而死、其寡婦及未成丁之子、但須誓爲公民、卽得入籍、而外人之子、現居合衆國、當其父母行宣誓式、年在二十一以下者、得由父母入籍、以爲公民、

第九百十九節　德意志及瑞西、諸州皆有自由公民權、各州公民權、卽聯邦之公民權也、（參考第四百三十七節五百二十六節）雖然、歐洲諸國入籍之便、實倣合衆國法、以全世界人民爭赴美國、亦德意志瑞西所不願耳、

第九百二十節　合衆國入籍法、與世之通常同盟政府、政治不同、蓋通常同盟諸州、無同盟公

商務印書館印行

民權、惟合衆國公民權、得由此州移於彼州、依諸州間交際禮儀、其公共法律、初無羈束也、

第九百二十一節　諸州中央政府　諸州政府之權力、皆以州之成文憲法爲本也、該憲法由議會（代表人民）起稿、人民投票採定之、故稱曰人民憲章、然觀聯邦政府、準十三舊州政府典例而成、則聯邦政府之模範、亦諸州政府之所賜也、故諸州政府與聯邦政府權力出于制定憲法之人、其根本法律、豈非由憲法而定乎、

第九百二十二節　熟察諸州與中央政府之規模、其全體無殊、如三權鼎立之制、分立法行政司法三部、位望相埒、諸州間相類者也、其以諸州憲法定三部分離之局、遠勝於以聯邦憲法定聯邦政府之權力也、豈不然哉、

第九百二十三節　諸州立法部權力　諸州憲法、以聯邦憲章所無之權力、補其不足、蓋諸州之立法部、有不屬於聯邦國會之立法權也、雖然諸州憲法、究無某種嚴重之權在立法部之上、如以政治世襲特權、專與箇人或某階級人、以及削減人民之生命財產自由諸權利之權、雖不必以憲法禁止、立法部決不敢行、恐招物議、以失其位望也、蓋共和政治之主義、由英國大憲章發布、美民愛之日深、若或背之、其立法之人、斷不能再選而爲議員、固不待智而後知耳、

第九百二十四節　立法部限制會期　諸州憲法又有限制立法部者、恐其德義雖優、短於才識、不免權力誤用也、故諸州憲法、皆防立法部法律偏私、而限制其會期、如立法會議定例每二年召集、或州長官臨時召集、皆依議會三分二與五分三投票而展限期、非有特別事情、議會會期、不能超乎定數也、諸州憲法又以立法之方法、詳設定例、以警立法部之放肆、如會期之後、禁

提議案、定議案形式、爲一事一議、一案中禁兼議二案、并示以討議之方是已、

第九百二十五節　其餘限制　右諸限制外其立法之例在立法部管轄之外者也、如非憲法而包於憲法之中者、某種財產禁以私債叩留 Homestead Exemptions 及其餘之禁令皆非立法部所宜干涉、（參考第八百九十四五節）實與權利法典同有限制者也、而諸州憲法又以團局法歸裁判所創立、限立法部之權力、凡設團局者向裁判所呈請焉、

第九百二十六節　諸州立法部、會期不同、以四十日爲限者、哥羅拉多及治瓦茄州、Colorado, Georgia 以九十日爲限者、滅利蘭及佛西尼亞州、而通常多以六十日爲限、十三舊州中、除以上四州外、立法部會期俱無限制、又十三舊州內八州、禁以特別情形、特別之人、定特別規則、凡偏私法律、不能通行、然合諸州而觀、其立法部限制嚴密者、惟新諸州爲多、

第九百二十七節　諸州立法部非主權體　觀右所述、可知諸州立法部非主權體也、其主權亦在人民而已、按諸州政府、實與某種團局相似、其由憲章權限以成立法體、限制嚴明、故美國制度、惟裁判所位置權能高大、莫並足以解釋憲法、凡立法行政、皆以此爲準也、

第九百二十八節　立法部規模　諸州立法部、皆分二院、元老院 Senate 代議院 House of Representatives 是也、元老院議員任期四年、每二年改選半數、代議院議員、任期二年、夫諸州立法部、雖分兩院、而非如聯邦國會之元老院與代議院性質各異、按制定聯邦憲法者、實取則於拱烈克加多州、以定聯邦國會之基礎、誠以該州立法部、以上院代表都市、以下院代表衆民也、（參考第八百六十九節）今則已廢此制、其餘諸州、亦以上下院代表衆民、惟議員之多寡不同耳、觀州內

之加温志得出下院代議士數名至撰上院議員、則合數加温志、爲一選區、僅出一名、則上院議員之少、不可知哉、

第九百二十九節　諸州立法二院之制　右諸州立法部、雖制分二院、然與聯邦立法部二院之制迥殊、聯邦立法部所以設二院者、一以代表合衆國人民、一以代表聯邦諸州也、而諸州立法部分設二院、則惟愼重立法事務而已、蓋二院議員徑由人民選舉、使代表選舉區、以審議法律案輕率之弊耳、故謂諸州二院、非係於政治之原理、而惟圖立法之鄭重也、夫豈誣哉、

第九百三十節　雖然、聯邦諸州立法部二院之制、尚有歷史與人爲之故焉、試先舉歷史論之、夫諸州立法部上院、始於古殖民地加温西爾 Council 以助知事、今主義雖異、而淵源自明也、按古殖民地會議、曰加温西爾、由行政部分出、爲行政部之一部、茲不具論、至若所謂人爲者、則今之制度、無非模倣英國者、當百年前、其以自由政治施於世界、成强大政府者、惟英爲合衆國之母、故獨立時代、政治家制定美國憲法、皆取則英立法部、是後其立法部規模、遂爲自由政治國之圭臬焉、雖然美政治家模倣英國制度、而兼參古之羅馬希臘、以設二法院者、亦自然之勢也、

第九百三十一節　歷史成例　希臘羅馬英吉利三國、實爲世界開闢之先聲、設立法院、當時以元老院代表貴族及長老、Elders 而助國王、其議員爵位權勢、足以指導國政、厥後以立法體代表人民、設庶民院與貴族院相埒、國中立法部、由此二院而發達矣、按美國政治家倣法英制、以設立法院、蓋自英變法以來、凡國中立法實權、俱歸於庶民院、故美國倣之、然其變化實以羅

馬希臘爲濫觴也、

第九百三十二節　元老院代議院議員任期　元老院與代議院、舊諸州、與新造諸州、憲法不同、如馬沙諸特州、及羅多亞伊蘭州、任期一年、而牛治爾西上院議員任期三年、其三分之一、每年當下院選舉議員時、改選之、下院議員任期一年、其餘諸州上院下院任期共一年、獨爾治亞奈 Louisiana 州、上下院議員任期皆四年、

第九百三十三節　議院名稱　立法部名稱、諸州不一、如牛約克州、曰愛賽勃留 The Assembly、佛西尼亞曰諦列克 The House of Delegates 牛治爾西、曰賽尼拉愛賽勃留、The General Assembly 皆上下議院之通稱也、

第九百三十四節　議員資格　議員資格、諸州大體相同、凡立法部議員、必須以公民、居州內選舉區至一定年歲、諸州之通例也、其所異者、惟議員年歲及居住年月長短而已、

上院議員、由二十一歲至三十歲、下院議員由二十一歲至二十五歲、諸州大率如此、獨達羅亞州議員、則以財產資格、爲該州上院議員者、須有二百耶克爾地與一千鎊以上動產、

第九百三十五節　立法　諸州立法部立法之規則、與聯邦國會相同、以代議院議長整理之、其議長、由議院自舉、元老院、以副知事爲議長、Lieutenant Governor 副知事之於諸州政府、猶合衆國副統領之於聯邦政府也、蓋以副知事、臨時代理知事耳、

第九百三十六節　常任委員會　諸州立法部由行政部分立、無指導之人、故設常任委員會、凡預備立法事務、悉以委之、立法部之會期及決議、有監督權、初諸州立法部、爲聯邦國會之典

商務印書館印行

型、而其制度、實以英之國會爲準、使聯邦國會、與諸州立法部相同、及其發達也、常任委員會責任益重焉、

諸州依憲法、以議案委常任委員會、非經常任委員會、審查報告、該議案、不得議決、

第九百三十七節　選舉權　兩院議員依諸州憲法、凡公民二十一歲以上、有選舉權、若某州、則外國人二十一歲以上、宣誓爲合衆國公民、而居州內者、亦有選舉權、其十州、凡公民及州內住民 Inhabitant 皆有選舉權、其居住州內年限有定例、（短者三月長者二年半）而住居於加溫志及選舉區者年限亦有定例、某州又有納稅資格、然非憲法之公例也、

第九百三十八節　拱烈克加多及馬沙諸些特二州、其選舉權、以知州法律之人爲限、若罪人癡癲、無選舉權、爲美國通例、其賭金錢者、奪選舉權、惟弗羅利州、賭選舉之罪犯、永奪選舉權、其餘數州、決鬬者奪選舉權、

第九百三十九節　諸州憲法、兩院議員選舉權、多以男子爲限、惟馬沙諸些特、美列沙達及哥羅拉特三州、選舉學校人員、女子有投票權、華盛頓、和華明克 Wyoming 及猶大亞 Utah 三領地、凡選舉婦人、皆得投票、干沙斯市會、Kansas 女子亦有選舉權、而華盛頓領地、Washington Territory 至一千八百八十九年七月一日、凡們他納北達哥他南達哥他 Montana, North Dakota and South Dakota 並入州列、

第九百四十節　州之諸裁判所　裁判所職權、互相關係、其法律諸州各異、茲試舉其大體論之、亦以諸州法律、各節紛雜、必不能以一州制度、而推及諸州耳、

第九百四十一節　美國諸州裁判所、與德意志聯邦諸州不同、（參考第四百三十六節）蓋美國諸州裁判所、位居獨立、以行管轄之權、其規模及施行法權、不受聯邦法律之干涉也、該裁判所種類、上下等級自備、故由諸州裁判所上控於合衆國裁判所者、惟關聯邦法律、或非州裁判所管轄之人耳、（參考第八百八十八節第一千八十二節第一千八十三節）

第九百四十二節　諸州裁判所、特異之點、可稱曰土著制、Local Attachment　蓋其判事、非命自諸州中央政府、由地方自行選擧、故裁判官亦與立法部議員、各有選擧區、凡裁判官、概負選擧人之責、非受官責、而受民責也、故諸州裁判所之職掌、初不服從於上官廳、是其中央政樞、亦一地方政樞而已、除以法律齟齬、由下級裁判所上控於上級裁判所外、豈能互相結合哉、

第九百四十三節　右以司法樞合地方性質、爲美國政治之特性、亦地方政治之最著者也、蓋地方制度、以普通法律規定大體、勢極自然、故其所行、非中央政樞得干涉耳、

第九百四十四節　普通法裁判所　按諸州裁判制度、分通常法權爲四級、世稱爲四級裁判所、第一治安裁判所、Justices of the Peace　凡保安警察小罪、及小額民事訴訟、有管轄權、若重罪事件、有豫審權、得其罪證、則移於上級裁判所、蓋維持公安之職也、該裁判所、獨立而行職務、至今英國治安裁判、失高等司法權、溯英國治安裁判所名實、倣美國凡治安裁判所之判決、得上控於上級裁判所、

都市尹裁判所、Mayor's Courts　凡審判刑事訴件、其位階管轄權、與治安裁判所同、

第九百四十五節　第二郡及都市裁判所、County or Municipal Courts　是審理上控治安裁

商務印書館印行

判所、及市尹裁判所之件也、其裁判權、高出治安裁判所之上、凡民事訴件、鉅數金額、刑事訴件重罪、皆屬焉、

本級之裁判所、若在大都市中、更有高等管轄之權、與高等裁判所同、若牛約克、牛治爾西及開他基三州、郡裁判所、猶存英國四期法廷之名、

第九百四十六節　第三高等裁判所、Superior Courts 以審理上控郡及都市裁判所之件也、亦審理上控諸下級裁判所之件、而民事刑事訴件、且有高等初審裁判權、蓋其下諸級裁判所、其管轄權、顯然以小區域爲限、至高等裁判所管轄區域廣大、得於諸州而開輪流裁判所焉、稱高等裁判所曰輪流裁判所、諸州之通例也、但稱爲地方裁判所者亦多、District Courts 凡高等裁判所、諸州多特置判事、獨美因及牛亨布西亞州、以最高裁判所判事、輪流而開設高等裁判所、

第九百四十七節　某州分刑事管轄權、與民事管轄權、而設民事高等裁判所、刑事高等裁判所、如牛約克因審判民事、而置輪流裁判所、因審判刑事、而置刑事高等裁判所、阿耶爾裁判所、他爾美納裁判所 Courts of Oyer and Terminer 是也、而得基沙斯州、亦以民事設地方裁判所、以刑事、設地方刑事裁判所、District Criminal Court 若朋西爾巴尼亞、有四期法廷、爲高等裁判所刑事法廷、實采英制、其民事別以民事法廷 Courts of Common Pleas 審判之、達羅亞州、亦別置刑事高等裁判所、曰底利巴利 Courts of Gaol Delivery

第九百四十八節　第四最高裁判所、Supreme Courts 諸州最高裁判所、概無初審裁判權、惟

審理上控之件而已、凡上控高等裁判所及其餘下級裁判所事件、歸其審判、（除小罪小金額之訴件）

第九百四十九節　諸州中五州、最高裁判所上、又置一裁判所、如牛約克州、設控訴院、Court of Appeals 以正最高裁判所判決之誤、牛治爾西高等輪流裁判所上、置最高裁判所、復置控訴院、Court of Errors and Appeals 爾治亞、拿與牛治爾西異、則控訴院之上、置最高裁判所、利喏伊斯州、Illinois 地方控訴裁判所上、置最高裁判所、開他基州最高裁判所上、置控訴院得基沙斯州、設二最高裁判所、一曰最高裁判所、以判民事訴件、一曰控訴院、以理郡裁判所刑事民事訴件、

第九百五十節　哥侖比亞州 The District Columbias 凡最高裁判所判決之案、上控於合衆國最高法院、The Supreme Court of the United States 請其覆審、

第九百五十一節　控訴裁判所名稱、Court of Appeals 滅利亞伊蘭佛西尼亞、威多佛西尼亞三州皆用之、

第九百五十二節　十三舊州中、牛亨布西亞、馬沙諸些特、羅多亞伊蘭、牛約克、牛治爾西五州、及美因州、其最高裁判所、制度不善、凡訴件初審裁判權、與上控審理權、皆屬焉、

第九百五十三節、美國大市中、凡上級下級裁判所、悉備規模、與諸州彷彿、如巴爾志摩亞市、自最下級裁判所、至最高裁判所、與州裁判所同、稱最高裁判所曰巴爾志摩亞市之高等法院 Supreme Bench of Baltimore City 云、

第九百五十四節　衡平法裁判所　按英國合衆國、皆有衡平法裁判所、斯多利氏曰、衡平法

商務印書館印行

裁判所、行補救之公義、Remedial Justice 所以補救普通法裁判所者也、該法、昔以英王保管、The Keepers of the King's Conscience 設大法官 Chancellors 常發命令、以補救普通法律未定之例、（參考第六百六十六節一千一百八十九節一千一百九十節）初大法官以僧官充之、其法傳自羅馬、與後世大法官辦法不同、然後世大法官、雖不似僧官、而其主義及特權、初無所異也、

第九百五十五節　普通法與衡平法融化　雖然自世運進化、英國衡平法與普通法、互相融化、恰如羅馬齊準西亞法 Jus Gentium 之與西路西比法 Jus Civile 矣、（參考第二百六節二百八節二百十二節二百十六節）於是合衆國諸州、遂以一裁判所而行衡平法普通法權、若某州二法權辦法、至無所區別、然合諸州觀之、則二法權概有區別、惟最高裁判所、高等裁判所、有衡平法權、而亞拉巴馬、達羅亞、美西千、美西比、牛治爾西、得烈西、佛們多諸州、迄今尙有特別衡平法院 Special Chancery Courts 云、

第九百五十六節　衡平法裁判辦法、與普通法裁判不同者、其法廷證明、不用面質、而用紙狀、其判斷無陪審官、以判事專決、凡衡平法管轄之訴件、係信託過誤作譌等弊、不能以普通法補救者也、

第九百五十七節　遺言裁判所　合衆國諸州、皆有遺言裁判所、專爲遺言證書處分遺產後見人（受託孤之人）管財人等而設也、且有理處孤兒財產、死亡遺產之職、但此等職權、諸州多以通常裁判所兼之、

第九百五十八節　英國遺言裁判權、自昔爲宗教裁判所之特權、故二州遺言裁判所官吏、有

代僧正之名、如治華查州、曰河底奈利裁判所、The Court of Ordinary 卽寺院判司裁判所、牛約克州曰沙羅圭多裁判所、The Surrogates Court 卽宗教判事代理官、而牛治爾西州、曰布列羅額伯、The Prerogative Court 卽特權裁判所、亦以宗教特權故也、其餘諸州、皆曰孤兒裁判所云、The Orphan's Court

第九百五十九節　判事　諸州判事、皆歸人民公選、惟某二三州、以州立法部選舉之、達羅亞州由知事任命、其他則由知事之指名、歸元老院任命、

最高裁判所判事、歸全州人民選舉、爲通例、至輪流裁判所、地方裁判所、郡裁判所、都市裁判所、及其他裁判所判事、歸裁判區內人民選舉、

總之判事任期短則二年、長則視其任內善否、以定去留、

第九百六十節　牛亨布西亞、達羅亞、馬沙諸些特三州、高等裁判所判事、無過得保其任、而羅多亞伊蘭、哥侖比亞二州亦然、要之諸判事、在上級裁判所、則任期長、而下級裁判所、任期短也、

第九百六十一節　判事資格　諸州法律、判事資格、不甚嚴密、惟八九州、用法律專門家、其餘六州、則以學習法律者爲及格、然據從來慣例、及人民輿論、則舉專門法律家、以爲判事、又有年齡資格、由二十五歲至三十五歲、或必須居住州內、諸州不同、各裁判所判事一人、惟最高裁判所則一人以上、

第九百六十二節　屬州裁判所之行政官、曰西耶利夫、The Sheriff 非由判事任命、歸人民公選、負人民之責、與判事同、而裁判所書記、亦由人民公舉、

第九百六十三節　聯邦司法制度、與西耶利夫位望相埒、而聯邦馬沙亞爾位置、Marshal 與西耶利夫實異、蓋馬沙亞爾由合衆國大統領任命、負中央政府之責、故爲中央集權司法之一部、而西耶利夫係地方司法樞、與中央集權無涉耳、The Bailiff

第九百六十四節　諸州行政部　諸州行政部規模、最爲紛雜、不能綜核也、據諸州法律、州政府之行政官、非如瑞西爲立法部從官、而亦非如英吉利、有指導立法部、美聯邦政府、有監督執行法律之責、蓋諸州行政部、雖以統一法律、有監視權、爲協贊報告之本、居最高樞、而實無監督之權位、故諸州之行政權、準法律而分諸地方政治樞、其屬州首府之中央官廳、亦徒有監視名而已、

但諸州知事之不認可權、與右說異、以知事實有大權也、右說第指行政權本部而言、除知事不認可權外、其餘行政權、皆分諸地方政樞、無中央集權之狀

第九百六十五節　諸州無中央行政官、如知事 Governor 官、諸州皆設、二十七州、更置副知事、Lieutenant Governor 而州尙書 Secretary of State 出納官 Treasurer 檢視長、At-torney-General 亦諸州皆設、若監督學務官、Superintendent of Education 檢查會計官、Auditor 亦設之者多、其十一州、又設公布多羅拉 Conptroller 檢查會計官、學務局、而馬沙諸些特牛亨布西亞及美因三州、則更置行政會、Council

第九百六十六節　諸州內、更設小官、如典獄 Superintendents of Prison 土地局主簿 Regis-trates of Land Office 監督工作官 Superintendents of Labor 農務尙書 Bureaux of Agriculture

監督鑛山委員 Commissions of Immigrations 監督移民委員之類是也、此等諸官諸州政府制度不一、其職掌隨州而異、或設新官、或廢舊官、

第九百六十七節　知事任期、諸州皆二年或四年、獨馬沙諸些特、羅多亞伊蘭二州、則一年、牛約克及牛治爾西、則三年、其設副知事諸州、任期與知事同、一切資格亦同、

第九百六十八節　知事副知事資格、大概如左、凡二年至二十年有公民權、而居住本州十年者、得爲知事副知事、其年齡以二十五歲至三十歲爲限、美因州知事、必須生長本州之公民、馬沙諸些特州知事、須本州內有千鎊價額之財產、

第九百六十九節　知事之外、諸州重要官吏任期與知事同、惟財務官州尙書檢事長諸官、任期稍長、而其資格種類甚多、非一定也、

牛約克州知事副知事、任期三年、其餘諸州、二年而已、

第九百七十節　按官吏久任、諸州憲法所不許也、蓋初殖民時代、官吏非人民公選、英王敕任官、常與人民代表者軋轢、故至養成民主感念、其憲法不許官吏久任、如美西比州憲法禁置終身官、其餘七州、官吏任期不得逾七年、台基沙期州則以二年爲限、馬沙諸些特佛西尼亞滅利蘭三州、則憲法定官職輪番 Rotation in office 之制、

第九百七十一節　諸州中、皆有再選知事之限、如某州任期已滿、不得襲職、某州得八年以內、任知事一次、或禁再選、

第九百七十二節　諸州行政部與聯邦行政部異　聯邦行政部、倣州政府而成者也、（參考第八百六）

十九節　然考所模仿者、亦采其初置長官一人、（即知州事）以爲統領之制耳、其實聯邦大統領、與州知事不同、有英國君主性質、其位置權力至今益明、且合衆國大統領出人民公選、爲第一官吏、其餘官吏、概由大統領任命、故聯邦官吏長官居協贊大統領之位、但亦有同寮之體耳、若諸州官吏與知事相關、則同由人民公選、一旦被選就職、諸官吏非以協贊知事、實與知事同其位置也、如加羅拉伊奈州、稱重要諸官曰內閣、Cabinet 內閣諸官吏、全離知事獨立、儼如聯邦國會離大統領而獨立矣、凡罷免重要官吏、皆以通常之彈劾法、與罷免知事無異、蓋諸州官吏與知事、若職務過失、爲代議院所彈劾、上院審查其罪而罷免之、其餘負司法裁判之責、與人民同、若違反法律、則退官之後、未得幸免、要之知事財務官州尙書檢事等、爲州內官吏、皆以人民之選舉除盡力於人民外、無他事耳、蓋此諸官吏皆屬從於人民、故凡百官吏、位均同等、無所謂官屬制度 Hierarchy 也、

第九百七十三節　達羅耶亞、公他知基、減利蘭、牛治爾西、朋西爾巴尼亞、威斯多佛西尼亞、得基沙斯七州、其州尙書歸知事任命、須上院承認、其餘諸州、與命檢事長法同學務監督官、亦多歸知事任命、此等事實、既與前節州行政各部諸官吏與知事平等之說矛盾、而州尙書檢事長、亦以與知事無忤、得保其位、其一二州制、尤與前說背謬、不知諸官吏任命之後、其職定自憲法、惟須盡法律義務、與知事無關、知事不得以愛憎罷之、蓋雖出知事之任命、決非屬於知事者也、

第九百七十四節　州行政部之性　據右說觀之、則知事非州之行政部、而爲其一部也明矣、其不受監督之行政各部、與知事位同、惟無知事之不認可權、以監督立法部、且知事位置爲全

體、州政府及州內人民之代表、以行政各部、與知事相較、其威望自不相及、然知事及其餘重要官吏、俱不得稱行政部、何則、施行州法律之職、皆不屬於此、實歸於都市郡村公選之地方官吏、該地方官吏、不負中央官廳之責、故綜聯邦各州而觀、州官吏與地方官吏、界限劃然、地方官吏、非州官吏、當稱爲郡村官、其責亦不在中央官廳、而在選舉區、蓋郡出納官、書紀官、量地官等、以至都市諸官、裁判所判事、檢事等、皆由選舉區人民公舉、惟於州之一部分、行其職務耳、然諸州內、亦有小官吏屬中央官廳、爲知事所命、而亦未有受知事監督者也、至合衆國大統領、爲聯邦政府諸官吏之長、有黜陟聯邦執行官、檢察官 District Attorney 收入官、郵政局員等權、若諸州知事、決無此職、其餘長官、亦無之、故諸州中央諸官、有報告之責、而無監督之權也、

第九百七十五節　美西千州、若非立法司法官、州知事得據法律罷免之、牛約克之西耶利夫、哥羅奈志斯、多利克多亞多爾尼、加溫志克羅克 Sheriffs, Coroners, District Attorneys, County Clerks 諸官吏、威拱星州之西耶利夫、哥羅奈志斯、利克多亞多爾尼、來治多拉奧提特、Legistrar of Deeds 諸官吏、知事亦得罷免之、然皆在例外、非中央監督之制也、

第九百七十六節　諸州中央政樞與地方政樞相關　觀右論說、諸州地方政治、雖分設加溫志坦、溫西布西德諸樞、County, Township, City 實則非供州行政樞之用、仍當稱爲獨立樞、其初以州法律編成、而編成以後、獨立自由、各選官吏、施行州之法律、而成自治、此亦聯邦諸州政治之特性也、

第九百七十七節　克里司多教授 Professor Gneist 溯條頓人種史、嘗謂諸州之加溫志、西德

商務印書館印行

等政樞、雖自行其事、非自治之制、Selfgovernment 惟有獨立之行爲而已、以爲地方官吏、或由人民公選、或由中央政府任命、皆爲中央政府之官吏、不但負地方之責任也、然考今日、諸州地方之體用、惟準立法部法律而行、稍有被治之狀、其實不受中央之監督也、蓋已變爲自治之制矣、

第九百七十八節　知事　知事通常職務、厥有四種、試分別言之、第一其於立法部也、若定期開會、或遇重大事務、以州內利害報告兩院、且有以州之公利薦告兩院之責、又以立法部衆議員請求、或遇要務、得召集兩院、第二爲義勇軍總督、若遇內難外寇、則戒嚴而整頓內治、第三可準條例特赦罪犯、免罰金及受刑、但行此權、須負輿論及法律之責、

惟朋西佛尼亞州知事特赦權、不過具文、蓋行此權、多由特赦局掌同法權 A Board of Pardons 之承認也、

第四聯邦諸州、除達羅耶亞、羅多亞伊蘭、阿哈華、北加羅來奈四州、其餘諸州、凡法律通行、必須知事承認、若知事不認、由立法部覆議而決定者爲例外、

第九百七十九節　凡法律案、經知事署名、定期施行、初無窒礙、爲確定法律、知事不認之法律案、可以理由發還立法部兩院、但干沙斯州則發交下院、

第九百八十節　知事逆意之法律、立法部再議之法、諸州不同、如担烈克加多州、以得投票多數而定、其餘諸州、須議員五分三或三分二投票、或不以定數議員、必須全院議員三分二投票、始爲及格、美沙利州則以發案議院全議員三分二投票、與其餘一院多數投票決之、

第九百八十一節　某十三州之知事、遇分配政費案 Appropriation Bills 各項、有不認可權、其餘議案、得就其全體而示從違、

第九百八十二節　州尙書　州尙書 The Secretary of State 爲各州重要官吏、而人多以之硏究英國行政部、與美國國務尙書之職掌、誤矣、蓋我國國務尙書、雖稱些克列他利、華維斯得多、然全係國務大臣、尙書特其追加之職、英之五名國務尙書、雖稱尙書而實無尙書之分、（秘書官職）皆行政諸省之長官也、

第九百八十三節　聯邦國務尙書、實以閑職、而冒尙書之名也、蓋其職掌、不過合衆國鈐印、保存法律命令決議等原本、以及送外交報告、外國進口船客表、於聯邦國會而已、

第九百八十四節　英國國務尙書五名、以副署詔敕爲最重、

第九百八十五節　右聯邦國務尙書、暨英國國務尙書也、而諸州之尙書、則與此異、凡記錄知事公務、編輯立法部議定法律、而印行之、製造命令公吏之件、保存州之契劵、記錄州財產權利、保管州印、用印、存錄州行政區境界、（加溫志坦溫西布等）以公文證劵謄本、因呈請而給人民、皆爲其職、蓋州尙書實一記錄官也、

第九百八十六節　右職掌外、尙有他務、如任命本州內地改良委員、Internal Improvement Commissioner 及測量總監 Surveyor-general 是已、但此皆附加之職耳、

第九百八十七節　各州選舉大統領及副統領、其投票皆集於州尙書署、由州尙書、送上院議長、兩院公共開票、

第九百八十八節　其餘州內、投票選舉、亦集於州尙書署、以州尙書、爲監督選舉官應有之義務也、

第九百八十九節　監督會計官　監督會計官、曰公布多羅、The Comptroller 與檢察會計官、The State Auditor 皆監督州之會計者也、（或稱爲亞底多）考其職掌、凡準現行法律、審查請求各州之件、檢查徵課官吏之會計、使之提出契劵、且管理出納官收票總額、訓令地方財政官、以均一州之賦課及徵收法、發出納官支用書、隨時以會計簿會計狀況、使立法部審查、是已、要之公布多羅所以監督州之徵收及支費者也、

第九百九十節　出納官　州出納官 The State Treasurer 之職、可一言以蔽之曰、依監督會計官之承認書、以保管給發之公金也、若無公布多羅承認書、不得給發、

第九百九十一節　右會計監督官與出納官、非正監督也、公布多羅若遇地方財務官、不呈出契劵、或情形遲滯、或不徵公金、且不支發、雖得使通常裁判所地方檢事轉達其意、迫令供職、幷檢查該官吏之契劵通行與否、實則除司法監督（間接監督）外、無監督之權、蓋監督政樞、屬於地方、不屬中央、凡監督地方財務官、必假裁判所檢事之手也、地方財務官者、殆非出納官之從官、而他温及加温志之吏員歟、

第九百九十二節　監督學務官　至監督學務官 The State Superintendent of Education 與前少異、如定學校敎員資格、與擢用法、皆以其特權、視察學校之狀、行之、若地方監督官、報告不合、可遣特別視察員、查察學校、使之報告、蓋學校行政之事、諸州稍有中央集權之制、非常例也、

然監督學校官權力、不得越此範圍、蓋地方監督學校官權力亦大、不受州學務監督官管轄、而受成文法之管轄也、

第九百九十三節 憲法分配行政權 各部分配行政權、詳載前節、州制之特典也、其中七州、憲法尤明、如亞拉巴馬州憲法之行政權、由知事州尙書出納官會計檢查官檢事長監督學務官及各加溫志之西耶利夫郡長而成、亞干沙斯哥羅拉多伊利喏斯美尼沙達朋西爾巴尼亞得基沙斯憲法、除西耶利夫外皆與亞拉巴馬無異、一千八百六十八年、弗羅利他州憲法、以行政官內閣輔佐知事閣員歸知事任命、惟須得元老院承認、該閣員以職權重要實爲知事之同僚也、其餘諸州行政權概歸知事、然職不分明、卒設行政諸省爲行政廳大部、故該諸州制度、不外以行政部爲委員會、各委員分掌其職耳、

第九百九十四節 聯邦諸州法治 要之聯邦諸州、法治完全、中央政府官吏、與地方官吏、全爲法律所約束也、蓋法律以自由之制、能指示官吏而監督之、官吏與法律之間、決無所謂官屬制度、故行政權各部、皆相離獨立、各以法律自守、以盡固有之職而已、聯邦諸州法治既完、斯習慣感念、盛行於人民之間、如官吏監督 Official Control 官屬規模、Hierarchical Organization 皆知其不足重矣、

地方政治

第九百九十五節 政治特性 地方政治樞、行動自由、職權甚廣、亞美利加制度特性也、各州法律、雖係各州中央立法部命令、定例詳密、而行政權與他職權、全係地方之制、蓋各州固有總

法律、然地方政樞合用法理、各處不同、故立法部議定法律、頒布各地、而施行與否、則中央政樞、不能干涉、各地方自盡其責耳、

第九百九十六節　地方政府職掌　地方政府職掌者、凡維持警察衛生救貧學校學政、建設道路橋梁准許產業、課收租稅維持下級裁判所及監獄、以保州內平和保管圖書館等是已、雖地方官吏、以州法律保其權力、實則州政府不過表地方政治統一之規、故州政府、卽地方政府、而地方政治、卽州之政治歟、

第九百九十七節　地方制度異同　初美州聯邦、係十三舊州、後新諸州、漸次入盟、其地方制度一律、由大西海岸之毋州摸倣而成也、如新英格蘭殖民其得勢都市、由坦溫西布而發達、南部諸州、人民移植之地、惟行加溫志制 第一郡制 而最初牛治爾西及朋西爾巴尼亞、亦行之、至南部人民與北部人民混合之地、專行折衷南北制度、惟西部地方坦溫與加溫志制、以人工而成、非由自然、且發生於西北部地方之坦溫、其初殖民之時、孤立自治、與發生於新英格蘭之都市理由不同、參考第八百三十五節至八百三十七節 蓋西北部都市、深思熟慮、倣新英格蘭都市而建設耳、而西部地方之加溫志、亦與佛西尼亞加溫志、因擴張農業、而發達者不同、參考第八百四十一節至八百四十三節 故該殖民、冀與本土殖民地共相發達、更設加溫志、必測量土地算定區域、以經營之、是其後加盟諸州、采用舊州制度、亦不得已之勢矣、但新諸州地制度、亦不可謂無自然性質、而少活潑之狀也、其舊州獨存之制度、土著之規模、豈必見之新州乎、

第九百九十八節　亞美利加東部之半、新英格蘭與南部地方中部地方制度之異、亦見於西

部之半、如坦溫西布加溫志與折衷之制是也、而在西部、折衷之制、尤爲通行、蓋西部人民、無泥古之習、或限於政治之力、故折衷舊州、而無所偏主耳、而其制度之不可忽者、亦以坦溫西布 The Township 加溫志 The County 志斯多利克多 The School District 坦溫 The Town 西德 The City 等爲講求合衆國地方制度之資、則論說不紛也、至各地方政治樞位置職掌、詳見下文、

第九百九十九節　坦溫西布之源　欲知合衆國地方政治、必先論坦溫西布者、以其地方行政之本制度、創自古初也、按坦溫西布發生於該撒及他西他時日耳曼羣制、故新英格蘭之坦溫、初非創自美人、但以殖民地孤立、設之以防土人之攻擊而已、夫該殖民屹立於深林曠野之中、其敎宗產業、固須互相防衛、（參考第八百三十五六節）然其人民政體、知能好尙、實以古日耳曼馬克 Mark 之制、（參考第二百二十二節六百五十二節）再見於美國、當日殖民以土地爲羣公產、與草昧時代日耳曼祖先無異、或分土地與各族、或公共耕作、遇有事務、以人民議會投票決之、該會議曰坦溫會議、Town-meeting 而選舉官吏、公定法律、要之殖民各團、自成一國家、其有主權者、評議會也、且此等殖民、無論行古日耳曼弗阿克爾蘭制、Folk-land（即公地主義）以土地分之各人、或通力合作、常置公牧場一部、以其餘爲擴張殖民地之用、此等人民、非能發明制度、不過因固有之習、自然運動、雖其中多習英俗、至其本源、豈非古之條頓主義哉、

第一千節　其不行弗阿爾克蘭主義都市、如拱烈克加多沿岸、哈多弗阿爾特、烏因特沙爾、威沙斯牒爾多等殖民地、其土地不爲公產、爲業主協同體、以業主監督而設殖民地焉、

第一千一節　坦溫併合　厥後成爲新英格蘭諸殖民地者、即坦溫所合併也、其合併之序、詳見前編、參考第八百三十八節 自坦溫相合規模更廣、失其獨立自存之性、雖合坦溫爲一州置州中央立法部、如拱烈克加多、牛哈芬諸地、無害坦溫特權、轉以定其從來職權、而要以變爲服屬之體者爲多、參考第八百四十九節 且其初坦溫以司法事務合爲加溫志、既而加溫志更以坦溫之行政職掌、而設新政治區、加之大市府興於各地、較坦溫更形複雜、而求少變其民政制度、歷時既久、不免遷移、然坦溫之規究未破壞也、試觀新英格蘭地方政治、仍以坦溫之制爲本、其官吏職掌、何至失美國之舊哉、

第一千二節　夫外國人來居、固足以損坦溫制度、而市府郎西德 吸收近鄰人口、以擴制度、亦足變坦溫之規模、然細究之、西部地方既新采坦溫制度、日形發達、南部地方此制亦漸流行、則其制度非久行夫美國哉、

第一千三節　坦溫會議　掌坦溫政廳之主權者、坦溫會議也、該會議、係投票人民、全體會議、與古希臘羅馬人民評議會、瑞西倫士克馬因特會議 Lands-gemeinde 酷似、會期每年一次、率在春季、拱烈克加多以秋季 但遇要事、則以會期與議事條目、豫告人民、亦得開會、以會議選舉坦溫官吏、決地方事務、若定期會議、則選舉會也、其議長曰摩得列多爾 Moderator 整理會議、以諸官吏報告政務、彙製地方政費表、以呈會議、其贊成也、以投票決之、命其徵課諸官吏一切事務、俱由會議評議、其執行之例、亦須會議議決之、

第一千四節　坦溫諸吏員　坦溫官吏第一曰些列克多蒙 Selectman 選拔人之義 視坦溫大小、

由三名至九名員、有定數、以理該政樞一切政務、第二坦溫尙書、Town Clerk 以保管坦溫之紀錄、第三出納役、Treasurer 第四評價役 Assessors 評定課稅財產之價、第五收稅役、徵收會議決議、或加溫志及州政樞要求諸稅、第六學務委員會 School Committee 餘如警察吏、保管圖書館委員之小吏、監督貧民役、測量道路役、莫不具焉、

第一千五節　右坦溫吏員、凡地方政務皆其掌管者也、故加溫志政樞不得侵其職、惟原屬加溫志之司法事務、及行政事務、如開接於坦溫之道路、發加溫志之特許、及保管加溫志建築物、其較加溫志更大行政區所監督者、亦以加溫志政樞掌之、若加溫志費用、以坦溫徵收諸稅充之、然以加溫志定其金額、而必以坦溫徵收也、若羅多亞伊蘭加溫志吏員、獨有司法事務官耳、

第一千六節　西北地方坦溫西布　觀右新英格蘭之坦溫、雖不失其舊質、而或爲大市府壓抑、或以州及加溫志之發達、不免變化、若新英格蘭人民、移居之西北部地方、其坦溫所遭既異、養成性質亦異、實足爲合衆國最後之規模、其地方政治互相交換摸倣、不隱然爲將來之本哉、

第一千七節　西北部地方坦溫西布、較之新英格蘭與加溫志更多結合之實、蓋新英格蘭之坦溫西布、較加溫志爲古、故加溫志以某事而結合坦溫西布、西北部地方反是、其加溫志實先坦溫西布而起、故加溫志爲其地方政治中央之本、而以坦溫西布爲支部耳、

第一千八節　上古農民散居村落、首立加溫志以爲地方政治之基礎、故其起也、較坦溫西布爲先、殆其後人民結合愈多、非加溫志所能統一、乃分立坦溫西布、包含衆民、觀新英格蘭殖民成例、亦可以悟矣、

第一千九節　坦溫西布之源　我國新殖民地、實以學校爲坦溫西布之源、學者所黠稱也、今日南部地方坦溫西布之萌芽也亦然、按新英格蘭坦溫西布、生自教會、西部地方坦溫西布生自學校、蓋政府命測量官測量該地、定爲各區、號曰坦溫西布、而聯邦國會、卽於此內以一英方里爲學校地、由殖民創設學校、不可知學校爲坦溫西布之基礎歟、

第一千十節　坦溫西布擴張　坦溫西布之發達、與地方政治進步、成正比例、蓋美國各地方、不得編成市町村、無特權之處、固以加溫志規模爲宜、然欲其行政之制完全、則以坦溫西布爲最善之式也、

第一千十一節　坦溫西布制、如牛約克朋西爾巴尼亞中部諸州、及美西干維斯拱星、伊利諾斯美尼沙達等西北部諸州爲尤多、而阿哈伊華因查奈及千沙斯西部中央諸州、亦頗通行、惟加利合爾尼亞極西地方發達較劣、該地流行加溫志制、而以坦溫西布爲次、其阿利剛尼布拉、加烈巴三州亦然、

第一千十二節　坦溫西布規模　除新英格蘭外、各州坦溫西布之制、發達程度不同、坦溫西布最盛之處、有坦溫會議、其權能以法律嚴定、雖較新英格蘭坦溫會議、規模狹小、然掌地方事務、不失爲監督之部、其坦溫西布制未盛之地、無坦溫會議、以人民投票選舉地方官、其官吏、無些列克多蒙之職、若坦溫西布最完全之處、有一名或一名以上監視官、Supervisor 除監視貧民外、往往監督財務、實統督行政之官也、

第一千十三節　美西干伊利諾斯、各於坦溫西布、置監視役一名、統督行政事務、而美西干州

之監視役、兼租稅賦課役、伊利諾斯監視役、兼出納役、維斯拱星、及美尼沙達二州、坦溫西布、各置監視役之名、阿哈伊華州、則置吏員三名、曰多拉斯志、位望相埒、Trustees

第一千十四節　其坦溫西布置監視役數名、與多拉斯志官者、常設監視役會議、多拉斯志會議、自行政職掌觀之、其監視役多拉斯志、與新英格蘭之些列克多蒙會議酷似、Board of Selectman 其置監視役一名者、從州法律、更置坦溫西布事務局、Township Board 通常監視役、坦溫尙書、治安判事 The Justices of the Peace 等、

美西干州之會議、監視權頗廣、而伊利諾斯州、則不過一檢查會計委員會耳、

第一千十五節　吏員之數、視坦溫西布發達程度、諸州互異、如阿哈伊華州制度幼稚、除多拉斯志三名、與出納官坦翁尙書外、別無坦溫西布吏員、美西干州制稍完全、然有監視役、而無徵賦之職、惟伊利諾斯州坦溫西布吏員極備、有監視役賦課役、收稅役、尙書道路役學務役治安判事、警察吏等焉、

第一千十六節　除治安判事道路役學務役警察吏外、坦溫西布吏員任期、如新英格蘭、概係一年、治安判事以下之吏員、或三年、或四年、

第一千十七節　不設坦溫會議之處、坦溫西布吏員、以人民投票選舉、其有坦溫會議者、以會議選舉之、

第一千十八節　中部大西洋沿岸諸州坦溫西布　先敘新西部諸州之坦溫西布、而後及中部大西洋沿岸諸州、歷史之序、未免顚倒、而不然也、蓋西部諸州坦溫西布、秩序方法甚明、而東

部諸州、其坦溫西布權輿、不在立法、而屬習尙、其條理紛雜不明耳、

第一千十九節　牛約克坦溫西布　牛約克坦溫西布其編成職權、與美西干、伊利諾斯相同、然固不謀而合也、第一置監查役一名、行出納之職、而理區內之財務、第二設尙書課稅役收稅吏道路役警察吏治安判事、第三設貧民監視役、第四以治安判事坦溫尙書監督每年開坦溫會議、選舉坦溫諸吏、議定坦溫之內規則、及學校費救貧稅等、以成政治樞焉、

人口在三十萬或三十萬以上之加溫志、以投票選舉坦溫西布諸官吏、

第一千二十節　朋西爾巴尼亞坦溫西布　右牛約克之坦溫西布、係湖邊諸州之制度、其發達程度、與新英格蘭坦溫西布相近、而朋西爾巴尼亞之坦溫西布、則西部諸州下部、一帶之制度也、其制度奈何、曰無坦溫議會、惟有一種行政樞而已、以監視役二名或三名之會議、統督坦溫西布、且以主要之職、監督道路、任期三年、其餘通常坦溫西布吏員、特置檢查會計役三名、其掌救貧之坦溫西布、選貧民監視役二名、

第一千二十一節　中部諸州地方政治之源　牛約克、朋西爾巴尼亞、德羅維亞、牛治爾西等地方政治、皆以殖民時代地主約克公創設之制、爲本該制度、以坦溫西布爲地方制度主要政樞、有警察吏監視役、而坦溫西布之上、又有來提格者 Riding 以西耶利夫 Sheriff 統督之、又有某普通裁判所、徵收道路稅、貧民稅、選任道路監察役、至約克公後、其管內地方政治發達、變化不一、牛約克之坦溫西布、雖保其勢力、而南部地方朋西爾巴尼亞諸地、加溫志實爲地方主要之政樞、

第一千二十二節　南部諸州坦溫西布　南部諸州中、爲地方學校、徵收稅項、故立坦溫西布之制、其源之起於學校也明矣南部諸州、有最古一州、曰佛西尼亞、其制度發達、足爲諸州模範、自一千八百七十年以來坦溫西布之制度、遂擴充而未已矣、

第一千二十三節　佛西尼亞之坦溫西布、如中央西部諸州無坦溫會議、其吏員及警察吏、皆以人民投票選舉、各坦溫西布內置監視役一名、該監視役與美西干坦溫西布無異、惟有行政廳員之權、坦溫西布行政廳、除監視役外、更有道路役、及課稅役、以檢查會計財政、管理道路財產監視一切、至其書記則兼出納役、而副署行政廳命令、此外雖有貧民監視役、而坦溫西布之貧民、仍送之加溫志救貧院、又有徵收租稅役、治安判事、及警察吏、而佛西尼亞坦溫西布之監視役、如牛約克相集而成加溫志行政會議、而諸爾斯、加羅利奈、維斯多佛西尼亞、亦稍採坦溫西布制度、

坦溫西布及加溫志分掌權力之類、詳見下文、

第一千二十四節　加溫志　加溫志歷史、以南部諸州爲最詳、雖佛西尼亞州、全採坦溫西布之制、而加溫志實爲地方政治之主要政樞、以農民成政治之基礎、(參考第八百四十二節)其制固由南部殖民之輸入、然其人民蔓延、久有自然成立之理也、至新英格蘭移民之事、及產業之羣結合各種事情、生坦溫西布制於西部諸州、加溫志中亦與南部地方等耳、(參考第一千二十二節)

第一千二十五節　凡加溫志俱爲司法宗旨而起、以開法廷於區域內、置裁判所、而見加溫志之規模也、但拱烈克加多於聯合殖民地、實由獨立之諸坦溫聯合而成加溫志、南部諸州之加

溫志、爲地方政治之獨立區、其餘州加溫志、與坦溫西布、有分掌之職、新英格蘭則由坦溫西布、分其職掌、而西北部諸州加溫志與坦溫西布、相倂而調和焉、

第一千二十六節　美國加溫志本起於英國之沙伊亞、Shire 郡部 而生發達也不同、蓋沙伊亞、肇自撤遜王國、有自然境界、美國加溫志不然、其司法行政區、悉以人爲而成、非獨立之歷史也、

第一千二十七節　南部諸州加溫志、以地方行政、備設諸吏、吏長曰加溫志委員會、County Commissioners、其下置出納役、檢查會計役、監督道路役、監督學務役、監督貧民役等、歸委員會監督、至司法上、則有西耶利夫 Sheriff 書記、代理判事、檢屍役、檢事、而以檢事供數加溫志司法區之職、凡加溫志職掌、如監視敎育、監獄、維持救貧院、開設修繕道路、一切地方事務、皆在其中、諸吏員皆以人民投票選擧、而南部諸州加溫志制度、以西耶利夫充收稅役、

第一千二十八節　坦溫西布規模、與加溫志不同、惟司法上有類似之處、如置西耶利夫役、各裁判所、有通常檢屍役書記是已、而不可以例其行政之制、試觀牛約克、美西干、伊利諸斯、三州加溫志、其行政樞、各以坦溫西布之監視役、成行政會議、拱烈克、加多美、列沙達、二州加溫志、其行政樞、由委員三人成委員會、而維斯拱星州加溫志行政會、由坦溫西布選擧若干吏員而成、至新英格蘭加溫志權力最爲狹小、其行政職權、維持監獄、裁判所土屋宇、許可某種特許、監視道路制度之一部、外別無他權、牛約克及西北部諸州加溫志行政樞、率掌救貧事務、監督其下諸行政區公債、檢查地方吏員會計、監督課稅而均一之、

茲擧坦溫西布、與加溫志分掌之職如左、坦溫西布、掌學校救貧（但以人民投票而以其權與加溫志者爲例外）警察

開設道路衞生事務、而加溫志則掌司法維持監獄裁判所救貧院均一租稅等事、且常行諸種之監督權、

第一千二十九節　威列西波羅西顚　加溫志與坦溫西布、皆村部區也、而大都市人口繁庶、更有綿密之規模焉、其政治區憲法法律、自發達於諸州、惟美國諸州都市、不似英市政廳以完全特權而成市制、（參考第七百九十四節）凡大都市局必依特別法之法律、故有加溫志之大都市雖同在一州、而政治往往不同、

第一千三十節　人口較少之地、其選舉人亦得依慣例、由裁判所許可、而設都市、行大都市之權力、諸州之通例也、如威列西（謂牛約克人口稍少之都會）波羅（朋西爾巴尼亞常稱）他溫（南部諸州常稱）小西顚 City of the Lesser Grades（某州區別人口之稱）等、有一定人口證據、及選舉人承諾、從普通法律、由裁判所得編成都市局特權、蓋如私立合資公司、以役員資本示裁判所、而始得成局也、

第一千三十一節　若坦溫波羅固爲公局、依代表之制、而有某種府權者也、諸州間以依特別法律、設公局之權委立法部、故坦溫者、不受普通法律之管轄也、

第一千三十二節　坦溫波羅皆爲特別之局、其權力次於坦溫西布之吏員、實加溫志之一部也、坦溫與西顚雖爲市局、而出加溫志中之稅、其選舉人得選舉加溫志之吏員、故其結果坦溫規模與加溫志坦溫西布大異、實以坦溫區域內有一代表半立法樞曰評議會、其立法權之所出也、

第一千三十三節　市局普通制度如左、各局設長吏 Mayor, President, or Chief Burgess 與委

員會議、Small Council of Trustees 以委員會議定局之內則、凡改良地方事業、以賦稅充地方行政費用、監督政務、皆有其權、而以坦溫西布加溫志中尋常行政會議區別委員會議之權、更設書記收稅吏街衢役監視貧民役等及各種吏員、

第一千三十四節　市政廳　大市府與小都會、其規模繁簡不同、而種類亦異、市之名西顯者、有特別司法體、分特別輪流裁判區、或加溫志、其裁判所有西耶利夫檢屍役檢事等、且有評議會、權力廣大、其餘各種吏員亦較他地方區獨立之權爲高、

第一千三十五節　大市府評議會常分二部、曰長老會、A Board of Aldermen 曰通常議員會、A Board of Common Councilmen 二院之代表由地方區之大小多寡而異、與各州立法部上下院性質相倣、獨牛約克州之各市府立法部係一院、稱長老會或稱通常評議會、

第一千三十六節　右市會議、常以市之立法權、（制定市會）課稅權而成、至近代幷有監視市行政權、蓋既得拒絕市之政費、而監督市廳、且可選舉市中小吏、以干涉市行政也、按市小吏、非如重要吏員由人民選舉、以市長指名、得市會議認可、而任用之、且都市廳、近代立法、凡行政權、悉在市長掌中、其責自重、市會不過有議定市令及監督財務權而已、而觀今之市憲章、尤擴市長之權、重要之行政吏、概由其任用、故欲救市會之腐敗也難、蓋市會衆議員既自諉其責任、則敗德之舉、自不能免耳、

第一千三十七節　學校行政　有公立學校之地、曰學校區、亦曰教育行政區、而加溫志與坦溫西布中、皆分設諸學校區、設學務監督役、該監督役盛行專制權、有妨州內統一之制、然行坦

温西布制度之地、多以該地人民、開學區會議、參與學校行政、且行地方稅之權力、

第一千三十八節　近年新英格蘭諸州、皆廢學校區、而合併於坦温西布、如美因及拱烈克加多、其學校行政由學校區吏員移於坦温西布諸官吏、即以坦温西布為學校區、但其與坦温西布合併與否、必由該地方之選擇、

第一千三十九節　西北部諸州學校、常由三種財款、以充費用、第一聯邦國會賜各學校區之土地、第二各州教育稅、該稅先分之坦温西布、復以坦温西布分之學校區、第三學校監督役、徵收學校區費、是已、新英格蘭常以維持學校、徵州稅坦温西布稅、南部諸州則依加温志制、獨以州稅支辨學校、而例外某地方及大都市皆不然、

第一千四十節　凡學校行政、皆不行中央集權監督、如州監督役某中央學務委員、皆無行政權力、若加温志監督役、既無大權、而坦温西布學務委員除監視協贊權外、亦無諸等權力、要惟學校區監督役專握學校行政權、雖州之教育費額、亦由其意而定、故其卒也、教員資格、任用方法、及教育宗旨、各地不能一律也、

第一千四十一節　租稅　合衆國地方稅、以成文法律、嚴立限制、凡地方政樞、不得越區內財產價額、賦課租稅、如州立法部議決租稅、須向加温志吏員請求、若允其請、則本加温志課稅法、與加温志租稅並徵、而坦温西布若允州及加温志請求、亦以坦温西布課稅法、與坦温西布租稅並徵、

第一千四十二節　右諸州間租稅雖異、實則務求均一、故欲各坦温西布之課稅役、均一其法、

遂以某加温志政樞、爲均一課税局、其上置州均一局、凡課税不均、由各地方課税役、向之上控、然行之無效、迄今地方制度課税法之不同、各地方吏員、咸欲減其地方之責、亦自然之勢耳、

第一千四十三節　地方政治總論　地方制度所最當究心者、第一除坦温及西顚都市外、其餘政治區、無代表之立法樞、是已、其地方吏員及廳局、不過以行政樞、行於州之綿密法律、限制之中而已、第二地方立法樞、受憲法嚴正之羈束、以憲法定例、爲地方政治區憲章、致地方立法樞、與州立法部無別、第三中央監督、强行一裁判所之法律憲章、故屬中央政府之地方政務局、無制限與許可之權力、第四比州之中央樞、則地方政廳、爲美國制度最要之樞、蓋州中央政廳、與聯邦政府地方政樞相較、實乏緊要之動力、是其立法之事雖重、而行政之事、初無其權也、

聯邦政治

第一千四十四節　規定憲法　合衆國憲法、凡組織聯邦政府者、初無定例、所可據者、惟聯邦國會、行聯邦政府之立法權、與置大統領及高等法院、以行聯邦國會議定之法律耳、夫高等法院、準憲法法律、依人民及州政府聯邦政府、以定法律當行之事、合衆國最高裁判所也、此外聯邦憲法之例、皆聯邦國會之大規、而聯邦國會若何而立法、大統領與高等法院若何而行權、宜以某政樞、某下級裁判所相助、未見定例、其細則所垂、一任法律定之、然則不載於憲法之法律、其關於聯邦政府也、顧不重哉、故聯邦憲法、特爲合衆國制度之基、實爲各州人民所擁護、由聯邦會議議定、而各州代議會采之、其性質及制裁之力、豈能與通常法律同日而語哉、

第一千四十五節　修正憲法　合衆國憲法、非得聯邦國會三分之二、聯邦諸州四分之三意

同、不得修正、而發議修正憲法、其法有二、第一須聯邦國會上下院議員三分二之允許、第二聯邦諸州立法部之三分二、因議修正、以開國民會議、A General Convention 呈請聯邦國會、及召集國民議會、始得發議修正憲法、其修正之方法、以修正案由聯邦國會決定、或付州立法部、或召州議會 State Convention 各使投票、若得諸州四分之三意同、其修正案爲憲法之一部、從來合衆國修正憲法、凡十五條、皆由聯邦國會發議、自一千七百八十七年、制定合衆憲法大會議閉會後、修正憲法、皆不召國民會議、

第一千四十六節　以歐洲各國成典憲法、較合衆國憲法、其修正之難、以合衆國爲最、如德意志修正帝國憲法、與改正通常法律無異、惟以聯邦參議院十四名投票齟齬、（五十四票中）則不決而罷、（參考第四百四節）法蘭西修正憲法、亦與通常法律無異、惟合上下兩院、開維西路會議、A National Assembly 以成修正之案、（參考第三百十八節）瑞西則以聯邦國會上下院允行、使人民投票、須衆國民衆郡 The Cantons 贊成、（參考第五百五十六節）英吉利亦與議定通常法律、初無區別、（參考第七百三十節）詳見第十二章、

第一千四十七節　聯邦屬地　合衆國屬地 Territories 有二種、一爲哥侖比亞地方、The District of Columbia 一爲其餘屬地、哥侖比亞爲合衆國、設政府地、又有武庫船塢、以軍事故、得自諸州、其餘諸地、則爲合衆國大財產、新州之萌芽也、

第一千四十八節　哥侖比亞地方　按聯邦政府建築行政諸官吏省立法院等、嫌以其地仍歸諸州管轄、故聯邦憲法、定以諸州十英方里地供聯邦政府之用、聯邦國會有獨立權、如滅利

商務印書館印行

蘭、佛西尼亞二州、早以土地、納聯邦政府、故帕多末克河上、設聯邦政府、既而定聯邦政府於哥侖比亞、建築屋宇、一千八百年、政府官省、遂移於此、華盛頓市所以興也

第一千四十九節　初合衆國國會開於牛約克市、選舉大統領、設新政府、及一千七百九十年、國會議決移聯邦政府諸官省、及聯邦國會、於腓拉特爾比亞、時歷十年、開大陸會議 The Continental Congress 及聯邦會議 The Congress of Confederation 焉、

第一千五十節　右設聯邦政府之地、合衆國有與他國同者、如伯林爲普魯士市府而非德意志南國政府特有之地、其財產亦然、瑞西之伯爾尼 Berne 與千頓、亦非聯邦政府所有之地、故合衆國諸政府、止居牛約爾克朋西爾巴尼亞客位耳、

第一千五十一節　聯邦政府設立武庫船塢各地、皆供自諸州、其始納之意、亦惟使用之時、爲聯邦政府財產耳、

第一千五十二節　餘屬地　合衆國廣大領地、依聯邦國會指揮、分別各區、其面積與聯邦諸州相同、但不足以比得基沙斯州耳、該區域里得黎多里、依聯邦法律、置政廳、其初知州判事、皆由大統領任命、迨人口漸增、始由人民選舉、設立法部、該立法部以聯邦國會承諾、有制法律權、後發達爲州、爲有立法權、脫屬地之習、而加入聯邦之中矣、

合衆國有一屬地、位於美西知比河地方、該地礴以十三舊州、納諸聯邦政府者也、至一千八百零三年、更買入路易查奈廣大土地、後一千八百四十八年、以征略、一千八百五十二年、以商議得墨西哥太平洋海岸地、一千八百四十二年、由英國購得華列公地焉、

第一千五十三節　聯邦政府、設立郵政局、聯邦裁判所、稅關等屋宇、準通常所有權、歸聯邦政府、與私局同、非各聯邦之物也、

第一千五十四節　聯邦國會　聯邦政府立法權、一如諸州、歸立法部二院、由元老院 Senate 代議院、House of Representatives 而成聯邦國會是已然聯邦國會上下兩院、與諸州兩院異者、在元老院議員之數、及其主義、皆與代議院不同、蓋以元老院代表聯邦主義、而代議院則代表國民主義也國民主義、今爲聯邦政府之本矣、

第一千五十五節　元老院　元老院由聯邦各州出議員二名而成、聯邦州數、四十有二、故元老議員、八十四名、以一千八百八十九年七月一日之後而言、加入華盛頓們他奈、諾爾士達哥他、沙斯達哥他各州、元老院議員、依各州立法部、任期六年、凡年三十歲九年以上、爲合衆國公民、選舉之時、爲本州住民、則州立法部舉之爲元老院議員、

第一千五十六節　準聯邦憲法、元老院議員選舉畢、各集於議院、爲開會初期、以抽籤分議員爲三部、定二年四年六年、三期休職、故元老院議員三分之一、每二年改選、元老院始終如故、凡選舉議員、除三分一以外、無所變動、

第一千五十七節　右元老院係聯邦主義、故其議員、皆代表諸州者也、然亦非代理諸州政府、如德意志聯邦參議院議員、其行議權、不受諸州政府之命、參考第四百五十節亦不以本州立法部因其舉已而受其命、各有自立權、然則元老院議員、非代表諸州政府、而代表諸州之人民者歟、

第一千五十八節　聯邦國會、會命各州元老院議員、合同投票、參考第八百六十六節此制惟德意志聯

邦參議員所行、美國之制無之、蓋元老院、各爲一州之代表、不能兼顧各州也、（參考第四百六十節）

第一千五十九節　元老院代表諸州平等之制、與德意志聯邦參議院代表諸州不平等者相較、固合於聯邦主義、（參考第四百六節）而德意志各州議員合同投票、則美國元老院議員各行投票、其合於代表諸州主義爲尤勝矣、

第一千六十節　元老院議長　合衆國副統領、元老院之議長也、但副統領、非元老院議員、惟整理所議之事而已、故元老院議員投票可否數同、必以副統領之投票決之、若大統領死亡、則副統領襲其位焉、

第一千六十一節　元老院　元老院、自定議事規則、副統領有執行之責、該規則、議院內部之要件也、試舉其議員、與常任委員會相別一事如左、按元老院不能詳查提議各事之得失、故設常任委員會、使豫查當付議院之案而編成之、於是發議一事、即交常任委員會、使指陳其利害焉、

元老院中設第一調查歲入財務委員會、第二調查政費歲計委員會、第三調查鐵道委員會、第四調查外交委員會等、

第一千六十二節　委員會勢力　常任委員會、當元老院運行事務、具有大力、以元老院常納其言也、各常任委員、專任調查、較他議員所知必多、故元老院之立法事務、尤以設常任委員會爲要、夫泰西諸國制度、其指導立法部者、概係內閣大臣、（屬行政部）而美國立法部自置常任委員會、以指導立法事務、非與他國異趣之特典哉、

第一千六十三節　元老院與行政部關係　常任委員會之效、以使元老院深知政府事務也、然政府行政部、全由立法部分立、欲假常任委員會、以詳知行政諸省之務、有難爲元老院言者、夫以元老院代議院、就行政諸省之閱歷而得智識、獲益匪淺、故得由委員會以質問行政官、或使諸省長官、徑以文書答其質問、如元老院及其財務委員會、須詳知大藏省事務、是已、顧以政府官吏、職無兩院之責、惟彈劾重罪、及他過惡、須告兩院、故常任委員會、不能悉行調查、而元老院、不免仍在冥漠之中、求其如他國內閣大臣、常赴立法部、與議員面相質問（參考第三百二十七節第三百二十八節第四百二十二節第四百六十四節第五百三十三節六百八十六節六百八十九節）也、豈可得哉、

第一千六十四節　元老院臨時議長　元老院若遇副統領不在、或有他故、則由議員中、臨時選舉代理議長、

第一千六十五節　代議院　代議院非代表聯邦諸州、代表合衆國人民也、而亦非合爲一體、實各州自行代表、故諸州視人口而出代議士、其選舉區、不得跨二州、

第一千六十六節　代議院議員額　代議院議員額、聯邦國會、視各州人口定之、定額之後、各州內分設選舉區、人民各選議員一名、而以聯邦憲法限制額者、凡人口三萬、得出代議一名以上也、美國代議院之初、準憲法所定、人口三萬三千、代議士出一名、故議員六十五人、後人口漸增、代議士亦增、惟與人數比例、視前不同、今每十年、新製人口名簿、改正代議士額、

今美國代議院議員額、共三百三十八人、各州人口十五萬四千三百二十五人、出代議士一名、若人口超此定數、及數千人、則增議員之數、如一州人口十五萬四千三百二十五人之四倍、

尙有奇零巨數、則出代議士五名是已、而一州人口不及十五萬四千三百二十五人、亦得出代議士一名、蓋依憲法、各州必出代議士一名也、按代議士一名者、凡七州、則達羅耶亞、哥羅拉多尼巴達阿列公、華盛頓們他奈諾爾士達哥他等也、但此七州、與他諸州在元老院、則同出議員二名、夫各州以奇數而加議員、固由各州起算、非由合衆國全體人民而定代議士額也、故欲其制度之均一也難、然聯邦國會、以憲法之命、每至十年、新製人口名簿、改正議員之數、其所設置、無非爲公平計耳、

第一千六十七節　代議院選擧議員　凡年二十五歲、爲合衆國公民七年、居選擧區者、得由該州選爲代議院議員、任期二年、非如元老院議員、其一部時時更選、故每二年、全院議員悉行改選、成新議院、

第一千六十八節　其新國會、如一千八百八十七年至一千八百八十九年之國會、爲聯邦政府設立以來、第十五期之議院、故稱第十五期聯邦國會云、

第一千六十九節　聯邦法律、選擧代議院議員之人、依聯邦憲法、頗覺簡便、如左、曰凡各州人民、據州憲法及法律、有選擧州代議院議員權者、卽有選擧合衆國代議院議員之權、是各州人民選擧權、全以州法律而定也、

第一千七十節　按一千八百六十六年、至六十八年、修正憲法第十四條、率使各州成年男子、有選擧權也、其例曰、非別有犯罪之理由、凡州內公民年齡二十一歲、奪其州代議院議員選擧權者、（卽奪聯邦國會代議院議員選擧權）則該州聯邦國會之代表權、不得與有之選擧權者同、但比例不能通行、

蓋右奪權者、與他公民之比例、亦聯邦官吏所不易知耳、

第一千七十一節　代議院規模　代議院職員之數及職掌、運行事務之規則、與元老院同也、凡選定常任委員會及其權力無不詳備、然該委員會非如元老院以議員投票選舉、實由議長選定、議長之權益重、蓋代議院委員會決定委託之事、較元老院委員會勢力强大、凡議院事務、皆歸其監督也、夫元老院議員較少、得討論委員會之報告而自理其決議、若代議院議員數多、不得盡其討議、必須委員會之指導、始能行事、故以議長選定代議院委員會、而以委員會決定代議院之事務、然則指定草法律之人者、非議長也歟、

第一千七十二節　右代議院議長有指定委員會之權、此選舉議長、新議院活潑之事也、何則、新議院選舉議長、亦就委員會、合於議長之職者、選舉之、則委員會不得不奮勉耳、

第一千七十三節　代議院議長、非如元老院以憲法定之、由本議院自行選舉、稱之曰斯比加、Speaker　敷奏之義也、按英國庶民院議長、爲議院敷奏國王、例稱斯比加、故美國倣之、凡傳英國立法成例之邦、莫不沿用云、

第一千七十四節　代議院常任委員會種類頗多、各議員、皆係委員會之人、然實行委員會職務者少、甚有徒襲其名者、其最重者曰豫算委員會、每年審議代議院歲計豫算案、以報告於代議院、實隨時斟酌、以管轄該院耳、且定各省費用金額特別豫算案、如海軍省陸軍省之特別預算案是已、而近年新定議院規則、已由豫算委員會、移於各省委員會、次於豫算委員會者、曰方法委員會、不如豫算委員會事繁、一切租稅、悉歸調查、觀此等委員會、皆係議長指名、議長之勢

力、豈不重哉、

第一千七十五節　代議院議員以積年閱歷、得入重要之委員會、而各委員會、須代表院內兩黨之代議士、雖有限制議長指定委員會之權、議長之權、究無大損也、

第一千七十六節　政府事務及行政諸省政略、代議院元老院皆依常任委員會而知之、而以不能與行政諸省徑行交通、頗覺礙事、二院亦同、故行政諸省非代議院之請求、不得協贊之、代議院除其委員會轉請、或由文書求其報告外、不得求行政諸省之協贊也、

第一千七十七節　聯邦國會議定法律　凡聯邦國會議定法律、須代議院元老院允許、而大統領署名、常例也、若大統領不願署名者、則交兩院再議、得各院議員三分二贊成、則定爲法律、蓋國會送法案於大統領、其署名與否、以十日爲限、若限內無所設施、或已署名、則該法案、遂成法律、且大統領遣特使至國會、告以不署名之故、則兩院再議、議員三分二贊成、亦得定爲法律耳、

凡國會議案而定法律、其辦法有三、第一得兩院多數贊成、十日內、經大統領署名、遂爲法律、第二以兩院多數贊成、十日內大統領無所設施、爲自然法律、第三兩院贊成、十日內大統領不願署名、各院再議、議員三分二贊成、亦得定爲法律、若大統領籌度於十日期內、國會別有事故或閉會、則未經大統領署名者、不得爲法律、

第一千七十八節　定員　兩院議員、非過數列席、不得議事、然召集告假之議員、及會議展期、不在此例、各州立法部及聯邦國會開議、大率類此、

第一千七十九節　外國立法部、有去半數甚遠而開議者、如英國庶民院議員六百七十人、以四十人爲開議定數是已、

第一千八十節　議員贊成　凡以一法案爲法律、必須議員三分二贊成、此指列席議員而言也、但大統領須不署名之法案、使兩院再議、則非各院議員總數三分二贊成、不能定爲法律、

第一千八十一節　發案權　凡非國家進款、兩院各有發案之權、惟關國家進款者、必由代議院、行發案權、但元老院修正代議院之法案、與修正國家進款之法案、皆有發議之權、

凡甲議院議決法案、而乙議院修正之、經大統領署名、定爲法律者、必須最初發案之議院贊成、若修正案兩院齟齬、須開兩院協議會、各選協議委員以調停焉、

第一千八十二節　聯邦司法部權　合衆國司法部、由高等法院、輪流裁判所、地方裁判所而成、其規模職掌、多定以通常法律、視立法行政二部、由憲法而定者較少、試先舉憲法定例曰、合衆國司法權、歸高等法院、及聯邦國會議設下級裁判所、其判事、皆終身官、定期而受俸給、在職不得減額、又曰、聯邦政府司法權、凡關於全權公使領事、及其餘公使之訴件、海軍訴訟、海上訴件、合衆國訴訟、當局之訴件、起於二州以上之訴件、某州與他州人民之訴件、(某州原告)即異州人民間之訴件、同州人民、由異州得土地之訴訟、一州或州內人民、與外國或外國人民之訴件、皆其所及、憲法又載全權公使、其餘公使領事之訴件、某州當局之訴訟、皆以高等法院行初審裁判權、至其餘訴件、概依聯邦國會例、惟理上控之件而已、

第一千八十三節　審是可知聯邦政府司法權所及訴件、爲二種矣、甲不能以諸州法權管轄、

而歸聯邦政府者、如海軍或海上訴件、以海上航路、專屬聯邦政府、故歸聯邦政府司法部管轄、又如起於合衆國憲法法律條約之訴件、或諸州給人民物件之訴訟、亦聯邦政府司法部之權也、乙係訴訟當局之性質、不容州裁判所管轄者、如關於公使之訴件、公使爲聯邦政府官吏、持有特權、其與人民之關係、卽與國家之關係、凡此等訴件、不得歸州之管轄、又訴訟住居地之權、裁判所無管轄權者、如起於異州人民間之訴訟是也、皆歸聯邦司法部管轄之、若甲州人民、訴乙州人民、不訴於合衆國裁判所、可訴於該人民住居之裁判所、然合衆國裁判所、凡此種訴件、無論何人、皆可向之起訴、

第一千八十四節　司法部聯邦國會權　右聯邦之司法權、皆由合衆國憲法而定、然聯邦國會以斯司法權、分配各裁判所、而諸裁判所之成、亦以國會議決、特不能全定某部司法權屬某法廷、其無所屬之法權、則姑置之、蓋以憲法定合衆國司法權之範圍、而聯邦國會以此範圍決定何等規則、何等制限、以分配諸裁判所也、凡高等法院下設下級裁判所及高等法院判事員數資格俸給事務章程、皆以聯邦國會定之、

第一千八十五節　聯邦諸裁判所　聯邦國會以右權能、一千七百八十九年九月、議定裁判所條例、修正法案、卽現行法也、高等法院 The Supreme Court 置判事長一名、卽院長判事八名、每年定期開法廷於華盛頓市、以十月第二星期次日爲開廷日、法廷始開、定判事六名、高等法院下、設輪流裁判所、Circuit Courts 該裁判所、以高等法院之判事、開法廷於國內諸處、然高等法院、事務甚繁、其判事有一定時期、不得赴輪流裁判所、

合衆國分爲輪流裁判九區、(除屬地)高等法院判事由院選定、各任一區、此外有特別輪流裁判所、離高等法院判事獨立辦事、各設法廷、蓋高等法院判事、與特別輪流裁判所、一區之內、各開法廷也、更分輪流裁判區爲地方裁判區、該裁判區、與聯邦國會議員選舉區均不得跨二州、各區設地方裁判所、District Court 若人口稀少之州、設一地方裁判區或二區、其事務繁多者、則一州設三區、地方裁判所、位在聯邦諸裁判所之下也、輪流裁判所、依次開於各輪流裁判區內、準法律、高等法院判事、每二年一次開輪流裁判於各地方裁判區、

第一千八十六節　輪流裁判所法權、與地方裁判所法權、以聯邦國會議定法律而分、而聯邦國會、以起於合衆國憲法、法律條約之訴件、不得歸右諸裁判所管轄、雖定裁判所管轄之訴件數種、其餘訴件皆無所屬、不能據諸裁判所之法權以概論也、茲姑發明如下、曰地方裁判所、據聯邦憲法、得操某種民事訴件法權、其金額至五十圓以上者、得上控地方裁判所之判決於輪流裁判所、而起於海上訴件、亦有管轄權、得上控其判決於輪流裁判所、凡聯邦法律當罰罪犯、地方裁判所、與輪流裁判所、裁判權同、但其重罪、惟輪流裁判所有裁判權、輪流裁判所、居地方裁判所之上、若訴訟金額及五百圓以上、據聯邦憲法、有初審裁判權、而屬聯邦法律範圍之刑事訴件、則有裁判全權、

第一千八十七節　要之刑事訴件、不准上控、若民事訴件、上控地方裁判所於輪流裁判所、以金額五十圓以上者爲限、而上控輪流裁判所於高等法院、其金額以五千圓以上爲限、但包含聯邦憲法解釋之訴件、雖金額甚微、亦得上控於高等法院、

第一千八十八節　判事　合衆國判事、任期終身、元老院贊助大統領命之、聯邦五十六裁判區、各區置特別判事、其人口稀少之地、則設判事一名、兼數區法廷之職焉、

第一千八十九節　聯邦下級裁判所判事、得互相代辦、凡遇要事、甲裁判所判事、得至乙區、相助爲理、或代行職務、而地方裁判所判事、與輪流裁判所判事、亦可互相代理、蓋其初制、遇高等法院判事、不至輪流裁判區、常以地方裁判所判事代開法廷、時或並理一區煩劇迨其後聯邦裁判事務日冗、判事漸增、始置輪流裁判所判事焉、

第一千九十節　合衆國高等法院長、（判事長）年俸萬五百圓、高等法院判事、年俸各萬圓、輪流裁判所判事、年俸六千圓、地方裁判所判事、年俸三千五百圓、或五千圓不等、

第一千九十一節　顯斯多利克多亞多尼馬沙爾　各裁判區、概置聯邦之顯斯多利克多亞多尼 The District Attorney 與美國之馬沙爾、The Marshal 以大統領命之、按顯斯多利克多亞多尼職掌、控告合衆國刑法罪犯、一也、爲合衆國起區內民事訴件、及合衆國被控、爲合衆國訟師、而赴法廷、二也、合衆國收入官被控、爲該官訟師、而赴法廷、三也、餘可類推而知、若馬沙爾、爲聯邦輪流裁判所、地方裁判所執行官、奉命令判決、而執行之、有逮捕監禁違聯邦法律罪人之權、依合衆國法律、其各州內權能、與各州西耶利夫 Sheriff 州法律內權同、然則馬沙爾者、亦聯邦之西亞利夫歟、

第一千九十二節　裁判所命令判決、州裁判所命令判決、其勢力及於裁判所州內、而合衆國裁判所命令判決、則及於聯邦全部、

第一千九十三節　屬地裁判所　哥倫比亞州及餘屬地（得利多利）裁判所、雖係合衆國裁判所、而非聯邦裁判所、故觀其管轄之權、實合州裁判所、聯邦裁判所之性質、且聯邦屬地與哥倫比亞地方法律、卽合衆國之法律也、該屬地之立法部、皆奉行聯邦國會議定法律、實受聯邦國會之委任、而其議定之法律、皆歸大統領任命之裁判官施行、

第一千九十四節　諸屬地裁判所、及哥侖比亞裁判所、不以聯邦憲法爲限、故聯邦國會、得隨其意、爲立法制、如依聯邦憲法、合衆國判事、任期終身、而諸屬地及哥侖比亞判事、任期四年、故諸州設聯邦裁判所、與諸屬地設合衆國裁判所、不能相同、但上控兩者於高等法院、則無不同也、

第一千九十五節　裁判　聯邦裁判所裁判法、常採用本州裁判所裁判法、其無關聯邦法律之事件、則以州法律、用之合衆國裁判所、故如陪審官制立證法法廷辯論之規則、概用州裁判所慣例、爲聯邦裁判所裁判法、是以聯邦裁判所、其形式主義、無以異州之制、用於本州之憾耳、

第一千九十六節　諸州裁判所與合衆國裁判所　聯邦國會、不得使諸州裁判所代合衆國裁判所之權、蓋聯邦憲法、許聯邦國會、隨時議定設立外、行合衆國司法權者、惟高等法院、亦謂不得以州裁判所、行合衆國之司法權耳、故美國聯邦司法制度、與德意志瑞西、有不同者、（參考第四百三十六節五百五十九節）

第一千九十七節　聯邦行政部　聯邦憲法曰、凡行政權、歸亞美利加合衆國大統領、任期四年、夫大統領、豈能以一人之身、握全部行政權、故更設諸省長官以輔之、而以大統領爲之監督、

斯爲制聯邦憲法者之本意乎、若副統領、實無分掌行政之權、惟有時代理大統領而已、其選舉法、與大統領同、

第一千九十八節　選舉大統領　大統領、不以人民徑選、蓋以各州出於聯邦國會元老院代議院之議員、選爲選舉人、使之選大統領、故各州選舉大統領、聯邦國會上下兩院有代表全權、其投票總數、必須均平、凡選選舉人其投票、以大統領滿期前一年十一月、第一禮拜二日行之、選舉人於十二月第一禮拜三日投票以舉大統領、各會集於州首府、翌年二月第二禮拜三日、開聯邦國會、公計票數、越三月四日、大統領就職焉、

第一千九十九節　選舉大統領政黨會議　右制度法理、固以選舉人判斷大統領副統領之位置、而使之投票、然當選舉人投票之先、實於夏期開政黨會議、以定補缺之人、其選舉大統領人、亦由各州政黨會議選定、故得選舉人最多之政黨、大統領副統領之位置、自歸其黨中、然則政黨會議、非選舉之最重者乎、

第一千一百節　大統領資格　除本爲合衆國公民、及現行憲法定爲合衆國公民者、皆不得爲大統領、而未至三十五歲、住居合衆國、非十四年外者、亦不得舉爲大統領、此聯邦憲法也、故大統領年齡較元老院議員爲長、而公民資格、亦較國會議員爲尤嚴耳、

第一千一百一節　大統領俸給　聯邦憲法合衆國判事俸給、其在職中者、不得減也、而大統領任期、遠遜判事、其在職中俸給、不可減也、而亦不得或增、

第一千一百二節　大統領職權　監視合衆國法律、施行完全與否、大統領之職務也、按大統

領、爲合衆國海陸諸軍元帥、若各州義勇兵服合衆國之軍役、亦以大統領爲元帥、凡統督合衆國外交事務、延見外國公使、以元老院議員三分二贊成、與外國結條約、命任聯邦政府官吏、皆爲大統領權、據聯邦憲法、大統領所命官吏、例須元老院承認、然下級官吏則由大統領法衙各省長官得專決任之、且元老院毋得干涉、聯邦國會、雖全權公使領事、及其餘外遣公使、合衆國裁判所判事各省高官郵政局稅關重役、凡聯邦政府所選重要官吏、必須元老院承認、亦官吏中之一小部分而已、

第一千一百三節　自大統領查克遜以後、凡選任官吏、無論例須元老院承認者、無須承認者、元老院皆無舉官吏之力、以元老院爲具文 Courtesy 凡任命官吏權歸有力之政黨行政部及元老院末由干預、弊孰甚焉、

第一千一百四節　改正命聯邦官吏法　洎夫近年、以法律改正任命官吏法、然其高等官、仍不待元老院承認、惟大統領各省長官、不得專決、以任下級官吏耳、千八百八十三年六月、法律、所稱爲邊特爾頓條例 Bendleton Act 是已、按該條例所改正者、不外於任用雇吏 Employees 如以元老院贊襄大統領設任命文官委員會、 Civil Service Commission 該委員會委員三名、二名以上、不得出諸一政黨中、凡聯邦政府下級官吏、概係委員會選定、而政府雇吏不得以政治之故、要求費用、政府官吏、不得奔走政黨事務、蓋欲置政府事務官於政略之外也、

第一千一百五節　然該條例任用官吏、其實施條項、一任大統領之意也、蓋聯邦憲法、以任命官吏之權予大統領、故大統領、雖須元老院之贊助、其聽從與否、悉由己意、其權豈不獨尊哉、

第一千一百六節　正副統領有故之例　凡遇大統領副統領、死亡或辭職、繼任未定、例以國務尙書、The Secretary of State 行大統領職、若國務尙書有故以大藏尙書代之、大藏尙書事有故以陸軍尙書代之、遞及檢事總長、The Attorney General 驛遞總督、The Postmaster General 海軍尙書內務尙書、各遇事故皆可依次行大統領職、但此諸大臣攝行大統領職依聯邦憲法、須年齡及格而合住居年限及公民權者、至一千八百八十六年國會議決以元老院臨時議長、The President Protempore 行大統領職務、臨時議長有故則以代議院議長代之、然元老院與代議院、常有不設議長之時、故此制遂廢、

第一千一百七節　行政部與聯邦國會相關　按大統領與聯邦國會相關、依憲法之例如左、曰大統領須以合衆國狀體、通告國會、若有要便方策亦告國會使之審議、遇非常之事、大統領可召集兩院或一院、而開臨時國會、國會展期、若兩院意見不合、大統領亦得以正當期限命令兩院、然通告合衆國狀體於國會、及要便之議案、望國會協賛、每以致書 Message 行之、至今不廢、

第一千一百八節　華盛頓及約翰阿丹士、解釋右憲法條文、以大統領比英國君主、親赴國會、以相演說、然第三大統領遮費孫、乏辯才、此例中絕、而以文書通告、垂爲成例、（參考第六百七十九節）夫遮費孫之前、行政部與國會互相通問、實爲交通之本、自改成例、美聯邦行政部與立法部、遂難和協、兩不信用、他國所未有也、蓋近代諸國制度、行政長官有躬赴立法部議事之權、故立法部與行政部、關係頗密、國務大臣、一則指導兩院、一則自受其監督、而調和立法行政二部、此立法部

議定法律、行政部施行法律、所由強固而確實歟、

第一千一百九節　行政諸省　聯邦憲法定設行政諸省、而有所以設立之故焉、按憲法曰、大統領須以文書詢各省事務於各省官長、又言聯邦國會當以任命下級官吏委各省長官、而其設官之制、憲法未定、故行政諸省之設立規模、惟以法律定之、

第一千一百十節　第一期、聯邦國會、先設行政四省、曰國務省、曰大藏省、曰陸軍省、曰司法省、是已、後一千七百九十八年、以海軍事務冗繁、更立海軍省、一千八百二十九年、更由大藏省分郵便局爲一省、曰遞信省、至一千八百四十九年、以右諸省不能管掌之政務、設內務省、

晚近諸外國制度、其內務省、或同義之行政省官、概與美國內務省彷彿、蓋不歸他省管轄之職、皆以內務省掌之也、

第一千一百十一節　一千八百八十九年、更設農務省、今合衆國行政省、稱八省焉、第一國務省 Department of State 也、以掌外交事務、然據近代外國制度、亦稱曰外務省、

第一千一百十二節　第二大藏省 Department of Treasury 也、爲政府之財務部、凡徵收關稅、火酒稅、烟草稅、及依國會議定豫算案、保管此等歲入、而支出之、檢查各省會計、監督國立銀行、定製合衆國貨幣、編輯產業統計、皆其職也、

右大藏省、凡出納及檢查會計、皆其職掌、而各州則二者分離、事詳上文、

第一千一百十三節　大藏省中附設印刷局、Bureau of Printing and Engraving 以印刷官文書等、

第一千一百十四節　第三陸軍省 Department of War 也、司合衆國陸軍事務、

第一千一百十五節　第四海軍省 Department of Navy 也、掌聯邦政府海軍事務、

第一千一百十六節、第五司法省 Department of Justice 也、以法律之知識議論、資助聯邦政府、而合衆國當局之訴訟、亦有監督之權、而合衆國之馬沙爾、底斯多利克多、亞多尼等、（非聯邦政府之判事）凡司法行政官、概隸本省、要之司法省實聯邦政府之律師也、除遞信省外、行政諸省之長官、皆係尚書、Secretary（些克列他宰）而本省長官、則檢事總長也、

第一千一百十七節　第六遞信省 Post Office Department 也、本省長官、係驛遞總監、凡遞送書信及小包郵件、依本省所發匯票、而遞送金錢、與外國約定郵政制度、皆本省之職、其與外國定此制度、無須正式條約、但以驛遞總督計郵政便利、經大統領承認、與外國訂約、即可通行、合衆國入萬國郵政同盟 The Universal Postal Union 者也、凡世界文明諸國、無不入盟、該同盟本部在瑞西、管下其經費、以同盟諸國納金支辦、

第一千一百十八節　第七內務省 Department of the Interior 也、其職掌分列如左、一從聯邦國會規定憲法、每十年調製戶籍簿、定各州聯邦代議院議員額、二管理國家公地（置管理土地局）General Land Office 三監視印甸人、以華盛頓府設印甸事務局 A Special Commissioner of Indian Affairs 及設印甸地方各種代理樞、

如移徙印甸種族、而補助之、或監督之、及聯邦政府賠償印甸人之損害、分給印甸人土地、各種法律、皆印甸事務局之職也、

四支發恩給金、錫予恩給地、以恩給局 A Special Commissioner of Pensions 掌之、五許可各種之特許、及保存特許諸器械之模型、設特許局、A Patent Office 六保管官文書及分配事、置監督文書官 Superintendent of Public Documents 七凡鐵道公司、受合衆國資本或輔助者、檢查其會計、及執行國會議定鐵道法律、設鐵道委員局、Office of the Commissioner of Railroads 八編輯教育統計及其餘報告、以助國內教育之進步、分報告書於各地、置教育事務局、九監督政府所設癲癇院、及哥倫比亞盲啞院、

右內務省各部、雖在內務大臣監督之下、其實皆獨立 也、

第一千一百十九節 第八農務省 Department of Agriculture 也、凡採集植物等疾害報告、研究病理、以增進農業利益、有講究方法施行之責、置山林部、A Special Forestry Division

第一千一百二十節 除右八省外、其不出代表於內閣者如左、一工作事務局、The Department of Labor 統計工作之狀態利害、或採集其餘報告及公布、如工作與資本之關係、工作時刻屋宇、工金額、付工金法、工作之食物費用等是也、二諸州貿易委員會、The Interstate Commerce Commission 爲半司法樞、凡禁不正鐵道運費之聯邦法律、鐵道事業諸種同盟或禁聯合諸法律、有解釋執行之權、三任用文官委員會 The Civil Service Commission 詳見第一千一百四節、掌施行邊特爾頓條例、四漁類及漁業委員會、The Commission of Fish and Fisheries 保護合衆國海岸河湖漁種、凡改良增加調查研究、以實行要法、皆其職務也、

參考書目

希魯得列斯合衆國史　晃克羅佛多合衆國史　德意爾美國占有英吉利殖民地　羅敵美國占有英吉利殖民略史　佛羅甸嘉木亞美利加共和國源史　加爾底斯合衆國憲法源史　斯科多英國北美殖民地自由制度發達史　飛斯克美國史一大危機　宗士頓美國憲法第一世紀　馬克斯士合衆國民史　毘多肯亞美利加合衆國政治史　亞達穆士合衆國民史　摩路士羅狄泰拉爾紀合著美國政治家列傳　修列爾制定憲法後亞美利加合衆國史　封合爾斯多合衆國憲法政治史　宗士頓美國政治史　亞達穆士英格蘭聯合古文書　邊沁三十年閱歷（由一千八百二十年至一千八百五十年）　美國政治史　爾斯伯多西方經略史　文舟美國史談　沙木納爾美國政治　張華爾松文集　亞達穆士文集　加爾洪文集　維布司坦演說集　斯敵翁斯南北戰爭憲法論　新士共和政治中之共和政治　哈爾得美國國體論　布朗松美國共和政治憲法及天職　亞烈山大和美爾敦節飛得拉利斯多　司堕利美國憲法註釋　克列美國憲法註釋　封合爾斯多亞美利加合衆國國家法　低西英國憲法講義　布萊士平民政治　葴音民主政體論　維西松孔格列士政治　張木松美國各州憲法政治史　普亞聯邦憲法各州憲法殖民地憲法其餘法文　盛普松美國法律　宗斯合浦肯司大學出版歷史政治學論說集　巴加流英格蘭市府起原勢力　加坦空烈克特加多市府　斯晃蘇維司孔遜州地方政治　利品科多雜誌南部地方政治　法俄德美國民必攜　合士馬耳沙冕路亞達木士傳

政治汎論卷三終

第十二章　概論

憲法行政之發達

第一千一百二十一節　發達之序　自上古以家父爲王、爲高僧、草昧時代、日漸發達、以至今日行自治制度、不知經數千百年矣、然政治發達、其不變之大則、固未嘗破壞、於其間、蓋古來政治進化之際、釋回增美、固在斯人之選擇、然而人爲之勢力有限、一反手間而欲除弊於無形、底法於美備也、能乎不能、歷觀古今成事之由、有創有因、參酌古制、適合新規、事半而功倍、芻狗遺法、務作新奇、徒勞而無功、無他、國家制度、道德人事、皆待習慣而成也、不觀古之專制君主乎、擁獨斷獨行之勢位、詡旋乾轉坤之能力、宜乎變化臣民之氣質、排斥習俗之傳聞、而不能終竟其志、鬱鬱以逝者、何哉、不又觀古今熱心之改革家乎、潮流推一世、學說冠一時、宜乎胥天下如其意、滅古制而有餘、而終不能去成憲、遠人情、高視闊步於流俗之上者、何哉、置俗衆於度外、事事與之背馳、其勢力必有不能行者、故凡革命之後、必有反動、反動之後、其政治退步、較前爲尤甚焉、誠以政治之勢、不容强迫、國家之制度、與人羣之發達、皆由漸而來、不可誣也、然則政治進化、其秩序之不可亂、與有形物界之進化、何以異耶、

第一千一百二十二節　吾嘗觀古今制度發達之秩序、世界各國、各不相同、凡國家制度、與諸國人種、均以外圍情事、默相推遷、如氣候、如戰爭、如地理、皆有轉移制度之力、而人類之思想、千種萬狀、氣象性質、亦有影響於制度之上、然其制度之大體、固通古今而未嘗破壞也、謂予不信、

請徵之古今歷史、而察夫進化之跡焉、

第一千一百二十三節　古代發達　古代家族關係、簡而易明、初無紛錯之患、其後勢趨於衆、源委莫詳矣、蓋所謂古代家族沒入廣羣之中、雖血脈結合情感依然、而其實則大變、卽如法律、其始主權、不過屬之一人、繼而變爲羣體、非含公共之性、與昔日異趣乎、或者曰、觀當時國王、世襲性質、可知家族關係、尙未泯滅、不知所謂王者、羣之代表也、已非如往時僅爲一族之長矣、不啻惟是、後此羣更發達、而爲都市國家、如希臘及羅馬者、卒以市民而代家族、以國家爲眞實思想愛羣之中心、德義之目的、所謂公吏者、不以一己之名管轄人民、羅馬大帝國、卽羅馬都市帝國也、當時世界幾歸於一市之中、故加拉迦辣皇帝 Caracalla 以市民權、與其人民、諺云、都市國家、City-Statehood 古政治界之最後語也、豈無所見而云然哉、

第一千一百二十四節　封建制度近代君主　日耳曼人之勃興也、國家規模、爲之一變、當時以國民成軍、軍旅卽國家也、其元帥卽國王也、及該軍移住於羅馬領地、而封建制度起焉、如法國日耳曼等諸國、封建之制、頗覺完全、改稱元帥、爲封建君主、領有王國、蓋當時國王、漸倂封邑、而握完全法律之權也、故爲法律公義之本者、惟此王、而以憲法及權利、錫予人民者、亦惟此王、

第一千一百二十五節　英國制度發達　英國封建制度、初未完備、所謂以國王爲地主者、僅存虛名、人民私地、徧乎各處、地方自治之制、久爲國民政治之本、故考其政治、與日耳曼迥異、其國民常喜政治自由、而又富於動力、善於擴張、此所由以立憲國家限制君主也、要之以封建之邑、而生王國、由私地之制、地方自治、而生立憲國家、政治發達、最爲美善、爰設人民代表政樞、以

爲憲法之保障、而成自由自治之國家焉、

第一千一百二十六節　羅馬人英國人　觀古政治發達之史、頭角嶄然、而具政治之能力者、厥惟二國民、曰羅馬人、曰英國人是已、按羅馬國民、舉古代全世界轄於大一統之下、其法制爲近世所取法、而英吉利國民、創建美洲、且布置領地軍鎭於全世界、其政治思想習慣、亦爲輓近諸國所利賴、彼二國者、誠世界中大國民哉、然英羅二國之制、頗相類似、不獨政治動力之性、互相頡頏、推而至於功業制度、其基礎亦無不同者、

第一千一百二十七節　羅英國民相類　羅英兩國之民、皆由解釋舊制、而建設運用、排空想、崇事實、而非專取高尚之論也、故不亟明其原委者、亦不遽求乎上理、崇實去華、以調和爲方法、以適合爲通則、世謂二國政治之法、不揣測乎當前、不臆度乎未至、初無急烈之性也、豈不然哉、革命風潮、二國國民、初無是想、雖遇改革之舉、必其舊制過於腐敗廢滅於不自知、非以人力破壞之、迹其設施、悉則古昔、如接木然、新舊二制、異穎同根焉、試思羅馬元老院、初爲政治主要之動力、厥後權勢日退、特權移於官民、而英國貴族院國家立法、爲王首輔、後亦居於隸屬之位、其變遷之跡、皆行於冥冥之中、何嘗遇革命之變乎、且羅馬主宰官 Consul 之權、漸落平民官吏掌中、英國王室之權、亦推移於國務大臣、（即人民代表）二國民政、進化之方、其不見急激、而出以愼重也、亦可見矣、

第一千一百二十八節　羅英國民發動之力　二國制度、變遷之方、及其緩急、既相類似矣、然問其何以類似、必有操縱發動、以變革政治者、存乎其中、其原動力、亦存諸人民而已、按當日變

革方法、不外以慎重之念、調和其羣積分而成、惟其人民保守之性、習俗相安、故本國王之意、以定法律、則事可速成、而謀諸國民、其熟思審處有不能以旦夕竟者、觀夫羅民之獲特權、初爭寸步、英民之得政權、幾經歲月、皆不貪不時之大功也、其特識亦奇矣哉、

第一千一百二十九節　羅馬帝政制度變態　羅馬自帝政制度盛行、全失共和時代保守之習、然當帝政之初、奧古士都帝尙避帝權之名、共和之制、不至盡滅、不過以元老院及人民委任諸己、皇帝任期變爲終身、欲收共和時代諸官職掌集諸一身而已、迄夫後世皇帝、罔顧民情、以巍巍帝權、顯示天下、驕橫恣肆、政府之性旣變、政治之法亦殊、舉全國政權歸皇帝獨斷、而羅馬人所最崇敬之古例舊典、破壞而不顧焉、雖其嚴苛法度、軍事軍制、非無獲益、而政治能力、隳壞靡遺、非以羅馬英吉利人民、其組織政治、與自由自治之力、不可須臾離乎、

第一千一百三十節　羅英政治之不同　英國民與羅馬國民、其逈異者、政治緊要之組織是也、夫二國民政策全體之遲緩保守之同、執固不能不別爲之辭、（參考第一千一百二十八節）顧此特共和時代爲然、若條頓人輸入代議制度於英國也、設代議議會、俾國民擇代議士、議論國政、以培國家之元氣、而羅馬之民、初無此制、惟市內人民、得參與立法之事、其全體國民、末由干與、誠以舉多數人民依代議樞而行平等之法、非古羣所與知也、按英制、都市各出選拔人四名、Reeve 曰公吏、以設加溫志裁判所、各州選士人、各都市選市民、以爲議員、而置國會、雖世界各國、今皆模倣、實爲英人獨有之物、故與羅馬遠隔之地、條頓人政事、有特別之功、而歐洲大陸諸國、深染羅馬之習、其政治規模、均與英人不同、卒至版圖日擴、中央集權專制日甚、蓋英國人民、人口雖蕃、依

代議議會之制、得保統一、而羅馬人民、散布全部、無參與中央政治之方、除都市人民、出席投票於議院外、無人知立議會、不以兵力苛法、其能保帝國之統一也哉、餘見下文、

第一千一百三十一節　立法部發達　舉近代政治、與古代政治相較、其殊異者、曰立法之範圍方法及其政樞是已、雖今日代議立法體、爲普通政樞、而古政治家非所夢想、其各人民、非徑行干涉立法、則絕不與知、故得赴議會者、得以投票、不得赴議會者、不得投票、雖碩學如亞里士多德、亦謂領地廣大、非以各人盡赴議會、決不成自由國家、其不知代議之制也明矣、信如亞里士多德言、則羅馬市外國民、遠隔議會、勢難人人集會、不幾終無議政之權乎、乃代議之制、希臘人不知、羅馬人不知、而條頓人知之、舉行最先、以成完善之方、近世各國、由此而取則也、豈不幸哉、

第一千一百三十二節　按合衆國初期殖民史、由人民總會、（以全體人民徑赴議會議事）變爲代議議會、有二例焉、一滅利蘭最初立法部、由全體殖民而成、後開議會、或許代行投票、而代議制完備之前、則有半代議會、半人民總會焉、其二羅多亞伊蘭、其民爲立法部、選舉代表之人、開人民總會於牛帕多阜斯他氏所云、人民與代議士先開議會、後以代議士行議士權是也、

第一千一百三十三節　代議士權　代議士之權能、至近代論定、其初國民、恃自治制度之勢力、務使代議士、隨選舉區民之意、以供其職、不得自下判斷、洎夫近代理論進步、爲代議士者、凡國家事務、實有其權、得伸己意、不第爲選舉人傳語矣、

第一千一百三十四節　近代立法事務之範圍　右代議士權能、係最要之件、以近代立法事

務、範圍既廣、事項亦雜也、夫古代議會、未嘗發達、凡代議士、惟以國王貴族、製作之法律、示其從違而已、至於近世、則判斷重大國政、發政略之案、凡審理機宜、監督改革、議定要件、一切政治動力、無非代議士所掌、職權之煩、視國政爲比例、其有關於政羣財務、須自由運動者、豈古代立法者、所能同年語哉、蓋立法範圍、既異於古代狹小之市國、設代議士祇以代表其選舉人、則各爲地方利益、常起爭競、豈不破壞統一之政略、惟代議士、不僅爲代理人、俾爲中央政府有權力之員、則戮力圖公、國家自治之運動、自成强固不拔之基矣、

第一千一百三十五節　制定法律及執行解釋　現今立法部、位置性質職權、與古政治家所講求者、旨趣各異、蓋立法行政司法三權鼎立之說、爲近代政治發達之象、非起於古代國家也、上古時代、以家族爲國家者幾何年、及稍進步、家父之政權絶矣、而依然以血族思想立國者幾何年、以政治形式存古代之陳迹者、又幾何年、總之古昔時代、凡政治職權、莫非歸於父王或長老議會、如雅典國古稱發達自由者也、而司法官立法官職掌性質、全無區別、故古之議會、凡制定法律、選舉官吏、裁判犯罪、莫不併行其權、若行於今、則權力混淆、其不爲舉世所駭且怪者幾希、

第一千一百三十六節　現今政治家、皆主張憲法、分爲政府三部、各自獨立、一部作弊、不得朋比他部、故各文明國制度、立法者不能强司法官行其職務、司法官不能干涉立法職權、而司法官與立法者、又不能監督行政官也、其用意亦良深已、

第一千一百三十七節　憲章及憲法　政權固分列爲三部矣、然政治慣例、專依成典憲法、以

助其發達也、雖此等憲法本性各不相同、至政治樞及嚴正之法、初無或異、此近代政治、所以發達也、如美國憲法發源於英王所允殖民地憲章、自獨立戰爭以後、其憲章始出自人民、(參考第八百六十節)蓋由人民直接承認而成者也、瑞西憲法、與之相同、亦以其人民自由選擇而後成耳、

第一千一百三十八節　法蘭西則不然、按法蘭西雖以民主著名、然其國民未嘗徑定憲法、凡憲法皆以憲法會議起草、採用國民不得干與、即編成以後、亦無詢及國民者、憲法會議長之權、何其重歟、

第一千一百三十九節　憲法矯揉之自由與憲法固有之自由　國民選舉議會、采定憲法、授之國民、其法立於合衆國瑞西國及歐洲君主國之間、按英國大憲章、爲約翰王所掠取、雖至一千八百四十八年、爲革命所激、普魯士以平和之間、制定憲法、君主各以權利授予人民、然非人民固有之自由、不啻矯揉而得者也、

第一千一百四十節　合衆國憲法不然、與君主恩惠、初不相關、不過記定英國人種、權利自由而已、且加拿大及奧達利亞英國近代之殖民地也、其政治之本、悉係英國國會之法律、除舉其政體要領外、不外以古在英國人所有特權、予殖民地人民、而美殖民地憲章、除太守裁判所立法會之定例外、亦以英國自由民之權利許之、蓋美國由政治進步而編纂憲法、非若歐洲各國、以憲法而改良政治也、

第一千一百四十一節　近代聯邦及同盟國　欲明近代聯邦國、制度職權、則成典憲法、實爲晚近政治發達之力也、所謂聯邦國 Federal State 者、至近代始見之、雖古有同盟國、Confederated State 似屬同體、然決不能以同盟國、例視聯邦國也、世俗昧而不察、亦未觀其歷史、如何耳、古代同盟、其卓著者、曰伊基昂同盟 Achaean League 近代則惟瑞西同盟、日耳曼同盟、美國同盟而已、

同盟國者、由各國合成、所稱建國之法、亦條約而已、其主權、仍分存各國、不以同盟、故而移主權於中央、不過以利害相同之事、相約輔救耳、

第一千一百四十二節　今之聯邦國不然、其完全政羣、儼合各國爲一國者也、如德意志語、同盟國曰斯他顛本多 Staatenbund 聯邦國曰本顛斯他多 Bundesstaat 是已、雖同盟國、聯邦國、皆以獨立羣結合而成、然同盟國、仍不失獨立、而聯邦國、則已陶冶而成一國焉、

第一千一百四十三節　但同盟國與聯邦國、無論地方異人種異、而彼此相助、以保護幸福、結爲條約、今日之實事也、如瑞西聯邦、合德意志法蘭西義大利諸種、盡善盡美、尤令人羨慕不置焉、

第一千一百四十四節　聯邦特質　茲舉聯邦國之特質如左、甲、凡關聯邦全體利害、各羣以獨立之權、推與聯邦、故合成一國、其禦外國也、自調和融化、以成統一之體、雖觀其內容、未嘗無各羣之界線、而自外觀之、固已無所區別、乙、有特別之聯邦法律、表明聯邦國之權力者也、該法律、非由各羣同意而成、不過示聯邦國全體之意而已、丙、有主權之新念、蓋聯邦國、無完全之主權體、其職掌分於國家政樞（聯邦全體政樞）與地方政樞（各羣政樞）之間、故國家某部分、以聯邦政樞行聯邦普通之權、而某部分行各羣獨立自治之權、要之聯邦國主權、甲乙兩政樞、無所偏倚、其主權

各部、分屬於委員會也、

第一千一百四十五節　近代聯邦國、皆有成典憲法、然非必不可離、亦權宜之制而已、蓋定聯邦國家、公共權利之職掌、則各政樞之權、尙須明其範圍也、

第一千一百四十六節　右聯邦國固爲權宜之制、然按近代聯邦國史、歲月雖淺、已有 A-Unitary State 合爲一國之勢、蓋其成功也國民利益結合爲一、凡聯邦國莫不然耳、

第一千一百四十七節　諸國制度之異同　若取各國制度而比較之、凡政府規模、行政部之於立法部、諸國尤不同焉、

第一千一百四十八節　統一政府諸大臣之於首長　諸大臣之於行政首長、研究行政制度之關鍵也、蓋統一政略、結果良否、半係統督者之有無、使無統督之人、雖無紛爭之患、恐其政略、亦難活潑耳、

第一千一百四十九節　合衆國制度、凡行政諸省長官、均奉戴大統領、以保統一、雖與大統領、有同僚之義、而決定國政、則大統領之權力（參考第一千零九十七節）也、故聯邦國會議決、以權力與諸省大臣、而不受大統領之監督者、蓋尠、則大統領、實行政部首長矣、獨法蘭西英倫二國、凡決定政府政略、權歸總理大臣、以統率諸省、而大統領君主不與焉、故君主之於國家也、雖名爲行政部之首長、實則虛擁高位而已、而立憲國中、如德意志者、則以君主與攝宰 Chancellor 之意、爲政略之源、政樞之本、諸省長官、皆奉行命令者也、此制利於統一、視他國較優、而未嘗無可訾議者、以國政之命脈、專歸首長、則一切人民、其政治生機、未免凋殘耳、

第一千一百五十節　大臣之於全體政治　其次諸大臣於全體政府、（即合中央地方為一體之政府）重要之關係也、如上文合衆國、無統一政府、其中央政府官吏、非監督部、第為上級官吏之一體而已、（參考第九百七十四節第九百九十三節）按美聯邦制度、以大統領為國家首長、而內閣不能監督政府之全體、故內閣會議、以政略為限、其餘行政諸件、歸各省決定、是中央行政權力、悉係大統領之意、非內閣大臣所議定也、英之內閣、則稍有監督之例、如分事務於各省、必據多列嘉利美牛多 A Treasury Minute 表、是已、該表以內閣會議、各大臣議決、然英國行政、以內閣監督、實由內閣之責任而生、準半司法辦法、以戒監督政樞、無統一行政之深謀也、至法蘭西普魯士、則以統一行政為旨、頗有實效、試先以法國論、法國除全掌政略之內閣外、設大臣會議、A Council of Ministers 以監督行政、分諸省事務、（參考第三百二十五節）該會議上、復設高等行政會議、A Council of State 係一司法樞、以調停諸省權限爭議、為最高行政裁判所、（參考第三百五十三節）普國亦然、其大臣會議、Staatsministerium 掌法國大臣會議行政會議之職權、別有行政會議、A Council of State 漸為高等司法樞焉、（參考第四百六十節）

第一千一百五十一節　行政部立法部　行政部（施行法律之部）與立法部（制定法律之一部）之關係、亦國家之要制也、曠覽東西諸國、欲求制度之美善、必使立法部與行政部、並行不背、故法律待行政而知是非、行政因立法而得生機、非立法則政徒行、非行政則法徒立、吾今考維持行政之政府、與夫歲費之問題、益知行政立法、二者重要矣、按立法者保管國家之財庫、凡諸稅課、待其徵收支發、而行政官、若無政費、事務不行、故當行政官要求政費、立法者苟不知其金額消費之方、末由

支付、故二部非兩相信用、則不能兩相協濟也、

第一千一百五十二節　其在法國立法行政二部、無相濟之道、故政府財政、薄弱異常、非特政府而已、法國國會、凡關係歲計案、雖內閣大臣、不見信任、豫算委員、不獨可以審查財政議案而修正之、且可任意廢棄、全變原案者、（參考第三百三十二節）是內閣大臣、無權能、無責任、凡歲計案、不視行政之緩急、惟以國會爲從違而已矣、若英國財政議案、則內閣大臣負責任於國會、得向國會要求通行、雖大臣要求金額、未嘗不須審議、苟非迫欲內閣大臣辭職、國會無不順從、故英國之任大臣也專、其責大臣也亦切、（參考第六百八十六節第六百八十九節）合衆國大臣、與國會無交通之事、政府提出豫算案於國會也、由豫算委員會議定歲出入額、不受大臣干涉焉、

第一千一百五十三節　行政部與立法部、政治各種之利害、小之如新設省局、增益官吏、分諸省務、大則外交戰爭貿易等件、皆是、無不有其效焉、且立法行政二部、或調合、或分離、以今日代議制度、尤爲諸國品位之標準也、如英制、以內閣大臣、指導立法、故全負責任、（參考第六百八十六節第六百八十九節）法制、以大臣爲半指導之人、（除財政之事）而亦全負責任、（參考第三百二十七節）普制則大臣不負責任、而居指導者之位、（參考第四百二十二節）瑞西亦然、（參考第五百三十三節）若合衆國大臣、初無責任、Isolation plus Irresponsibility　離立法部而孤立、此制與海外諸國、所以殊異也、蓋他國行政部、有指導之任、而美國行政部、第有服從之責耳、

第十三章　政府形質

第一千一百五十四節　政府立於權力強力之上、政府所不可欠缺者、權力 Authority 也、

蓋既有治人之責、必有被治之人、凡直接間接、其權力所至、卽爲强力、Force 然可謂之强力者、究不得謂之兵力、誠以或一人或數人或一羣、爲其羣之公務、設之以制人者、斯謂政府耳、是政府也、國家所設强行命令而適當者歟、

第一千一百五十五節　强力不必外現　右言政府、所以能施權力者、必藉强力而成、然其强力固未嘗外現也、雖運行政治權力在治者掌中、而究不見强力之形、故一政府有不事兵力、綏靖數世者、迄今政府政機運動、大都靜肅、而諸大國尤勝、人民之福也、然以其强力不外現、而遂謂政府無强力也、是又不然、譬諸鷹之攫物也、最爲强猛、而反弛其翼、螺旋之蒸氣也、漲力甚巨、而運轉未嘗不靜、其樞機亦可悟矣、蓋近代政府善良、不恃兵力、惟以被治者之意、爲制裁力、憲法法律、悉源於此、其中强力、豈一人一族一朝廷之物哉、剛强盛大、非人所能侵奪、其不發現者、正其力之所由擴也、故以專制君主、與民擧之官長相較、初無優劣、試觀合衆國與俄羅斯、强力猶是也、其所異者、隱顯之間而已、如腕力然、甲惟不得已而後用之、乙則無時不倚仗耳、

第一千一百五十六節　古今羣之管轄力　右政府權力强力之本、證諸今日民主政治、發見較易、而不可以例古羣也、生今之世、矢口而談開明之治、輒曰輿論政治也、否則曰庶民參政政治也、豈不以是爲民主制度發達成長乎、然其所以得勝、而有統轄之權者、非人服其智識、亦以衆寡不敵、屈於威勢耳、此非世人之所知也、故以輿論而强行政治、其權力與專制君主、貴族政治、初無軒輊、然而上古制度、無此景象也、夫上古既非民主制度、而亦非君主專制、與數人柄政之制、其寓於政權內之强力、果何自而見乎、或曰、家長制度也、以家父之權力强行壓制、或曰以

種族之長或酋長、握王者之權、傳聞異詞、靡可殫究、而究不能顯拂乎民情、按臣民好惡、亦非一定、大率不離乎習慣者近是、此不獨臣民然也、卽若族長若王、其羈束於習何獨不然、故謂當時羣之强力、不在族長與王也、不在人民也、豈不然哉、

第一千一百五十七節　古羣心力　然古羣强力之所在、非眞杳渺無憑者、試觀草昧之際、各成風俗、忽焉爲敵征服、其成蹟亦足證矣、蓋此時新主、以兵力保守王位、雖重徵租稅、初不知厭、而不敢變受治者之習慣、凡前朝君民貽留法律宗教、未敢改良而干涉之、人心之變也、無異火山、一旦破裂、雖有兵力、不能保王位之顚覆、亦主治者無統治臣民之權力、徒行掠奪已耳、故曰有統治思想者、不可無管轄之法律、苟國無變遷、以本國之君、治本國之民、立於本國法律之上、其權力爲何如哉、然本國法律、亦非有他也、以輿論爲本而已、要之人君以人民之從違、爲政治之張弛、而古之習慣、尤不容違、故人民之力、足護衛君主之權者、亦足限制君主之力、其與民主政體相去豈遠也哉、

第一千一百五十八節　古今輿論　古羣輿論、雖非擇諸法律憲法、而與今之輿論、不謀合也、蓋今之國家、其制度由民贊成、而不外古昔遺傳之習、豈能排斥舊制、而悉創新制哉、亦惟調和修補而已、且其贊成也、法古之效、較易於謀新、故創美國聯邦之人、固以作者自居、而今日人民、襲用已久、初非受新法律之治、要之變更制度之輿論、美人與古人異、而維持制度之輿論、美人與古人同、古人保守思想、與美人進步思想、亦同爲政府强力而已矣、

第一千一百五十九節　政府性質　信如右說、則政府性質、由人民贊成、立於權力强力之上、

若遇非常之變、果足恃否、亦究羣之性質而已、蓋羣非矯揉而成、以羣中無非活潑之人也、亞里士多德曰、人爲羣中動物是已、凡箇人之責、與其羣之責、均屬人道之常、無可解免者也、故由家族而成爲人卽不能無政治之事、然則羣也者、殆以習俗閱歷、親親之誼、發達而成者歟、

第一千一百六十節　政府係人羣樞要　政府者、羣之政樞也、能使羣之習尙意趣、罄無不宜、有益於世者也、故君主權力、必有限制、不可苛罰一人、若政體無常、其召亂也、必甚、專制之君、卽背一羣義禮者也、其在羣也、如陶器然、特異之材、不能不受箝束、苟政略亟變、而蹂躪其羣、敗亡無日矣、蓋羣非塊然之物、進化有道、至於變亂、已失其故、世謂羣之秩序、自存於羣中也、豈不信耶、

第一千一百六十一節　政府形式　政府之形式、卽政體也、與本質無關、曰專制政體、曰貴族政體、曰民主政體、皆依羣之性質發達之程而定者也、學者曰、臣民服從君主、不以契約、而以强力、其不服從者、罰之而已、强力者、以羣之習慣爲屏蔽也、參考第一千二百節第一千二百零六節雖曰政體與政府本質無關、而欲明其性質、示其歷史、實有不可忽者、蓋欲詳究政體、則證其發達之序、以明沿革之原、政府之旨、其制裁之力、自不言而喻耳、

第一千一百六十二節　亞里士多德分類政體　自來政治家、研究政體、援亞里士多德之說、亦必然之勢也、雖亞里士多德分政體之類、說未盡善、與今政體不合、惟舉古今不符之迹、而深究之、則今日政府情形、亦益明矣、

第一千一百六十三節　亞里士多德分君主政體、Monarchy 貴族政體、Aristocracy 民主政

體、Democracy 爲三標準、君主政體者、Tyranny 一人政治也、貴族政體者、Oligarchy 數人政治也、民主政體者、Anarchy 衆人政治也、(非指極衆人而言) 參考第一千一百七十節 第一千一百七十三節 亞里士多德以是三政體、概爲無狀、循環而起云、

第一千一百六十四節 政體腐敗革命循環 亞里士多德、以爲經久必敗、變亂之禍、循環而起也、其說曰、國家初期、率係君主政體、以其强力、掌握主權、敷布政治、洎夫子孫、忘祖宗成法、不圖臣民福利、流爲專制敝政、專制不已、叛亂以起、卒以亂黨之首、掌國政權、而貴族政治興焉、然其始也、非無善政、以結民心、惟至晚年、腐敗恣肆、不可終日、且貴族政治末流、其害民自由、賊羣生機、較君主之禍尤烈、蓋荼毒之政、君主出自一人、而貴族朋比、其策周且密也、下民咨怨、鬱久必發、於是革命烈劇、遂變而爲民主政治、然亦未必終古弗替也、承平日久、法律之意失、禮讓之道亡、泯棼日亟、至無政府、如該撒者、乘時而興、又爲專主君主矣、易曰、窮則變、變則通、固自然之道哉、

第一千一百六十五節 亞里士多德說與近代政變不符 自亞里士多德時代、至今歐洲諸國之史、以其政體之說、究政治之變、實覺便利者、亦以後世史家、知亞里士多德循環之說、與今之事實、漸相乖離耳、

第一千一百六十六節 近代君主專制政體 亞里士多德卒後、其崛起歐洲、强大無倫、如俄羅斯者、豈猶是古君主乎、夫近代君主、有立法權、而古君主無之、蓋古羣不知立法、雖有習慣、以爲公私法律、初無發布之法典、昔羅馬皇帝、首頒憲法、以爲法律總則、亦不如近代君主、得定民

羣公私之事、破各地之習、使屈於法律之下、且今君主、無服從法律之責、綸言一出、法律自廢、是專制之權、行於法律上也、古之君主、其專制臣民者、豈能專制法律哉、

第一千一百六十七節　然近之專制君主、權雖强大、其受國俗羈束、與古同也、縱得變更法律、而國民之傳聞性情、以及地方產業習慣、皆有不能變革者、且君主身受限制、初不自知、亦冥冥之中、與國民渾化而已、（參考第一千二百零六節）

第一千一百六十八節　近代君主政體限制　謂近代君主政體、其權概有限乎、何以解於俄羅斯及土耳其也、不知此固非常例也、試觀歐洲列國、除俄土外、其君主政體、概置國會、以之議決限制君主、則國內人民、非確有參議之權、而左右國政乎、

第一千一百六十九節　今世貴族政體代君主政體　且夫舉今君主政體、以證亞里士多德循環之說、設俄羅斯專制主義、破壞之後、貴族政府、果起而代之乎、若奧若德若義大利、專制實權、果有貴族顛覆其緒、以握大權乎、自君主民主政體流行、貴族政體能爭存於其間乎、抑貴族政體由此排除乎、皆學者不可不究心者、

第一千一百七十節　英國貴族政體與古代貴族政體異　自英國參政權、推及勞力之羣、以迄今日、世界之上、不復見貴族政體矣、夫當現世紀初、英國政體、雖稱有限君主政體、A Limited Monarchy　實係貴族政體也、凡國會行政之柄、悉在貴族、以貴族國王、管轄庶民院議員、即謂之以一族代表一國、亦無不可、及一千八百三十二年、六十七年、八十五年、改革國會條例、貴族政體、始廢棄耳、且吾人舉亞里士多德古代貴族政體、與近代貴族政體、比較而辨其異同者、豈

漫然哉、按古國家、由貴族而立、故以貴族爲國家、英國不然、貴族不能成國家、惟管轄之而已、且古之以公民權與人民也、概稱民主政體、然其國內成年男子、有參政權者、不過得半、則一種之少數政治也、而貴族政體、視此少數民主政體、人數更少、有官職權者、方有民權、其餘人民、蓋不成國家之一部矣、英國則參政權、不以貴族爲限、惟以貴族爲之監督、無輕視國民之思、自知英國全部、在其掌握、實自人民委託、而以國民爲立法之人、故務利其人民、然則英之貴族、統率國家、豈以貴族爲國家乎、

第一千一百七十一節　現今將來流行民主政體　若貴族政體、有消滅之形、民主政體、自有流行之象也、蓋自前世紀、庶民教育發達以來、人民思想大開、故民主政治制度、日新月異、流行莫遏、凡君主貴族政體、莫不欲以平民思想代議制度滅之、以歸一途、殆亦勢所必然耳、

第一千一百七十二節　古今民主政體異同　古今民主政體異同、頗著不可忽焉、按古代以人民直接參政、今也不然、所謂代議制是已、夫古民主政體、黜稱雅典、當時各公民、得赴人民會議投票、以舉信任之人、若以人民會議委員會、爲刑事裁判所、會議其投票也亦然、至今之人民、率爲選舉人、選代議士、俾赴國會、不得自入國會也、故古之民選執政官、非民之代表、雖囿以職掌、限以任期、自以爲身卽國家、破壞國家法律習慣、無所忌憚、惟任期既盡、方得責問耳、今則若大統領、若內閣大臣、若立法官、凡被選爲官者、皆代表人民、且古之國民代表主義不完、其以公民立法者、必褊小之國、若今代議制度、雖合東半球爲一國、無不可也、其政治程度、豈能同年語哉、

第一千一百七十三節　古今民主政體性質　民主政體、古今性質不同、亦有不可忽者、蓋古民主政體、亦分階級、雖較貴族政體區別稍寬、而參政權有限、奴隸之制不廢、且自由之民、其不得市民權、（公民權）者亦多、是則服從之制、固古憲法之神髓乎、今也不然、凡奴隸階級、不能與民主政體兩立、國內公民、盡有選舉之權、初無非公民之階級也、且亞里士多德之民主政體、公民爲國家而生、近代之民主政體、則國家爲公民而存、故古代希臘、凡有權利、皆歸國家、無平民權利也、若近代國家、舍平民權利、豈能言國家之權利哉、

第一千一百七十四節　民政思想　右古今政體之異同也、近代民政思想、流入開明諸國、實由思想變化、民離國家、自知身分耳、謂予不信、亦觀諸歷史可矣、

第一千一百七十五節　古代國家之箇人　吾人讀政羣之史、而知政府權利、先箇人之權利而起也、按古政羣、箇人初無身分、惟依其族而存、家父族長、有統督之權、故當時以政羣爲一位、Unit 各箇人其分數 Fraction 也、箇人不能爲獨立之人、受其羣保護、儼如孩提、不離保傅、其國權遂爲君主所秉矣、

第一千一百七十六節　基督教箇人主義條頓制度　右上古政治思想也、閱幾世紀、未見變化、雖政治發達、至羅馬帝國崛起、有國家而無箇人、西歐諸國思想依然、故當時箇人私權、初無位置、洎乎後世、勢力發生、破古成見、而基督敎及第五世紀日耳曼人制度興焉、夫基督敎之起也、人知對越上帝、各有重責、生理不昧、於是箇人各保身分、雖以國家權利、不能侵暴、厥後日耳曼人征略諸地、以他種之箇人主義、與羅馬主義、輸入基督敎第十五世紀之世界、所謂服從箇

人思想（忠君主義）是已、（參考第二百二十八節）按當日思想、臣民具有價格、不容妄殺、故其位置、得爲國家之一部、然其征略西歐、改造羣制、而有重大之力者、則服從箇人思想也、若羅馬人除服從國家外、無所服從、故以行政長官爲國家代表、而服事之、非服從其人也、若條頓人（卽日耳曼人）制以平民而依附君主、豈羅馬人所解哉、當時日耳曼人國家所謂箇人者、卽忠義武族 Comitatus 之戴大將酋長也、該武族不受國家命令、惟遵大將酋長戮力戰爭、（參考第二百二十六節至第二百二十八節）故大將酋長之業、當時頗廣、雖日耳曼人爲歐羅巴洲西南部羅馬人民之主、其習爲臣民所化、而其箇人本原、未嘗破壞、此封建制度所由成歟、

第一千一百七十七節　封建制度　封建制度、因服從箇人、層累以成者也、其國之王、非親蒞人民、但爲諸侯之主、諸侯之事王也、視王權力、以爲順逆、若王權微弱、諸侯羣起抗之、全國人民、其視王也疎而遠、視諸侯也近而親、故當時王國、不過一大侯國耳、人民各事諸侯、不能統一、苟非其主、豈不向之反抗哉、（參考第二百三十八節至第二百四十三節）

第一千一百七十八節　近代國家之興　右封建制度、其妨平和、害善治、古之國家思想、不能興復於近代也明矣、夫古代以國家歸於一主、而封建制度、則不知公共之義、人人分離、無統一之實、亦無統一之思也、及其久也、如法蘭西國以國王壓服諸侯、（參考第二百五十三節）英國以諸侯人民、協力助王、皆成統一、惟其制度、未能盡如昔時耳、然一經統一、渙散之迹泯、摶捖之形成、其人民自變封建舊制、而悉爲王臣耳、

第一千一百七十九節　文學復興改革宗教　及第十三世紀、冒險之業興、或發見新陸、或虜

掠海上、以及貿易、而文學亦至是復興、提醒人心、俾以哲理、考察外物、革古昔株守思想、故路德稱道良知、大聲疾呼、以倡獨立權利、各種新理、遂深印人民之腦矣、按改革宗教、棄其舊說、以淺近之語、救羅馬敎王之壓制、故國民文學勃興、破寺院大學校之關、而入國民之門、理想既明、癡愚自祛、其求參與國家之事、勢使然也、厥後國民敎育日興、卒成自治政體也、豈不宜哉

第一千一百八十節　近代强力　現今歐羅巴洲開明諸國、不復見亞里士多德所謂君主貴族政體者、其原因非偶然也、近代政治强力日盛、實以庶民而成、故專制政治、皆末由自存、惟與民同樂之君、得安其位、亦以非人民贊成其政、無裁制力耳、

第一千一百八十一節　羣之新質　右述一切結果、所以完羣之新體也、凡人民習慣、復有活潑之象、概由進步而來、無古代俯首帖耳之狀矣、夫人羣本非塊然之物、惟經封建制度、專主君主、變化之後、動作益以自由、至既成自治團體、而更思發達、亦自然之勢乎、

第十四章　法律性質發達

第一千一百八十二節　法律說　研究法律之性質、及其發達、亦足知政府之職掌沿革也、蓋法律者、國家之意也、其治民之政、得以習慣明之、或以法文表之、而太古之家族、與現今自治國家、其意亦因法律而見、若法律之所以成立者、亦不外二條件而已、第一以一己之志、聯絡其羣、第二羣以習慣明文、公認爲通行規則是也、由斯說也、則凡國之曰性質曰職掌曰歷史者、何不可由法律而知乎、

第一千一百八十三節　法律發達之源　右言法律發達、隨羣之性質宗旨、而進化者也、雖綏

急疾徐、不能無差、而其相形之跡、實無可掩、故發達之初、以羣爲某政體、其意志方法、亦不能無殊云、

第一千一百八十四節　法律之源　其一習慣　法律最古之源、曰習慣是已、習慣如何而成、雖不能明、惟成於其羣、非成於王與立法部也、明甚、然其羣之行爲、基礎同、而方法不同、故必擇其尤善良而便利者、而贊成之、惟經國羣采爲習慣法、遂爲法律中心焉、雖其習慣某時尙不完全、某時得成法律、不能指定、而以羣力擁護、始爲法律、其理甚顯也、若人人可背者、豈得稱法律哉、

第一千一百八十五節　習慣法管轄其羣之時、人知法律、亦如近代法律、以認定而便於事情也、如條頓人民會議、曰亨德列德墨多、Hundred-moot 爲古代審判訴訟事件之署、公開評議、宜言法律、由人民決定、定爲合用、（參考第六百五十四節）是習慣法、生於風俗之中、依人民所知而宣言者也、

第一千一百八十六節　其二宗教　上古習慣與宗教不能區別、雖至後世、宗教尙爲習慣之源、雖當時辨士、不能離宗教而言法律、蓋其生計規則、亦以宗教法與習慣法、同其制裁之力而已、（參考第三十節）縱閱時已久、宗教政治異、其司職之人、然行政官仍有僧官職掌、或以僧官宣言、而自爲監督、（參考第五十節第五十八節第六十九節第一百九十七節）則道德與法律、亦何嘗區別哉、

右古代羅馬法律、不過宗教法而已、凡人行宗教規則、即得其權利矣、（參考第一百九十七節）至後以十二銅標公布、變宗教法、爲普通法律、羅馬法始有公正之緒、

第一千一百八十七節　其三裁判　夫公平愼重制定法律者、判事也、因其判定、認爲習慣法、

以適用者、判事也、而使成文法律合於人民訴件、紳縮自如、以自由發達者、亦判事也、蓋其秉羣權力、故能解釋法律制定法律耳、凡以公正判斷辨別習慣之正否法律之當否、皆係判事之職、人謂判事有陶冶法律權也、豈不然哉、

第一千一百八十八節　美國裁判所法律報告書中、皆右判事制定法律也、按美國、除非常事外、凡甲裁判所判決、其州內同等裁判所訴件、皆用之、英國亦然、而下級裁判所當以最高級裁判所判決爲成例、尤爲合宜、蓋下級裁判所因爲最高級裁判所羈束也、若歐洲大陸諸裁判所、則各從裁判官意見、其判決成例無力云、

第一千一百八十九節　其四衡平法　衡平法、亦法律也、非以解釋從來法律、實別成爲法律者也、衡平法最著標本曰羅馬之布列德爾 Praltor 判決例是已、（參考第二百十二節第六百六十六節）該判決例、以現行法律、無裨人民而起、如布列德爾法、以財產契約事從來法律、不便人民、許以簡便之法、全其權利、與英國大法官爲國司直、凡普通法所不便者、使訴訟之人避之、而全其權利是已、

第一千一百九十節　當哈的練帝 Hadrian 時、有所謂布列德爾沙爾比斯治利亞拿 The Praltor Salvius Julianus 者、蓋以布列德之判決例等編成法典也、至日斯底尼亞法典、The Code of Julianus 更以右判決例、成哥爾布斯治利斯西比利斯 The Code of Justinian 法、即布列德之衡平法也、頗覺嚴峻、與改良之他法律並行、若合衆國諸洲法典、亦與衡平法同有制裁之力、（參考第九百五十五節）觀一千八百七十三年英國裁判所搆成法、以普通法裁判所與衡平法裁判所統一、則普通衡平二法有渾融之勢、（參考第七百三十二節）蓋現今法制屢經修正古例改訂新章也、衡

平法、總稱曰假設法、Fictitious Actions 以普通法裁判所假設訴訟事件而定、俾得通法式所無之權利也、

第一千一百九十一節　其五學說　法學家苦心孤詣、演成學說、決定法律、常爲國家所采用也、如美國諸裁判所、尤重哥克布拉克斯頓斯多利肯多諸法家學說、然猶不及古羅馬、蓋羅馬制度、甚重法家之說、法律上盛行采用也、（參考第二百十一節至第二百十三節）

第一千一百九十二節　其六立法　立法者、今日制定法律之方法、法律之本原也、美國立法、專係代議士事、然按古史、多歸專制君主、而古羣所稱家父或布列德或王或亞爾干者、亦皆據習慣法憲法而制定法律、至希臘羅馬二國、則以自由民之評議會爲立法部、非代議士會也、瑞西小康頓之立法部亦然、

第一千一百九十三節　按代議之制、起於日耳曼人、而近代世界諸制度發達、立法部具有各種新象、蓋近代法律生各種私立公共體、無公式之辨法也、且與之相同者、又有某立法體、所謂許劵政府 Chartered Government 者、（參考第八百二十六節第八百八十六節第八百八十七節第八百九十節第一千一百三十七節）如英國國會定英領奥達利亞殖民地條件、殖民地政府及立法部、據以爲準焉、且立法之事、今日發達最著、凡新定法律皆屬之、故古代所謂習慣法者、今也概爲立法部議定法律、奪其位置、其時宗教則以法律人心爲其職掌、獨立一方、裁判則因成典法律、限制益多、而衡平法亦混化於通常法律之中、若法學家言、除批判訴件之外、亦無其力、蓋制定法律、胥歸於立法一事矣、

第一千一百九十四節　習慣　於是習慣法、以新規而行諸羣矣、按判事、概用衡平法習慣法

成文法律、雖當日法學家頗得勢力、而制定法律、概歸立法部詳議、終以習慣占法律重要之位、故使判事知人民變遷、用古法律而不誤者、習慣也、夫立法者當新法未定舊法未廢之先、誠知事情變化、則法律之所以廢弛、實不適用者、豈不益明哉、且習慣係法律性質、非法律形式、惟依國會、而成憲法之大部耳、（參考第六百八十八節第一千零九十九節第一千一百零七節）而習慣亦有維持成例時論之力、誠以成例時論、凡執行法律條文、不得背也、按習慣曰加斯頓、風俗之義也、亦曰哈比多、其生長之際、常合正式法律、而正式法律亦常合於哈比多、故哈比多實法律本原、通常法律、自不能遠其範圍、然則通常法律、雖得擴張哈比多而變化之、豈能强制而置之度外哉、

第一千一百九十五節　觀現世紀、法蘭西史足證憲法之象、其說如左、曰、凡欲政理純粹、其民主思想之人民、必采創作民政之憲法、然其始也本無民政之風俗、後民政之俗、漸生長於地方自治之中、而古昔習慣、並侵入焉、其憲法與習慣相俟進步、以憲法名理爲基礎、兼采慣例、而習慣亦受成文法律之指示、故今法蘭西學者所言條文、切要適用習慣、而憲法也、蓋法蘭西國制度、以理爲本、參以習慣思想、斯理有益於民生、亦民生足明夫斯理、授受感化、相須無窮、此國民之自由强盛之政治、所由進步而發達歟、

第一千一百九十六節　羅馬法英國法取則之性　羅馬法及英國法、在西歐諸國之中、有特質焉、所謂發達自由也、按羅馬西比爾法、常爲齊準、西亞法變其性質、其采希臘法理、以及他法也明矣、而英國孤立海中、其陪審制度及餘知識、固采自歐洲大陸、發達之際、亦受羅馬法之益、然英國法及羅馬法、其爲外部勢力所移者、實視歐洲諸國較少、殆自然進化者歟、

第一千一百九十七節　法律發達之序　右英國羅馬、法律之源、非世界一定之序也、雖法律發源於習慣、而宗教亦與之並起、故國家發達之際、宗教習慣、皆爲法律之本、至裁判法律、與法權並生、亦與衡平法、並爲法律之源、惟立法及學說、必俟國羣進步、始有勢力、以制定法律耳、羅馬之習慣宗教、不能區別、其習慣之識、夙推特權僧徒、英國反是、一切習慣、以人民議會、評議宣言、亦羅馬太古之成例也、然其判決而用之、凡衡平法法理以及慣例、必以有司（布達多爾或大法官）之權力、則羅馬與英國相同、其以最後之法、爲法律之本、亦二國所同也、

第一千一百九十八節　雖然、羅馬立法、全發於羅馬事情、爲其特色、英國歷史、非其比也、蓋羅馬諸裁判所、崇奉法學家言、遇編纂法典諸種法令、帝國法典、悉采學說、而帝政時代、人民評議會立法、修改皇帝法令欽定法典、亦以法家監督編成、英國法家、豈有此尊榮哉、英國立法之例、得與羅馬法家比者、惟判決例之力耳、蓋法家判決錄一書、與英國成法、均爲英法律一部也、此法家勢力之證也、

第一千一百九十九節　德意志法學家沙比尼常論各國法律、自幼稺至耄老、閱歷時代如左、

一奇古紛雜、法律幼稺之時、二有形式及神祕意義之時、三法律家出稍覺進步、法律少年之時、四立法事盛行、擴張改良、法律壯年之時、五法律耄老之時、恣意更變制度、死於文法云、

第一千二百節　法律發達勢力　創作法律、以至發達、其勢力與政治相同者、觀右說可知、夫國家政治發達、遇君主政體、破地方自治、俾屈服於中央集權之下、則制定法律、與以制裁者、皆中央權力也、若當發達之際、自主之習、成人惡中央集權、則法律皆自人民而出、然無論民主君

主、其制法律、必采國民習尙、蓋法律固由編纂、而非創作也、凡法律、必視機會、以供羣亟需、保羣危險爲本、故制法者、非協輿論、不得强迫人民、是主治者、不能別行其權、而其羣雖弱、亦不許司政者、離羣而獨立也、

第一千二百一節　右說證諸法蘭西第二帝政、亦可知法之國民、不爲路易拿破崙所欺矣、蓋民恐自治政體紛亂不已、難保平安秩序、故易簡之方、贊成帝政、此拿破崙法律、所以有創自國民之意歟、

第一千二百二節　羣有法律權力　國之法律、不外二種、一係少數國民之命令、一係專制君主之意思也、其實少數人專擅之法律、若無羣權力、亦不通行、而君主專制無論矣、故羣之權力、或運動活潑發現於外、或沈靜內伏、無非擁護法律、少數之人、必難永制多數之人、以行其法也、苟非衆人意同、徒法亦何益哉、

第一千二百三節　觀英國鎭壓愛爾蘭條例之無力、亦可以證矣、蓋該條例、非愛爾蘭人民所服、故雖英之權力、不能見效也、凡法律不得其羣默許者、大率類此爾、

第一千二百四節　俄羅斯帝權力固强大無限也、然其實力亦得之人民、按俄之權力、不在皇帝、其國敎之長、實爲該國人種代表、而有權力、故其根基在俄民積習之中、俄帝亦代表一國之歷史、不能任情而行耳、雖法蘭西國拿破崙專制一時、若違國民功名之心、望治之念、豈能駕馭一國哉、

第一千二百五節　羅馬法例證　且羅馬法、亦有足證法律眞性者、以國民之意、而制法律、羅

馬法之本也、其政治自由、以羅馬人民、爲國家之人、凡宣布法律、待其干涉、雖以平民、服從國家、而不失爲自由公民、卽以其意爲國家之意、明人民之主權、故羅馬人民、爲其羣之本、知一己權力 Potestas et Magestas Populi 大莫與京、然國民强大之思、實依政樞而顯、以管轄其人權利法律、以平等爲主、凡尊卑强弱、辨理皆同、不可見羅馬個人之自由乎、

第一千二百六節　習俗勢力　凡法律性質、及制裁眞理、若不知習俗卽哈比多之有力於法律、不免惝怳無憑耳、夫立法官立法、制於臣民之上、其歷史人種、與人民同、行爲自合夫民俗、若立法官或來自外國、或僭竊主權、亦務求合其俗、而不敢牴觸、雖匹夫之上、生計之表、立法官得以專擅、稍加改革、而本原之地、全體之衆、有不能爲所欲爲者、惟就民俗之易變者、潛移默化、使之革故鼎新而已、蓋國民習俗、立法官愼之、如大匠攻木、因材而施焉、所以制限立法權也、木堅勁者、匠人不容妄斲、習俗錮蔽者、法官莫敢輕易、若施以强暴、召亂殺身無惑也、立法官也者、殆無主權、而居引導之職者歟、

第一千二百七節　法律明國民性質　觀右諸說、則法律者、以明國民之習俗也、大凡法律、萬國不同、各國皆有固有法律、國民性質、同時發達、而政羣之判斷、卽包含於其中、參考第一千一百九十六節雖專制君主、設施政令、或破壞法律之原則、或判斷訴訟、不遵公義、而究以國民之風俗歷史行其法律、故君主變法律之用、而不能變法律之體、且其變更也、亦以少數人爲限、而非顯然違衆也、

第一千二百八節　日耳曼法律　日耳曼法律、其國民性質、有力於法律制度之上、與羅馬法

同也、而羅馬之法律思想與日耳曼法律思想不同、蓋日耳曼人法律、非如羅馬法律、專尊國家公權、個人權利、在法律之上、故其政治之旨、不在建强大之羣、而務增個人自由、雖任個人之性、易致不平、有不及羅馬法統一者、而千變萬化、俾個人成其功業、日耳曼法、實屬優勝、然羅馬制度、固歐羅巴之本也、

第一千二百九節　主權制法律人　如右說、法律生自國民之性、方爲有力、則法律之中、有羣之權力明矣、然主權果屬何人、其範圍廣大、有必須解明者、試舉諸國之例如左、按英國主權在立法部、由國王允許國會行之、惟古昔貴重法律、則由國會意同國王行之、夫以處理而論、國會所定、爲議決之案、雖該案未行之前、與憲法權私權牴觸、亦不失爲法律也、其實不然、凡國家定議、欲破人民崇奉之原則、若爲人民所劾、則勢必不行、是國會自人民冶鑄、議員不得干犯國民、惟闡發人民之旨、爲之宣言而已、雖國會主權、爲法理限制、非學者所盡信、而垣牆高峻、國會立法、豈能踰閑、而自由行動也哉、

第一千二百一十節　俄羅斯主權、僉稱皇帝、以帝意爲法律、觀西比里亞及虛無黨、足以證矣、然皇帝大權、果否無限、其編成制度、指揮之權、何自而行、若施合衆國制度於俄、與民自由、則俄帝仍得以專制成功、而以恩典爲其法律否、固不能不深究者、夫俄帝雖以命令爲法律、而其人民服從官廳、積數百年、自成習慣、君主新立制度、豈不采之國民乎、故曰國民習慣、俄帝主權之權衡也、不甯惟是、凡官民情思、皇帝之權、莫不準之、蓋軍人之勇敢、百官之成見、萬民之性情、皆限制主權者也、不然、行刺作亂、帝何隱憂不已哉、

第一千二百十一節　由是觀之、以法理而言、則主權不可空論矣、然主權之實、亦未易言、蓋獨立之羣、既皆允許、而政治之勢力情狀、復活潑而發動、則主權之所以成也、故假帝王與國會以宣示主權、主權實在乎人羣、惟其政樞或建自帝王、或設自國會、或立自貴族、徵之歷史、各不同耳、

第一千二百十二節　萬國法律思想　右論法律、固以國民之性質習慣、爲其基礎矣、而萬國普通之性質、尤不可忘也、蓋開明諸國之法律、相類者頗多、如羅馬人法律制度、由地中海人民之原則而成、查斯善沙亞 Jus Gentium 萬國法基礎是已、而今日法學家、亦合世界各國道德法律、及衡平法之原則、以證思想之同、則謂某種法律、人類心理相通也、豈不然哉、

試舉其例、凡世界人民、皆重生命、亞利安人愛敬近親、發達國民之制度、人已區別、尤覺明瞭、契約義務、咸依道德之心、各國制度之質也、且異代異地、其權利義務之規則、亦間有彷彿者、

第一千二百十三節　法律及倫理　今夫法律、以物我相接之間、而定人人之行爲、固包道德之思想而言、然非以法律爲倫理之一種也、夫倫理者、係人之起居動作言語應對、凡外部之行爲、與內部之精神、各有正理、而法律所監督者、止及外部之行爲、以羣之公權管轄者爲限、故人心無信、非法律之所罰也、惟詐僞之害貽及羣之財產、則罰之、而撤銷其契券、忘恩負義、亦無誅心之法律也、惟不正行爲、顯害其羣、則罰之、法律也者、殆非糾察乎幽獨、而撻伐於大廷者歟、要之法律限制、不外二種、一種類之限制、一程度之限制、是已、管轄外部之行爲者、種類之限制也、凡外部行爲、而以一例管轄者、程度之限制也、

第一千二百十四節　法律過惡　右說法律之力不及於人心、且以法律爲政略之準、非以爲善惡之準也、凡爲惡事、而非顯然犯法者、法律不禁、而犯法之種類、亦由此而生、以爲法律所禁、卽惡人 Mala Prohibita 也、故有不善不惡之事、而與法相背者、亦須以國家之命、自爲監督、蓋羣以服從法律而存、法律以羣之利害而定、苟欲其羣圓滿完備、則利害所關、豈可不遵法律規則哉、

試舉其例如左、凡妻死而娶其妻之姊妹者、不能稱爲惡事、然法律以有關家族秩序、禁其結姻、諺曰、背法律故惡、其斯之謂乎、若受託人買所託之物、亦非惡事、而政策不許者、以此買賣、受託者易施不正之術也、故據法律、雖兩造早有成言、亦干例禁、至於警察制度、人煙稠密之都會、不得練兵、夫軍裝之美、旗鼓聲色、皆足悅市民心目、宜若不禁矣、然有妨市民之營業、故亦以爲惡事、法律禁之、

第一千二百十五節　凡開明諸國之法律、不管轄人心、至當之論也、凡人行爲、雖屬可惡、若非害及他人、而以法律正之、實無利益、惟人與其羣相接、顯現於外者、以法律轄之、故曰法律者、政羣活潑之機、夫倫理思想、法律之先路也、而法律不及於倫理、宗教理論、法律所崇敬也、而法律非宗教之法典、蓋以倫理成人之性質、宗教闡人神之理、而法律則人與其羣、接搆而發達者也、三者之不同如是、西治威克 Sidgwick 曰、倫理係一人之幸福、而羣之幸福則在政治也、豈欺我哉、

第一千二百十六節　外交法　外交法、實在道德與法律之間、而非强制力之法律也、蓋地球

萬國、莫定一尊、國與國之間、其行爲法則、無屈服各國之權力、其爲外交法基礎者、無法律之形、法典之體、惟以人心同然道德判斷、稱之曰自然法、是非通常法律、而近於道德法也、明矣、(參考第二百八十九節)布倫條利 Bluntschli 曰、國際法者、欲使列國、保其道德、莫不認許、以全諸國人民外交之權利、而保護公共之法律也、且外交法基礎、如格羅沙士 Grotius 及佛的爾 Vattel 學士所考定、以自然法爲原則、最爲確要、其餘散見於各國條約、開明諸國之法律成例者、亦夥、然觀列國會議之勢、其結約也、每取各種義禮、及衡平法等、爲外交法、而以互相猜疑、原則益多、如以歐洲大利害、一千八百十五年、維也納會議、一千八百五十六年、巴黎會議、一千八百七十八年、柏林會議、皆列國大會、以定歐洲大局、遂爲列國習慣、是已、博士布魯蔑林格 Dr. Bulmering 曰、外交法者、國與國相交、生長之法律也、

第一千二百十七節　舉右所說而嚴論之、不得稱外交法、爲法律矣、夫外交法、不能以一國權力命令列國、故證諸布倫條利氏之說、自人類道德發爲規則、以管轄列國者、亦以各國承認條約爲成例、而成總規則者也、

右各國承認條約規則、凡戰爭外交海上法權、移居外國人民權利、皆是若遞解罪人法、以各國特別條約定之、貿易規則、以一二國爲限、非萬國通行者、亦以特別條約定之、諸國日積月累、遂成一種原則、如政治犯若不兼殺人極惡之罪、則不入遞解規則之中、

第一千二百十八節　自然法與國家法律　學者研究政治法律與事物之自然法類似之處、裨益吾人者、非淺鮮也、然政治法律、與自然法並存、其勢雖同、而求其相類之處、不若研究其相

異之處者、亦以知政治法律之性質、在與自然法異耳、哈克列教授 Professor Huxley 曰、吾人觀事物之象、而知某事成某結果、某事次序相同、其眞理曰自然法、如重物失其所支、則落地是已、然自然法者非事物之序之原因、惟就自然之序解釋之耳、世人漫曰、石因自然法落於地上、謬矣、至自然法、與人定法之異、哈克列氏亦嘗論之曰、人定法、命人自由、人或從或不從、故有破壞之時、自然法則初非命令、爲事物不易之定法、故謂自然法有所破壞而中止者妄也、要之以人爲之取捨爲人定法、自然法不然、以必然之理管轄者也、至人定法之變化改正、以選擇爲本、其發達之性質形狀不益昭然哉、

第一千二百十九節　人定法之限制　右人定法之說、吾輩最宜究心者也、夫自然法、能以某勢力生某結果、而人定法不然、其所恃者、惟以法學家、所謂以制裁（卽邈克與）Sanction 强力組織其羣耳、凡不服法律者、以腕力脅之是已、（參考第一千一百五十四節）吾觀國家公權不振、法律以破、或爲賄賂所蔽、或爲勢力所阻、則法律性質、益宜發明、蓋以法律宜國家之意、必藉國家而行、土耳其以權力不完、法律不行、英以政府有力、得行强制法律、是法律雖美、不奏績於疲輭政府也、然則國家法律、豈不待行政之能力哉、

第一千二百二十節　公法　法律分二大部、一公法、二私法也、蓋公法、與國家結搆職掌方法相關、範圍甚廣、凡通常憲法之法律、行政法、以及國家罪犯、（卽犯其羣之罪）行法之部、莫不賅焉、約言之則公法者、所以定國家與人民之關係也、

第一千二百二十一節　私法　私法者、定人民相互權利、以行公義於人與人之間也、權利義

務之範圍、屬之個人、

第一千二百二十二節　區別之要　法律之上、首別公法私法者、羅馬人也、惟至後世、別有他種區別、而公法私法既分、尤足令個人自由、則羅馬之功、不可忘矣、若公私相淆、則羣之形狀、當與古希臘同、除國家之外、無個人法律也、（參考第一千二百三十六節）蓋國家不外乎人羣、惟知保護個人權利、國家方得成立耳、

第一千二百二十三節　法理學　法理學範圍殊廣、亦曰法律學、惟明法律之性質、及思想之發生、方得完全、蓋法律思想之發生、係歷史事實、非空論分析也、法理學家以歷史研究法理至善之法也、該歷史派法家、凡羣制沿革、權義之起源發達、財產罪惡、人居其羣之勢力、莫不發明焉、

第一千二百二十四節　其餘學派、則範圍較小、研究近代之法學而已、其分析今法也、凡通常法律、認定之權利、國家公權、依制裁規則、以保護人民權利、强制人民、使盡其義務者、莫不探求、該分析派、不以沿革法律、爲法理學、惟分析今法之本性宗旨、略取資於古法、是古今法律、用各不同、其偶以今法合於古法者、不且幾費躊躇哉、

第一千二百二十五節　右沿革法理學、與分析法理學、初以歷史分析法律、繼以所分析法理、潤色歷史、而證明之、故專心致志、研究規模、其關現成法律之論理思想、非淺鮮也、

第一千二百二十六節　分析派說　據分析派說、謂法律者、以優者命劣者也、如一人主權、或集合體主權、命令衆人、是已然、是說也、必以操主權者、宣示國家之意、若不知以一國習慣、爲國

家之本、或以宗教假上帝之力管轄人民、或學者無明確之思臆度而言、皆不合分析之法、惟裁判官立法官、深明國家之意發爲命令、斯得之耳、

第一千二百二十七節　分析派主權說　分析派主權說、亦甚簡明、如右說由主權而出、以法律爲命令之本是已、而主權定義、尤爲嚴正、其言曰、主權者非以一人或小團服從優者之謂、其羣之人民、無思不服之謂也、推廣比義、則非有獨立權之羣、不能自製法律矣、如英國殖民地法律、雖係殖民地立法部所定、而終不通行、亦以該立法部服從倫敦政府、無自主權耳、則其法律主權、必歸英國國會也、不益明哉、

第一千二百二十八節　如合衆國、聯邦政府、其稱主權者、以爲國民全體服從、而別無他屬也、然觀聯邦諸州獨立、非聯邦政府所能干涉、而州內人民、且各服其州之政府、故某政治家有謂美國主權、實係分轄者、其與分析派主權一體之說、不相背乎、或曰美國主權、在國民全體、其主權權能、在代表人民之諸州政府、聯邦政府也、說亦未圓、惟以法律爲公共政樞之命令、斯與分析派之說、不至齟齬、蓋該政樞以構造國家之法定之法律、卽爲主權者國民命令、是人民有一州幷聯邦全體之主權也、

第一千二百二十九節　提要　試舉上文諸說而綜論之、法律者、所以管轄國家人民、處羣之行爲也、其國家確定之意、亦宜示人民最初之習慣、發明最後之立法耳、而法律之發達也、與羣之發達、初無遲速、蓋法律不能先天下而獨行、亦不能後天下而維持、故法律先其羣而發達、其得力也、必俟羣智之開、若其羣已發達、法律不及其程、亦何怪羣之背法也哉、

第十五章　政府職掌

第一千二百三十節　政府職掌　政府職掌複雜、固難與生理學、心臟職分相同、非易明也、故欲究其職掌者、必先辨其名稱、凡國於宇內、政府之觀念不同、設施自異、觀其歷史沿革、事情錯出、甲國法度、必視甲國利害、乙國法度、必謀乙國利害、是以東西各國、有不脫野蠻、尙近太古制度者、有進開化之域、忘其舊制者、烏可一例觀哉、

第一千二百三十一節　政府職論　按政府職掌之論、有實事焉、有虛理焉、曰政府之職掌、實事也、曰政府宜何職掌、虛理也、實事虛理、往往混淆、其尤吾人所當究心乎夫祗課虛理、必非善策、誠以欲明虛理、固以實事爲基也、故曰徒論虛理、不如切求閱歷、茲先舉職掌實事如左、姑俟十六章詳論其理焉、

第一千二百三十二節　政府分類職掌　研究政府之職掌、分爲二類、頗覺便利、曰必然職掌、曰便宜職掌是已、凡保護人民之生命財產、自由以及合羣諸務、雖有放任主義之人、亦以爲政府所宜、必然之職掌也、如敎育郵政電信保管山林等事、雖增進利益、必須以人民之便、決其舉廢、非政府所必爲、便宜之職掌也、蓋非成合羣之本、不過以助合羣者耳、

余分政府職掌、爲必然便宜二種、是固形迹之區劃耳、其理有未全者、蓋所稱便宜職掌者、亦間爲必然之職、其界線不明、末由曲諱、茲姑就右分之類、而研究焉、

美魯氏 Mr. Mill 曰、政府職掌甚繁、不能括以一義、大抵廣籌利便而已、

第一千二百三十三節　必然職掌、

商務印書館印行

一　以羣之秩序、禁横暴盗賊、而保人身財產、
二　定夫妻親子之法律、
三　因保有財產、移動交換、而定其債負及罪犯、
四　定各人契約之權利、
五　定罪惡之義、及罰則、
六　行民事訴訟裁判之權、
七　定人民政治上權利義務、互相關係之事、
八　外交事務　遇外國侵略防衛國家人民、增進外交利益、

右係政府當然之職掌、斯賓塞之說也、凡代議政體、君主專制、既有政府、必有此職焉、

第一千二百三十四節　便宜職掌　便宜職掌、以政府規模而異、其類甚多、茲舉其略如左、

一　商賣產業之例　凡鑄造貨幣、度量衡標準、買占物品、特許產業、以及關稅航海等、無不制定法律、
二　定工作規則、
三　監督道路、如國家鐵道事務、以及內地改良、諸大事業、
四　監督郵政電信、
五　監督製造瓦斯、並水道灌漑事業等、
六　衞生事務、如以衞生宗旨、而規定產業、亦包括其中、

七　教育、

八　監護貧民廢疾無能力者、

九　保護培養山林並保育魚種等事、

十　定糜費法律、

右十項、皆政府舉行之職掌也、而國家性質職掌之思想、依歷史而變化、思想既變、實行自殊、然其職掌之變化也、實較思想爲少、則思想變化、不尤彰明也哉、

第一千二百三十五節　右政府便宜職掌十項之外、尚有數種、如左、如設貯金銀行、而維持之、（英國郵政貯金銀行）貸與農民資金、監督農業局、（法國）工人保險（日耳曼）等是已、

第一千二百三十六節　政府職掌變遷　古代國家　古代全權政府、與近代立憲政府、虛理實事、截然不同、蓋古代國家思想與血族時代相近、箇人之於國家、絕無權利、摩善 Mommsen 曰、伊大利諸國家、混化於羅馬市民、斯言誠然、希臘亦與羅馬無異、其箇人皆服從國家也、

第一千二百三十七節　觀布拉多 Plato 及亞里斯多德 Aristotle 著作、亦可發明當日之思想矣、按布拉多夢想共和政治、以法律定人民生計、然其思想、不在以新理設立國家職掌、惟欲以舊法在立法之上、而求新效、若亞里斯多德立說雖異、而不知公權過大之弊、故曰國家得爲所欲爲、惟舉行之際、須求賢明耳、是當時希臘凡人民幸福、悉爲國家之責、惟日望國家定法、以利人民耳、

第一千二百三十八節　羅馬人私權思想　羅馬人主義、雖與希臘、均囿一偏、而亦有稍異者、

夫古羅馬國民、頭角嶄然、其發達法律之能力、較希臘人爲優、故公權私權、區別顯著、按希臘家族、早爲市府吞併、與市府一體、若羅馬則未爲市府吞併、然所謂私權者、非箇人權利、亦家族權利而已、蓋家族之在當時、實國家所不易破者也、以家父與族長、爲市府政治之一員、位與國王公修爾（執政官）相埒、故王也、公修爾也、家父也、權力胥同、惟掌職異焉、

當日爲人子者、其某事物免市府監督、蓋子以父在、受家族之管轄也、按古羅馬不若希臘、及今美國制度、凡男子成年、得離家族獨立、是家父在家族之內、有主治權、不啻世襲官吏矣、然則家族內箇人特權、及其財產、不皆以家父主治乎、

第一千二百三十九節　右言國家與家族合一、羅馬國家之職掌、亦可知羅馬市民、非全服國家之公權、而服其羣保守之德義矣、蓋羅馬以國家家族 The State-family 之習慣、編成法律、人民雖從法律、而非全爲國家所管轄、亦惟混化於國家之中、合成一體而已、

第一千二百四十節　羅馬元老院勢力　古國家之權力、惟以習慣便利限之、其實狀如何、觀羅馬共和時代、元老院職權屈伸自由、可以悟矣、蓋元老院歷年最久、以各種成例古說實驗而行職權、故居羣之上、指揮人民、儼如腹心之使指臂也、其合家族種族市府渾然爲一體者、除守宗教習慣之外、權力實無限制、今日所謂箇人自由者、豈羅馬國家所知哉、

第一千二百四十一節　政府係人羣之形　若希臘制度、亦無以箇人權利、限制政府思想也、蓋希臘羅馬、政府與羣並興、有政府而其羣以顯、故以政府爲其羣之形、羣之生計、政府是資、羣之活潑、政府是賴、政府也、羣也、二而一者也、以耳目四肢、而運其精神、羣以政府而保其生存、凡

羣之習尙見聞、何一不爲政府所移哉、故政府職掌、絕無限制、惟不敢顯違羣之便利、以驅策人民耳、雖當時希臘羅馬、亦有公民稱社會黨者、而昧政務無閱歷乏定識、求如近代社會黨、與古學者所謂由多比亞 Utopia 共和政治 者、未嘗實行、蓋希臘羅馬惟以普通常識、調理政治、箇人權利、固放棄而不之顧歟、

第一千二百四十二節　封建制度　政府職掌卽地主職掌　個人權利、初惟基督教稱之、後條頓人雖以個人權利、輸入於古代政界、而四民平等主義、末由確立、該主義至近代完全、若中世紀間、暫行一時而已、蓋以封建制度分裂其羣類於太古之家族也、其政府境域狹小、各以私地自行主權、服屬人民、無統一之國家也、其所謂服從者、非服國家之法律也、亦非服其家父、惟服從有土地之人而已、故曰政府之職掌、卽地主之職掌、凡君主命令臣僕奉行惟謹、無敢或違、且按當日諸侯之職、其保臣民之和平也、不過使臣民財產、以境內風俗保守、及以婚姻成丁遺囑諸特權、與其人民徵收稅金等事耳、若其裁判之法、殘忍苛刻、悉憑諸侯之意、此諸侯之臨其臣民也、而諸侯之與諸侯、則以國王爲關鍵、但王與諸侯遠隔、無駕馭之權、徒擁尊號、列侯政治、各不相關、其須協議者、惟外交戰爭大事、然則諸侯各設政府、而自相保持者、一王之下、不有無數政府哉、

第一千二百四十三節　封建君主政體　厥後封建制度荒廢、君主政體崛起、國家權力、集之一處、政府掌其羣權、而以行政官爲之樞紐、昔之人民習慣限制政府者、悉泯其權、不啻以政府、爲一人私物矣、蓋古希臘羅馬、其執政官固受羣指揮、自國王出總握諸侯權力而統一之、不復

以人民爲心、故以政府爲國王之政府、職掌所在、一呼一吸、無非仰承於王、則以國家爲國王財產也、豈誣也哉、

第一千二百四十四節　近代國家無羣之勢　既而反動起矣、英國尙屬和平、至大陸諸國、以壓服已久、頗覺急烈、蓋當日人民變古昔政羣思想、得言革命、以立民主、以爲生於一羣、不如以箇人各遂其生也、故其說曰、國家者所以代表箇人、非倂吞箇人、且代表者亦以憲法範圍爲限、不容溢分、其餘事情、箇人自與其羣交相接耳、則昔謂箇人賴國家而存者、今轉語曰、國家藉箇人而存也、豈不然哉、

第一千二百四十五節　思想變化較實行爲大　右論政治、古今人思想、固迥殊矣、然近代政府職掌、亦視古之範圍、較小而已、試觀列邦、雖憲法寬大、富於自由主義、而人民事業、不能不干涉之、非以羣之生計複雜、有待政府匡濟而禁止乎、然而政府未嘗於人民事業之外、別矜設施也、繼自今各國政府、有動力於民事也、亦勢使然耳、夫以人民爲國家之主、不以國家爲人民之主、近世思想、因與希臘羅馬不同、而國家職掌所損不多、故曰近代所變化者、非政府之職掌、而政府之心也、蓋現今政府、雖以羣之便利進步爲其標準、而措施方略、與古君主、殊相彷彿、惟使人民完美圓滿、顯以箇人性質、非如古代箇人藉羣而成、故其所圖維、無非成就個人、豈若古代、監督箇人、儼如嬰孩哉、

第一千二百四十六節　政府職掌古今相似　觀右諸說、則古今政治、思想變遷、可謂大矣、而綜核政府職掌、實有相似者、雖世冀今之政府所保護者、以生命自由財產爲限、而實不止此、蓋

專制主義之國、與共和主義之國、其限制政府行爲者、亦求政府之有智慮德義而已、

第一千二百四十七節　國家與財產相關　今試舉實事以證之、如國家之於財產、卽政府必然職掌也、而古代政治、與近代迥異者、雖在財產之職、而不得謂之習慣、雖希臘羅馬國家之與民產、關係極密、然除斯巴達外、固不概見也、

第一千二百四十八節　斯巴達　欲知國家於財產之實例、必以古斯巴達爲其極則、按斯巴達初期、不獨以人民家宰、軍事官、敎導官等委之國家、且以國家爲地主也、夫太古以國家爲家族、卽以爲財產之主、斯巴達之制、不啻再遇太古景象矣、凡拉哥尼亞 Laconia 土地、以斯巴達爲業主、平民土地之權、國家得以與奪、箇人無完全私權也、

第一千二百四十九節　夫斯巴達制度、所以久長者、豈無故哉、按斯巴達人、勝拉哥尼亞、取其土地、分給各族、然國家務均貧富、俾人民不擁財產、而以一身供國家之用、故當日斯巴達人、以委身國家爲榮、而生殖財產爲辱也、凡人民土地、國家爲之裒多益寡、其最著者、如富家祇有女嗣、令與貧男結婚、富人螟蛉子、必取之貧家、是已、且國家以法律分結土地、人民不得買賣遺贈、則其人民不且爲國家租地之人、必受束縛也哉、

第一千二百五十節　右制頹廢　洎夫後世、斯巴達漸衰、右制頹廢、蓋至斯巴達人族、政治特權不平、財產自爾不均、其原因在政治不振、非國家甘棄干涉之權也、

第一千二百五十一節　轉而觀諸雅典、其人民思想、雖與斯巴達人相同、而政治較爲自由、不似斯巴達、輕蔑工作貨殖、頗有成效、惟國家干涉富家女嗣與斯巴達人無殊、而放蕩傾家者、更

奪其權利以懲罰之、是國家而有家族之職掌也、蓋雅典與斯巴達、國家公權、均無限制、以爲與人民自由國家之惠非其固有權利是實以人民爲孩提必受國家保護矣豈盧梭所謂自然法、自主權利哉、

第一千二百五十二節　羅馬　至羅馬共和政治、不若希臘、以市府國家、併吞箇人私權、按羅馬市府之分子、共和時代、尙保原形、以家族宗族市府、成羅馬之羣非今日之國家比也當日國家其甲乙政樞、權能在個人之上、凡人民財產、不能私有蓋以財產屬之家族、家族政樞、與國家同也而國家亦不得分割各家族財產以爲國家財產、惟各家族家父有受托財產全權焉

第一千二百五十三節　近代政府　右古之國家行財產全權幸近代政府與之懸殊、且其相殊者、不在權力而在政略也夫管轄人民財產之權、出自各國政府之心故須考歷史以知當否、然政府以某方法程度而定財產之例、則古今政府大率類此按古以國家爲財產之主、而近代平民財產、則惟嗣子不能保守、藉沒入公、又古國管理平民財產、近代亦無其權惟痴愚未成年者、則國家代爲管理、且古有監督賣買奴隸之權、近代亦行此權、以禁賣買奴隸、凡承繼財產遺囑等事、古有規則限制、近代亦如之、故定人民之財產權、爲政府本性、惟政略程度略有繁簡而已、此政治家所由以國家之於財產、爲必然職掌乎、

第一千二百五十四節　國家人民政權　觀人民身分、古今不同、可知不在權力、而在政略之主義慣行矣其限制人民政權、嚴而且酷、以及採用奴隸制度、命令專橫、賦斂苛重、非無與古同者、而究不使其民、除服從國家之外、不知其身、夫古希臘羅馬以人民屬之國家、供上誅求凡人

民權利、無不拜國家之賜、故當日人民、雖由法律而享權利、而法律制自國家、非如今之憲法、有限制國家者、是古希臘羅馬除習慣之外、無自由主義、彼所謂自由者、非事物本然之自由也、則其人民政權、豈能與今世比哉、

第一千二百五十五節　國家便宜職掌　國家不以政治之變化、減其職掌、其便宜之職、與必然之職同耳、或謂便宜之職、今世少減、其實不然、蓋時勢所趨、雖今之國家與古之國家規模不同、而亦有同類之職、茲舉便宜職之目次、而說明焉、

第一千二百五十六節　國家職掌商業　古東西國家、貿易之事、政府所藉以存者也、夫古羣、初以離羣索居爲獨立善策、然欲其羣發達、而結合之、斯不得不以商業爲交際、如希臘羅馬皆歷此境、而定經商之例、其保護商業、以抗競爭、而充國用也、與近代無殊、雅典斯巴達、尤有賣買穀物之例、以興農業、迨中世紀封建小侯、爭鬬掠奪、商業大困、惟自由都府、以連盟成軍、警衛南北市場、獲免是阨、是時政治家、調查商業、著爲定例、亦與古無異、惟重金主義、古所未有、迄今貿易之例、非尤以國民利益爲本哉、

第一千二百五十七節　國家職掌工作　古來國家、常定工作之例、如希臘羅馬、百工耕作、概係奴隸、故法律有奴隸之制、至中世紀、農業百工、初無區別、其在都府者、不屬於封建君主、以都府基路多 The Guild System　複雜規則分轄之、商業亦然、至英國工作、其免封建君主、嚴酷使役者、國家亦設條例以約束之、其大要曰、工人永住一處、受一定工值、以該條例方之現今各國政府、尚屬幼稚、近代產業甚熾、一變昔日規模、國家工作之職益明、蓋自羣之產業、繼長增高、國

家爲之保護干涉、工作之程度乃大益耳、雅典英倫、抑工作以利產業、蓋前後如一轍焉、

第一千二百五十八節　團制　團制起於近代國家產業制度之際、是政府職掌又加新目錄矣、

第一千二百五十九節　國家土木　歐洲國家、監理道路之事、以羅馬爲嚆矢、羅馬人首以道路、供軍隊之用、次供貿易、近代則以通商爲首、軍用次之、蓋不使以軍隊妨商業也、故以此爲便宜職掌、若羅馬之水道、劇塲浴堂、今日內地改良事業、其法亦同、蓋此等事業、非如羅馬人、課鰥夫之稅、爲政府必然之職掌、不過助羣之進步而已、然當時羅馬人、視羣如一人、凡修道路、設水道、初不憚勞、故浚河川、駕橋梁、以便軍商者、皆爲國家之責、雖今國家思想與古殊異、而行爲則同、至今之國家、聽私立公司、敷設鐵道、便宜之計耳、豈國家本義也哉、

第一千二百六十節　國家利羣之職　如近代郵政、製造瓦斯電信等事、國家利羣之職、較古爲煩矣、

第一千二百六十一節　衞生　至警視旅店、浴堂、溝渠、傳染病屋、諸衞生事務、今之政府、亦與羅馬同、且建設病院、供給飲水、禁船舶往來、以及各種事務、亦衞人民之生理也、

第一千二百六十二節　教育　現今教育制度、較諸古代、頗爲周密、其不以人民爲國家奴隸、一切教育、槪以人民爲主、不尤今勝於古歟、

第一千二百六十三節　限制糜費　限制糜費之制、古嚴於今、後世法律、無束縛馳驟之迹矣、然觀現今規則、則放蕩之行、仍科罰金也、

第一千二百六十四節　提要　政府職掌、古代國家、與近代相類者多、凡近代政府、限制其行爲、以定政治、人類進步重大之件、皆宜究心也、然其變革職掌、尙在知識之後、蓋閱歷積久、始得變革、其新理所呈、亦以經驗而明耳、

第十六章　政府宗旨

第一千二百六十五節　本論　政府之宗旨、議論所由紛、亦趣味所由存也、而非研究古今之政史、總括政治之經驗、不能以其肊見爲之武斷、吾觀當世政治家、完全知識、不少概見、此所以衆喙爭鳴、莫衷一是歟、

第一千二百六十六節　激烈之論　凡羣之事務、由政府管理、論爭之的也、上文論政府職掌、略焉弗詳、（參考第一千二百三十一節）茲特舉二派激烈之說如左、其一曰放任主義、以政府放任人民爲主者也、該學派除警保事務外、凡政府職掌、無不妬之、以爲惡魔、謂人民得圖維而施設者、宜一切聽之、以減政府之職務、與此相反者、曰干涉主義、以爲人民生計、必賴國家監督補助、故羣依政府而生、蓋讀上古史書而惑於國家之權力利益、或考古之羣學而眩於公共主義、皆不免以人民爲嬰孩而已、

第一千二百六十七節　右二說之本　夫駁政府干涉之說、以減損其職務者、亦以按之古史、其害人民生計夙有明證耳、試觀上古國家、全權在握、如希臘羅馬市府政治、以成公共之心、完全之體、俾材能之士、赤心爲國、而富於公德、其一切設施、夫固利益甚溥矣、而其貽人口實者、亦非淺鮮、蓋國家權力、旣無限制、則或害保守家族之德義、或礙箇人任意之事務、或急於定國、而

傷平民之獨立、或漫下判斷、或輕信輿論、皆不免耳、是希臘羅馬、許人民自由、必至破壞固有之史發達之序、亦猶生今之世、而摸擬希臘羅馬、非擾亂人民秩序、不能復共和政體 Pocket Republic 也、

第一千二百六十八節　試更稽之中古、其封建制度、階級之嚴、足使上下相倚、以成羣力、故士有復舊之思、而普魯士何軒索爾倫王家、以國家干涉鼓舞產業、大興利益、亦信而有徵也、雖然中古封建與基爾多制度、Guild System 某種團制 固足豔稱、而必欲以弗勒得力 Frederick the Great 干涉政略、變革政治產業宗教、於第十九世紀、豈非愚哉、夫生今反古、即有利也、而害亦隨之、彼駁詰干涉主義者、夫固胸有成竹爾、

第一千二百六十九節　國家有益於羣　國家干涉箇人、非無不正之舉、然或概視國家為惡魔也、誤矣、夫國家由羣而成、其羣既善、國家亦善、苟無國家、羣亦空言而已、故世稱社會黨者、惟不囿於狹隘之見、方知政羣妙用耳、試觀古今歷史、政治之興、實本諸心性血族之間、人所以為萬物靈也、宇宙之中、羣生充物、人無爪牙羽翼、以與禽獸爭能、惟恃團結之力、以伸主權、政府固羣之形也、其羣既善、政府焉有不善者哉、亦以政府為樞要已矣、

第一千二百七十節　凡由政府圖羣之完全、或舉箇人權利、與國家公務、互相調和、或以箇人發達、助羣之發達、知其方法、而亟圖進步、志士仁人之責也、則心乎其羣者、豈敢與之齟齬哉、

第一千二百七十一節　君主義及今世產業團 壟斷產業　今世社會黨、熱心提倡、非無同心之人也、而其改良之法、不合理者不少、按社會黨、合箇人及羣之利益、固以協力法、使人互相匡助、排

斥私利之見、然今之所謂個人主義、其各種背謬、不待智者而決也、蓋所謂產業團者、大抵欲阻人競爭、特結團體、使寡勝衆、富抑貧、以獨占各種事業、於是倡言惟團內之人、得營斯業、否則盡行排斥、其利己主義、傷害愛情、以阻自然之競爭者、不已甚哉、故社會黨雖大聲疾呼以警衆曰、人民服從其羣、遵奉協力法、以驅除一切競爭、靜言思之、其足以荼毒人民者、實不在競爭、而在無其實力、徒冒競爭之名也、則社會黨言抑何謬哉、

第一千二百七十二節　折衷說　社會黨計畫、固不足采矣、而政府或干涉已甚、以束縛個人、亦非良策也、則折衷主義尚矣、按該主義、一則聽各人發達自由、一則防冒爲競爭者、賊害自由、以調和個人與羣、俾無衝突、非便利之策乎、

第一千二百七十三節　政府以羣爲本　右言政府爲羣之樞要、則政府之宗旨、即爲羣之宗旨也明矣、羣之宗旨奈何、曰人人相助而結爲團體也、人人合羣以求己發達也、蓋羣所希望者、在發動個人能力、以俾個人活潑自由、故凡文化之資、拯苦之法、發揮思想、而振作其運動者、莫不由此發見、而政府宗旨、以羣爲本者、則必視羣之時勢、以助其產業、而又非恣意干涉之謂也、審其便宜、而監督之、亦使產業平均、成爲活潑之狀而已矣、

第一千二百七十四節　發達事物之法　則即適合時事之法則也、而所謂適合時事者、以羣之全體爲主、豈指一人之事而言哉、而個人發達之機會、亦不外乎此、各人發達其最要條件、惟政府有以給之、凡聯合小團、壟斷營業、以徼倖一時者、宜受其羣之監督、蓋管轄聯團公司之權、實在夫羣、故不令某人民、立於監督之外、而別營私利也、

商務印書館印行

第一千二百七十五節　專賣事業　區別獨占事業與他事業、非難事也、觀英國華拉氏 Mr. T. H. Farrer 所著國家產業 The State in its relation to Trade 一書、亦足證矣、試摘錄如左、

其一　獨占事業所供給者、凡生計與產業必需之物也、若水若鐵道是已、

其二　獨占事業所占之特別便利、與土地線路、如鐵道電線水道事業、尤足爲證、

其三　獨占事業之物品、常與其作場位置相關、蓋位置便利、則銷路自廣也、

其四　獨占事業不必增加器械資本、而物品自增、蓋創業之始、既占便利位置、則擴充事業、益得利潤、自無事別增費用耳、雖其後同業羣起、而土地位置、運賃物價、卒難與開創者爭衡、豈非勢所必至哉、

其五　獨占事業、須調和一致、俾有秩序、不以狹隘爲病也、

第一千二百七十六節　凡生計玩好、與產業必需之物、以管轄之權、給少數之人、俾害人民、而營私利、獨占事業所不免也、此等獨創之業、實非後起所能競爭、故非有公平之公所、或嚴重政府、以監督之、必不爲衆所許、

第一千二百七十七節　政府監督與管掌　羣之活潑生存、其必要哉、若不容平等之競爭、以濟一人之利益、而不加監督、羣之所不容也、而徑以人民爲之監督、則勢亦不行、蓋有利己之心存於其間、則監督此等事業、或管掌之、皆不免利令智昏、此所以監督之任、必委諸政府也、然政府之職、亦監督之而已、非可徑行管掌也、昔華拉氏嘗有二說矣、甲說以私人事業、歸國家監督、乙說則以該業歸中央政府、或地方政廳管掌、是已、然政府監督之處、固覺甚多、若徑行掌管其

害實甚、故此等事業、率以政府監督而止、非萬不得已、不得掌管也、

第一千二百七十八節　競爭平等　除右專賣事業不能平等競爭外、又有事業焉、亦列國政府監督所必及也、如禁幼童服役、監視製造所衞生、限制使役女子以害康健、檢查商品美惡、限制工作時刻、以及其餘商業殘忍刻薄之行、凡以扶植公義耳、且世固有正直之商、或爲工人增工場空氣、或爲買客精制貨物、而不義之人、多以殘忍之法、貪汚之術、弋獲厚利、正直之人、轉爲所敗、則調理之責、在政府矣、而非亦强行干涉也、使之平等爭競而已、此固防遏人羣腐敗之方、亦一已發達之機會也、

第一千二百七十九節　羣較政府爲大　夫羣之重大、非政府比也、故政府爲羣役、不能管轄其羣而抑制之、所謂政府者、亦利益一羣之樞耳、則國家爲羣而存者、豈羣爲國家而存哉、

第一千二百八十節　國家之限制　國家行爲、有自然限制者、羣學家公言也、按國家職掌、以協贊 Necessary Co-poration　其羣爲限、過此即非必然之職、不過產業上權宜之計而已、若所謂協贊者、或俾人民事情平均、或就箇人相交、整理規則、皆必要之務也、若無政府協贊、則一羣之內、以富淩貧、甲獨進而乙獨退、其患可勝言哉、

第一千二百八十一節　物我相關　人之所共知也、故公共協力、爲人生要務、然欲使人與人相接、泯其菀枯、以保平均、端賴國家之權力、縱商業之上、或協力以圖、或分任其勞、悉聽人民自爲契約、至於利害關乎一羣、事情重大、其調和而平均之者、必不容以政府之責、委之各箇人也、雖有時教會總會公司等、凡俾人類發達精神增進幸福、莫不以特別之宗旨、極力贊成、而家族與

國家、改良箇人事情、而均一之者、非尤不可欠缺哉、

第一千二百八十二節　夫限制國家管轄之力、實有不可昧者、譬之家族、初無法律、以確定範圍、凡父母之慈、兒女之孝、雖各依家族、以表親愛、而畛域自分也、故國家與私局界線不淆、若以國家爲隨意團結之體、與私局相同、則其職權之限、自爾不明、不然、國家之體、當別有結合之標準矣、職掌豈無限制哉、

第一千二百八十三節　且夫國家、不能監視人民之私德也、蓋私德係箇人之責、與國中互相倚賴者無關、故凡思想、均任各人之意、惟其行關公共法律者、方以政府掌之、試思民間教會、從精神之便也、合資公司、從資本之便也、若國家自行設立、恐難與民立之教會公司爭勝、要之除獨占產業之外、均不煩國家施設而計畫也已、

第一千二百八十四節　家族與國家　夫端蒙養之德性、俾習服從、以成善良之人者、一家之宗旨也、至已經此期、以至成人、斯貴有卓然獨立之計、豈復能以家族束縛哉、於是使盡箇人本分、守活潑之量、以立國家之內、則國家之責矣、蓋一家教養、所以陶鑄箇人也、而國家雖有所創作、以助箇人、要無陶鑄之功、家族之教育、專在箇人、不必通行、而國家教育、以平均普遍爲本、豈不以遵傳保之訓、爲家族之序、而國家之秩序、則人民有參政特權哉、

第一千二百八十五節　國家教育　觀國家教育範圍、似有侵家族職務者、而不然也、按教育爲國家政務、有二理焉、第一以國民教育、保存人民、發達政羣自由之條件、第二非由政府之權、完全普通、則國民教育、亦無實效也、要之使人羣行爲、一體平均而已、且無國民教育、政府雖以

國民爲本、而不能持久、蓋敎育人民、屬其知能、全其美德、亦以維持自由制度、必待國民之智識德性耳、不啻惟是、凡自由制度、惟以歷史維持、方能永久、故公立學校、凡古昔傳說、悉使國民思想感念、永矢弗諼焉、

第一千二百八十六節　政治之沿革　今夫以特別之事情境遇、論國家監督之權、毀譽不一、而率有一定規則者、亦守歷史之沿革而已、凡國家政治、新奇驚人者、斷難安全、設施蓋非發達有序、則成功也難、故革故鼎新、其適合之方、綿密之略、無取夫飛躍奔騰、凡人民國家、夷險貴乎親歷、不能假他人他國陳迹、而輕言取則也、縱他國之史、足供借鑒、究無活潑之條件、則世界各國、斟酌成憲、而不敢忽者、豈眞一飛而登萬丈之山、一躍而超千仞之溪哉、

第一千二百八十七節　提要　政府者、所以達其羣之宗旨也、故羣須政府之協贊、若夫政治發達之方、其融洽習慣、以達新宗旨者、豈非調和舊法、以相變化也哉、

政治汎論卷四終

光緒二十九年十月首版

（定價每部大洋壹元貳角）

著者　美國學士威爾遜

原譯者　日本高田早苗

重譯者　商務印書館

校勘者　鄞縣章起渭

發行者　商務印書館

印刷所　商務印書館　上海鐵馬路橋北錢業會館西文昌閣隔壁

總發行所　商務印書館　上海棋盤街中市

理財學課本 五角
繪圖文學初階卷一至四 一角
又卷五六 一角五分
伊索寓言 三角
中國通覽 五角
鑛質教科書 二角
鑛物學教科書 二角
中國歷史教科書 壹元
漢文教授法 六角
生理學教科書 二角五分
格致教科書 伍角

和文教科書

和文漢譯讀本卷一至四 一角
和文漢譯讀本卷五至七 一角五分

政學叢書

政治學上下編全 四角
萬國憲法比較 三角五分
萬國國力比較 二元五角
政治一斑 七角五分
地方自治財政論 三角半
中國現勢論 六角
歐美政體通覽 二角
歐洲財政史 貳角
德國學校制度 四角
理財學精義 四角

近世陸軍 四角
日本學校章程彙編 八角
日本監獄法 四角半
憲政論 四角五分
普魯士地方自治行政說 二角五分
日本明治法制史 九角半
國際公法大綱 式角五分
議會政黨論 五角
政治汎論 一元式角

歷史叢書

亞美利加洲通史 七角五分
世界近世史 八角
希臘史 七角五分
東西洋倫理學史 六角
蘇格蘭獨立史 貳角
法蘭西史 三角五分
俄羅斯史 五角
歐洲最近政治史 五角
埃及近世史 四角半
世界文明史 六角
歐洲新政史上卷 八角
日耳曼史 七角
羅馬史 八角五分
泰西民族文明史 三角五分

地理叢書

日本政治地理 七角五分

二

財政叢書

英國度支考 四角
國債論 三角五分
經濟通論 七角

帝國叢書

帝國主義 一角
各國國民公私權考 五分
各國憲法略 五分
揚子江 一角
明治政黨小史 五分

戰史叢書

義大利獨立戰史 四角
飛獵濱獨立戰史 三角
普奧戰史 五角
法國革命戰史 四角
美國獨立戰史 肆角

普通學問答書

富國學問答 五分
地文學問答 三角
普通博物問答 三角
學校管理法問答 二角

中國歷史問答　二角五分
世界歷史問答　二角
生理學問答　二角五分

哲學叢書

教育心理學　三角五分
哲學要領　貳角

說部叢書

經國美談前後編　五角
造化機新論　二角五分
繡像小說　每期二角
佳人奇遇　七角
夢遊二十一世紀　二角
奪嫡奇寃　五角

傳記叢書

李鴻章　二角五
克萊武傳　三角
拿破崙傳　四角
日本近世豪傑小史　五角
納爾遜傳　三角

輿圖

亞細亞東部輿地圖　一元五角

商業叢書

德國工商勃興史　六角半
萬國商業歷史　六角

雜書

李文忠公朋僚函稿　五元
俄租遼東暫行省治律　二角
海參崴公董局城治章程　二角半
廣長舌　三角
天演論　三角
版權考　弍角
新聞學　五角半
羣己權界論　一元